·文汇新观察丛书·

大国战略力

程亚文 著

文匯出版社

图书在版编目(CIP)数据

大国战略力 / 程亚文著. —上海：文汇出版社，2016.1

ISBN 978 - 7 - 5496 - 1657 - 2

Ⅰ. ①大… Ⅱ. ①程… Ⅲ. ①国家—发展—研究 Ⅳ. ①D031

中国版本图书馆 CIP 数据核字(2015)第 300953 号

· 文汇新观察丛书 ·

大国战略力

著　　者 / 程亚文

责任编辑 / 黄　勇
封面装帧 / 周夏萍

出版发行 / 文匯出版社
上海市威海路 755 号
(邮政编码 200041)
经　　销 / 全国新华书店
排　　版 / 南京展望文化发展有限公司
印刷装订 / 江苏省启东市人民印刷有限公司
版　　次 / 2016 年 1 月第 1 版
印　　次 / 2016 年 1 月第 1 次印刷
开　　本 / 787×960　1/16
字　　数 / 390 千字
印　　张 / 22.75

ISBN 978 - 7 - 5496 - 1657 - 2
定　　价 / 50.00 元

序

为大国诊脉

最近几年，随着中国国力的上升，有关大国崛起的话题越来越热，关于大国崛起的著作和影视作品也越来越多，这里固然蕴含对中国崛起的期许，却也不乏自我印证的痕迹。而亚文却反其道，就像他说的那样，“在《大国崛起》纪录片如火如荼播出的时候，我开始从相反的方向思考：大国在崩溃、解体或衰败的时刻，是什么样的?”于是，他开始追溯大国衰落的轨迹，研究大国的沉沦。

最初看到亚文的书稿是在新疆，我们一起去塔里木大学开会的路上。在阿拉尔的宾馆里，他将厚厚的书稿交给了我。其后几天，我们驱车穿越塔克拉玛干沙漠，亚文一路向我讲述他的思考。到了新疆方知中国之大，车窗外是无边的沙丘，偶有金黄色的胡杨像火炬般映入眼帘。谈着“其兴也勃，其亡也忽”的国家故事，目睹“一千年不死，一千年不倒，一千年不朽”的胡杨，穿越古龟兹、车师、楼兰等故地，不由心生感慨。同为自然造化，然国运竟不及树龄，可见人之渺小，家国之无常。然而，有一类国家却在历史长河中留下了久远而深刻的印记，至今仍在影响着世界，这就是——大国。

在研究大国历史的著作中，当以保罗·肯尼迪的《大国的兴衰》最为著名。在保罗·肯尼迪看来，“大国就是一个能够保卫自己并可以对付任何国家的强国”。保罗·肯尼迪之所以会做出这样的定义，就在于他认为，过去五个世纪的国际事务历史基本就是战争史，或至少是一部备战史。正因此，他对大国兴衰的结论十分简洁：大国兴起于军备，衰落于过度的军备。

亚文对大国历史进行了精细的研究，从大量的历史经验中提炼出大国的六种战略能力和六大病症。这为正在学习成为当代大国的我们，提供了难得的思想镜鉴。抱病撰写此书的亚文，展现了超出个体成功的社会责任感和大追求。

黑格尔说过，国家是行进在地上的神。在今天的世界上，这句话可以理解为，国家是生活在地上的大写的人。作为大国，不仅要拥有广阔的幅员和众多的人口，还需是大写的人的集合体。唯此，大国才能成为在世界上立规矩、负责任、创模式、建文明的国家。

国家如人，是鲜活的生命体。既如此，就有悲欢离合、生老病死。一些国家兴起，另一些国家衰落，都在人类历史上留下了不可忘却的记忆。亚文的书不是在为既往大国唱一曲挽歌，而是在为必将成为当代大国的中国诊脉。古语云：下工治已病，中工治欲病，上工治未病。此书对大国之病做了上工般的努力，其中的真知灼见值得人们深思。

王湘穗
北京航空航天大学战略研究中心主任、教授

目　录

前论

战略力关系大国存亡

美国推进“战略东移”，强化对中国的威迫，并非美国霸权还在扩张，而是表明美国在相对衰落。

美国究竟“病”在什么地方？

以往大国解体、崩溃或衰败的六种类型或成因，可以作为比照。

实际上，大国维护国家安定比小国更加困难。

相比当年美国兴起“日本威胁论”，中国在成为“世界第二”后，无论内外，面临的挑战都复杂得多。中国需要加强六种战略能力。

战略力深刻影响大国命运。

一、大国有更大风险

给一个国家号脉诊病，绝非三言两语能够说明白。暂时把这个问题放到一边，不妨先去看看历史。如果历史中曾经有过大国崩溃、解体或衰败，特别是看起来状态还不错的大国，那么预言美国衰落就不是杞人忧天，而是有一定的历史判断和现实分析作为基础。

很容易就能找到这样的国家。远的不说，苏联和南斯拉夫崩溃的时候，全世界没几个人能提前预见到。当时的人们都还觉得苏联是世界老二，这样的一个庞然大物，别人畏惧它都还来不及，怎么会想到它会如散了架的大象，轰然一声就扑倒在地呢？苏联的解体是国家解体较近的案例，再往远点看，一百多年来，已经有好几个大国不复存在了。第一次世界大战结束以后，曾经称雄欧洲几个世纪的哈布斯堡帝国的后裔——奥匈帝国四分五裂，而横跨欧亚两洲的奥斯曼帝国则“瘦身”为现在的——土耳其。即便是作为世界第一大国的美国，也曾在建立国家后，差一点发生永久性分裂。

国家为什么会崩溃，以及国家在面临分裂危险的情况下还能不能保持统一？上述这些国家的不同经历说明的是两个基本问题：一个是，对于幅员辽阔、族群构成复杂的国家来讲，要在任何时候都保证政治和社会完整性，并不是件简单的事。苏联、南斯拉夫、奥斯曼帝国、奥匈帝国和美国都是多族群、领土范围较广的大国，这些国家中只有美国在紧要关头保住了国家的统一。另一个是，一个国家能不能保证自身的稳定存在和防止政治社会解体，关键在于国家应付非常事态的能力。这些非常事态包括对外战争、政治动荡、经济危机等。

大国崩溃、解体或衰败是国家不再有能力维护自身生存的反映。这种能力可以称为国家生存的底线能力，也可称为战略能力。一个国家的生存和发展,总是需要有一些基本性的东西。在任何时候,国家安全都是基础性的。国家如同人一样,是一个有机体。人在日常消费中,用面包、米饭和水来填饱肚子,这是基本的需要,有了它们,人体就有了最低限度的物质能量,以此来保证正常运转,至于其他如锦衣玉食、豪宅华车,则不过是这些基本需要的延伸和升级,并不构成人类生存的必要条件。战略能力不是高高在上的东西,而是一个国家的基本能力,无此而谈论其他,都不过是镜中花、水中月,好看而不中用,管得了一时而管不了长久。

一个国家如果连自身的生存都保证不了,那显然不能说有什么战略能力。简单地说,国家战略能力就是在任何情况下都能保持国家内部政治和社会相对稳定以及持续存在的能力。衡量有无战略能力,要看国家在非常状态下的表现,包括:第一,在非常状态,比如发生战争、国内动乱时,国家保持政权稳定的能力;第二,在非常状态,比如发生战争、国内动乱时,国家保持社会稳定的能力;第三,在非常状态,比如因战争或其他原因而使自身的对外贸易,特别是外部资源供应链条被敌对力量切断时,国家仍能保证基本的经济运行,以及国内民众日常生活需要的能力。

战略能力要保障的,就是使国家在非常状态下还能够正常运转,生存不受到根本威胁。现代意义上的国家安全,已不是传统所说的军事安全,而是加上了非传统安全。即使是传统意义上的军事安全,今天也在表现形式上与以往明显不同。对主权国家来说,国家安全表现在其可持续发展的能力上,没有发展就不能生存。故此,国家战略能力,又是国家筹划自身长远发展,以及为保证生存和发展进行相关准备,以防止国家存在和发展被外界因素阻断的能力。

二、国家崩溃的六种类型

既然社会和政治崩溃对多族群大国来说是经常存在的威胁,那么大国就需要建立起一定的战略能力,使国家能够应付任何非常事态,在任何情况下都能维护国家生存。国家崩溃总是因为国家战略能力出了问题。国家为维护自身生存到底需要建立起什么样的战略能力，或者说要从哪些方面去建立战略能力呢？这又要看看国家在什么情况下会发生崩溃、解体或衰败，答案很大程度上仍在历史当中，有的历史比现实还真实。

自有国家存在以来，就不断有人关注国家衰亡。法国启蒙时代的著名哲人孟德斯鸠，曾经写过一本书《罗马盛衰原因论》，他认为罗马帝国后期社会风尚的变化，深刻影响了罗马帝国的后来命运。这只是罗马帝国消亡的一种说法。保罗·肯尼迪的名著《大国的兴衰》，侧重从经济实力消长的角度谈论大国沉浮，曾经影响一时。实际上，大国衰败的成因非常复杂，不同的国家可能有不同的原因。下面来看一些国家崩溃、解体或衰败的具体案例。以近世以来的大国经历为主要考察对象，简单归纳一下，至少有六种国家解体、崩溃或衰败的类型或成因。

1. 中央政权权威瓦解

苏联解体前夕，中央政权对地方政府已全无威信，叶利钦、克拉夫丘克等几个联邦共和国的巨头在别洛韦日密林开会，就决定了苏联一分为多的前途，身为总统的戈尔巴乔夫对此毫无办法。苏联的崩溃不能全部归因于戈尔巴乔夫，但戈氏当政后所采取的"新思维""公开化"等举措，以及政治民主化的过快推进，却很快瓦解了苏联共产党在苏联政治生活中的权威地位。当这一苏联内部的唯一"普世"性象征符号系统不再具有共通的意识形态功能时，"苏联"概念下的各加盟共和国也就有了对抗中央的政治能力和道德权威，帝国分裂也就不可避免。这种情况同样见于中国的晚清。经历两次鸦片战争和太平天国运动后的清政府，为恢复国力、抵抗外侮而开展洋务运动，但中央政权却因财政困难而无力筹办，地方政权于是蛟龙出海、各显神通，在洋务主要是由各个地方兴办的情况下，本来就因太平天国运动而对地方予以放权的清政府，更加无力维持中央对地方的政治和道德威信，后来一有风吹草动，清朝各地马上易旗变帜，也就在情理之中。

2. 族群隔阂

还是以苏联为例。帝国后期中央政权的瓦解，还与境内愈演愈烈的族群矛盾密切相关。在解体之前，苏联内部发生了多起族群冲突事件。这些事件背后，实际上是以族群为单位、以独立为诉求的分离性民族主义在帝国境内的普遍兴起。苏联最后一任部长会议主席雷日科夫在其《大国悲剧——苏联解体的前因后果》一书中，就十分沉痛地讲述了他在当政时处理族群冲突的经历，并对族群隔阂如何导致苏联解体做出了深入分析。但这不过是“后见之明”，早在苏联解体的二十年前，当时的利比亚领导人卡扎菲就曾就在一次记者招待会上预言：“苏联分裂为一个个独立的共和国的一天总会到来”[①]，原因就在于苏联的多族群性和宗教争端。出生于苏联格鲁吉亚、后来移居法国的“斯大林问题专家”埃莱娜·卡雷尔·唐科斯，也是一位持民族矛盾终将拖垮苏联这一看法的坚决支持者。早在苏联解体前的1978年，作者就在其所著的《分崩离析的帝国——苏联国内的民族反抗》一书中，细细考察了自1917年苏联建立到20世纪70年代末的苏联民族问题。他坚持认为：在苏联面临的所有问题中，最亟须解决而又最难解决的不是别的，正是民族问题。恰如书名强烈暗示的那样，苏联的多民族性将使苏联“分崩离析”。因族群关系复杂而导致国家解体的不只是苏联，曾经称雄欧亚两洲的奥斯曼帝国、在欧洲大国中声名显赫的奥匈帝国，以及中欧国家南斯拉夫，最后都因族群高度对立而解体成多个国家。这些国家的经历共同说明一个问题，那就是如果不能产生相对均一的国家认同，即超越各种具体的族群差别而建立起统一的政治民族认同，国家的内部安全始终会成为问题。

---

① 《卡扎菲和利比亚》，125页，上海人民出版社，1974(原书无作者)。

3. 地区发展不平衡

1861 年美国发生南北战争是这种情况的最好说明。内战发生之前，北方向现代资本主义方向高歌猛进，南方沿蓄奴制种植园经济轨道越走越远，最终在国家内部形成了以地域为单位的不同经济体系和文化体系，而且以地域为界形成了政治态度完全对立的两大利益集团，美利坚合众国的暂时分裂也就不可避免。清朝在崩溃前夕同样面临极为严重的南北地域间的人口、经济和思想文化的分化，这种分化使近代以来的中国革命多从南方发动，而清朝崩溃后马上形成了南北政权对立的局面。美国南北战争和清朝崩溃的事实说明，国家内部不同地区间如果存在显著的发展差别，想实现长治久安就绝非易事。

4. 丧失发展主动权

拜占庭帝国到后期的时候，为抵抗伊斯兰化的塞尔柱土耳其人的进攻，允许从欧洲各地来的十字军战士共御外敌。然而，从威尼斯来的十字军带来的不仅有强壮的武士，还有精明的商人。威尼斯商人向帝国提供急需的万千银两，而拜占庭在接受外来银两时，也让帝国经济落入了威尼斯商人的掌握，帝国的血脉也就因此被进一步掏空。这种情况以另一种方式见于奥斯曼帝国，1453 年彻底摧毁拜占庭帝国后，奥斯曼帝国在 16 世纪与欧洲基督教国家签订的外侨权益条款，不但使外国商人在帝国境内恣意进行其本国不容许的不正当活动并因此获利，而且无法阻止欧洲工业品对本国工业发展的冲击。不仅如此，奥斯曼帝国治下的许多公民，羡于外侨权益条款的种种特权优惠，也纷纷谋取门道获得“国际”身份从而享受准“外国公民”待遇。到 17 世纪以后，奥斯曼帝国就逐渐处于解体过程中。外侨权益制度的滥用，将帝国经济置于了外国商人、外国领事及他们在当地的被保护者的控制之下。外来者的巧取豪夺，内部腐败官员的积极策应，兼之不少本国公民的投身附靠，共同编织起一张强大的利益网络，使奥斯曼帝国到后来完全丧失了经济发展的主动权。沙皇俄国在第一次世界大战之际的崩溃，提供的是另外一个案例。这个欧洲大国从19世纪中期到20世纪初，一直在经济上保持着较高的增长率，但“一战”爆发不久，该国却再也无法进行有效的战争动员，经济上处于分散状态，原因何在？原来其“强大”的工业生产能力，所依靠的都是外来投资，战争一发生，外来投资一撤离，沙俄经济的外强中干就现出了原形。上述这些国家的经历，都说明发展主动权不掌握在自己手上，国家就不会有未来。

5. 文化分裂

共通的文化体系，是一个国家维持强有力国家认同的必要条件。国家内部存在不同的文化体系而且相互对立，其结果往往是灾难性的。蒙古帝国的灭亡、魏孝文帝的汉化、美国南北战争，都提示了同样的事实。中国到今天仍然能实现“多元一体”，保持国家形态的完整性，很大原因在于中国传统上不同宗教和文化体系实现了互相渗透，本为外物的佛教、伊斯兰教、基督教传入后，先后都进行了中国化改造，不同信仰和理念间有着很高的相容度，做到了你中有我，我中有你。

6. 人口生产停滞

当今时代是一个“少生”的时代，而最早尝到“少生”苦头的则是法国。在欧洲历史上，法国长期占有优势地位，这与法国是欧洲人口最多的国家的事实不可分离。但19世纪后法国领先发明避孕措施，法国人口增长也在欧洲先行一步进行减缓历程，这使得1871年的普法战争以普鲁士胜利告终，而且在两次世界大战中，法国皆在德国面前称臣。人口是根魔力棒，欧洲近代以来的经济、政治和军事优势，美俄在19世纪的兴起及美苏在第二次世界大战结束后称霸，以及最近五百年来经济全球化的三次转变，在很大程度上都是世界人口变迁的结果。那些在竞争中败下阵去的国家，往往也是人口生产的劣势方。

以上这六种类型，不敢说是对以往大国崩溃、解体或衰败成因的完全归纳，但却是最为常见的。通常情况下，一个步入沉沦的大国，总会出现以上六种状况的一种或多种，只要大国在这六个方面出了问题，哪怕只是一个方面，就有陷入危险之境的隐患。这六种类型、成因或状况又有其由来，在很多时候是人为的，乃国家战略抉择或决策失误的结果；但有时也会发自国家在一定时段的自然演变，超出了人的主观能动性的左右，或者是在有关苗头出现后，没有及时引起重视、予以纠正，以致越积越深，终成祸患。这些不同类型之间的关系基本是并列的，但一般说来，大国崩溃、解体或衰败之时，都会遇到中央权威瓦解的状况，也就是说当后五种类型的局面出现时，总是会导致第一种类型的局面。然而，第一种类型和状况，并不一定总是后五种类型和状况的结果，在大国没有出现后五种局面的情况下，国家同样可能因为战略抉择或决策失误而导致中央权威瓦解，这方面的情况并不乏见。

三、国家战略能力构成

以上列举了大国崩溃、解体或衰败的六种类型，可以看出原因多种多样。但其中又有普遍性的东西，从这六种类型中大致可以看得出来，一个国家如果在下述六个方面缺少回旋余地或者说能力欠缺，那么国家的命运就面临潜在危险。

1. 有效的政治社会组织能力

它需要三个条件：强有力的中央政权；民众不分族群、地域、阶层对中央政权的高度认同；国家和社会能够有效组织起来，以及时应付非常事态。国家在政治社会组织上的有效性,是以一定的战略文化表现出来的,体现了一个国家的生存本能。中国在最近几年的一些重大自然灾害,如2008年的汶川大地震、2010年的玉树大地震、2013年的芦山大地震发生后,国家动员各种力量进行抗震救灾,其行动之速、效率之高,反映了政府在应对突发事件时,其政治社会组织的有效性。

2. 强大而自主的生产能力

关系国计民生的用品的生产,要牢牢掌握在自己手中,不可受制于人。经济自主是政治自主的前提和基础,没有这一点谈不上国家安全。生产能力不光包括物质产品生产,还包括信息、智慧产品的生产。粮食就是一种国家必需生产品。近些年来世界粮食市场的波动,已使一些国家发生政治和社会动荡,并使这些国家不得不听命于人。从发达国家的现代化经历看,不能有效解决粮食问题,欠发达国家就将陷入"李嘉图陷阱",工业化和进一步的经济发展都将成为空谈。而发达国家的农业保护和粮食变燃料政策,实际上已成为其控制全球经济政策的一种"战略武器",一旦欠发达国家的农业发展被卷入以发达国家为中心的世界经济循环,欠发达国家的粮食生产与供应将不再由其自主控制,其经济、政治进程因此也将受控于发达国家,也就是说将失去发展主动权。

3. 支持生产可持续的能力

一个国家的生产过程不因非常状态而被中断。它至少包括以下几个条件:生产资源可持续供给;包括装备产业在内的战略产业富有竞争力;能够自主开展科技创新;国家金融体系不受外力控制。"对一个走上市场经济的国家而言,当国家生产力在资本的推动下发展起来并使生产对资源有越来越大的需求的时候,若没有滋养这种发展的资源支撑,就会变异为一种破坏自身的力量,国家经济及国内社会就会发生危机,严重的还会发生带有暴力性质的社会动乱。”①

4. 相应的外交和军事能力

为保障国家发展不被破坏或中断、保障资源和资本有效供给、保障政治和社会稳定存在，国家强制排除有关阻碍的能力。它表现为一定的外交手段，即通过国际性的合纵连横营造相对有利的国际环境；也表现为必要的军事威慑能力，即在必要时通过军事手段消除国家开展生产、利用资源和保持政治社会稳定的障碍。

5. 文化创新能力

国家不仅是一种物质、组织存在，也是一种文化和文明存在。没有文化创新就没有国家的内在统一和强大，文化创新是在国家内部维护基本的文化认同，进而对外发挥文化影响力的前提。任何持久存在的国家，在文化上都是“一”与“多”的统一，因此文化创新是在保持相对的文化同一性的同时，又要有丰富繁多的文化创造，在“一”中又异彩纷呈。这是保证国家文化安全，进而保证国家政治社会稳定的必要条件。

6. 人口生产维持世代更替水平的能力

一定的经济、政治、军事和文化能力，是建立在一定的人口生产能力基础上的。近代欧洲、美国、俄罗斯的兴起，无不与其快速的人口增长有很大关系。人口无论在数量、物质文明构成还是在种族构成上发生明显变化，都会对国家的方方面面产生深刻影响。人口生产维持世代更替水平，保持良好的人口结构，对国家长久生存发展来说至为关键。

---

① 张文木：《世界地缘政治中的中国国家安全利益分析》，3页，山东人民出版社，2004。

以上这些能力要素共同构成了国家战略能力，如果缺了其中某些环节，整体的国家战略能力就会出问题，诸如中央政权瓦解、发展主动权丧失、族群分离主义、地区发展不平衡、文化分裂等情况就会出现，国家的基本生存就会受到威胁。国家战略能力中的这些要素又是相互支撑的，彼此互为前提条件，哪一点上发生缺失，对国家来说都是致命的。把国家比作一个木桶，决定木桶容量的，不是最长的那块木板，而是最短的那块。决定一个国家长久命运的，同样是国家战略能力中最弱的那些方面，不管国家在其他方面的表现是否良好。历史上的大国在解体或衰落前夕，至少在某一种国家能力上出了大问题，使国家不能排除或克服危机。

容易与国家战略能力混为一谈的是综合国力或国家实力。战略能力构成了综合国力或国家实力，但综合国力或国家实力强大的国家，并不一定战略能力就强。综合国力是指“国家在一定时期内全部可供运用的资源和力量的总和”①，在实践中，往往又是经济能力的代名词，但经济富足的国家却被经济落后的国家所灭，在历史上不乏其例。清朝崩溃前夕，综合国力比那些入侵者要强得多，但清朝却是这些入侵者的手下败将。综合国力说明不了什么问题，国家实力这个概念其实也容易造成误差。布热津斯基认为，国家实力通常包括四个方面：经济实力、科技实力、军事实力和文化实力。但这种归纳其实还是综合国力的思路，没有突出影响国家生存的到底是哪方面的国家能力。泛泛而谈的综合国力或国家实力是毫无意义的，只有在国家战略能力的前提下谈论综合国力或国家实力，才可能为国家战略能力的增长提供丰富来源。

与国家战略能力相近的词语是国家能力，也即国家实现自己意志的能力，王绍光、胡鞍钢把它理解为“政府在追求发展目标时从社会资源获取份额的能力”②。但它的概念范围比国家战略能力要宽泛得多，既可以指向国家维护自身生存，也可以指向国家促进发展，而后者专指国家在维护自身生存方面必须具备的能力。无论是国家能力还是国家战略能力，

①② 王绍光、胡鞍钢：《中国国家能力报告》，7页，辽宁人民出版社，1993。

综合国力都是其基础所在。王绍光、胡鞍钢认为,国家能力与综合国力,“两者的关系基础是国家与社会的关系,政府资源(政府实际运用的资源)与社会资源(社会可供运用的资源)关系。如果政府汲取能力弱,综合国力强并不一定国家能力强;如果政府汲取能力强,综合国力弱并不一定国家能力弱”[①]。“国家能力是国家强盛的必要条件。国家能力强,可以大大促进综合国力不断提高;而国家能力弱,也可能使已取得的综合国力优势丧失”[②]。国家战略能力与综合国力的关系,更是如此。

用上述国家衰败的六种类型和六种国家战略能力来对照,今天美国在很多方面都已出现不良之兆,但首要的环节还是在经济战略能力上出了问题。美国在近三十年间逐渐退出物质生产领域,不再拥有强大的生产能力,这不仅直接导致美国财政来源减少,深刻影响了美国民众的就业,还使美国人引以为傲的美式生活方式难以为继。解决之道是通过人口流动全球化,恢复制造业优势地位,但这要以降低美国人的生活水平为前提。没有多少美国人愿意这样做,无论是精英阶层还是普通大众,精英阶层习惯了金融暴利,大众不想减少已有的社会福利。因此美国当前的选择主要还是想通过金融全球化,继续维护美元的霸权地位,维持对世界主要资源富集地和实体经济区的控制,而这要以强大的军事实力为后盾。但这恰恰又是造成美国各种内外困难的重要成因,把希望继续寄托于金融强权和军事强力,实际上是以毒疗毒,只会进一步使问题恶化。

国家战略能力是一个综合体,本书侧重在剖析以往大国崩溃、解体或衰败的过程与成因,并从中反思应构建什么样的战略能力。我在书中分析了中央政权权威瓦解、族群隔阂、地区发展不平衡、丧失发展主动权、文化分裂、人口生产停滞这六种类型和成因,并从中央政权权威瓦解(第一章)、族群隔阂(第二章)、地区发展不平衡(第三章)的分析中,总结出第一种战略能力“有效的政治社会组织能力”;从丧失发展主动权(第四章)的

---

①② 王绍光、胡鞍钢:《中国国家能力报告》,7 页,辽宁人民出版社,1993。

分析中,总结出第二种战略能力“强大而自主的生产能力”和第三种战略能力“支持生产可持续的能力”,以及第四种战略能力“相应的外交和军事能力”(第七章);从文化分裂(第五章)的分析中,总结出第五种战略能力“文化创新能力”;从人口生产停滞(第六章)的分析中,总结出第六种战略能力“人口生产维持世代更替水平的能力”。

第一章

“不道德”的假定：小而弱的政府

大国衰败必然会表现为中央权威瓦解。

苏联解体之前中央政府已毫无权威，在此情况下推进改革乃是自寻死路。

美国中央政权并非“小政府”，两百余年来实际在不断加强中央权威。

法国大革命、清朝崩溃都是中央权威不足以控制改革进程的结果。

大国不能不政治集权，但又需要行政分权。

一、政权稳定的必要性

国家的首要任务是保证自身的稳定存在。中国人常说，好死不如赖活着；又说，宁为太平犬，不做离乱人。一个尚能运转的国家，总比破产崩溃的国家要强上许多，毕竟只要保存国家肌体，那么就有等待时机、转圜命运的可能。中国元朝诗人张养浩曾经面对灰飞烟灭中的秦汉万阙宫墙，发出一声感叹："兴，百姓苦；亡，百姓苦。"古往今来，多少大国消逝在历史长河中，而在国破家亡、政府无存之际，黎民万众呼号流涕、万里河山满目疮痍的场景，不知道演绎过多少个来回。

国家崩溃不会对所有人都是坏事，总是有人能够从中找到机会，冒险家们就从来不惮于制造坏的局面。但对绝大多数平民百姓来说，当国家陷于混乱、无人组织社会秩序时，那绝对是难以承受之痛。尽管现在有不少中国精英人士，在不断说"宁要动荡的自由，不要死寂的稳定"——那是因为他们没有经历过颠沛流离，没有感受过做亡国奴、"离乱人"的滋味。当国家遭遇劫难、不复存在时，往往也是万千大众的劫数，而要从混乱中再建秩序，让生活重回正轨，则充满未知和不确定性。即使国家得以重建，也要费九牛二虎之力，以不知多少人的血泪为代价。想想自 1911 年清朝瓦解到 1949 年中华人民共和国成立，中国的重新统一，历经的时间仿佛是一个人从童年到壮年，其间的艰难困苦，则罄竹难书——此言虽有不当，但后来人的回忆里，"往事不堪回首"的痛，在动乱中的无助、茫然、惊慌与恐惧，却是耗去了数不尽的纸墨。

政权——或者说政府的稳定存在，是与国家的稳定存在合为一体的。对国家的稳定来说，"革命"这个词，永远是不祥之音，近代以来凡是有过"革命"经历的国家，都曾在滚滚"油锅"中历历有年，无数的人头落地，而又累积多少化不开的仇恨。除非万不得已，"革命"都不是改进国家和社会的必选手段。2011 年以来的西亚北非"革命",不合人心、腐败堕落的旧政权在滔滔声浪中接二连三黯然倒下。当 2012 年埃及通过选举产生出民选总统时,人们以为这个国家很快将要开启一个新时代,哪会想到 2013 年 7 月,埃及再次发生军事政变。在民选总统被武力推翻后,埃及民众世俗主义与宗教主义的两派,争相在街头示威,彼此间的分裂与对立,造成的是几百人死亡、受伤者更数不胜数的可怕的流血冲突。这个国家内部的仇恨还在蓄积之中,国家何时能走上安宁,政府何时能回到正常运行状态,尚为不可知之数。

与"革命"相对的是"改良"。一个好政府需要响应民众的呼声和意愿,当政府不能体现民意、不再受到民众支持时,在内外合力下推动政府改良就很有必要。改良有两种:一种是换人,一种是革新体制。换人是在保持政治体制完整性的前提下,通过选举手段产生新的国家领导者,国家领导者的改变,也就是政府的改变、国家政策的调整。民主制度就是一种定期换人的制度——当一届政府不再深孚众望时,换个党派、起用另一群人来执政,常常能在一定时间内化解社会不满、弱化社会对立,从而保持国家稳定。

在定期换党派或换人的机制不顺畅、国家体制中的某些部分又已严重阻塞社会进步的情况下,革新体制是必选之途。美国初建国时,国体由邦联改为联邦,日本在"明治维新"时,国家权力由幕府转向天皇,都是改良成功的经典案例。在美国成为联邦制国家的过程中,国家的统治精英群体没有改变,依然是华盛顿、杰斐逊等一群开国元勋,但国家运行的机制,却通过充分深入的争论、精心设计的框架、适时有度的妥协,先在法律层面进行大幅度修订,后在具体政治操作中得到落实。日本"明治维新"前后的政权组织形式已然大变,但依然不是"革命",掌握了国家至高权力的天皇,本来就是国家传统的政治象征符号,是国家的文化权威所在,维新运动不过是把天皇的象征地位实体化,由文化权威、政治符号扩展到了政治权威。在美国由邦联改为联邦、日本推行"明治维新"后,这两个国家都全面改变了政府和国家面貌,迎来了生机勃勃的新气象。它们的体制革新经历，实现了旧传统与新体制的对接，一方面说明改良是可能的，另一方面也说明改良是必需的。执政者通常都反对“革命”，也不太愿意改良，它的后果是：当执政的力量耗去民众的耐心、民众不再以参与推动政府改良的方式去宣泄不满时，革命就发生了，于是整个国家迎来的，在很长时间内是多输——没有哪一方会在剧烈的碰撞中很快成为赢家。

对于大国来说，维护政权稳定更为至关重要。从以往大国崩溃、解体和衰败的经历看，国家“向下沉沦”的直接表现，就是中央政权的瓦解，也就是问题最终都会反映在政治上，不再能够保证政权的稳定性。一个政权经常更迭的国家特别是大国，政府不可能有能力去维护国家安全、组织社会生活，不仅国家内部动荡不宁，而且还会在国际层面带来震荡。大国的战略能力，因此首先体现为政权稳定能力，能知时通变、不断推动内部改良优化政治体制，同时又能保持政治体制连贯性的国家，必将长治久安，在实现国家发展进步的同时，又在国际层面产生威望和影响。

二、中央政权软弱易导致国家衰亡

对于当代世界来说，20 世纪 90 年代初的苏联解体，可谓是晚近人类历史中最为惊心动魄、凄凉叹惋的一幕。一个横跨欧亚两洲、国土面积比全球第二人的国家还要大上一倍的超级大国，在亿万人从未想到的惊愕中，转瞬间分崩离析、由一而众分裂为了十几个新的国家。而就在这不久之前，世界各国的重要媒体还在盛赞这个超级大国的最高领导者戈尔巴乔夫睿智贤达，在大国领袖中乃是凤毛麟角。大国解体、民族国家增生的过程绝不是田园牧歌式的，因领土归属、宗教信仰、族群关系等因素引发的内战外战，又有千万无辜民众做了冤魂。阿塞拜疆和亚美尼亚之间的纳戈尔诺-卡拉巴赫战争、俄罗斯国内的车臣战争，以及格鲁吉亚境内围绕南奥塞梯和阿布哈兹而引发的暴力冲突和国际对立，使原本平静的世界又多了无尽曲折和波澜，其中的创痛只有亲身经历者才有深刻体会，而旁观者亦不妨从血肉横飞的场景中有所感受。这种大国解体后遗症，直到苏联解体二十多年后的今天仍未消失，那些新国家还在为天然气过境费、加不加入北约、水资源分配等问题而纷争不已，时不时还会剑拔弩张，怒颜相向。而原先构成苏联的主体——新国家俄罗斯，其创伤尤为严重，车臣战争中的战场死亡以及由此引发的恐怖主义不说，单是由于社会经济条件恶劣而造成的人口损失，据苏联最后一任部长会议主席和总理雷日科夫回忆，在叶利钦统治的七年间，就超过了 800 万人，平均每年减少的数量为 100 万人。[①] 同时，俄罗斯社会贫富极度分化，民众的健康水平严重下降，社会上吸毒和各种犯罪率迅速上升。统计表明，转轨之后出现的商业精英的 58%、政治精英的 71%，平均数可能是 61%，基本上是来自苏联的官员，富豪控制了国内经济 70%左右。[②]

1. “乱改革找死”

苏联解体的直接成因，就是在戈尔巴乔夫当政后期，在激进的改革措施作用下，中央政权权威尽数丧失，中央政府软弱无力。1991 年 12 月 8 日，当俄罗斯联邦总统叶利钦、乌克兰总统克拉夫丘克、白俄罗斯共和国最高苏维埃主席舒什凯维奇，在白俄罗斯别洛韦日森林签署秘密协议，决定解散苏联时，当时以戈尔巴乔夫为总统的苏联联盟中央，对此竟然毫无办法，无力制止正在发生的一切。几天后的 12 月 21 日，原苏联 11 个加盟共和国的领导人会聚阿拉木图，达成了建立独立国家联合体的协议，当这 11 个加盟共和国的领导人致信戈尔巴乔夫，告知他苏联以及苏联总统制度停止存在的事实时，戈尔巴乔夫才知道自己已成为一个不再存在的国家的“总统”。笔者还记得 1991 年 12 月 25 日，在电视上看到戈尔巴乔夫宣布苏联解散的讲话画面，讲话结束后是一幅巨大的红旗——苏联国

① （俄）尼·伊·雷日科夫：《大国悲剧——苏联解体的前因后果》，徐昌翰等译，377 页，新华出版社，2008。

② 李建民：《俄首富被捕与安大线无关》，http://news.sohu.com，2003 年 10 月 31 日。

旗从克里姆林宫的穹顶了无生气地缓缓下降。这幕情景曾让笔者极为吃惊。

不改革等死，乱改革找死。说苏联是不当的自我改革给“改”死的，一点不为过。在1985年戈尔巴乔夫接替年迈而终的契尔年科担任苏联最高领导者时，这位超级大国最高领导者所面对的，不说是一个烂摊子，也是一部严重锈蚀的机器。“原来，军费开支所占国家预算的比例并非16%，而是40%！军事工业系统的产值占社会生产总值的比例不是6%，而是20%！250个亿的科研总经费中，将近200个亿都用于军事设备的研制”。[①] 更为可怕的是，这个国家积焉已久的官僚体制，已经高度利益集团化，早就失去了创新和自我改造的动力。一部锈蚀的机器是需要检修的，戈尔巴乔夫上台伊始，便大张旗鼓地在苏联推行改革，改革的必要性无须讳言。

简单说一下戈尔巴乔夫改革的过程。以1987年11月出版的《改革与新思维——为我国和为全世界而作》一书为标志，戈尔巴乔夫上台后，逐步推出了他的“新思维”，那就是民主化、公开性和人民自治。在“新思维”指导下，苏联国家权力重心首先发生了从苏联共产党向苏维埃的转变，重新回到列宁时代所倡导的“一切权力归苏维埃”，原苏联宪法第六条规定的苏联共产党在苏联政治中的领导与核心地位被取消。为彰显苏维埃的合法性，又推行新的国家权力机构——人民代表大会——代表的选举，允许社会组织代表参加，而最高苏维埃由人民大会代表选举产生。这样，苏联国内的“反对派”都得以通过合法选举途径进入人民代表大会甚至苏维埃，而苏联共产党也由执政党变成了议会党，苏联共产党的地位进一步弱化。在新的权力重心——最高苏维埃作为议政、立法和监督机构，不能有效地做出决策、领导国家的情况下，戈尔巴乔夫推动苏联政治体制全面模仿西方，于1990年实行总统制，使国家的最高权力系统转移到总

---

① (俄)米·谢·戈尔巴乔夫：《戈尔巴乔夫回忆录》，王尊贤等译，394页，社会科学文献出版社，2003。

统系统，而各加盟共和国也效仿联盟中央实行总统制，由各共和国民众选举产生自己的总统和苏维埃主席，他们不再对联盟中央负责，而是对本共和国的选民负责。

现在来看当时的情景，戈尔巴乔夫改革的过程，也是苏联中央权威不断流失、内部统一性不断瓦解、政权稳定性一点点受到动摇、国家一步步走向分裂的过程。苏联建国以来，在全国推行统一的共产主义意识形态，从中央到地方统一以共产党组织为领导核心，全国建立统一的行政机构、司法、军队、警察体系，在资源、就业和财富分配等问题上实行全国性计划经济体系，这些举措使苏联每个共和国都成为苏联这部巨型国家和经济机器中彼此连接咬合在一起的齿轮。各加盟共和国、自治共和国之间的分工合作和相互依赖性，在中央集权体制下达到很高的程度，这些制度体系和运行机制，是整个苏联时期维系国家统一的关键所在。戈尔巴乔夫推动的苏联意识形态和政治体制的全面改革，以“公开性”为口号，清算苏联政府历史上犯过的错误，启动对苏联制度与政策的全面批判，完全削弱了苏联共产党的执政合法性和执政能力，苏联原有的意识形态纽带、经济秩序、政治凝聚力都遭到巨大破坏。

戈尔巴乔夫改革的重心，不像 20 世纪 70 年代末中国实行的改革开放主要是在经济领域，而是在政治领域。这首先就是问题，没有厚实的经济成绩为基础，政治改革更容易激发民众不满和社会对立。在戈尔巴乔夫当政的六年内（1985—1991 年），苏联经济年增长率从 2.3% 跌至 −11%，外债从 105 亿美元增加到 520 亿美元，黄金储备从 2500 吨降为 240 吨，货币汇率从 1 美元等于 0.6 卢布变成 1 美元等于 90 卢布，肉价从每公斤 3 卢布猛涨到 100 卢布。“当苏联老百姓发现自己的钱袋和餐桌上的食物，也像戈尔巴乔夫的演讲一样空空如也的时候，戈尔巴乔夫就再也没有人支持了，他的政治命运就谁也挽救不了了”①。

戈尔巴乔夫改革的问题还在于：改革过快过速，超过了国家和社会

① 司马达：《戈尔巴乔夫失落岁月空悠悠》，载《联合早报》（新加坡）2003 年 9 月 25 日。

的承受能力；改革急躁冒进，没有经过精心设计，使国家和社会无所适从、陷入混乱；改革方案没有形成共识，致使意见对立严重，难以真正贯彻执行。说一千道一万，最重要的问题是改革清算了旧的权威体系，而新的权威体系又不能很快树立。一个国家的权威体系都是在历史中逐渐形成的，权威的替代在较长时间内才有可能发生。戈尔巴乔夫的改革，竟然是以否定苏联共产党自身的历史为突破口，不管斯大林模式有多少错谬，疾风暴雨对斯大林模式猛烈批判所带来的结果，当然是共产主义意识形态的破产和苏联共产党执政合法性的丧失。

当苏联共产党在国家政治生活中的核心地位被否定后，新建立的苏维埃体制和总统制，一时不可能树立起权威，苏联内部的政治分裂于是自然而然地产生。首先是党内分裂，在中央领导层，1987 年后形成了以叶利钦为首的激进改革派、以利加乔夫为代表的所谓“传统派”、以戈尔巴乔夫为首的主流派，不同派别之间相互斗争，不能容忍；而在中央与地方之间，“以党中央、中央政治局、总书记为一方，以地方党组织为另一方，出现了党内的对立”，“队伍的划分标准是政治色彩，甚至是民族色彩”①。其次是苏联共产党与其反对者的分裂，苏联后期出现了两种类型的反对派：一个是民主的运动和组织，另一个是民族主义性质的政党。② 政治分裂对苏联的生存是灾难性的，在国家领导层内部，无法形成改革的共同意见和意志，国家政治生活因此陷入混乱，而其后继则是 1991 年 8 月 19 日的政变，这又直接导致苏共被解散。政治分裂更为可怕的局面，是各加盟共和国和自治共和国的民族主义力量兴起，各地方共产党和苏维埃不再听命于中央，中央政权的权威和权力被全面解构，无力应付任何变化，苏联解体的命运也就不可避免。

戈尔巴乔夫的改革，实际上是一场自导自演的革命。革命不仅意味着换人，还意味着换体制，意味着国家象征符号被全盘颠覆。戈尔巴乔夫

---

① （俄）尼·伊·雷日科夫：《大国悲剧——苏联解体的前因后果》，徐昌翰等译，314 页。

② 沈志华主编：《一个大国的崛起与崩溃：苏联历史专题研究（1917—1991）》，1140 页，社会科学文献出版社，2009。

的改革不仅换了人，让国内反对派合法地进入了国家政治生活，也更换了体制，国家领导力量和权力重心由苏联共产党转到了苏维埃，最高领导者由苏共中央总书记变为了苏联总统。在改革之后，旧的权威体系与体制荡然无存，而新的制度和体制丝毫没有权威性。改良不是这样，不会全盘否定既往，而会充分尊重历史延续性，在扬弃部分的同时，又必保留部分，使旧权威能在体制革新中继续发挥功用，以及权威更替能在相对有序的状况下逐步完成。

2. 天真的领导者

在戈尔巴乔夫"将一国总统的权力交出后最初的几分钟"，他便深刻感受到了他所效力的这个国家的世态炎凉，"任何欢送会也没有。独联体各国领导人没有一个人给我打过电话。无论是离职当天，还是离职以后，三年时间里从没有谁给我打过电话"。[①] 无论是对于新上台的掌权者，还是对于一般百姓，戈尔巴乔夫都已经是该翻过的一页，不值得再度提起了。失败者是容易被人忘记和轻贱的，戈尔巴乔夫充分体验了一般大国领导者退职后难以体验的悲凉。

如果从领袖人物的精神气质的角度来透视苏联解体，那么，戈尔巴乔夫身上鲜明的理想主义色彩，或许注定了他的国家及他个人的最后失败。

在20世纪80年代的许多时间里，戈尔巴乔夫——这位超级大国的最高领导者，一次次成为媒体的宠儿，他以令人眼花缭乱的语言和动作，如"新思维""公开性""多元化"等，给他治下的人民带来了惊奇，也让整个世界对他刮目相看。戈尔巴乔夫意在打破一个旧世界，建起一个新世界。他觉得，一个封闭的社会是不正常的，因此他解除了对舆论宣传的控制，让报纸、杂志可以发出不同的声音；他认为，一个正常的国家应该排除政治暗箱，因此他不遗余力地将政治局的决策过程公之于众；他认识到，民

① （俄）米·谢·戈尔巴乔夫：《戈尔巴乔夫回忆录》，907页，社会科学文献出版社，2003。

主不应当仅仅停留在口头上，因此他破天荒地将苏联共产党的权力移交给了苏联人民代表大会；他还思考着，中央集权是反现代文明主流的，因此他积极推动权力下放，加强地方政府的权力，削弱中央政府的权威。

戈尔巴乔夫的这些努力令人惊讶，有哪个君主、哪位政治家会愿意放弃自己手中的权力呢！但戈尔巴乔夫的确做了，看不出来他有多少被迫的成分，他这样做，合理的解释便只能是他内心的信念，即对一个自由、民主、人道、透明社会的理想与期待。他希望在他挥舞着理想的旗帜、描绘着美好社会的蓝图的时候，一夜之间，苏联就由他心目中的“丑小鸭”变成“白天鹅”。“天翻地覆”，多少人都这样向往，戈尔巴乔夫也不例外。

戈尔巴乔夫是从愿望而不是从现实来考虑问题和制定政策的。这一点从他的回忆录中仍可见一斑。在他的理想中，苏联社会是差强人意的，而美利坚民族的利己主义思想，大概比苏联还要严重，“因为，比如说，很难让美国人相信，说他们应该对国际社会的经济发展做出更大的贡献，这不仅是因为美国比其他国家富有，而首先是因为它消费的资源比别的国家要多几十倍乃至几百倍，其大量工业废弃物严重影响着世界的气候”。[1] 戈尔巴乔夫期望在他的面前，出现一个理想世界，他也把创造一个理想的世界，作为他努力的方向和目标。然而，现实的世界又如何呢？

当戈氏为他的“理想”而“奋斗不息”的时候，他没有料到，他的那些西方朋友，是在用现实主义考虑着他和他的事业。美国著名专栏作家克劳瑟默在苏联局势动荡、戈尔巴乔夫的地位岌岌可危时写道：“由戈尔巴乔夫当政的每一天，就是使苏联进一步垮台的一天。我们的最高利益，就是帮助他继续掌权。他在击退（保守势力）方面所做的事情，比（国务卿）杜勒斯所能梦想的还多。”[2]戈尔巴乔夫的大胆改革，曾经受到西方的热烈喝彩，在他所到之处，上至政治家，下至青年学生，都对他表示了“崇高的敬意”，这些敬意给了他继续改革的决心和意志。他也曾多次访问美国，

---

① （俄）米·谢·戈尔巴乔夫：《戈尔巴乔夫回忆录》，1244 页，社会科学文献出版社。
② 司马达：《戈尔巴乔夫失落岁月空悠悠》，豆丁网。

被里根与老布什奉为上宾，他也把后者视为值得打交道的“朋友”。按照那个专栏作家的推崇标准，美国就是为戈尔巴乔夫树立一个千百吨重的丰碑也不为过，在与苏联集团争霸并将其摧垮的过程中，谁能比苏联自己的领导人戈尔巴乔夫起的作用大呢！然而，一旦时过境迁，使用价值降为零，谁还看重你、记得你？

20 世纪 80 年代的戈尔巴乔夫显然没有深刻领会他的所谓“理想”，对他的国家和他本人意味着什么，在他下台之后，他似乎仍然对此察之不详。在朝花夕拾的回忆中，他对过往时光的经历和现实世界，一再表达的是遗憾，“情况非常复杂，要为生存而斗争，为解决许多全球性问题而斗争，为和平和有尊严的未来而斗争”。① 他把发生的一切都当作“遗憾”，这也就说明更多时候他是沉浸在他自己制造的空中楼阁中，而不愿意承认和面对现实的局限。实际上，一个美满的世界从来只存在于想象中，而不可能在人类生活中真正出现。那么，面对一个充满复杂、残酷与斗争的现实世界，就几乎永久是人类生活之常。

可以试着去说，戈尔巴乔夫是一个悲剧英雄，至少他正视了晚期苏联社会存在的那些问题。他的悲剧在于，他选择的改革路径并不恰当，致使改革不能在苏联继续下去，最后葬送国家本身。或许又应该说，他致力于改革的决心、勇气与选择的方向，都是没有疑问的，关键在于改革的具体操持上，他没有以现实主义者清醒的权力意识，想方设法控制住改革中的诸多变数。当然，似乎还可以说，对于“病入膏肓”的晚期苏联而言，其实根本已无路可走，什么样的改革路径因此都已不重要，最后的结局都是死路一条。

且不去说，一个不谙权力真义的政治家是如何导致了他的对内对外政策失败，专注于国内政治，究竟应该如何理解权力和权威呢？

在作为超级大国的苏联已不复存在后，戈尔巴乔夫还在喃喃自语：

① （俄）米·谢·戈尔巴乔夫：《戈尔巴乔夫回忆录》，1243 页，社会科学文献出版社，2003。

“我们在创纪录的短时间内进行了自由选举，建立了议会，实行了多党制，使组织反对派成为可能——一句话，使社会有了政治自由。”[①]戈尔巴乔夫把这些视为他的政绩。的确，在他主宰苏联的那些岁月里，苏联社会在他的人民自治理念下，实现了权力下放和权力转移，在苏联共产党和中央的权力逐步弱化的同时，苏联议会、各政党和作为地方的各加盟共和国、自治州的权力得到了提升。一个极权的社会有无必要放松权力的神经？答案不言自明。从这点来说，戈尔巴乔夫并没有弄错，一个统管一切的政府对一个国家来说是不正常的。然而，一个软弱无力、没有权威、一切都管理不了的中央政府，是否又正常呢？戈尔巴乔夫的政治理想无疑是“小政府”，可惜，在弱化一个“大政府”的过程中，他万万没有想到，他心目中的理想政府其实是逆历史而动的。

三、美国：走向中央集权

尽管建立温和谦恭的“小政府”，不仅是戈尔巴乔夫的愿望，也是芸芸众生的愿望，尽管人们一再相信，“小政府”才反映了人类的政治正义，可是历史给予人们的是另一种解答。现实世界就是现实世界，一种绝对“好”的文化是人类无法生产的，一种相对合理的政治文化，在晚近以来的人类历程中则是这样铺展的：诸多无政府状态的、无中央宏观控制能力的地方性乃至帝国性的政权逐渐被整合或被瓦解，诸多权力集中于中央政府，行动有力的政权逐渐走上前台并主宰了人类政治生活的版图。英国学者戴维·赫尔德在研究欧洲现代国家的产生时，就指出现代欧洲经历了由分散的权威到中央集权的过程。在公元 8 世纪初至 14 世纪的欧洲“中世纪”时期，统治欧洲的是一种权力重叠和权威分散的政治体系，几

① （俄）米·谢·戈尔巴乔夫：《戈尔巴乔夫回忆录》，1262 页，社会科学文献出版社，2003。

百个小规模自治体活跃在欧洲舞台。它们互不统属，权力与要求互相冲突，没有一个统治者或国家能在特定的领土和人口范围内拥有至高无上的主权地位。这些城邦自治体间经常处于紧张状态，战争也十分普遍和频繁。15至18世纪，在开展贸易、扩张市场等因素的作用下，封建制度在欧洲逐渐被君主专制所取代，多个小而弱的政治单元组成一个强大的政治结构，在统一的地域上进行强有力的统治，在领土范围内贯彻严密的法律和秩序体系，并且依靠唯一的最高首脑来实施深入、持续、可靠和有效的统治，权力逐渐集中而成为一种至高无上的、不可分割的权力——主权。欧洲现代民主国家在专制主义国家的基础上产生，不仅没有弱化，反而加强了国家权力。①

"现代社会始终并且必然是集权的，这是因为维持秩序只是一个机构或者一群机构的任务，而不是分散在全社会里的。"②另一位名叫厄内斯特·盖尔纳(Ernest Gellner)的英国学者如是说。德国社会学家马克斯·韦伯(Max Weber)，也早就说过类似的话，他认为现代国家能在既定的地域内合法地垄断暴力工具；英国社会学家安东尼·吉登斯(Anthony Giddens)因此指出，"只有现代国家，在许多方面才能成为最突出的权力集装器"③。

一个集权的社会似乎不符合人们的愿望。然而事实毕竟就是事实。戈尔巴乔夫在其回忆录中，曾言有所衷地说："我喜欢美国人和他们那种自然、大方、民主、坚强的性格，当然还有他们对自由的崇尚。但他们的生活方式和我们差别太大，别人想要适应它谈何容易。"④就是这个美国，这个"小政府"理想的产生之地，戈尔巴乔夫心目中的政治圣域，在政府权力的变迁上所走过的又是一条什么样的道路呢？戈尔巴乔夫恐怕会大跌眼镜。

---

① （英）戴维·赫尔德：《民主与全球秩序——从现代国家到世界主义治理》，胡伟译，34—39页，上海世纪出版集团，2003。

② （英）厄内斯特·盖尔纳：《民族与民族主义》，116页，中央编译出版社，2002。

③ （英）安东尼·吉登斯：《民族——国家与暴力》，14页，胡宗泽、赵力涛译，生活·读书·新知三联书店，1998。

④ （俄）米·谢·戈尔巴乔夫：《戈尔巴乔夫回忆录》，786页，社会科学文献出版社，2003。

1. “玩不下去”的邦联制

在美国独立战争前两百余年，当时还是作为独立“国家”的北美十三块殖民地，包括托马斯·杰弗逊在内的美国革命精英，就曾经坚持在北美大陆应当建立“小政府”。事实上，这样的“小政府”也一度在北美大陆存在过，那就是在独立战争之后，北美十三块殖民地于 1777 年 11 月在大陆会议上通过了《邦联条例》，该条例 1781 年 3 月由各殖民地批准生效。根据条例，解散了原来的大陆会议，建立了邦联政府，组成了松散的邦联制国家。这个理想化的“小政府”的命运又如何呢？

在邦联条款产生之前，大陆会议在许多重要方面已经行使政府职能，如招募和统率军队、谈判条约、发行货币及筹借款项等。在《邦联条例》生效后，大陆会议停止行使权力。根据约定，新设立的邦联国会分设了外事、财政、军事三个部门，控制着对外关系的一切方面，并有权在各邦间充当仲裁者。然而，同样受制于《邦联条例》，邦联政府几乎没有任何控制各邦行动的权力，仍像是各殖民地聚合在一起的“清谈馆”，基本不具备现代主权国家范畴内的那些职能，地位依旧十分软弱。例如，各邦有发行纸币的充分自由；此外，议员和议长任期，对议程、决定重要事件、形成决议等方面的限定，也限制了国会的威信。亚历山大·汉密尔顿细数了邦联体制的种种缺陷，如“目前联邦政府结构上的主要弊病，在于立法原则是以各州或各州政府的共同的或集体的权能为单位，而不是以它们包含的各个个人为单位”；“联邦政府工作第二个最明显的缺点，就是它的法律完全缺乏支持。现在组成的合众国没有权力通过罚金、停止或剥夺权利或以任何其他合法方式来强制人民服从决议或惩罚违犯决议的人”；此外，“各州政府缺乏相互保证，是联邦计划中另一个重大缺点，在组成联邦的条款中，并未申明这类保证”；还有，“用定额规定各州向国库捐献的数量的原则，是联邦政府另一个主要错误”；“缺乏管理商业的权力，是所有党派都承认的一个缺点……缺乏这种管理，已经成为同外国订立有利条约的障碍,并且造成了各州之间的相互不满”[①]。

中国人习惯于把最初组成美国的十三块殖民地叫作“州”,实际上在组成联邦制国家、中央政府奠定之前,美国的十三块殖民地都是独立的自治体(states),近似于拥有主权的国家,把它们称作“邦”更为合适,而在由邦联转换到联邦制国家后,这十三块殖民地才由“邦”转化为“州”。由于在邦联体制内,各“邦”的主权甚至高于邦联的主权,“美利坚合众国”倒像是联合国。

邦联体制最重要的弱点,“是它的财政条款——即在财政上依赖各州,而靠各州如数缴清其摊款是不可能的”。[②] 由于不能制约各邦,没有收税权力,邦联政府无法实施商业管理和建立财政体系,也就不能建立军队,不能与其他国家缔结商业条约,以及无力履行维护外部安全、内部治安和开展对外往来的责任。尤其是面对外部威胁时,弱势的邦联政府和不配合的邦政府使国家经常处于危险状态。在美国独立后,原先的保护国——英国——现在成了强大的敌人,英美虽然达成了有利于美国的协议,但英国拒绝从军事据点撤出。结果,从圣劳伦斯河跨越大湖区,又一直延伸到俄亥俄河谷的广大地带,许多地方名义上割让给了美国,但实际上还控制在英国手上。“美国人刚刚为英帝国在北美地区占用法国而自豪,现在却看到胜利的成果处在同一支英国军队的威胁之下,同样陷于这个帝国所具有的庞大全球影响力的威胁之下”。与此同时,“最直接的威胁就是来自印第安人的攻击”[③],而英国、西班牙这两个在北美建立殖民地的强国,还在背后给钱给物,支持印第安人在有争议的土地上骚扰美国人,这一度使美国的西南边境频频告急。

外部危机还深刻影响了内部团结。肯塔基人詹姆斯·威尔金森是西班牙新奥尔良总督的商业合作伙伴,他宣誓效忠西班牙国王,将西南部地区的一些领土交到了西班牙人的手中。沿坎伯兰河的定居者在印第安人

---

① (美)汉密尔顿、杰伊、麦迪逊:《联邦党人文集》,商务印书馆,1982。此处“联邦”应为“邦联”,“州”应为“邦”,本自然段内所引汉密尔顿其他引文皆应如此理解。——本文作者注

② A.古德温编:《新编剑桥世界近代史》(8),601页,中国社会科学出版社,1999。

③ (美)罗伯特·卡根:《危险的国家:美国从起源到20世纪初的世界地位》(上),袁胜育等译,社会科学文献出版社,2011。

的攻击下曾向国会求助，在求助无果的情况下只好选择投靠西班牙。类似的情况屡有出现，这使西部和南部边境地区边境线都有分裂的倾向。由于缺乏有力的国家保护，美国内部不仅在西南边境，实际上就连北部地区都出现了分裂的可能。很多人相信佛蒙特州与英国结成了秘密联盟；托马斯·杰斐逊等人则注意到马萨诸塞州的谢斯起义背后有英国阴谋；约翰·杰伊则担心，如果为了争夺北美的地位而与一个或多个强国发生战争，邦联中的部分地区可能“在华而不实的承诺诱骗下保持中立，或者由于受到过于美好的和平愿望的诱惑”而去帮助其他国家。

正如美国历史学家罗伯特·卡根指出的那样，维护团结和募集资金在独立战争期间都非常困难，在和平时期更是如此。各邦拒绝为建立一支挑战英国对一些堡垒的控制权或西班牙对密西西比河的控制权，或者在边境地区保卫定居者免遭印第安人攻击的军队提供资金。政府也募集不到资金建立一支能在地中海保护商船的海军。各邦也不能团结起来执行统一的报复性贸易限制政策，该政策本可能迫使英国政府放松自己的贸易限制。与此同时，各邦还拒绝遵守英美条约的具体条款。例如，一些邦拒绝向效忠英国的债权人偿还债务，结果英国以此为借口拖延英国军队撤出美国领土的时间。

邦联国家的主要财政来源是西部土地出售，土地能不能出售，又要看土地能不能得到保护，使之免受印第安人的攻击。这是军队的事情。但当时无论大陆会议还是后来的国会都没钱，也就不能建立军队，1787 年国会掌握的军队才 700 人。这陷入一个恶性循环，军队起不到保护作用，土地更加卖不出去，邦联政府更加没钱，也就无法建军队。定居者得不到邦联政府保护，转而倾向于寻求其他更为强大的国家的支持，这反过来增加了分裂的危险。各邦还不得不雇用自己的民兵来完成邦联军队不能完成的任务，这反过来又加剧了已经很危险的离心力。①

---

① （美）罗伯特·卡根：《危险的国家：美国从起源到 20 世纪初的世界地位》（上），82 页，社会科学文献出版社，2011。

邦联时期的财政部长罗伯特·莫里斯,是一位雄心勃勃的国家主义者,他设想了一种税收和债务管理的协调计划,想以此使稳定政府财政。1781 年,他制定了一项建立北美银行的国会章程,利用北美银行保存政府资金,承担政府债务,并负责发行货币。他的这个想法“由政府财政税收支撑的公共债务将充当我们邦联体制最有力的黏合剂”[①],与后来成为华盛顿政府第一任财政部长的汉密尔顿不谋而合,但这个计划流产了,因为《邦联条例》修改达成一致的条件之一,就是限制新政府的权力。

总结一下,由于邦联政府仅具有各殖民地联盟的性质,无强大的权力制约各殖民地,凡是一个正常的主权国家能做到的事情,作为邦联的美利坚合众国基本都不能做到,包括:无法保障国内外安全,对英国人、西班牙人和印第安人的威胁束手无策;无法应付国家扩张,对领土的扩大不能有效实施管理;无法保护海洋运输和商业利益,对西班牙切断西部地区的商业命脉和海外商业运输被袭击无能为力;无法控制内部团结,美利坚合众国有分崩离析的危险……在这些由国家制度缺陷而导致的致命问题影响下,作为邦联的美国对外无力,内部也极为混乱,因各邦自行其是而陷入无政府状态。

独立战争结束后,面对经济困难和货币短缺,邦联急需中央集权来对商贸进行调控。然而,当邦联政府对英国实施关税措施时,由于各邦互不配合、各邦分别对跨州的进口英货加征关税,英国商船可以转而驶往税收征管宽松的其他州,各邦之间似乎展开了商业大战。比这更严重的,是因无政府状态而引发的内部动乱。1783 年,迟迟领不到工资的军队、公共债权人和国会中的国家主义者联合起来,欲发动政变威胁政府,来为国会争取更大的权力。这场所谓的“纽堡阴谋”,后来在华盛顿的劝说下才无疾而终。而在 1786 年 8 月底,马萨诸塞州发生了前陆军上尉丹尼尔·谢斯领导的农民起义,起因是 1785—1786 年的经济萧条,使小农阶层最受

---

① (美)乔治·布朗·廷德尔,大卫·埃默里·施:《美国史》(第 1 卷),222 页,南方日报出版社,2012。

打击，而该州大资产阶级实行短视而自私的政策。控制着该州事务的富有商人，将捐税负担转移到土地和人头税上，农民不堪重负。谢斯在独立战争时期曾是一位勇敢的军人，军队解散后他一无所有，甚至不得不将美国独立战争和法国革命中的双料英雄拉法叶特赠送的宝剑拿去换了几块钱。

无政府，不国家。在政府软弱无力的邦联制国家形成几年后，美国革命的元勋们——实际上是全体美国人都认识到，他们因恐惧强大权力侵害自由而产生的“小政府”理想，落到实处其实是使自由毫无保障，邦联体制下的政府无为无异于一场灾难，如果不改变邦联体制、建立有权威的中央政府，“美利坚合众国”就将不复存在，美国人的自由也将无从谈起。

2. 联邦主义的胜利

在邦联体制下因中央政府无力而发生的共和国危机，使美国开国者们开始思考加强中央权力。

后来成为美国首任总统的乔治·华盛顿是坚定的强大政府的倡导者，这与他在战争中的经历有关。各殖民地的地方主义，使邦联军队的后勤供应、统一指挥、军官任命等都遇到了大量麻烦，而解决这一问题必须统一各邦意志，建立起超越邦权的中央政府。在1780年7月6日给菲尔丁·刘易斯的信中，他指出殖民地间的猜忌情绪在增长，而要取得战争胜利，必须统一各殖民地意志。“我可以毫不怀疑地指出，而且可以明确地说，这就是我的看法——各州必须选出众望所归的全权代表参加大陆会议，并赋予该机构绝对权力，以处理与这场战争伟大目标有关的一切事务和共同关心的问题(即各州都受影响的问题，地方性的内部事务，如维持治安，管理政府仍由各州自理)，否则，我们的事业是不可能成功的”。①

① (美)乔治·华盛顿：《华盛顿选集》，169—170页，商务印书馆，1983。此处的“州”，应为“殖民地”。——作者注

在邦联政府未建立之前，他一再强调要扩大大陆会议的权力，以增加效率。“对于加强大陆会议权力所采取的措施，我和您一样引以为快。我深信，使该会议拥有足够权力为我们的安全所必需。缺乏这种权力，必将带来失败”。华盛顿多次指出美国的前途取决于能否建立起强大的中央政权。在1783年3月31日给亚历山大·汉密尔顿的信中，他忧心忡忡地为修改《邦联条款》而呼吁，认为要锻造新的美利坚民族，克服各邦之间的猜忌，使各邦能根据相互忍让和永久性原则团结起来，须建立强有力的中央政府，而这就必须制定宪法，革除邦联制度的弊端。他说：“为使我国前进，必须抛弃一州之见和毫无根据的妒忌和偏见。否则(一眼即可看出)，我们即会变为我们的敌人和欧洲列强手中的工具。他们出于对我国伟大团结的妒忌，将利用我们自己拆散邦联。”①在1786年8月1日致约翰·杰伊的信中，他对美国政局表示忧虑，东部各州出现有组织的动乱，国家不宁(如马萨诸塞州出现骚乱)，指出症结在于国会无力，以致有人开始谈论君主政体，美国有走向专制主义的可能。华盛顿对人类的天性洞若观火，在1787年3月10日给约翰·杰伊的信中，他再次指出了邦联的缺陷，“我们的制度在理论上比实践上更完善”，“尽管把美国的优点吹嘘得天花乱坠，我们将很可能提供最新的但可悲的证明：人类的统治者不使用强制手段是没有本领管理自己的”。在1787年3月31日给国会詹姆斯·麦迪逊的信中，他说：“我承认，我现在对公众美德的看法有所改变。我怀疑是否有任何一种制度，不使用政权的强制力量就可以使中央政府的法令得到应有的贯彻。”

美国另一位开国元勋，也曾做过总统的詹姆斯·麦迪逊，同样早就想废弃“软弱无力”的《邦联条例》，用一部体现中央集权的宪法代替它。他主张中央政府应该对地方政府行使绝对的控制，因为《邦联条例》下面，“诸州的立法主权”不断地阻碍了联邦的权力。他曾于1787年春起程赴

---

① (美)乔治·华盛顿：《华盛顿选集》，208—209页，商务印书馆，1983。此处“州”应为“邦”。——作者注。

费城前写信给老朋友杰斐逊，向他表明自己的想法，认为医治“现存宪法的致命的痼疾”最有效的办法，就是授予“联邦首脑对于地方立法机关在一切场合的否决权”。

邦联体制下的无政府状态及各种混乱和无力，终于使美国各组成部分派出代表，于 1787 年 5 月在费城举行全国代表会议。《邦联条例》的实行过程使会议代表们相信，一个有别于邦联政府形式而有效运作的中央政府必须有权征税、规范商业行为、征募海陆军队以及制定约束公民个人行为的法律。再者，为了实现国家统一和稳定，必须废止各邦的某些权力：发行货币、废除合约、签订条约、宣战和征收关税等。在华盛顿的主持下，经过三个月的秘密讨论，1787 年 9 月 17 日，费城会议终于废弃《邦联条例》，通过了新的《联邦宪法》，改邦联为联邦。这部宪法是在强化政府权力的要求下，也是在谢斯起义的震动下制定的，奴隶制的南部与商业的北部、大州与小州之间，都做出了不少妥协。独立战争的目的是要削弱宗主国的权威性，限制甚至取消政府权力，《联邦宪法》则反其道而行之，目的是要扩大中央政权权威，并让集权政府的职能合法化。

在召开制宪会议时，当时对美国应该成为什么样的国家，不同的地区意见对立，在美国革命元勋中也有不同主张。联邦党人力主建立联邦主义与国家主义结合的中央集权国家，希望政府强大有力，而以南方奴隶主居多的反联邦主义者，则担心一个强大的中央政府如果由北方控制，将会对南部地区的奴隶制构成冲击。后以双方的相互妥协而告终，北方诸州推迟 20 年废除奴隶制，南方各州同意联邦政府有管理商业贸易的权力。顺便说一下，奴隶制的存在，不简单是道德问题，从美国发展的历史可以看出，它后来加剧了美国不同地区本就存在的经济差别、社会差别和政治紧张，最终在 19 世纪 60 年代导致南北战争。

按照《邦联条例》的约定，新宪法通过后，要由十三个邦的代表会议分别批准，而有九个州同意即可生效。在此过程中，拥护和反对的两派持对立意见，发生了美国历史上一场最为激烈的论战。麦迪逊、汉密尔顿和杰伊，这三位都是致力于中央集权的功勋人物，当时自称“联邦党人”，为说服美国各界、使各邦接受并尽快批准宪法,用“帕布里厄斯”这个笔名写了一系列文章,并发表在报纸上,后来合起来叫作《联邦党人文集》。这些文章反驳了对新宪法的各种责难和抨击,对新宪法和建立美利坚合众国政府所依据的基础原则做了分析说明。在系统评价 1781—1787 年间邦联体制的缺点的基础上,集中阐述了需要建立中央集权的强大的联邦政府,以保证政治上的统一,实现国内安定,促进经济繁荣,同时充分保障各州和个人的权利。

联邦党人与反联邦党人的全部争执,实际都围绕一个中心问题而展开,那就是独立战争时宣布独立的十三“邦”,是应该维持独立之初由十三个政府各以主权国家的身份结合组成的“邦联”,还是应该由各“邦”放弃主权,组成在一个中央政府领导下的统一主权国家。以汉密尔顿、约翰·亚当斯为代表的联邦党人及其草拟的新宪法,主张选择后者。为说明制定新宪法、建立中央集权国家的必要性,由汉密尔顿撰写的多篇文章,论说了北美在不联合的情况下所面对的两种致命威胁:一种“会招致外国武力和诡计的种种威胁”,另一种威胁“多半来自各邦之间的纠纷,来自国内的派别斗争和动乱”,合众国内部有可能会因中央政府无力而导致内战,实力强大的邦会威胁到实力较弱的邦的生存。而麦迪逊则趁热打铁,解释了联邦制的好处:“它是防御外来危险的堡垒,是我们的和平保卫者,是我们的商业和其他公益的保护者。只有联邦才能代替破坏旧世界自由的军事机构,才能适当地医治党争的弊病,这种弊病证明对其他民主政府是致命的。”

要让马儿跑,就得让马儿吃好草。在论证了邦联无力应付共同的外部安全、内部治安、商业贸易等方面的需求后,汉密尔顿指出:“倘若把最重要的国民利益的管理交付给一个政府,而不敢把适当而有效管理所需要的权力交付给它,就必然是永远荒谬的。”[①]在他们的共同游说下,对新宪法和联邦体制持反对意见的人,逐渐改弦易辙。1788 年 6 月 21 日,在新罕布什尔州作为第九个州批准宪法后,一个中央集权的新国家终于在

① (美)汉密尔顿,杰伊,麦迪逊:《联邦党人文集》,程逢如等译,商务印书馆,1982。

北美大陆出现，美国历史自此掀开了新的篇章。

3. 与邦联的区别

美国开国群英们经过长时间的争论与斗争，还是在北美建立起了统一有序的联邦制中央集权国家。关于这一点，法国哲人亚历西斯·德·托克维尔慧眼独具，他说的这句话直到现在仍应该引起我们的反思：“美国不仅是一个共和国，而且是一个联邦。但是在美国，国家权威在某些方面甚至比当时欧洲一些君主专制大国还要集权。”作为例证，他还特意指出，在欧洲的西班牙，某些省份有权制定本省的税法，而这些权力按其本质来说是属于国家的；而在美国，只有国会有权调整各州之间的商业关系。

托克维尔的这句话是在 19 世纪 30 年代说的，当时美国的中央集权制已经逐渐发展完善。这位法国贤达于 1831 年至 1832 年间曾在美国待了九个多月，详细考察了美国政治的各个方面，回国后写成的《论美国的民主》一书，后来成为经典名著。托克维尔实地观摩美国的政治运作，发现美国中央政府比其他国家的联邦政府有力得多。他认为与其他联邦政府不同的是，美国中央政府的权力直接来自各州公民，而不是各加盟政府。“以前的联邦政府直接治理的是加盟政府，而美国的联邦政府则直接治理公民个人”，这使得“美国政府并不是一个联邦政府，而是一个不完备的全国政府”。由于权力直接来自人民，“1789 年联合起来的美国各州，不仅同意联邦有权颁布法律，而且同意它自己执行”，因此美国联邦政府的权威远比其他类型的联邦政府大，“能够做它有权做到的一切”。相形之下，在此之前的联邦制国家，“为了共同的目的联合起来的人民虽然同意遵守一个政府的法令，但却保留了由自己调整和实施联邦法律的权力”①，由此造成的结果，“不是联邦中最强大的加盟政府攫取联邦的政权，以联邦的名义向其他加盟政府发号施令，就是联邦政府放弃自己的权

① （法）托克维尔：《论美国的民主》（上），董果良译，商务印书馆，1988。

力，使联邦陷入无政府状态，而联邦亦随之失去活动能力”。变为联邦制之前的美国即是如此。

美国联邦政府有哪些职权？按照美国宪法的规定，联邦政府被授予媾和、宣战、缔结条约、征集军队和筹建舰队的专权；联邦政府被授予同货币的价值有关的一切事务的决定权，管理全国的邮政，有权敷设将全国各部分联结起来的交通干线；联邦政府有权干预州的内部事务，各州虽然有权修改或改订自己的立法，但不准制定追究既往的法律，不得在本州内组织贵族集团；只有联邦最高法院可以解释法律；只有联邦国会有权调整各州之间的商业关系；最后，为使联邦政府能够清偿其所负债务，而赋予它不受限制的征税权。这些权力，基本都是邦联时代的美国国会不曾拥有的，前后对比，联邦制下的美国政府权力显著扩张，同时由于是公民直接赋权，政府行使各项权力的能力也本质性地增强。

联邦政府的扩权，并不完全以牺牲州权为代价，而是努力维护了共和与民主、中央集权与地方自治的平衡。由于美国各州一开始就相互独立，拥有独立管理的政府，并形成了自己特有的利益和习惯，所以它们对自己的重要性消失于全体重要性的坚固而完整的联合，曾经极为反感和不适应，立国之前即“出现了互相对立的趋势：一个趋势把英裔美国人推向联合，而另一个趋势则把他们推向分裂”。在起草宪法时，两种对立的利益产生了两种意见：一些人想把联邦建成各州保持独立的联盟，或召集各州代表在一起讨论与共同利益有关的某些问题的大会；另一些人想把美洲各殖民地的全体居民联合成为单一的国家，给他们建立一个即使权力范围有限，但能在这个范围内作为国家的唯一单独代表而活动的政府。为协调这种冲突，最后，立法者采取了一种折中办法，将理论上不可调和的两种制度强行调和起来。州独立的原则在组建参议院方面取胜，每个州都向国会选派两名参议员；而国家主权学说则在组建众议院方面占上风，众议院的议员人数按人口比例来规定。

联邦比邦联好，这是托克维尔的感叹。在仔细考察了美国政治的方方面面后，托克维尔认为美国联邦政府有能力是美国在北美兴起的关键所在。“大国之所以繁荣，绝不是因为它大，而是因为它强。因此，力量一向是国家幸福和生存的主要条件之一”。而美国中央集权制的优势还在于，“联邦既像一个小国那样自由和幸福，又像一个大国那样光荣和强大”。

4. 中央权力的实在化

在成为联邦制国家后，美国建立汉密尔顿式的强大中央政府，曾遇到两个重大障碍。一是杰斐逊所设想的民主与汉密尔顿所设想的国家主义之间的差异，后者希望削弱州权，而前者指望各州抵制国家权力；二是美国各地在物质、经济和社会发展上的差异。这两个障碍，在安德鲁·杰克逊时代突出地表现出来，但也从那时起逐渐被搬除。杰斐逊以农业共和国为基础的民主主义后来经杰克逊改造，成为包括所有进行生产的阶级的民主主义，不再是为地方分权提供理论依据的意识形态，与国家主义实现了相容。而在南北战争之后，这两个障碍被彻底清除。

美国由邦联转为联邦，一开始就存在相互对立的主张和意见。成为联邦制国家后，前三届政府都是由主张中央集权的联邦党人执政，第一和第二任总统华盛顿、第三任总统亚当斯都倾向于国家主义。但也就在联邦制国家运行伊始，华盛顿内阁中的两位重要成员——财政部长汉密尔顿和国务卿杰斐逊，在国家发展方向上产生了严重对立。汉密尔顿力图将美国置于可靠的财政基础之上，为此提出了庞大的国家发展计划，包括：通过发行债券解决国家债务，由联邦政府承担各州在独立战争期间欠下的债务；建立一个国家银行；设立奖励和关税鼓励国内制造业。这些雄心勃勃的计划遭到了杰斐逊和麦迪逊的反对，他们担心国债将引发投机，国家银行则超越了联邦政府的宪法权力。内阁中的意见对立，演变为以汉密尔顿和亚当斯为代表的联邦党人，与以杰斐逊和麦迪逊为代表的共和党人间的对立，前者主张加强中央权力、发展工商业经济，后者捍卫州的权力、以农业经济和农业社会为圭臬。内阁中的争吵曾使华盛顿烦心不已，但他更赞同汉密尔顿加强联邦政府权力的国家主义。在1796年的告别演说中，他将共和党人少一点中央集权、多一点民主共和主义的要求，与血腥的法国大革命相提并论，认为剥夺政府必要的活力，将使政府太虚弱以至于难以抵挡派系的冒险行为，如果没有一个强大的政府在一部强大的宪法之下对派系之争加以限制，最终将导致可怕的专制。

在约翰·亚当斯之后，杰斐逊及其民主党人，执政达二十八年之久。然而，上台了的民主党人，却是“打左灯，向右转”，在理论上奉行杰斐逊的州权思想，而在实践上却采取了极端国家主义者汉密尔顿重在中央集权的国家主义。虽然联邦党在汉密尔顿1804年去世后逐渐消失了，但其倡导的原则和主张，大部分却被对手所吸纳。当家才知柴米贵，作为共和党人的领袖，杰斐逊本人以最高首脑身份执掌国家后，面对内忧外患，采取了一系列联邦党人主张的措施，表现出了明显的实用主义和国家主义倾向。比如，杰斐逊曾十分反对建立常备军，然而，为保护对外贸易，却在地中海维持了一支海军的存在；对实施保护性关税以及国家银行的存在，也不再反感，其财政部长亚伯拉罕·阿方斯·艾伯特·加勒廷，基本继承了汉密尔顿的财政方案，使政府更加依赖关税收入。这使得如约翰·伦道夫这样的共和党人，反而变得比杰斐逊还倾向杰斐逊派，他们捍卫州的权利，坚持严格解释宪法，提倡农村生活方式，不愿意向联邦派妥协。

詹姆斯·麦迪逊与汉密尔顿在制定美国宪法的过程中曾是亲密战友，一起为美国由邦联向联邦的转变、建立中央集权国家奋斗，但后来在国债问题上，詹姆斯·麦迪逊与汉密尔顿反目，转而与杰斐逊一道，成为汉密尔顿等联邦党人在国会中的坚定反对派。后来也登上总统大位的麦迪逊，却几乎同样全盘贯彻了汉密尔顿的国家主义主张，比如在1812年美英战争之后发给国会的一份咨文中，他提出加强政府职能的几个步骤：加强国家要塞及各项防御工事，建立常备军和海军，设立新的全国性银行，有效保护新兴产业，修建商用、军用运河和公路系统，最重要的是建立全国性大学。这份咨文被一位新英格兰人给予这样的评价：“共和党已经使联邦主义被排除在联邦之外了。”在麦迪逊当政期间，国会还批准设立万人常备军并加强海军。麦迪逊的这些作为，连联邦党人都觉得超过他们的底线了，“当麦迪逊拥护国家主义和宽泛解释宪法时，联邦派反而站在杰斐逊派的立场，主张州权和严格解释宪法”。[①]

恰恰是在共和党执政时期，联邦政府的权力和权威都得到了加强。比如，1803年购买路易斯安那的主体，是美利坚合众国而非某一个州；1812年美国以国家名义对英国进行了一场战争；1816年特许成立了一个全国金融机构即第二合众国银行，同年采取了经济民族主义的保护关税制；同样由联邦政府出资，于1818年完成修建了沟通东、西部的坎伯兰公路；1823年的“门罗宣言”，又宣布把整个美洲置于美国的保护之下。

特别是在经济领域，国家主义的“三位一体”政策——设立全国性银行、实施保护性关税和改善国内环境，对美国作为中央集权国家的巩固发挥了重要作用。19世纪前三十年间，公路的修建、运河的开凿、汽船的发明，推动了国内贸易的发展，各州之间建立起密切的经济联系，最后超过了对外贸易。全国性经济体系在建立银行、保护性关税和公路等立法的支持下，得到了迅速发展，约翰·昆西·亚当斯任总统时的国务卿亨利·克莱在1824年提出的“美国体系”，成为现实。克莱当时倡议要通过修建道路和提供运输工具(称为“国内改良”)鼓励西部农业的发展，并通过建立保护关税制扶持东部工业，从而使工业地区成为西部农业的市场，而西部农业地区也为东部工业提供市场。东、西两大地区在经济上相互补充，在政治上相互支持，最终形成一个全国性的经济体系。

同时，确立了联邦政府在司法解释上的至尚权威地位。最高法院首席大法官约翰·马歇尔是位联邦党人，在他的主导下，最高法院做出一系列决定，规定各州的行动只要侵犯了宪法授予中央政府的行动范围均属无效。马歇尔在1821年宣称“在许多以及极其重大的问题上，合众国构成一个单一的国家”，这使美国宪法名副其实地成为国家宪法。马歇尔曾

---

① (美)乔治·布朗·廷德尔，大卫·埃默里·施：《美国史》(第1卷)，南方日报出版社，2012。

做过一系列有利于司法国家主义的判决，其中最重要的有三个：通过达特茅斯学院诉伍德沃德案，确立了最高法院对州法院的司法复审权；通过麦卡洛克诉马里兰州案，确立了联邦政府具有宪法的默示权力、国家宪法和法律高于各州宪法及法律的原则；通过吉本斯诉奥格登案，确立了联邦政府在调控州际贸易时的最高权力。通过具体个案所进行的这些判决，贯彻落实了中央权威，否定了联邦政府是各州主权产物的观点，认定中央权威直接产生了美国人民，虽然主权分属于州和全国政府，但后者尽管其权力受到限制，但在其权力行使范围内是至高无上的。

然而，美国建立强大中央政府的过程，绝非一帆风顺。美国作为联邦制国家刚立国时，就不得不面对地方主义的暗流。突出的一个例子是，一次华盛顿巡视美国东部，到达马萨诸塞州时，州长亨科克竟称病不出来迎接，只因美国历史向来有州无国，一贯州自为政。华盛顿对这种地方主义大为生气，拒不出席州长宴会，后终于使亨科克臣服。

即使在 19 世纪上半叶中央政权不断加强之际，地方主义与国家主义、州权与中央政权的对立与抗争，仍时有发生。如在杰克逊担任总统期间，发生了“否认原则”的危机。当时南方以南卡罗来纳州为代表，1932 年为反对保护关税的立法，援引参议员约翰·卡德威尔·卡尔霍恩提出的一条宪法规定，通过了一项“否认法令”，否定了联邦政府关税法令在南卡罗来纳州的有效性，停止征收关税。这种行为无疑表明各州才是合众国宪法权力界限的最终裁决者，最高法院不能充当这一角色，这使合众国的法律尊严受到严重损害。时任总统杰克逊坚决捍卫联邦权威，发表《致南卡罗来纳公民公开信》，声称联邦政府拥有最高权力，在紧张的时刻甚至准备动用军队压服南卡罗来纳州，他警告说：“用武力肢解联邦是叛国行为。”后来中央与地方两方都做出了妥协，事情才得以解决。但这一事件也说明，在美利坚合众国建立后的前期，国家主义与地方主义之间一直存在对立。

南卡罗来纳州议会 1932 年通过“否认法令”，实际上反映了美国建国直至南北战争期间一直存在的一个大争议，那就是组成联邦的各州有没有权力废止联邦法令。1798年弗吉尼亚州和肯塔基州议会为抗议《客籍法》和《镇压叛乱法》，通过了由杰斐逊和麦迪逊起草的《弗吉尼亚和肯塔基协议》[①]，宣称联邦政府是拥有某些特许权力的代理机构，当联邦政府越权时，各州可保留自己的决定权，并可宣布联邦政府法令在其管理范围内“无效和无约束力”。1829年，卡尔霍恩撰文发展了这一原则，主张州有权拒绝执行联邦的法律，个别州可以废止它所认为的违宪的联邦法律，直到全国3/4的州通过一项宪法修正案来调整该州法律为止。这种主张后来在美国国会中，曾引发一场著名的大辩论，即韦伯斯特-海恩大辩论。当时南卡罗来纳州联邦议员罗伯特·海恩为反对保护性关税意图加强南部与西部联盟，马萨诸塞州参议员丹尼尔·韦伯斯特在与其辩论中，巧妙引诱海恩为州权辩护并支持废止联邦法令的原则，韦伯斯特乘机详细阐述了宪法国家主义的观点，他指出美国从一开始就是一场整个民族的革命，而非个别殖民地的联合运动；国家主权存在于全体人民当中，联邦政府和州政府都在各自的范围内扮演着人民代理人的角色，如果单独一个州就可以废止国家政府的法令，那么这个联邦就是“一根绳子串起来的散沙”或一个荒谬之物；州既不可以废止联邦法令，也不可以脱离联邦，废止联邦法令的直接后果就是内战。韦伯斯特-海恩辩论划清了州权与联邦权之间的界限，丹尼尔在演讲中的这句话“自由和联邦，从现在到永远，都是合而为一、不可分离的”成了经典名句，后来被反复印在教科书中。

但这并没有完全消除中央权威被无视和美国分裂的危险。19世纪上半叶，随着南方的种植园经济和北方的工业化经济向不同方向的发展，奴隶制问题的扩大化，美国南北不同地区间的发展不平衡被打破，因地区利益差距而产生的地方主义思潮在南方再次兴起，对国家主义的联邦制度形成挑战，最后的结果是南北战争。在18世纪80年代，南部地区曾普遍支持建立强大的政府，原因是英国在独立战争期间曾经许诺，如果奴隶反对他们的主人的话，就给他们自由身，这一度在南方的心脏地带造成恐

① 当时没有几个人知道这份议案是由杰斐逊和麦迪逊起草。——作者注

慌。在成为联邦制国家后，随着北方资本主义的发展、实力的增强，以及美国领土的扩大，南方奴隶主转而担心，一个强大的中央政府如果由北方控制将会对奴隶制构成冲击。南北方的对立，仍是美国建国以后就已存在的联邦权力与州的权力间争执的延伸，不过是以更加激烈的方式表现了出来。

战争未必完全是坏事，有时候是减少国家内部差距和提高国家统一性的必要手段。南北战争成为美国加强中央政府权力、提升内部共同性的重要节点，总体战争和全民动员的迫切需要，造成联邦政府权力急剧膨胀，从 1861 年到 1865 年，亚伯拉罕 · 林肯政府制定关税政策，设立联邦政府特许的银行体系，对旧的美国体制实施改良。在美国历史上，联邦政府第一次开始管理联邦税收，创立国内税务局征税，发行本国货币，创立本国军队各级指挥官的升迁制度。战争也终结了南部地区的蓄奴制度，造成地方主义的一大长期隐患就此拔除。

在南北战争之后，美国加强联邦政府权力，其要在通过调整中央与地方的财税事权，来增强中央的财税事权，遏制地方分裂势力。这实际上是强干弱枝，美国把它作为联邦制的重要内容，中国在北宋时期曾实行过类似政策。在美国，联邦政府的税收收入最多，联邦政府主管财政的最主要开支，包括社会保障、州际公路的修建与维护、部分教育经费。此外，联邦政府在公共执法、保证州际贸易来往顺利、环保、工作安全、食品安全、人口与经济统计、国防等方面，机构实力最强、能力最大。也就是说，联邦即中央政府，权力与资源最多，州政府次之，地方政府再次之，各州与地方没有实力可与联邦政府叫板。[①]

美国后来建立的政府体制，绝不是“小而弱的政府”，纵观美国建国以来两百多年的历史，很遗憾，与人们的想象明显不同，世界上最“自由、民主”的国家，它所走过的，不是逐渐弱化政府权力的历程，而是不断加强政府权力特别中央权威的历程。

---

① 赖洪毅：《民主化后如何防止分裂?》，载《联合早报》(新加坡)2007 年 6 月 8 日。

5. 弱政府是“不道德”的

美国为什么最终还是成了中央集权的国家，这个问题值得今天的人们深思。我们的思考可能有两种方向，一种是伦理主义的，一种是历史主义的。按照伦理主义的道德化构想，无论如何，美国建立强大政府都是一种丑恶。然而，一个弱小的政府真的就是“善”吗？历史总是与人们的良好意愿唱反调。在美国作为一个邦联制国家、政府弱小的那些年份，横亘于美国社会的，不是旧大陆军的起义，就是农民骚乱。独立后的北美新国家，没有一天处在安宁中，民众无日不在动乱中。一个缺乏基本秩序、民众权利也因此无法得到保障的社会，当然也不符合人们的理想。在普遍的无序中，联邦主义开始在美国兴起，汉密尔顿等联邦党人，开始致力于把美国建设成为统一有序的联邦制国家。这不能不被视作必然，反映了历史本身的意志。他们的努力终于获得了成功，后来的美国历届政府，即便是在如杰弗逊这样的民主共和党人执政时期，也都将联邦党人所信奉的国家原则贯彻到了政府机构的设置中。美国今天成为“自由、民主”的国家，不能不说，与美国建国后建立起来的中央集权体制密不可分。

“美国最初建立的第一个邦联之所以未能存继下去，也是因为它的政府过于软弱”①，托克维尔的这句话表明了一个历史主义者的卓识，一个软弱无力的政府几乎可以认为是“不道德”的，因为它不能履行政府存在的最基本的理由：维持秩序。而不能建立和维持秩序，则又意味着无法有效保障民众的权利，甚至还会产生一些“不道德”的结果，如战争、冲突与社会动乱。美国政治学者塞缪尔·P. 亨廷顿也极富洞见地指出，“对总统有好处的对国家也有好处”。美国人民拥戴像杰斐逊、林肯、大小罗斯福和威尔逊这样的总统，因为他们在任职期间都扩大了总统的权力，人们把他们看作是促进公共福利和民族利益的仁慈的倡导者；而像布坎南、

① (法) 托克维尔：《论美国的民主》(上)，175 页，商务印书馆，1988。

格兰特和哈丁这样的总统，他们没能维护自己机构的权力免受其他集团的侵扰，因而被认为没能为国家谋利益。“政府的职能是统治。一个缺乏权威的弱政府是不能履行其职能的，同时它还是一个不道德的政府，就像一个腐败的法官、一个怯懦的士兵，或一个无知的教师是不道德的一样”。[①]

四、法国大革命、明治维新和清末新政

美国中央集权国家的建设，在 19 世纪前半期的很长时间里，都曾面对内部对中央权威的反抗，偶尔还险象环生，甚至酿成内战。现代民族国家都是中央集权的，从传统国家走向现代国家，大多数时候都不是那么平坦，有些国家甚至因此发生了革命。而采取改良方式实现国家转变的，有时也免不了出现激烈的内部冲突。

国家权力的建构或优化过程，也是国家内部利益调整的过程，在此过程中最容易发生的，就是难以调和的阶层对立，利益受损的集团和群体会起而挑战中央权威。以法国和日本为例，这两个国家在向中央集权国家迈进时，一个曾发生过革命，另一个虽然相对平坦，但也没能避免在某些时段发生内乱。

法国大革命的发生，是在法国君主政府试图推进改革、改良中央集权体制之际。当时法国在向中央集权制演变，封建制度逐渐瓦解，民众处境逐渐改善。代表封建的贵族制度日趋没落，这个群体虽然继续存在，但已经不再参与行政管理。托克维尔说：“自 17 世纪以来，封建制度已基本废除，各个阶级互相渗透，贵族阶级已经消失，贵族政治已经开放。”与此同时，在绝对君主制下的中央集权国家，步步扩张。“18 世纪欧洲政体到处

---

① 塞缪尔 · P. 亨廷顿：《变化社会中的政治秩序》，王冠华等译，24—26 页，生活 · 读书 · 新知三联书店，1989。

濒临崩溃……这个根源便是王权，但与中世纪王权毫无共同之处，它拥有另一些特权，占有另一个地位，带有另一种精神，激发另一些感情；这便是国家行政机构，它建立在地方权力废墟之上，向四周延伸；这便是日益取代贵族统治的官吏等级制度”[①]。政府权力的扩张不简单只是谋求自身的特权，相反，大革命前的法国君主政府，越来越开明，越来越关心底层民众，越来越习惯倾听各方意见，对自由和人的生命的尊重时常可见。税务部门对穷苦人极少施行强制，蠲免捐税更频繁，赈济更多。国王设立各种基金，专门用于在农村创办慈善工场或救济贫民，路易十六甚至亲自过问对王室狩猎总管管区周围农民的赔偿。

吊诡的是，当路易十六政府的善心达到顶点时，法国内部的阶层对立和不满情绪也到了顶点。核心的问题是财政。中央集权国家是以足够强大的税收能力为前提的，舍此必不能维持。而在路易十六时期，参与在北美的战争以及国内公共事务的迅速发展，都在耗尽国家的财政基础。政府努力促进公共繁荣，发放救济金和奖励，实施公共工程，这些每天都在增加开支，而收入却并未按同一比例递增；这就使国王每天都陷入比他的前人更严重的财政拮据中。为增加财政收入，路易十六的几任财政大臣都致力于改革财税制度，卡洛纳、杜尔哥、内克尔等，都清楚地看到那个时代的财政和经济问题只有通过废除特权和各种限制性的做法才能得到解决。这遭到了贵族和教士阶层的强烈反对，当时的法国贵族们虽然失掉了政治特权，但在经济上还有不少特权，比如税收减免，由此形成的局面是穷人交税，而富人不用交税，450 万个贫苦家庭交纳税收的大部分，而大约 50 万个家庭却在不同程度上免交国税。

贵族、教士阶层对税制改革的抵制，使改革频频流产。法国大革命的直接导火索，就是当 1786 年财政总监卡洛纳提出他的改革方案时，被 1787 年 2 月的显贵会议所否决。当时法国的统治阶层内部出现分裂：绝大部分既得利益集团是站在王国官僚行政管理工作的对立面。法国君主

---

① （法）托克维尔：《旧制度与大革命》，冯棠译，56—58 页，商务印书馆，1997。

政府所进行的改革，总是要面临“内部的冲突——君主政体作为一种官僚体制与君主政体作为一种贵族体制之间的冲突”①。这导致两个结果：第一个是中央政权在财政上的亏空局面无法改变，也就无力推进其他事项。比如由于财富集中在贵族阶层，它限制了资金进入生产企业，导致商业、工业和农业的发展大大低于它们可能达到的程度，农民的贫困反过来又制约着法国工业的发展，因为农民为工业产品提供的市场非常有限；第二个是加剧了第三等级对特权的不满，导致原来积累的社会矛盾更加激化。在大革命前夕，贵族和教士们对国王“不高兴”，资产者和农民对贵族“不高兴”，新封贵族与世袭贵族彼此“不高兴”，贵族、教士、第三等级之间各不往来，整个社会充满了相互埋怨和彼此对立。所有的怨恨都在税制改革失败后爆发，而王室对此无能为力。

1789 年法国发生大革命并在革命爆发后出现流血冲突的主要原因，就在于当时法国王室的权威已经沦落、中央权力不够强大、无力解决国家内部的焦点性问题，而在国王被推翻后，没有其他中央权威很快能够取代以往的君主权威。路易十六时期法国中央权威的瓦解，又与另一个事实有关，那就是在法国行政权力扩张的同时，政治权力却裹足不前，国家没能及时建立起一定的政治机构来吸纳各方意志，因此中央权力在看起来不断扩张的同时却又十分无力，无法调解不断激化的内部对立和纷争。法国革命前匆匆忙忙重新召开的三级会议，由于临时上阵、缺乏实际运作经历，不具备广泛的权威性，在王室权威倒台后不能起到替代作用，在中央权威缺失的情况下，接踵而来的国家混乱也就自然而然地出现。

日本的西南战争，则发生在日本大规模实行维新改革之后。维新与内战，可以说成也武士，败也武士。在日本处于幕府统治的封建时代，政权、兵权、土地所有权，都为藩主和武士阶层所专有，学问也为武士所专有。1868 年推动“王政复古”、恢复日本皇室最高统治地位的，正是武士阶层。“日本的改革，并不是由大多数农民或者工商业者的思想行动而

① A. 古德温编：《新编剑桥世界近代史》(8)，中国社会科学出版社，1999。

起，完全是由武士一个阶级发动出来的事业”。[①] 当时日本外有北方俄国政治的压迫、南方欧美各国商船的扣关，内有德川幕府的腐败无能、武士阶层生存处境的恶化，兼之受中国屡被外来列强欺凌现实的刺激，以大久保利通、西乡隆盛、木户孝允、伊藤博文、山县有朋、大隈重信、后藤象二郎、板坦退助等为代表的一批中上层武士，起而发动倒幕运动，使政权回到日本皇室手中。到掌权五年后的1873年，明治政府便建立起了有效的中央行政体系，直接控制了地方事务，并使自己有了可以预计的岁入，中央权威初见雏形。

在1871年废藩置县时，明治政府承担了支付武士俸禄的责任，但数额有所减少。而经废藩置县，封建制度被全盘改造后，强大起来的中央政权便逐渐放弃对士族意见委曲求全的政策，转而采取一系列消除封建特权的措施。比如“四民平等”政策规定不同的阶层在法律上有平等地位；禁止武士阶层穿着独特的服装和配刀；即将生效的征兵法又将剥夺士族在军事上的特殊地位。在1873年西乡隆盛、江藤新平的“征韩”主张失败后，士族在海外进行征服的希望破灭，剩余的那部分封建俸禄也开始成为问题。当时明治政府为应对不断增加的开支，采取措施让士族领取产业资金以代替年禄，到1876年便强制执行。传统特权的丧失，引来的是公开叛乱，先是1874年2月江藤新平在肥前，后又由辞职在家的西乡隆盛在鹿儿岛，集结一帮失势武士起兵反抗政府。这场冲突的直接起因，可以说与法国大革命一样，是原处同一统治阶层的不同势力间的对抗，一些失势的武士与得势的武士成为水火。叛乱都在很短时间内被镇压，西乡隆盛等人的造反未能成功，主要原因在于，当时以日本皇室为核心的中央集权制已深入日本社会各处且达人心，中央的权威已不可撼动。而日本也在内战结束后，进一步强化了中央集权制，又经二十余年，便以强国面貌展现于世界。[②]

① 戴季陶：《日本论》，99页，凤凰出版社，2012。

② 关于日本士族参与明治维新及后来造反的详情，参F. H. 欣斯利编：《新编剑桥世界近代史》(11)，604—619页，中国社会科学出版社，1999。

明治维新的成功是幸运的，是通过改良而非革命完成了中央权威的重建和国家制度的全面创新，处在同一时代的中国大清王朝，就没那么幸运了。1911年清朝的崩溃，如法国大革命一样，是在清廷开始大力实施政治改革、准备推行君主立宪之际。这时的清政府，已因之前的外战失利、内部动乱，政治合法性全盘丧失，中央权威荡然无存，改革不过是在已严重削弱的中央权力的伤口上又撒了一把盐，加速了崩溃进程。“在某些情况下，改革能减缓紧张局势，促进和平而非暴力的变革。但在另外一些情况下，改革很可能加剧紧张局势，加快暴乱的来临，成为革命的催化剂而非替代物。”①清朝的情况是后一种。

在清朝后期，中央政权已经毫无权威。从晚清一步步走向崩溃的历程中，可以清楚地看到中央权威的沦落是如何使一个帝国不再能够生存。清朝中央政权权威的流失，大致是从太平天国运动开始。在此之前，清朝高度中央集权，无论军权、财政还是人事权，都归中央统一调度。如在财政上，户部统辖全国的开支，各省布政使司以及盐运道、粮储道等，都是户部派出的人马，由户部垂直管理，独立于地方督抚，负责监督和落实国家财政、税收等工作。地方有自己的“腿”，所以中央强大，国家稳定。然而，在太平天国将大半个中国拖入战火尤其是攻占了税赋重地江南后，大清马上陷入财政短缺困难。为扑灭太平天国起义、筹措军饷，清廷只好实施权力下放，同意地方截留税收，就地筹款，于是，“地税”压倒“国税”，地方督抚们尤其是前线将帅兼任地方督抚后，不仅指挥着不再受制于中央、近于私家军队的湘军和准军，如曾国藩这样的权臣，还统管辖区内的财政、人事乃至外交事务。“凡湖广、两粤、闽浙等省大吏之黜陟及一切大政，进行必以谘之”②。各地督抚也纷纷效尤，借机扩大手中权力，清廷不堪压力，甚至连司法上的死刑终审权都下放给府道，中央放弃了作为国家机器

① （美）塞缪尔·P. 亨廷顿：《变化社会中的政治秩序》，6页，生活·读书·新知三联书店，1989。

② 转引自（澳大利亚）雪珥：《绝版恭亲王》，214页，文汇出版社，2010。征得雪珥先生的同意，本章中关于清朝后期中央权威丧失的描述，多来自《绝版恭亲王》一书，特此说明。

重要象征的“生杀大权”。

清廷中央权力和权威的流失，在太平天国运动被扑灭、洋务运动展开后，不是止跌回稳，而是又推陈出新、变本加厉。改革需要钱，但中央两手空空，清廷只好发挥地方能动性，放手继续让地方就地筹措改革经费，结果各省不仅截留国税（“京饷”）、挪用军费，甚至直接加捐加税，乃至随意动用国库（藩库）的资金。这导致地方权力进一步坐大。平息太平天国运动后，清廷本想收回之前下放的以财政权为主的权力，然而，恢复奏销制度、撤除厘金等，就不像收回最为敏感的兵权那样得心应手了。地方的抗争是因素之一，但更重要的，是清廷中央自身硬不起来，必须依靠地方来办洋务。洋务运动因此是一场以地方为主导的现代化运动，期间大量涌现的新兴企业和事业，真正得到中央财政拨款的只有天津机器局、吉林机器局等寥寥几家，其他如江南制造局、金陵机器局、汉阳铁厂这样大名鼎鼎的企业，主要经费来源都赖于地方督抚各显神通、自行解决，这在培养了一批地方能吏的同时，也加剧了地方权力的尾大不掉之势。

洋务运动以甲午战争的失败告终，它的悲剧性结局一方面说明在中央政府太过软弱、无法制订有效的国家工业化计划的情况下，现代化没有可能成功；另一方面是改革的代价巨大，改革的成本是进一步牺牲了中央集权的权威资源。正如政治学家巴林顿·摩尔指出的，“在欧洲，强大的政府变得越来越强大，而中国清朝政府却是软弱的。在中国，柯尔伯的重商主义政策是不可能执行的，因为商业因素和工业因素主要来自外国并且大部分都不能为清朝所控制。推动现代化运动的力量主要来自外省的权力中心，很少来自帝国中央政府。所以这种力量与其说是能促进团结，毋宁说是分裂的因素。”[①]实际上，清廷对此并非无知无觉，到其后期，“清廷最感不安的为地方势力的增强，处心积虑，加以裁抑”[②]，但木已成舟，无济于事，太平天国运动和洋务运动中积累起来的地方权势，终于一步步

① （美）巴林顿·摩尔：《民主和专制的社会起源》，139 页，华夏出版社，1987。
② 郭廷以：《近代中国史纲》（上），300 页，中文大学出版社（香港），1980。

肢解了中央权威，及至1911年各地宣布起义独立时，各省无论是官还是民，都已不把中央政府当作一回事。

法国大革命和中国晚清的崩溃，如同苏联解体一样，都发生在中央政府推进改革之时，但这时中央权威已经极度损耗，人民已经不再相信政府，改革不当其实更易闯出大祸，即所谓“乱改革找死”。恰如托克维尔所说，“对于一个坏政府来说，最危险的时刻通常就是它开始改革的时刻”。[①] 法国大革命前，封建制度的某些部分在法国已经废除。然而，民众的感受和要求已经完全改变，对剩下的部分特权，反而比以往百般地不能忍受，农民和领主、第三等级和特权阶级的矛盾更加尖锐化。清朝到其后期，统治同样也越发仁慈，但手中没有了足够资源特别是财政资源，名义上有再大的权力，也都不再管用了。

从法国、日本和清朝在特定时段的经历可以看出两个问题：一是所谓“现代性”陷阱，即在由传统体制向现代民族主义的民主、法治国家转进的过程中，由于旧社会阶层的存在及其权力或权威被削弱，常常会发生旧势力与新体制的对立；二是在形成中央集权制的过程中，政治权力按照权力制衡的原则必须受到制约，但如果中央政府因此变得软弱无力，将不能够化解不同阶层间的矛盾，进而会导致国家崩溃甚至解体。

五、以历史主义看中央集权

“现代国家意味着一个强有力的中央政府高居于所有社会组织之上，中央权威覆盖境内所有领土和居民。”[②]原因很简单，现代国家大都是民族国家，民族国家的创建是把各种分散的力量合而为一，形成统一的经济、政治和文化纽带，这在没有一个强有力的中央政府的操持下，是不可

① （法）托克维尔：《旧制度与大革命》，210页，商务印书馆，1997。
② 郑永年：《中国模式：经验与困局》，123页，浙江人民出版社，2010。

能完成的。而现代政府逐渐“大”起来的原因，是政府要负担的服务职能显著增多，诸如保障市场统一性、促进社会福利、维护公共财政和公共交通等，都要有政府在场。

历史常常会背离我们的愿望，美好的假设不能保证能给世人带来幸福。在“小政府”的问题上，放弃单纯的伦理主义，而树立起宿命性的历史感，多从结果上考虑善恶因缘，也许是需要的。德国哲人马克斯·韦伯对此早就了然于胸，在他的视野下，意图伦理曾给人类世界制造了无穷痛苦，这是对的。历史是操作性的，它并不一味服从于高尚道德的安排。戈尔巴乔夫的“人类情怀”与“小政府”情结在道德上无可挑剔，然而，因中央权威被削弱而导致的苏联解体，到底给这块大地上的人们及整个人类世界带来了什么呢？苏联解体事实上是打开了盛满“罪恶”的潘多拉魔盒。一个极权国家的中央权威受到削弱，本身没有什么，如果一个政权不能顺应民意、取得民众的认同，那么，该倒台的政权还是应该倒台；但是，如果一个政权的倒台带来的是战争与冲突，那么，小而弱的政府的理想主义追求，实际上却又是“不道德”的。

小善之下，往往隐藏着真正的罪恶。对戈尔巴乔夫未能有效维持苏联中央政府的权威及苏联解体，未来历史将会有新的价值判定。其实，回顾冷战结束以来的那些牵动了世界的大灾大难，又有多少与政府无力没有关系呢？南斯拉夫的解体是另外的一例，无须多说。

或许应该这样去说：“小政府”即使存在，也并不等于弱政府；极权政府的权力转移和权力下放，实际上有它的限度。如果视强有力的政府是一种“恶”，那么，这是一种必要的“恶”。用经济学的术语说，它所追求的是相对的合理性，是为产出所必须付出的成本。有此小恶，才能防患大恶，否则，一个国家冲突乃至战争不止，不仅这个国家的民众受苦受难，它还可能外溢，给人类带来苦痛。尤其是对于多种族、多民族、多宗教、多文化的大国来说，建设强有力的中央政权，维护国家的权威与秩序，是无可奈何而又必需的选择。也因为中央政权软弱、大国解体可能造成的危险，英国历史学家艾瑞克·霍布斯鲍姆认为：大国解体不应该是人类政治的常态，它是“不道德”的。

对“小政府”的追求只能代表人类的一种理想，而不能作为一种现实选择。人们往往因为过于迷恋道德的外衣，而给自身制造了铭心刻骨的灾难，这是一个深刻的教训，它要求世人谨慎地对待一切表面看来美好的假设。托克维尔就是一位不受“表面看来美好的假设”所诱惑的智者，在《旧制度与大革命》一书中，他认为中央集权是法国大革命的起因之一，但在现代世界，中央集权制又是合理和必然的。他说，在公民身份日趋平等的同时，没有一个欧洲国家的政府不是既越来越中央集权，又越来越管小事情和管得越来越严。各国的政府越来越比以前更深入到私人活动领域，越来越直接控制个人的行动而且是控制微不足道的行动。比如，“在现代，英国政府的权力也很大，政府集权达到了它可能达到的最高点：国家就像一个单独的人在行动，它可以随意把广大的群众鼓动起来，将自己的全部权力集结和投放在它想指向的任何地方”。[①] 对此他无意谴责，其偏向是明显的，因为他又说：“至于我个人，我绝不能设想一个国家没有强大的政府集权会生存下去，尤其是会繁荣富强。”[②]

越是大的国家，越是需要强有力的中央政府。实现了民主化的俄罗斯，为了加强中央政府的力量，把各加盟共和国的“州长”任命权收归中央。这是防止地方势力坐大、遏制地方分裂的制度安排。从俄罗斯总统普京重新致力于树立中央权威、加强中央政府权力的举措中，又不难体会到历史意志的不可违背性。俄罗斯人用“彼得大帝”来形容他们的领导人普京，“彼得大帝”对俄罗斯的历史意味着什么呢？

在处理中央地方关系时，印度的准联邦制也能给人以启迪，此制让地方民众选举产生议会，由议会多数推举地方行政官员。但中央向各省市甚至重要的城市地区（如副省级市）派最高长官监督各省市的立法，任命省市最高官员，保证中央的法令与政令能在地方得到实现。这样，可及时防止地方选举产生的议会与行政官员（像印度的首席部长）的地方分离主义倾向。

---

① 郑永年：《中国模式：经验与困局》，123页，浙江人民出版社，2010。
② （法）托克维尔：《论美国的民主》（上），97页，商务印书馆，1998。

中央政府可保留对地方最高官员的任命权。在印度，邦相当于中国的省和美国的州，各邦的最高行政长官由中央政府任命。因此，印度各邦的权力要比美国联邦内各州的权力小。美国各州不但是议会，连州长也均由选举产生。印度各邦的议会由选举产生，邦议会多数决定邦首席部长与部长委员会人选，各邦的首席部长也对邦议会负责。

由中央政府任命的各邦的最高行政长官拥有广泛的权力，堪称邦内权力最大的官员。他拥有三种权力。首先，他拥有任命权，可任命得到邦议会多数支持的人为邦首席部长，也可罢免邦的部长委员会(一般不用该权)。其次，他有立法权，可签署和否决邦议会通过法律的权力。最后，他有自行决定权，可在邦议会没有出现多数党时决定邦首席部长；可宣布邦的管治未能依照宪法运作，从而要求并代表中央政府行使特别权力；也可把特定的邦的立法提交中央政府审查。

印度中央任命的邦长，实际上是中央派驻各邦的“钦差大臣”，代表中央行使对地方的监督权力。这种制度安排，帮助印度这个多宗教、多民族的民主大国和欠发达国家，维持了持久的统一。

六、权力的不同层面

现代国家尤其是大国的政府必然是中央集权的大政府，而不可能是过度分权的小政府，这是由政府所负担的职能决定的。因此，在思考大国的政府问题时，中央政府是否做大做强并不构成问题，而是强大的中央政府的权力是否能够有效受到制约，权力分配是否合理。

可以从横向与纵向两个角度来考虑国家权力的配置。大致来说，权力在横向须有制衡，纵向须有集中。任何国家权力都是表现为多样态的，近世欧美国家兴起立法、行政、司法三权分立之说，无论在中央还是在地方层面，不同类型的权力间要有相互制衡，权力也须受到同级政府其他类型权力的监督。美国开国者们在建构联邦制中央集权国家的过程中，为消除美国人对权力会压制自由的担心，想出的解决办法就是权力相互制衡，如汉密尔顿就曾主张，“把权力均匀地分配到不同部门；采用立法上的平衡和约束；设立由法官组成的法院，法官在忠实履行职责的条件下才能任职；人民自己选举代表参加议会，凡此种种”。① 后来的美国中央权力架构，正是立法、行政和司法三权分立，相互制衡。三权分立、总统的否决权、国会对总统的弹劾与罢免权、参议院同意或否决签署协定和任命的权力以及最高法院隐含的司法复审权，这些平等权力间的彼此制约，保证了国家不会走向极权，权力不会总是被滥用。

权力制衡并非美国和欧洲的独创。在中国传统政制中，常常是行政、监察、考试等多种权力并存，皇帝、官员及不同部门官员之间，彼此牵制。皇帝想做的事情，没有大臣的同意，断难推行，反之亦然。明朝万历皇帝就是因为自己的想法屡屡在大臣中间受挫，而在后来索性不理朝政。明清之际设置的言官，还可以经常对其他官员进行弹劾，弹劾制度在中国古代同样早就有之。而在清朝崩溃后，孙中山设计的民国政治制度，则是“五权宪法”。中国台湾地区至今所实行的，仍是五院即五权并立制度。

在纵向上，首先要区分政治集权与行政集权。托克维尔在《论美国的民主》一书中指出，很多人以为美国和法国政治的差别在于美国实行分权，法国实行集权，实际上这混淆了“政治集权(政治分权)”与“行政集权(行政分权)”的区别。在他看来，比较好的状况，应该是政治集权而行政分权。所谓政治集权，就是说要通过一定的制度安排，在全国范围内形成统一的意志，有些事情，诸如全国性法律的制定和本国与外国的关系问题，是与全国各地都有利害关系的，与这些事务相关的权力，必须由中央政府掌握。另一些事情，比如地方的建设事业，则是国内的某一地区所持有的，则应该行政分权，原因是一个中央政府，不管它如何精明强干，也不能明察秋毫，不能依靠自己去了解一个大国生活的一切细节。美国和英国是政治集权而行政分权的代表，在美国的任何一个州里，中央政府至今

① (美)汉密尔顿，杰伊，麦迪逊：《联邦党人文集》，41页，商务印书馆，1982。

只管理少数值得它特别注意的事务，它不参与管理社会的次要事务，而“在现代，英国政府的权力也很大，政府集权(即政治集权——作者注)达到了它可能达到的最高点：国家就像一个单独的人在行动，它可以随意把广大的群众鼓动起来，将自己的全部权力集结和投放在它想指向的任何地方”①。

法国当时的情况与英美相反，行政集权而政治分权，政治意志不集中而地方没有自治能力。如托克维尔所说，大革命前法国已是中央集权制，但有两个问题：一个没有实现政治集权，贵族还掌握有司法权，常与国王唱反调，导致权力在该强大的地方不够强大，不能有效调节法国不同地区、不同社会阶层的差别和对立，不能集中政治意志有力推进有利于内部和谐安定的措施；二是地方自治消失，行政权力十分集中，权力无所不在，管得太多，但在该管的事情上又不够有力，同时许诺过多，但行政资源(尤其是财政资源)又不够用，结果导致民众出现更多不满。

在行政权力上，当时御前会议掌握着法国政府事务，这种管理取缔了所有自治力量，成为唯一管理主体，无论是城市、教区还是其他地方，都可到看到政府伸过来的手。在18世纪，教区的一切事务都是由一些官吏主持的……分派捐税，修缮教堂，建造学校，召集并主持堂区大会的，正是这些权力机构。领主几乎不再是国王在教区的代表，事实上不过是一个居民而已。政府实际控制着城市的一切事务，无论巨细。所有事务都须征询总督的意见，他对每件事都有坚定意见；他一直管到节日庆祝问题，法国没有一个城市、乡镇、村庄、小村、济贫院、工场、修道院、学院能在各自的事务中拥有独立意志，能够照自己意愿处置自己的财产。而在之前，法国各城市仍大量存在自治力量，如领主、贵族参与管理政府事务，分担了政府职责。

在贵族、领主参与社会治理、地方拥有自治权的时代，法国人的不满不会仅仅针对王权，而当王权扩张，贵族和领主的传统权力被剥夺后，所

① (法)托克维尔：《论美国的民主》(上)，商务印书馆，1988。

有的矛盾都集中于王权，每个人都因贫困问题指责政府。连那些最无法避免的灾祸都归咎于政府；连季节气候异常，也责怪政府。同时因为政治分权，政府形成不了共同意志，解决不了因行政集权而带来的众多问题，当时的法国政府备显无力。“这个政府是如此富于侵夺性和专制特征，但一旦遇到最微小的反抗，它便不知所措，最轻微的批评也会使它惶惶不安，简直到了风声鹤唳、草木皆兵的地步，于是它停顿下来，犹豫，商议，折中，常常不敢超越自己权力的天然范围”。①

行政分权并非指将行政事务全部交给地方，而是指行政权所涉及的事务，中央只管理那些关系到全体国民利益、地方无法做好的部分，其他部分由地方自治。所以强大的中央权威，是指向两个层面的：一是政治权力须足够强大，为中央所垄断；二是行政权力部分，在由中央管理的事务上，权力要高度集中，管理有力、决不含糊。保障前一个强大，要求中央政权有强大的审议能力，要有专门的机构日常性地审议各种从中央层面做出的决策，并对中央决策在各层面的落实情况进行日常监督；保障后一个权力，要将这部分行政权延伸到全国各处，并且由中央垂直管理，不让地方干涉。

集权不等于极权，“权威主义和政治集权并不必然与市民社会相冲突……集权是一个有能力的政府的常态。集权不同于‘极权’，极权意味着政治权力的无所不及，也就是社会的高度政治化。当权力深入社会各角落似乎无所不在的时候，也恰是国家权力最分散、最软弱、最易于失去合法性的时候”。② 政治集权与行政集权加在一起，就是极权，这种情况在今天已经非常少见。极权政府通常色厉内荏，其实底子很虚弱，而行政集权也会造成类似于极权的结果，其原因与极权恰恰相反，后者使一个国家到处都是政治，而前者使一个国家在很多重要方面不讲政治。

人们对集权的反感，一方面是混淆了集权与极权，另一方面是在有些

---

① （法）托克维尔：《旧制度与大革命》，商务印书馆，1997。

② 俞可平：《民主是个好东西》，182—183页，社会科学文献出版社，2006。

国家，横行和平行层面的权力间缺乏相互牵制，比如行政权力压倒了立法和司法权力，使权力的使用难以受到监督，而且权力被某些人群所垄断并固化。现代集权其实主要指向权力的行使，即中央政府能够有效运用手中的权力来在全国范围内实施其意志，而并不是指权力的有无，即政府有权力而公民无权力。一个现代集权国家，其公民应享有监督权，主要通过两种途径：一是通过民主渠道选出政府和民意代表的权力，二是通过传播媒介对政府形成舆论约束。这两种权力意味着要有民主和言论自由，也意味着现代集权与民主并不矛盾，而是有机统一的。所谓集权，就是权力被赋予民，能够在国家生活中上下贯通，发挥有力作用。也就是说，中央政权有很强的政治掌控能力，但政治民主又保证了这种权力不会被滥用，实际上，这就是民主集中制。

一个正常的现代国家，权力因此既要有中央性(集中性)，又要有人民性(民主性)。法国大革命前的君主政府，在权力设置上的主要问题是既缺乏中央性，也缺乏人民性，换句话说，是既缺乏集中性，又缺乏民主性。所以在革命发生后，君主制度瞬间便被法国人弃之如敝屣。苏联后期戈尔巴乔夫的政治改革所造成的结果，是苏联中央政府在政治上严重分权，行政权力系统也一同损坏，中央意志根本不可能得到贯彻，所以不能不垮。

近些年来，中国的政府改革主要集中在行政系统，国务院机构逐渐向“大部门制”方向改革，致力于建立服务性政府，减小政府规模。这个方向表面看来是对的，其实这里面有个误区，那就是说中国的政府规模很大，是可以说得通的。但中国的中央政府，相比之十几亿人口的国家来说，规模又极其不足。中央政府所管的很多事情，不少是管得无力的，主要原因是在一些具体事务上，在各地缺少直接归中央政府管理的落实机构，也就是说在地方没有直接对中央负责的“腿”。实际上，有些只能由中央负责的事务，不要怕相关的中央部门大。清朝的户部之大，为当前中国任何中央部委所不可比拟。2005 年美国农业部工作人员超过 10 万人，直接实施、管理中央政策所确定的农业政策。2002 年美国联邦政府文职雇员共有 269 万人(其中全职 242.6 万人),州和地方政府雇员 1834.9 万人(其中全职 1383 万人)。在联邦雇员中,只有不到 10%(18.9 万人)在华盛顿地区工作,绝大多数分布在全国及世界各地的管辖区、现场或地方办事处,仅加利福尼亚一州就有近 24.5 万名联邦雇员在工作。而截至 2012 年年底,中国公务员的总数是 708.9 万人,这其中中央机关约有 50 万人,50 万人包括中央机关在地方的派出机构,有垂直管理的机构,不是都在北京的。中国的中央政府人员,即使加上政党与社会团体工作人员,也不会超出 50 万人太多,和美国联邦政府雇员占总人口的比例相比,相差太远。① 在很多需要中央推动的事情上,中国的中央部门在地方没有直接对自己负责的"腿",需要靠地方政府去落实,但地方政府都是有自己的利益的,所以才有"令出不了中南海"的状况和说法。

但问题并非仅仅在这里。"令出不了中南海"还与另一个事实有关,那就是中国中央政府的政治权力在日常体现得不够,这与改革开放前过于突出政治形成反差。造成这种局面的原因,是"既缺乏集中的制度方法,也缺乏民主的制度方法"②,在中央政治权力的制度化、日常化方面做得不够,所以尽管中央政府一再强调要"讲政治",但正如一句戏言"强调得越多的,恰恰就是做得不好的"所说,中国政府的政治部门这些年来大大弱化。中国中央政府目前如当年的法国一样,同样是政治分权、行政集权,省委书记的权力过大就是一个说明,与美国的州长、日本的知事不可能干预中央决策相比,中国的省委书记既在一省实际履行行政最高长官的角色,又有权力参与中央决策制定。

归结起来,中国中央政府的权力,问题在于三个方面:政治集权不够,没有足够强大、能够日常发挥作用的政治部门;中央与地方权力分割不明晰,行政集权程度高;中央行政部门在不少全国性事务上,管理无力。因此,中国的中央政府看起来很大,其实又无力。改进的办法,首先是要

---

① 刘海波:《我国中央与地方政制结构的分析与改进》《全国公务员人数四年连增:人不怕多 好使才行》,载《北京晚报》2013 年 7 月 1 日。

② 郑永年:《中国模式:经验与困局》,118 页,浙江人民出版社,2010。

加强政治权力，要在中央层面建构真正有能力实施日常性的审议、监督的机构。其次，行政权力这方面要推行选择性集权，该退出的领域要退出，交给地方，该加强的领域要直接管理，做大做强机构。

在做强中央政府方面，中央政府这些年来已有很大改进。改革开放前期大约十五年的时间，很像晚清的洋务运动，基本上是地方主导，有形成诸侯经济的趋向。1993年，王绍光、胡鞍钢博士受中国科学院委托，共同撰写《中国国家能力报告》，指出由于改革开放后中央财政收入和支出占比都大幅下降，呈现了"弱中央强地方"的格局，提出"必须重新构造既适应现代社会，又符合中国国情条件的政治制度和财政制度"①。这份报告引起高度重视，中央政府后来于1994年全面推行分税制改革，国税、地税分流，直接由中央管理的国税局的建立，使中央政府有了进入地方的制度。继税制改革之后，银行体系也开始实行中央垂直管理制度，各地银行人事任命权不再归属地方，从而大大消除了地方政府对金融事务的干预，加强了中央政府的宏观金融调控能力。同时，中央政府在一些重要领域，如质量检查、审计、环保、土地管理、统计和安全生产等，也逐步推进中央部门垂直管理，与地方政府脱钩。

在纵向上，不仅要使中央权力能够在全国层面得到延伸和贯彻，又要让中央权力在某些事务和领域退出，使地方有权力自我治理地方事务。政府应该是有限的，首先在中央层面就应该有限。扩展点说，中国的政府权力，在两个重要地方还有很大缺陷：一个就是在中央与地方的关系上，中央什么都管，导致各方面权责不分，中央管理无力；另外一个，则是在政府与民间、社会的关系上，政府什么都管，消弭了社会的自我管理潜能，导致政府庞大，管理效果不佳。政府不能什么都管，而在该管的领域需强大有力。"在政府管理体制改革方面，还有一个误区是，以为'政府越小越好，管得越少越好'。其实，评价一个政府的好坏，主要不在于它的大小，而在于它是否恪尽职守；评价一个政府有否履行其正当职责，也不在于它

① 王绍光、胡鞍钢：《中国国家能力报告》，辽宁人民出版社，1993。

管得多或管得少,而在于它有没有管应该管的事,有没有去管不应该管的事。”[①]这些年来所推行的“大部门制”,实际上主要针对的是后一个缺陷。这方面的改革,同样是必要的,政府不再直接经营企业和文化、社会、精神事业,而要从这些领域退出,仅仅扮演市场、社会自治以及学术、教育、专业自治的监管者、仲裁者的角色。从主管部门转为监管部门,是从行政主导一切到法治的转变,政府管理模式在性质上完全不同。从该退出的地方退出来,在该管的事情上集中管理,只有这样才能真正实现管理有力。部委不在大与小,只要中央部委继续充当相关领域的“主管部门”、不在职能上做转变,那么,部委再怎么合并,管不过来、管理混乱的现象还会发生,结果将是减机构不减人、不减事,还有可能造成政府无谓膨胀。

政府什么都管,在这个意义上“大”,还有一个不良后果,那就是会引发官本位,人人都想做“公务员”,造成政府腐败、社会不满甚至官民对立。托克维尔在《旧制度与大革命》一书中,就曾描述了大革命前法国“第三等级”稍有点钱就去买官做。卖官现象严重的情景,是引起当时法国社会各阶层彼此疏离的重要原因。中央集权需要官僚制,但如果形成官僚专制——即一切资源掌握在官员手中、一切权力为官员所有,那么就会造就出一个坏政府、一个不为人民所许的政府。

七、构建强大的中央权威

中央政权强大有力,是国家战略能力的首要方面。“对于发展中国家来说,一个强有力的政权是必需的。市场经济并不必然排斥强政府。”[②]有强大的国家政权,才能使国家在非常情况下仍能保持政治和社会稳定,不至于发生国家崩溃解体,没有这个基本保障条件,国家不太可能实现政

① 俞可平:《民主是个好东西》,119 页,社会科学文献出版社,2006。

② 俞可平:《民主是个好东西》,98 页,社会科学文献出版社,2006。

治稳定和经济、社会长久有序发展。中央权力强大，也是中国进一步推进社会、政治改革的保障，“一个高度集权的国家未必是一个极权或威权的政权，相反，一个强大的民主必然基于一个集权的国家”。①

中央政权在任何情况下都能保证自身稳定的能力，极大程度表现在中央政权有效调动和组织国家各种资源的能力上，也就是说，在任何情况下，中央政权都能够在行政、立法和司法等方面保持最高权威，拥有强大的实际行动能力。这就必须区分权力与能力。权力是法律概念，一个政府被国家法律赋予表面看来强大无比的权力，并不一定在事实层面上就是强大的，如果没有权威的话，再大的政府权力也是白搭，苏联后期即是如此。国家权力建立在国家能力上，英国学者迈可·曼(Machael Mann)认为，国家能力指的是国家事实上渗透市民社会，在其统治的领域内有效贯彻其政治决策的能力。其义与王绍光、胡鞍钢博士对国家能力的理解略同。北京大学教授李强在评价王绍光、胡鞍钢博士的《中国国家能力报告》一书时，就注意到传统中国有两个基本特征，一个是国家管辖范围宽泛，另一个是国家实际渗透社会能力又很弱。而当代中国要改变这种状况，则要深化政府职能转化，改变国家和社会组织结构，建立市场经济所必需的统一的、普遍适用的、有效力的法律体系。② 托克维尔在研究19世纪上半叶的瑞士民主时，同样发现瑞士联邦政府被法律赋予极大的权力，然而，“拥有如此优越特权的联邦政府，为什么其实权又如此小呢？理由很简单，因为没有赋予它以随意行使权力的手段。一个政府之所以在工作上毫无生气和被指责没有能力，完全是因为它的组织还不健全”，又说，“联邦政府的权力的大小不在于赋予它的权力的范围，而在于它自身行使权力的能力的大小。当联邦政府能向公民发号施令时，它就坚强有力；而当它只能对地方政府发号施令时，它就总是软弱无力”。③

国家能力是内生的能量，它的强大与否决定法律赋予的国家权力是

① 郑永年：《中国模式：经验与困局》，147页，浙江人民出版社，2010。

② 李强：《国家能力与国家权力的悖论——兼评王绍光、胡鞍钢〈中国国家能力报告〉》。

③ (法)托克维尔：《论美国的民主》(下)，商务印书馆，1988。

否有效。当然,国家权力与国家能力是相辅相成的关系,前者也会为后者的加强提供制度性条件。比如,在法律赋予政府有税收权时,政府才能合法地向民众征收税收,而征收的税收,则又有利于提高国家能力。

对现代国家来说,国家能力很大程度体现在汲取、控制和使用稀缺资源、提供公共服务的能力上。这首先就是通过有效的税收而达成的国家财政能力,在国家能力中,这是基础性的,因此也是最重要的能力。手中有粮,心中不慌,"在各国实践上,中央拨款往往变成了决策者手中一项很厉害的政策工具"。[①] 中央没钱,又怎么可能对下拨款?美国成为中央集权的联邦制国家,极为关键的一项权力就是收税权。在独立战争结束、美国成为邦联国家后,当时美国各界深感弊弱的,就是国家无法通过税收积累财政能力,而没有财政能力,其他什么事情都做不了。在由邦联国家向联邦国家转变时,美国宪法的设计者们为新的联邦制国家首先设定的权力,就是国家可以对全体公民征税。而当年法国大革命为什么发生,一个重要原因就是在国家财政亏空时,无法实施对特权阶层征税的改革。

国家权力与国家能力合在一起,形成国家权威。有权力、有能力的政府,才是真正强大的政府,仅靠法律赋予这样或那样的权力,是空洞无效的。

一个国家不可能永远保持静态,而总是处在变动中,有时还会发生比较大的变化。尤其是在国内外都经历大的变动时,中央政权的强大尤为重要。"动态稳定意味着,无论社会发生何种变化,社会始终有一个核心的政治权威,它有能力驾驭错综复杂的政治局面。它还意味着,无论社会变化如何之大,社会生活依然遵循着基本的秩序。"[②]而在一个国家推进改革的过程中,无论对经济、社会、政治还是其他层面进行制度变更,都可能会冲击中央权威。为此,一方面,在经济社会生活发生变化,需要变革

---

① 王绍光:《分权的底线》,载《战略与管理》1995 年第 2 期。

② 俞可平:《民主是个好东西》,212 页,社会科学文献出版社,2006。

国家制度体系时，适时推进改革是必要的；但另一方面，又要确保改革在中央权威足够强大的情况下进行，否则会导致国家动荡甚至崩溃解体。这种权威可能来自两种途径，一种是改革推动者，他们在国家生活中具备广泛而有力的权威地位，如美国由邦联改为联邦时，联邦制度的设计者们——像华盛顿、麦迪逊、亚当斯、汉密尔顿等，都是美国独立战争中的功勋人物，大受当时的美国人尊崇；而在日本实施明治维新时，天皇及维新群雄本来就是日本旧体制中深孚众望、富有权势的一批人士。另一种是国家核心制度和组织体系，他们在改革前后没有大的变动，同时又能有力节制各种政治群体、利益集团。戈尔巴乔夫改革的失败，不在于改革本身，而在于在还没有形成足够的个人权威，也没有形成某些核心制度和组织的足够权威的情况下，就贸然推进政治体制改革，所以必败无疑。清末新政以清朝崩溃而告终，同样因为到清廷推动新政改革时，清朝皇权无论在个体还是在制度和组织层面，都已因为前期无力保家卫国和处理内部纠纷而陷入权威缺失的状况，此时大规模搞政治改革，无异于自寻死路。

政府——或者说中央政权强大有力，是国家推进经济进步、社会和政治发展的必要条件。强有力的集权政府，可以解决很多国家的关键性问题：有效提供全国性公共物品和服务，如国防、外交和社会安全等；可以将跨地区外部效应内部化，弱化地区分割；有利于获得规模经济效益，为经济发展提供动力；有利于实现宏观经济稳定，能在国家经济生活中起到调控引导作用；有利于进行收入再分配，促进社会公平。[①] 政府无论在经济、社会还是在其他领域，都扮演着不可或缺的角色。英国曾依赖国家政策促进工业发展，因而在 18 世纪末成为世界第一个工业化国家；美国在建国后，曾由政府组织实施了一系列重大公共工程项目，而在 19 世纪末 20 世纪初，又通过国家政策保障美国完成了第二次工业革命；第二次世界大战结束后，法国中央政府一如苏联和中国，曾对法国经济做过七个计

① 王绍光：《分权的底线》，载《战略与管理》1995 年第 2 期。

划;19 世纪最后一个十年的日本、20 世纪下半叶的东亚诸小龙,政府规划对经济发展的功用也都有目共睹;而所谓北欧模式,是北欧国家竞争资本主义与大型政府结合的产物。今天人们所看到的那些在经济、社会和政治等方面都发展良好的国家,都不是"小政府"所能做到的。

强大的中央政府还要在基本政治制度和意识形态相对稳定的前提下才有可能实现。在戈尔巴乔夫当政后期,苏联在社会思潮上出现以下四种现象：维权运动四起,实际上是反对派借维权集结民间力量;非难爱国主义,谁说爱国就会被嘲笑,以致没有多少人再敢说爱国;全盘否定斯大林体制,说斯大林所做的一切都是错的;大谈特谈全人类价值,认为苏联没有跟上国际社会的主流,现在要向"先进"的国际社会主流价值靠拢。这四种思潮和现象,不仅存在于当时苏联内部的反对者当中,执政者本身也参与其间,否定斯大林体制和提倡全人类价值,就是由戈尔巴乔夫直接指挥的。这些通过"公开性"而出来的"新思维",其实是通过重新解释历史,否定苏联国家建立和苏联共产党执政的合法性。结果可想而知,到苏联解体前夕,这个超级大国的意识形态统一性完全消失,国家很快分崩离析,以致当 1991 年 8 月戈尔巴乔夫宣布解散苏联共产党时,竟没有一个人出来表示惋惜。

大有大的好处,但大也有大的缺点。政府天然倾向于扩权,但政府负责的范围越大,管理起来可能越无力,更重要的是会耗尽国家财政,造成经济困难。这一点,金融危机以来,西方国家已有深刻体会。第二次世界大战结束以来,通过政府行动建立起来的福利体系,给这些国家带来了沉重且难以化解的国家债务,国家未来也因此蒙上一层阴影。今天中国推进政府职能转变和社会、政治改革,当以此为鉴,要有两方面的思路：一方面是中央政府必须强大有力;另一方面,又不能强大到无所不管或管得太多。也就是说,要做到集权与分权的平衡,集权有上限,过了就是极权,会窒息社会活力、妨碍公民自由;分权亦有下限,过了就是无政府状态,社会与国家都会混乱无序,危及国家生存。"清醒的改革者必须把握集权一分权之间的适度平衡,并据此做出健全的制度安排","如果应该由中央政府行使的权力相当一部分落到了地方政府手中，就是跌出了分权的底线。反之，如果应该由地方政府承担的权力相当一部分却集中在中央政府手中，就是超出了集权的上限”。[①] 维持集权与分权间的平衡很难，但打造一个不坏的政府，又需要朝这个方向努力。

① 王绍光：《分权的底线》，载《战略与管理》1995 年第 2 期。

第二章

那些分崩离析的多族群国家

民族问题是苏联解体的直接导火索。苏联建立之际及之后的民族政策，没能有效消除民族隔阂，塑造高于一切的“苏联人”国家认同。

多族群国家都有脆弱性，语言、宗教多样性是国家财富，但也会酝酿风险。

应反思“民族自决”“政治民族”等理论的局限性，推进对“中华民族”的高度认同。

一、苏联的解体

尼·伊·雷日科夫怎么也不会想到，在他担任苏联部长会议主席也是苏联即将崩溃的几年时间里，他经常要面对甚至直接处理的棘手难题，不是别的，而是“民族问题”。①

他直接经手的是费尔干纳事件。1989 年 6 月 3 日至 4 日，三千多名暴徒聚集在乌兹别克斯坦的塔什拉克打砸抢烧，造成数百人死亡或失踪，数千座房屋被毁。事件主要针对的是居住在费尔干纳河谷的梅斯赫蒂土耳其人，他们是第二次世界大战期间从格鲁吉亚迁来的，当地的乌兹别克煽动者说他们在库瓦塞占据了经济贸易上的主要职位，处处排挤乌兹别克人，杀害他们的孩子、强暴他们的妇女。事件起因是当年 5 月 23 日，由于市场上一盘浆果而引发了一场斗殴，这起日常生活中的小事马上被煽动分子所利用，“事件绝不是什么部分居民搞起来的自发事件。领头闹事的是一些具有民族主义情绪的组织”。在这场血腥的族际仇杀爆发几天后，雷日科夫亲临现场处理案件，目睹遍布视野的断壁残垣和摊摊血迹，这位苏联部长会议主席一下子明白过来：苏联各民族间长久以来看起来和睦的那种表象，已经再也无法蒙住内里的不满、紧张和仇恨，民族主义的“潘多拉魔盒”正在把苏联引向不知其所的深渊。

当雷日科夫在为费尔干纳悲剧而焦头烂额之时，苏联最高领导人戈尔巴乔夫，正微笑着在德国波恩市政厅阳台上向友邦人士招手致意，这幅图景出现在 1989 年 6 月 15 日乌兹别克斯坦出版的《东方真理报》头版

① 由于苏联的民族政策对“族群”(ethnic group)与“民族”(nation)基本不做区分，而且由于苏联是具有民族身份和政治意味的各加盟或自治共和国的叠加。本文在谈论苏联的民族政策和民族问题时，统一用“民族”这一概念，但在苏联民族问题的范畴之外，对生物学意义上的“族群”和社会政治意义上的“民族”做出区分。——作者注

上，一同印刷在这张报纸的同一个版面上的，则是雷日科夫站在费尔干纳梅斯赫蒂人被烧毁的房子前面，显露出一脸的震惊和悲伤。同样的场景不止上演过一次。在此之前，1989 年 4 月初，当格鲁吉亚成千上万人上街游行静坐、第比利斯事件就要发生时，戈尔巴乔夫却身在英国，笑容满面地接受"国外友人"对他的"新思维"的赞赏和恭维。在此之后的 1990 年 1 月，当阿塞拜疆的巴库由于纳戈尔诺-卡拉巴赫问题而再度局势激化时，"戈尔巴乔夫又跑到国外什么地方去了。事情总是这样，只要一出现民族土壤上的尖锐冲突，他一般总是会置身国外"。[①] 戈尔巴乔夫对民族问题的复杂性显然估计不足，在 1987 年纪念十月革命胜利七十周年的讲话中，他宣布："民族问题，我们已经解决了。革命不仅在法律上，而且在社会经济上为民族平等铺平了道路，为拉齐所有共和国、所有区域和所有民族的经济、社会和文化水平做了特别多的工作。苏联各族人民的友谊是十月革命的最伟大的成果之一。"[②]

直到血腥的第比利斯事件和费尔干纳事件接连发生，戈尔巴乔夫与苏联最高领导层才如梦初醒：所谓"苏联人"的共同纽带，原来如此脆弱。在此之前，伴随着"新思维""公开性"和"民主化"，原先被压制的民族矛盾和民族诉求，早在 1986 年就已露出尖尖荷角。1986 年 3—4 月间，雅库茨克大学一批俄罗斯族青年和雅库特族青年发生冲突。接着是 1986 年 12 月，苏共中央在未与哈萨克斯坦加盟共和国领导人商量的情况下，任命非哈萨克族出身的科尔宾取代库纳耶夫担任哈斯克最高领导人，此决定于当月 16 日宣布后，第二天便在阿拉木图引发一场严重骚乱。这实际上是已经复兴的民族主义在苏联改革时期的第一次公开表现，但并未引起苏联最高领导层的足够重视，戈尔巴乔夫后来在其回忆录中说："(1986 年)12 月 25 日，政治局通过一份十足传统的决议，目的不是分析事态发

---

① 尼·伊·雷日科夫：《大国悲剧——苏联解体的前因后果》，徐昌翰等译，新华出版社，2008。

② 米·谢·戈尔巴乔夫：《十月与改革：革命在继续》，32 页，新闻出版社(莫斯科)，1987。转引自沈志华编：《一个大国的崛起与崩溃——苏联历史专题研究(1917—1991)》(下册)，1170 页，社会科学文献出版社，2009。

生的原因,从中吸取教训,而是要给点颜色让哈萨克斯坦同时也让其他地方瞧瞧。人们遵循着这么一个业已形成的概念:一切都应当本着统一和友谊的轨道办,唯一的危险便是民族主义的本能暴动。这种暴动并非由于存在实际问题,而是历史遗祸,是外部力量的影响所致。"①

1989 年 9 月,当苏联领导层终于意识到民族问题远非想象中"已经解决",相反已成为一块最难啃的"硬骨头",决定召开专门讨论民族问题的中央全会时,已经覆水难收,为时已晚。在苏联的最后五年,各地的民族主义运动如火如荼,与之相关的恶性暴力事件接二连三发生。费尔干纳事件之外,1988 年 2 月,阿塞拜疆苏姆盖特市发生针对亚美尼亚人的流血骚乱,1989 年年底局势再度恶化;1989 年 4 月,第比利斯因为"阿布哈兹问题"而出现游行抗议,在骚乱中多人死亡,上千人受伤。这些民族主义运动的起因、诉求各异,波罗的海三国和乌克兰有很强的反苏联情绪,格鲁吉亚的民族主义主要针对阿布哈兹和奥塞梯人,亚美尼亚和阿塞拜疆主要是争夺纳卡州的归属,还有一些被强行迁往异地的民族希望重归故里。一觉醒来,戈尔巴乔夫突然发现,他志得意满地提出的"民主化""公开性",首先迎来的不是既百家争鸣又团结理性的开放社会,而是向着狭隘的民族主义的画地为牢高歌猛进。可谓播下的是龙种,收获的是跳蚤。

苏联后期民族主义运动的高潮,便是各地方共产党纷纷脱离苏共中央控制而自行其是,在苏联共产党及其意识形态和政治体系权威不再、不能再起到统合国家的作用后,各加盟共和国先后宣布自己是主权国家。苏联解体的直接表现,就是各加盟共和国按照主权国家的形式一个个宣布独立,在俄罗斯联邦加盟共和国——也是苏联最大、最核心的一大块——于 1990 年 6 月 12 日也宣布主权独立并且其宪法和法律在俄罗斯全境内至高无上后,苏联从那时起,事实上已不复存在。而当 1991 年 12

① 米·谢·戈尔巴乔夫:《"真相"与自白——戈尔巴乔夫回忆录》,述弢等译,507—508 页,社会科学文献出版社,2002。

月8日，俄罗斯联邦总统叶利钦、乌克兰总统克拉夫丘克和白俄罗斯共和国最高苏维埃主席舒什凯维奇，齐聚离波兰国境只有三公里的白俄罗斯别洛韦日森林签署密议，决定解散苏联、成立独立国家联合体时，“苏联”在名义上也化作了一股青烟。

戈尔巴乔夫曾试图挽回败局。在1924、1936和1977年的苏联宪法中，均规定每个加盟共和国有自由退出联盟的权利，但都没有退出细则，法律制定者根本没打算实行，也没有考虑真出现有加盟共和国要求退出时该怎么办。1990年4月，苏联最高苏维埃通过了《关于解决加盟共和国退出苏联有关问题的秩序法》，规定退出苏联的共和国要得到国民不少于2/3的赞成票之后才能宣布进入过渡期；其内部有自治实体的，投票要在自治实体中单独进行，这些自治实体有权决定留在苏联还是留在独立的共和国内；加盟共和国在退出苏联的决议通过后，要有一个不超过五年的过渡期，在过渡期内解决要求退出的共和国在加入苏联时不属于该共和国的领土的地位问题。然而，这不过是纸老虎，当真的有人宣布独立和退出苏联时，竟没有一个共和国理睬过这个法令、走过这个程序。与之相对，1990年3月21日，戈尔巴乔夫颁布了一项关于在立陶宛苏维埃社会主义共和国境内保障苏联公民权利和维护苏联主权的命令，但立陶宛视而不见，完全不当回事；1990年10月24日，苏联最高苏维埃通过法令，重申联盟法律优先于共和国法律，同一天，俄罗斯联邦最高苏维埃却通过决议，规定在俄罗斯境内共和国法律高于联盟法律。

戈尔巴乔夫后来甚至可以说是乞求各加盟共和国留在苏联框架内。先是乞灵于所谓“公民公决”，1991年3月17日，80%的苏联公民参加了全民公决，其中76.4%的人赞成保留联盟。不起作用后，1991年7月，苏联最高苏维埃通过《关于主权国家联盟条约草案》，对各加盟共和国做出了重大让步，将苏维埃社会主义共和国联盟的国名，改为“苏维埃主权共和国联盟”，规定“苏维埃主权共和国联盟为平等共和国联合组成的联邦制主权民主国家”，“缔约的每个共和国均为主权国家”，结成联盟的各共和国有权同外国直接建立直接的外交、领事和贸易关系。[①] 可悲可叹的是，在本来根本不应该商谈的主权问题上，一个国家的最高元首，后来竟然与理论上在他治下的加盟共和国的首脑们，要来一起“商量商量”了，而且决定权不在他，而在原先由他提拔起来的地方大员们手上。这种沦落令人感慨，即便如此，依然无济于事。

在苏联后期中央权威瓦解后，民族问题成为最集中爆发出来的综合性问题，也成了苏联解体的直接导火索。雷日科夫甚至说：“不管在俄罗斯国内，还是在国与国的关系中，民族问题的重要性在后苏联时期，一点也不比苏联时期小。”

二、卡扎菲的预言

雷日科夫的悲鸣，也可认为是后知后觉。实际上，早在苏联解体之前，就已经有人非常准确地预见到苏联即将碰到的难题和将要面临的败局。

1969 年的卡扎菲上尉在政变成功、坐上独立的利比亚国家最高领导者的宝座不久，就在一次记者招待会上预言“苏联分裂为一个个独立的共和国的一天总会到来”[②]，原因在于苏联的多民族性和宗教争端。

卡扎菲的预言是灵验的，在他出语不到三十年，苏联这个超民族国家便解体了，但解体的原因却众说纷纭，莫衷一是。20 世纪 90 年代初担任俄罗斯副总理的叶戈尔·盖达尔，认为与 20 世纪 80 年代后期的世界油价急剧下跌直接相关，它使帝国运转失去了必要的财政支持[③]。美国马萨诸塞州州立大学教授大卫·科兹(David M. Kotz)提出苏联后期形成

① 沈志华编：《一个大国的崛起与崩溃——苏联历史专题研究(1917—1991)》(下册)，1202 页，社会科学文献出版社，2009。

② 《卡扎菲和利比亚》，125 页，上海人民出版社，1974。

③ 叶戈尔·盖达尔：《一个帝国的崩溃：对现代俄罗斯的教训》，转托马斯·弗里得曼：《绿色革命》，载《参考资料》2009 年 7 月 16 日。

的十万既得利益阶层,从上层建筑拆毁了帝国大厦①。更多的说法是,社会主义经济体制缺乏生机和民众的自下而上反对造成了苏联垮台。同样广为流传的观点则是苏联贸然掉进了美国前总统里根设下的军备竞赛陷阱,使帝国一点点耗干了元气。这些说法当然都有其道理,真正追究苏联解体的原因,也恐怕需要做这种多向度的综合性解剖。但笔者关心的是:卡扎菲的断言,究竟对于苏联解体有多大的解释力,民族问题在苏联解体中为什么起到了那么大的作用?

出生于苏联格鲁吉亚、后来移居法国的"斯大林问题专家"埃莱娜·卡·唐科斯,也曾坚定地认为民族矛盾终将拖垮苏联。早在 1978 年,在其所著的《分崩离析的帝国——苏联国内的民族反抗》一书中,仔细考察了自苏联建立到 20 世纪 70 年代末的民族问题,特别强调指出:在苏联面临的所有问题中,最亟须解决而又最难解决的不是别的,正是民族问题。恰如书名所强烈暗示的那样,苏联的多民族性将使苏联"分崩离析"。

民族差异和民族矛盾为什么会使苏联"分崩离析"?唐科斯细致分析了苏联的民族政策,认为苏联的崩溃,从其初始便已埋下种子。

苏联自革命胜利后的民族政策,大致分为两大阶段:第一阶段是使各民族繁荣昌盛,设法发展各民族的文化和经济;第二阶段是消除民族差别,致力于民族融合,以形成新的共同体——苏联人民。这两大阶段又大略可分为三个时期:列宁时期、斯大林时期和赫鲁晓夫时期。列宁和斯大林等苏联早期领导者对民族问题的关注,来源于两个原因:一是革命者身上本能的理想主义、打破旧的统治建立起新的国家的宏伟愿望,而旧的沙皇帝国曾是"各民族的大监狱",那么,新建起的国家必然要变监狱为天堂,致力于使各民族能够平等相处;二是列宁和斯大林都认为,民族解放是阶级解放的中间阶段,要实现阶级和社会解放,必须先实现民族解放,各民族有自决的权利。民族平等和民族团结因此成为列宁和斯大林

① 大卫·科兹、弗雷德·威尔:《来自上层的革命——苏联体制的终结》(中国人民大学出版社,2002,曹荣湘等译)一书,即持此说。——作者注

的共同追求,但这种追求又服务于更高的目标,那就是总有一天要消灭民族差别,实现民族融合。在马克思主义和共产主义者看来,“民族”终究只是一种历史过客,只有最终消除才会能迎来人的真正解放。列宁始终坚信:社会连带关系高于民族情感。

虽然怀着相同的崇高信念,但在具体落实上,列宁和斯大林却大有分别,这一分别也导致了列宁和斯大林在民族政策上的差异。以如何维护民族平等为例,列宁对这一问题一直投入了极大关注。在他的心目中,新建起的苏维埃国家,必须尊重各民族自己的选择,真正给予各民族平等地位,旧沙皇以俄罗斯为中心、一个民族统治其他民族的做法应该坚决摒弃。然而斯大林的想法却有所不同,尽管这位格鲁吉亚人的思想背景同样是平等主义,但对如何促进平等另有主张,他的解决办法仍习惯性地秉承传统,坚持要以俄罗斯为中心建立起新国家。列宁与斯大林民族主张的差异,特别体现在两人对民族联合和联邦制问题的不同态度上。1917年后的旧沙皇国土上,布尔什维克虽然已取得了革命的胜利,但国家仍处于分裂状态,摆在革命者面前的一大问题,是如何将分裂的各民族重新引向联合。列宁坚决要求尊重各民族的自主性,强调要以教育的方式,团结各种不同的主义信仰者,反对以强迫的方式推进联合;但斯大林坚持要逐步减少各民族的独立性,在 1920 至 1921 年间俄罗斯联邦共和国苏维埃政府与所有相邻的其他共和国签订了双边协定、建立起紧密经济和军事联系后,斯大林公然宣称要强迫那些不愿加入联盟的民族加入联盟。1921 年格鲁吉亚被并入统一的苏维埃政权,正是来自红军的强大力量,迫使该国境内的孟什维克将政权控制权交至布尔什维克的手中。在联邦制的问题上,斯大林的构想是新的联邦国家要以俄罗斯联邦为样板,建立联邦就是要还处于独立地位的各共和国都加入到俄罗斯联邦,但列宁对此并不赞同。在 1917 年以前,列宁一直不太认可联邦制,他认为这将使民族差别长期保持下去,但 1917 年以后,在发现旧帝国内广泛存在离心倾向后,他开始改变立场,同意把不愿与俄罗斯分道扬镳的各民族按照联邦制的原则组织起来,但新的联邦必须保证其他各共和国与俄罗斯联邦共和国被一视同仁地对待。他指出,斯大林的联邦计划只会加深民族情绪,“给独立主义者帮忙”,而无益于国际主义。

列宁的民族政策对苏联政治起到了一定作用,但其作用是有限的,这与列宁的早逝密切相关。列宁逝世后的三十年间,苏联一直处于斯大林的统治之下。斯大林主政时期的民族政策,一开始继承了列宁思想的某些精要,曾一度为落实民族平等下过不少气力,主要体现在:政治上,奉行各级干部本土化政策,各加盟共和国自己掌握自己的命运,由自己的干部来领导;文化上,强调要发展“所有”民族的文化,首先是发展各民族的语言。苏维埃政府曾明确规定:作为行政单位的每一个民族都必须拥有并使用一种自己的语言。这种文化平等主义不能说毫无诚意,为贯彻民族平等政策,斯大林甚至把这种塑造各民族自己语言的努力推向了极端。尽管苏联建国之初处于贫困中,但仍拿出大量的力量和经费用于民族文化的发展,有时甚至无中生有地生造文化,某些做法可说是离奇和不可思议的。20世纪20年代建国时命名的某些民族当时实际上还没有自己的语言,或者已习惯于使用其他民族的语言,但按照当时的民族政策,却必须“创造”出自己的民族语言。已同时使用好几种语言的白俄罗斯即处于这种情况,当局规定了一种正式的白俄罗斯语言,即使这种语言对大多数居民来说都全然陌生。更有甚之,苏维埃政府还组织了一些语言学家把只有几百人的小部落才说的一些方言变成了书面的文字语言。

斯大林致力于推进民族平等,但民族平等并不是斯大林的至高追求。作为共产主义者的斯大林不能容忍民族和民族差别长期存在,他更想做的工作,是消灭民族而不是扶持民族。如何才能实现民族融合?这个列宁没有来得及认真思考并且斯大林也没有思考透的问题,被斯大林轻率、粗暴而且操之过急地处理了。斯大林始终认为新建起来的苏维埃政权应以俄罗斯为样板,文化上也应向俄罗斯看齐,推进全苏联的俄罗斯化,他对此孜孜以求。如果说这在20世纪20年代尚不明显或有所顾忌的话,那么在30年代以后,斯大林则逐渐明确地推行起这种民族政策。而20年代扶持民族文化、实现各民族的繁荣昌盛,虽然内涵也有民族平等的诉求，但同时也是一种权宜之计，是为达成民族融合而做的一个铺垫，是非常不彻底的。致力于保持和发展各民族自己的文化及语言固然是事实，但其目的却不是为了加强民族意识，因此，从形式上来说，文化和语言所走的是民族平等及民族和解的路线，但从内容而论，各民族通过语言流传的东西并不是各民族本身的遗产，而是一种新的、各民族所共有的遗产，即社会主义及其价值和目标。也就是说，20 年代的苏联民族政策，最高目标仍是为造就一个阶级友爱战胜民族意识的无产阶级苏维埃国家服务。

斯大林在 30 年代后基于控制而不是基于平等的民族政策主要体现在两方面：

一是以暴力手段推进社会变革，想方设法根除一切民族特性和消除不同的生活方式。因此在 30 年代初，斯大林开始对苏联社会进行大改造，其主要措施是集体化和游牧人的定居，此举起到了两种功效：取消农民，消灭农民的个人主义和它与新社会格格不入的社会准则；挖掉各非俄罗斯民族由于乡村生活而完全保存下来的民族传统的根子。与此同时，又对各加盟共和国的民族干部进行大清洗，在各地安排俄罗斯干部进入各级政府，以对各加盟共和国实施控制。

二是推行俄罗斯化。30 年代末，普遍的俄罗斯化运动在苏联展开，其动作有：强制普遍使用古斯拉夫语所用的西里尔字母，以之代替拉丁字母，使各种语言逐渐向俄语靠近；重新改写俄罗斯帝国的历史，称以往俄罗斯对其他民族的殖民是“最小的坏事”，恢复俄罗斯历史的声誉，等等。这一民族政策借着第二次世界大战的一些事件走向了登峰造极。1943 年 10 月到 1944 年 6 月，苏联境内六个小民族——车臣人、印古什人、卡拉恰伊人、巴尔卡尔人、卡尔梅克人、鞑靼人——因在德占期间表现出自治倾向被指控为叛逆，与 1941 年被流放的日耳曼人一样，被赶出他们的故乡并被放逐到了中亚和西伯利亚，他们享有的政治、文化和领土权利同时被取消。

不止于此，斯大林还利用战争大做文章，对苏联各民族在战争中的表现进行了三六九等优劣排序。在所有民族中，俄罗斯人被“钦定”为最模范民族，斯大林因之要求苏联所有民族都要服从俄罗斯的领导，以至在1945年5月24日庆祝战争胜利的讲话中，斯大林只向俄罗斯人民致敬，而没有向苏联人民致敬。俄罗斯族被公然抬高到“老大哥”的地位，列宁确立下来的民族平等政策，只好暂时宣告终结。斯大林治下的苏联，因此形成了以俄罗斯为核心而组成的民族共同体，民族情感也已被等级化，俄罗斯的文化和传统被置于了首位，而其他各民族的文化一下子都遭到了批判，斯大林认为它们是反动历史的象征。受斯大林的高压政策威逼，1952年，苏联各民族不得不转向俄罗斯文化，除此之外没有别的选择。

斯大林以一个民族统治另外的民族的做法在苏联境内引来了普遍的反抗，恰如列宁已经批评过的那样，它制造了民族情绪而不是减弱了民族对立。斯大林的后继者赫鲁晓夫看到了斯大林的民族政策不得人心，上台不久即开始图谋改变，他谴责了斯大林对各民族所犯下的罪行，如清洗民族优秀分子、过分的中央集权、俄罗斯化的企图、恢复殖民主义和建立新的不平等关系等，并宣称要反对民族压迫，重新重视民族平等。赫鲁晓夫时期的民族政策可用四个字来概括：回归列宁。其明确指向是归还各民族的自主权，承认民族共产主义的合法性。具体措施包括：继承列宁的文化平等政策，致力于苏联各民族文化的民主化，号召各民族重新夺回自己的文化权，充分发展自己的传统；取消斯大林的民族优劣排序政策，消除民族等级，为因叛国罪而被斯大林流放的七个民族中的五个恢复了名誉（日耳曼人和鞑靼人除外），并让他们迁回故土；干部本土化，给民族干部以名副其实的地位，到20世纪50年代末，苏联各级和各个部门里的本地干部人数都有所增加，而中央政府的代表则有所减少；经济生活分散化，让苏联各民族都能享受到经济进步的好处；扩大各共和国在司法和立法方面的权限。

赫鲁晓夫走的是一条非斯大林化、让步和权力分散的道路，这在一定程度上缓和了民族对立，但赫鲁晓夫如列宁和斯大林一样，并不希望民族并立的局面长期在苏联存在下去，归还各民族的自主权，最终还是要为民族融合、建立新型的苏维埃共产主义社会创造条件。苏联在 20 世纪五六十年代的文化和经济进步使赫鲁晓夫认定：苏联正在由多民族社会过渡到民族融合的共产主义社会，正在形成一个“全民国家”，并因此强烈反对他所称的“地方沙文主义”，反对各民族无度的权力要求。

苏联不同时期的民族政策，在这一点上是共同的，即都认为解决民族问题的正确办法是消灭民族差异。但如何消灭差异，却方法有别。在列宁那里，教育的重要性无与伦比；在斯大林那里，暴力是不二法门；而赫鲁晓夫则否定斯大林，寻求政治和经济的合理性。列宁和赫鲁晓夫采取的是让步的政策，力求以退为进，以安抚来慢慢拉近不同民族间的距离、填平民族间的鸿沟；斯大林采取的是高压政策，他相信棍棒底下出真知。

以减小差异来达成民族融合，这种设想是好的，但正如唐科斯指出的那样，苏联在不同时期不论是基于让步还是基于高压来消解民族差异的民族政策，都遭遇了苏联各民族甚至包括俄罗斯族的反抗。这一点也是苏联各位领导人没有清楚预料到的，他们都未能充分考虑到民族意志的自治力量和民族问题的复杂性，一致乐观地把民族问题等同于其他问题，看作是历史的遗留或错误政策所导致的结果，以为只要采取适当办法就能一劳永逸予以解决。但事实上，各民族的独立意识和自治要求从未间断过。20 世纪 20 年代初，一度四分五裂的旧帝国各民族已通过一些共同行动的契约联合为整体，但各民族的想法却大为殊异，当地党内外的许多民族干部和民族优秀分子曾纷纷反对俄罗斯联邦领导人推行的政策，这也迫使曾经反对联邦制的列宁转而改变观念，赞同以联邦的方式来联合苏联各民族，这不能不说是列宁对民族自治力量的妥协。

斯大林的暴力激起了民族对立，而他的后继者赫鲁晓夫的民族平等政策是否就能消解苏联各民族的自立要求呢？唐科斯指出：赫鲁晓夫提出的“实现民族融合”目标，一开始就遇到了各民族优秀人物的反对。这也使苏联国内围绕民族问题出现了两种声调，一种支持民族统一的声调，一种坚持民族永恒性的声调，从 1966 年起，这两种意见的支持者之间展开了多次论战。后者的立场很简单，他们认为，苏维埃国家保证了各民族的繁荣和平等，从而完成了一个伟大的历史任务，同时也确认了民族现实的重要性和长期性。如果试图削弱各民族的地位，否定苏维埃各民族，就是否定苏联政权的最具典范意义的成就。两种力量的较量在苏共二十五大上画了一个结，民族永恒论者取得了相对的胜利。会议中只字不提引起激烈争议的“民族融合”目标，而所有发言在谈到苏联民族政策的成就时都一致颂扬各民族的繁荣和友谊。而这又在 1977 年的苏联宪法中得到了体现，宪法第七十条坚持了联邦制，第七十二条维护了民族分离的权利。

苏联历任领导者梦寐以求的最高目标，都是在苏联建立新型大家庭——苏联人民，实现政治、经济、文化的统一。1936 年，苏维埃联盟定义强调的是联邦制和加入联邦制的各民族的自由抉择权。后来，人们对此加以扩充、扩大和修改，最后强调的是统一的意志和国家已经统一的基础。1977 年的苏联宪法虽然有所倒退，仍旧维护联邦制(联邦制是民族差别的法律表现形式)，但苏联中央政府的态度和宪法却同时强调，苏联社会正在朝着消灭民族差别的方向发展，正在组成前所未有“苏联人民”大家庭。然而，帝国境内各民族捍卫自身民族特性与自主权的努力却从未间断，即便赫鲁晓夫乃至其他苏联领导者百般安抚，这种离心倾向仍挥之不去。1991 年的苏联解体，最终对此做了一个了结，偌大的一个“巨无霸”四分五裂，重新变成诸多民族的国家。

三、苏联境内的“民族主义原型”

列宁、斯大林、赫鲁晓夫等苏联领导人建立新型苏联国家的梦想的最后归于失败，其基本原因是在苏联各民族间没有塑造出超越民族界限、君临一切之上的共同集体认同。“苏联人”这一集体认同的不被接受，使得苏联中央政府的统治始终缺乏向心力，国家内部始终存在文化上的分裂，这也就蕴藏着随时发生政治分裂的可能。权且不论是否是民族离心力导致了苏联解体，但我们反向思考，倘若“苏联人”这一集体认同已被苏联各民族所认可，那么苏联就断无发生国家分裂的可能，而“苏联人”这一集体认同事实上不被认可，恰恰说明了苏联国内各民族意志的坚强。苏联各民族为什么一直保持着旺盛的民族意志，并在苏联刚刚解体就能建立民族国家？我们从唐科斯的叙述中可以看到：苏联境内存在多种多样的“民族主义原型”。[①]

之所以用“民族主义原型”而不用“民族主义”来表征苏联国内的民族情绪，是因为直到20世纪80年代中期以前，苏联时期的民族离心力和自主要求，绝大部分尚未明确表达为独立建国运动，各民族诉诸民族意识致力的目标，绝大多数也并非要脱离苏联，而是为了在苏联内部维护自身特性和获取更多权益[②]。这一点类似于中国中央政府与地方政府的关系，20世纪80年代以来，中国的地方政府不断向中央政府要求放权，竭力扩大自身的权限，但这并不可以理解为地方政府有独立建国企图，想脱离“中国”这一共同体。基于此，苏联时期各民族的民族情绪，总体来说还只是“民族主义原型”而非“民族主义”。

通过唐科斯的笔触不难发现，历史学家埃里克·霍布斯鲍姆在研究近代民族主义运动时，总结出来的“民族主义原型”及其发生机制，在苏联国内都曾出现过，这里不妨一一述之。

1. 因语言而产生的“民族主义原型”

苏联建国之初，一度鼓励各民族发展自己的语言和文化，各民族也因势保持或建立起自己的语言和文化，但苏联中央领导层并不希望各民族把各自的民族语言放在第一位。自斯大林之后，苏联开始不遗余力地推行起语言和文化同化政策，力图以俄语和俄罗斯文化来统摄一切，然而这

---

① “民族主义原型”是指超越地域界限而形成的对某些群体或体制的情感认同，它能够通过大规模的政治动员发展为民族主义。关于“民族主义原型”的含义，参(英) 埃里克·霍布斯鲍姆：《民族与民族主义》，54—55页，上海人民出版社，2000。

② 埃莱娜·卡·唐科斯：《分崩离析的帝国——苏联国内的民族反抗》，266页，新华出版社，1982。

遭到了苏联各民族的普遍反对。苏联不同时期的语言使用情况统计都表明：那些组成同一共和国的民族，在本共和国内都很好地保持了使用本民族语言。这些民族中 90%以上的人都把民族语言作为第一语言。虽然赫鲁晓夫 1961 年宣称民族语言在衰退，失去了它的信徒，然而事实上，在整个 60 年代，几乎所有的民族不仅证明了它们的语言得到了引人注目的稳定，甚至证明了对本民族语言的越来越多的重视。70 年代的苏联人民虽然受到俄语的熏陶，并通过宣传工具的媒介经常接触俄语，但却仍然牢固地保持着本民族的语言。

大致说来，苏联各民族的语言使用，可分出三种民族集团、三种情况：

第一类民族集团包括犹太人、日耳曼人、鞑靼人，他们没有自己的共和国和独立的族群居住地，语言同化的速度比较快，第一语言大多选择了俄语，而第二语言是他们的民族语言。但语言并不能单纯地决定民族和民族主义，他们始终对苏联没有产生深切的认同，随时都想离开苏联另住他乡，而且他们始终没有放弃使用自己的民族语言。

第二类民族集团，包括斯拉夫民族、波罗的海民族和哈萨克人等，经常使用两种语言，俄语和本民族语言都得到了发展。

第三类集团包括高加索和中亚的几乎所有各大民族，它们普遍对俄语非常陌生。虽然不少民族也把俄语作为经常使用的语言，但其地位仍排在本民族的语言之后，苏联的语言同化政策没能推进民族一体化，反而激发了民族意志，引发了语言民族主义，这无疑显露了民族问题的复杂性。苏联的经验表明：那些有自己的历史和文化的民族，更不容易在语言和文化上被同化，而外界越是试图削弱其民族特性，就越将引来更大反弹。中亚和高加索诸民族、波罗的海诸民族、伊斯兰教民族等，皆拥有传播古老文化的古老语言，它们对语言同化的反应相较其他民族要强烈得多。1970 年的调查显示：所有生活在本共和国的格鲁吉亚人都忠于本民族语言，99.4%的人坚持使用格鲁吉亚语，并且为捍卫本民族的语言和文化传统，格鲁吉亚和苏联中央政权之间几次产生严重政治危机。位于高加索的另一共和国阿塞拜疆最高苏维埃则在 1956 年 8 月 21 日宣布，今后在该共和国内只有一种官方语言——阿塞拜疆语。赫鲁晓夫推行的双语教育措施，在一些文化水平很高和城市化高度发展的共和国，如波罗的海各民族和高加索天主教各民族，均遭到了强烈抵制，民族语言在这些民族的学校中一直占有强有力的地位。70年代的统计表明，在爱沙尼亚和立陶宛，民族语学校根深叶茂：73%的爱沙尼亚学校用爱沙尼亚语教学；84%的立陶宛的孩子们接受本民族语言的教育。相反，那些没有自己的语言和文化传统的民族，如白俄罗斯、摩尔拉维亚等，则易于同化得多。

当然，对语言同化的反动与民族的能力大小也大有关系。在苏联，一方面看到那些受俄罗语包围的中、小民族的逐渐被同化，另一方面是比较大的民族富有生命力。那些地处边疆、居住在比较清一色民族的共和国，并拥有能加强文化权利的政治结构的民族，比那些受外族包围或散居各地和政治上不太强的民族有更大的能力来保护自己的语言。

2. 因宗教而产生的“民族主义原型”

苏联是一个多民族的国家，也是一个多文化、多宗教的国家，宗教上的繁多，也对苏联的政治生态产生了深刻影响。实际上，由各民族组成的苏联世界存在有两端：一端是波罗的海人，他们富于欧洲传统，文化和经济高度发达，有时显得特别迷恋宗教；另一端是苏联各穆斯林民族，他们向往古老的伊斯兰世界，城市化程度不高，经济不发达，致力于恢复伊斯兰教。这两端对苏联的离心倾向比其他地方更为明显，它们与“苏联”这一概念在两个方面存在抵触：一是这两端的民族宗教情感都殊为浓烈，对社会主义文化没有兴趣；二是它们的宗教信仰与苏联主体民族——俄罗斯大相殊异，前者信奉基督新教、天主教和伊斯兰教，而后者传统上以东正教为正朔。以立陶宛为例，该民族天主教占据优势，在沙皇统治时代，俄罗斯化政策就曾遭遇了天主教会及其教育机构的抵制，苏联的民族一体化政策，同样被立陶宛视作了对其民族文化完整性的威胁，立陶宛人因此团结在教会的周围，发展起自己的民族意识。“天主教-立陶宛民族”的一致性明显表现在立陶宛文化和政治的各个方面,20世纪40年代当立陶宛被并入苏联版图时,立陶宛的天主教神职人员即曾参与领导武装反抗苏联。而自60年代末开始,当立陶宛的天主教活动受到苏联中央政府阻挠后,立陶宛的反政府的请愿活动,也首先是在教区内展开。天主教徒请愿规模的不断扩大,导致在1972年立陶宛大学生举行了苏联较为罕见的大规模示威游行,这使立陶宛信仰与民族问题日益紧密结合起来的宗教运动进一步深化。

苏联社会中的伊斯兰教徒同样桀骜不驯,极难同化。与苏联的无神论宣传相对照,苏联的各穆斯林民族不仅牢牢坚持了自身的宗教信仰,而且越是随着苏联社会现代化程度的提高,其宗教和民族意识就越趋明朗。1920年以来,苏联政府扶持一些民族和发展各种不同的文化,其目的是使之融合成某些有限的共同体,以阻止他们融合成总的共同体。但后来的经历表明,事与愿违,苏联政府在这方面做的全部工作由于穆斯林当局采取的行动而受到了损害。“苏联的伊斯兰教不是各种宗教的总称,它首先是一个共同体,是一个‘民族’。无论正统非正统,所有穆斯林都是这个宗教共同体的成员”[①],穆斯林对伊斯兰教的忠诚,使苏联伊斯兰教世界出现了“伊斯兰人”的轮廓,这与“苏联人”的诉求恰成对立。“伊斯兰人”的认同是超越民族的,但又是民族差别的分水线。那些不属于同种信仰的人,在穆斯林眼里,已被置为了“他们”,当然,“我们”之中又有“我们”。当渗入语言、族裔等因素后,穆斯林民族内部又会区分出属于乌兹别克的情感或鞑靼的情感,苏联解体后建立的一些伊斯兰教国家,正是“伊斯兰人”的认同与具体民族相结合的结果。苏联社会伊斯兰教徒对自身特性的维护,体现在这些方面:拒绝与族外人通婚,中亚和高加索各族(塔吉克人和亚美尼亚人除外)都坚持族内婚制,这使苏联企图用异族通婚来实现种族融合的办法流于破产;精心保护那些与社会宗教传统联系在一起

---

① (法)埃莱娜·卡·唐科斯:《分崩离析的帝国——苏联国内的民族反抗》,226页,新华出版社,1982。

的生活方式，如婚俗、葬俗、节日习惯等，保持民族的统一性；保持其特殊的社团模式，穆斯林社会仍由男人所统治；等等。

苏联社会存在的“民族主义原型”并不仅仅起因于语言和宗教两方面，对族群特性和国家传统，唐科斯在书中虽所涉无多，但因这两种因素所形成的“民族主义原型”，同样明显生存于苏联社会中，不过这两方面更易于为人所理解。苏联社会是多族裔的，这使那些具有不同族性来源的民族，如日耳曼人、犹太人、波罗的海人等，在族性上很难与“苏联”这个集体相认同，日耳曼人想移居德国，犹太人想移居以色列，被流放的鞑靼人一心想建立自己的共和国。族裔对苏联社会的整体认同造成的影响，尤其体现在斯拉夫民族与非斯拉夫民族之间，前者的相互认同程度远较后者与前者间的相互认同程度高，这一点是显而易见的，不必赘述。至于国家传统，苏联是一个多民族国家，但确切地说，是一个超民族国家，本就由众多加盟共和国和自治共和国组成。这些国家有许多在苏联成立之前就已存在，而苏联建国后又在很大成分上拥有自己的独立自主权，围绕这些加盟共和国或自治共和国产生国家认同和形成“民族主义原型”，也就顺其自然。解体后的苏联，新生国家基本上正是以原有的加盟共和国的轮廓而建立。这里面的道理，并不复杂。

需要指出的是，苏联社会中存在的“民族主义原型”或民族情绪，虽然是各民族精英分子牢固捍卫本民族自身特性和独立权的结果，但同时更是各民族对自身集体认同所做出的自主选择，催生民族情绪的土壤和动力存在于民众中，而精英分子在苏联解体前后的民族主义话语创建，则是植根于对民众意识的顺应、引导和改造。正是因为存在多种多样的“民族主义原型”，苏联才在精神文化和政治意识上“四分五裂”，并在 20 世纪 80 年代后期苏联中央政府的控制力严重削弱之际，迅速发展成众多民族主义思想和运动，在苏联解体后建立起诸多独立国家。应当说，“民族主义原型”对苏联解体“功不可没”，虽然其作用大小尚须仔细考究，无论如何，没有蓬勃而生而起的民族情绪的干扰，苏联断不会在 80 年代后如此不经事，稍有波折即崩于无形。

四、多族群国家的脆弱性

一个多族群或说超民族的大国在苦苦支撑了七十余年之后，终于还是解体了，其过程和惨烈程度不免令人扼腕。雷日科夫后来曾出版回忆录《大国悲剧——苏联解体的前因后果》，对民族问题如何导致崩溃进行了深刻反思。作为现场见证苏联解体全过程、亲身参与处理了苏联解体前夕的许多重大事件的人，这位今日的苏联遗民，事过境迁免不了仍心中满是感慨，他对苏联解体原因的解剖可谓啼血之鸣。他尤其强调的是苏联临终前的民族主义问题，“苏联解体的主要原因无疑是在内部。其中有经济的、社会的、党的、国家的，还有许多其他原因”，但“一个现在看来也没有最终解决的、直接导致我国出现悲剧的原因”，“就是改革年代后期我国各地突然爆发并迅速发展的民族主义。正是这个东西，成了苏维埃国家内部破坏过程中强有力的催化剂”。[①]《大国悲剧》一书集中展现的，正是苏联解体前后民族问题的复杂性，其中的种种纠纷冲突乃至流血事件，读来惊心动魄、发人深省。

多族群国家在维护国家完整上，比族群成分单纯的国家显然要艰难得多。近代以来，不少大国都因为内部族群问题而解体了。典型的如奥斯曼帝国和奥匈帝国，都在第一次世界大战之际一分为多。1908 年土耳其青年党发动革命并推翻苏丹的统治时，基督徒和穆斯林在大街上互相拥抱，青年土耳其党领袖恩维尔帕夏宣布：“再也不分什么保加利亚人、希腊人、罗马尼亚人、犹太人和穆斯林了。蓝天之下我们都是姐妹弟兄。我们人人平等，我们为做一个奥斯曼人而自豪。”[②]这种四海一家的乐观情

---

① 尼·伊·雷日科夫：《大国悲剧——苏联解体的前因后果》，徐昌翰等译，384 页，新华出版社，2008。

② （美）斯塔夫里阿诺斯：《全球分裂——第三世界的历史进程》（上），417—418 页，商务印书馆，1995。

绪没能在现实中得到保证,帝国是由多种族群构成的,1908 年的议会选举中,147 名土耳其人、60 名阿拉伯人、27 名阿尔巴尼亚人、26 名希腊人、14 名亚美尼亚人、10 名斯拉夫人和 4 名犹太人进入议会,这些成员组成就很好地反映了帝国的种族结构。土耳其青年党人期望把不同族群留在统一的国家内部,然而,公平的代表权也无法确保少数族群的忠诚。在革命初期,小亚细亚地区的许多希腊人就打出了古希腊王国的蓝白两色相间的旗帜,而不是帝国的星月旗。其他族群的反应与此类似,他们首先把自己看成斯拉夫人、阿尔巴尼亚人或阿拉伯人,其次才是奥斯曼人。在民族主义意识形态的影响,以及俄罗斯、法国和英国等国的教唆鼓动下,帝国境内的少数族群纷纷开展独立运动,不长的时间内,原属帝国的多瑙河沿岸、整个巴尔干半岛和北非各省,接二连三离帝国而去。

奥匈帝国留给历史的同样是凄惶的身影。保罗·肯尼迪在评论奥匈帝国的前身哈布斯堡帝国时写道:“在民族日益觉醒的时代,哈布斯堡越来越是一个时代错误。”与法国至少 90%以上的人说法语、属天主教徒,普鲁士人 80%以上有德意志血统、70%以上是新教徒相比,“奥皇统治的是一个种族混杂的帝国”[①],在与普鲁士争夺德意志控制权的 1865 年,哈布斯堡帝国的 3700 万人口(为当时欧洲除罗斯外的第一人口大国)中,800 万具有德意志血统,500 万是匈牙利人,500 万是意大利人,400 万是斯拉夫人,200 万是罗马尼亚人,以及其他族群。这一年其军队花名册中,有 128286 名德意志人、96300 名捷克人、52700 名意大利人、22700 名斯洛文尼亚人、20700 名罗马尼亚人、19000 名塞尔维亚人、50100 名鲁提尼人、37700 名波兰人、32500 名马扎尔人、27600 名克罗特人和 5100 名其他族群人。[②] 哈布斯堡帝国的军队很像一支多国联军,这与整齐划一得多的法国军队和普鲁士军队形成了鲜明对照。及至 1914 年大战来临时,动员令要用 15 种不同的语言发出。这样一个国家的内聚力及其军队

① (美)保罗·肯尼迪:《大国的兴衰》,206 页,中国经济出版社,1989。
② (美)保罗·肯尼迪:《大国的兴衰》,206—207 页,中国经济出版社,1989。

的战斗力可想而知,19 世纪下半叶败给了普鲁士,而在 20 世纪上半叶,奥匈帝国彻底毁灭于第一次世界大战的战火。在现代民族意识尚未产生的古典时代,奥匈帝国尚能保持其国家形态,而当 19 世纪后期以来民族主义风起云涌时,由多个各族、多种信仰人口组成的帝国,就再也无法压抑境内的族群分离倾向,最后无可奈何,分崩离析。

南斯拉夫的解体,同样是多族群国家的崩溃系列中最新最近的一个,它在 1991 年至 1992 年一分为六,并在此过程中爆发了多起严重军事冲突,其瓦解过程直到现在仍未完全停止。无论苏联、南斯拉夫还是奥斯曼帝国、奥匈帝国,境内的多种族群在语言和宗教信仰上都千差万别,族群之间在生活习惯与文化传统上也迥然有异。它们的经历表明当国家内部存在多种族群,而族群之间在语言和宗教信仰上又互有分别时,想推进族群融合、实现国家团结就极其困难。以南斯拉夫为例,如同苏联一样,这个在奥斯曼帝国和奥匈帝国崩溃后、由多个政治实体组合成的联邦制国家,内部不同组成部分间在文化传统、语言文字、宗教信仰上千差万别,很长时间内一直存在各式“民族主义原型”。南斯拉夫有两种文字:基里尔字母和拉丁字母书写的文字;有三种宗教:东正教、天主教和伊斯兰教;四种语言:塞尔维亚-克罗地亚语、斯洛文尼亚语、马其顿语和阿尔巴尼亚语。斯洛文尼亚人和克罗地亚人信奉罗马天主教,使用拉丁字母书写的文字;塞尔维亚人、马其顿人和黑山人奉东正教为正朔,使用基里尔字母书写的文字;波斯尼亚和黑塞哥维那主要信仰伊斯兰教。在南斯拉夫解体过程中,因宗教而生成的“民族主义原型”上升为分裂性民族主义,这种因素起了巨大作用,各种宗教几乎都是按一定的民族(族群)和地域分布的,“是信奉东正教、天主都还是信仰伊斯兰教,已成为区分塞尔维亚人、克罗地亚人和穆斯林三个民族的最基本的、几乎是唯一的标志”。[①]波黑内战被人们称作“种族战争”和“宗教战争”,就是因为这是一场东正教徒与穆斯林之间的战争。可叹的是,在南斯拉夫被定性为一种民族(族

① 穆立立:《欧洲民族概论》,23 页,中国社会科学出版社,1998。

群)的穆斯林族,从血缘上来说,其实很大部分是塞尔维亚人或克罗地亚人,所说语言也是塞尔维亚-克罗地亚语。也就是说,波黑战争中的对立各方,在历史上曾经是一家人,只是因为宗教信仰上的变异,才导致一家人反目成仇。克罗地亚人和塞尔维亚人拥有共同的语言和文化,两者分家也纯粹因为宗教,前者信仰罗马公教(因而以拉丁文解读教义),后者信仰东正教(因而以西里尔文解读教义)。南斯拉夫解体的过程,和苏联如出一辙,首先是各共和国不承认联邦宪法,接着是各共和国不再接受联邦国家的领导,最后,各共和国和自治省要求民族主权和民族独立,通过关于独立的全民公决形式宣告独立,最终脱离联邦。[①]

五、"民族自决"的滥觞与局限

苏联等国的解体提醒人们要充分重视民族问题的复杂性。民族主义和民族问题对于多族群国家的政治稳定来说,直至今天仍然是很大的考验,其复杂性在于:无论采取高压还是让步政策,族群差异都很难消除,族群融合都很难达成。这在提醒人们解决族群隔阂问题实无多少良方的同时,也提醒人们研究和解决族群隔阂问题须以多样化思维做多手考虑,单纯的高压政策或一味迁就、容忍各族群的无限自治倾向,从苏联的经历来看,都于解决族群问题无甚裨益。

苏联等国的解体,还提醒人们要关注那些生存于当代世界的"民族主义原型",族群问题的复杂性很大程度上就归功于它。应该看到,对本族群之外意志的抗拒,也并非完全来自族群精英分子,其实同时也来自广大民众。也就是说,民族情绪的生成,存在广泛的社会基础,这种社会基础在当代世界,即体现在那些形形色色的"民族主义原型"中。它们虽然还不具有成型化的民族主义的破坏或建设力,但它们作为民族主义的预备

① 马细谱:《南斯拉夫兴亡》,404 页,社会科学文献出版社,2010。

式，蕴含着深厚的政治统合或分离力，将深刻影响多族群国家和世界政治的未来变化。

进一步探索族群问题与国家解体的关系，应该询问：在当代世界，为什么基于民族的集体认同还能够发挥重大的影响力，还会有成型的民族主义和众多不成型的"民族主义原型"的存在？苏联以及其他大国的解体经历，给人们提供的是三个方面的教训：

1. 第一个教训："民族自决"原则被滥用

这使得从知识体系和意识形态上，多族群国家容易掉入分裂陷阱。

无论是百年前的奥斯曼、奥匈帝国，还是当代的苏联、南斯拉夫，它们的解体都与"民族自决"思想的影响有关。这完全是一种现代思想，即19世纪意大利革命者马志尼所说的"一个民族，一个国家"。在这种理念中，民族与国家是合一的，每一个民族都有权决定自己的现在和未来。这一观念在20世纪初又被威尔逊和列宁所强调，威尔逊在第一次大战后的巴黎和会期间，大力兜售"民族自决"的合法合理性。列宁则说民族解放是阶级解放和全人类解放的一部分，在1902年提出"承认国内各民族都有自决权"，1914年更明确提出要"无条件地、坚决地维护每个民族的政治自决的权利，即分离的权利"。"民族自决"为每一个自认为构成"民族"的群体开展民族主义运动、从多族群(民族)国家中分裂出去而成为新国家，提供了理论合法性。

民族与国家的合一，在民族主义思想刚刚兴起的阶段，并没有什么问题。传统的君主制国家不存在民族认同，国家因此是臣民国家而不是民族国家。现代民族主义在西欧的原始形态是公民民族主义，是在臣民社会的基础上建造公民(国民)社会，公民(国民)作为集体形态即是"民族"。也就是说，在民族主义下的现代民族国家构建，起初是先有臣民国家原型，而后才是基于现代公民权利的民族想象，和在此基础上重建现代国家。这也就是所谓"门槛"原则，即"民族"必须拥有足供发展的幅员，如果领土过小,这个“民族”将不具合法性。它包含两个意思：一是“民族原则”只适用于具有一定大小的国家;二是民族的建立被视为一种逐步扩张的过程。[①]

早期民族国家因此不仅不是一种分裂不同族群、文化和语言群体的力量,相反是整合分散性生存群体的力量。在共同的政治权利的前提下,它曾经把欧洲四分五裂的邦国、公国、侯国等,统合成了领土范围更大、人口更多的民族国家,使现代市场经济所需要的相对统一的政治架构得以成为可能。正如英国哲学家穆勒等人所说,当时的民族主义思想,实际上就是博爱万众的世界主义,“民族”的重要性次于世界。

不管喜欢还是不喜欢,对于现代世界来说,民族主义是一种基本的建构性因素。早期欧洲由臣民国家转换为民族国家,以及19世纪下半叶以来被殖民国家反抗民族压迫也仿效欧洲建设民族国家,都具有人类正义性。不过,民族主义的后来发展,出现了许多变形,它使民族主义思想的某些部分也演化成了破坏性力量。其中一个重要变化,就是不再一味强调政治权利,而强调血缘、语言等特征作为民族认同的标记。晚近以来常见的族裔民族主义,就是显著一例。

在族裔民族主义产生以后,最近一个多世纪以来,人们看到了不少帝国和多种族国家的分裂。苏联、南斯拉夫、捷克斯洛伐克等国曾经是“民族自决”原则的拥护者和实践者,但最终又是其受害者。霍布斯鲍姆说：“列宁从威尔逊手上接收过来的‘民族’定义及民族渴望,却自动创造出一条条裂缝,日后共产党所建立的多民族国家,就是沿着这些裂缝崩解开来。”而在此过程中,又充满了血腥和暴力。

直到今天,不管发达国家还是欠发达国家,主权国家内部的族裔民族主义及其独立建国诉求,仍普遍存在,它们作为“民族主义原型”威胁着很多国家的内部稳定。信手拈来,加拿大有讲法语的魁北克人自治运动,英国的苏格兰地区不时在闹分家,比利时的荷语区和法语区也想分离为二,

---

① （英）埃里克·霍布斯鲍姆：《民族与民族主义》,33—34页,上海人民出版社,2000。

西班牙有巴斯克分离主义运动，俄罗斯有车臣问题，格鲁吉亚则为阿布哈兹和南奥塞梯问题头疼不已。从塞尔维亚手中实现自治的科索沃、格鲁吉亚的南奥塞梯，先后宣布独立，背后的理据仍是“民族自决”观念。

如果不加区分地承认民族自决的政治正当性，那么，这一现代观念所产生的连锁效应，将是基于族裔的民族独立建国诉求，可以完全合法地无休止继续下去，未来世界也将绝不是现在的200个主权国家，而可能是上千个甚至更多。原因很简单，除少数国家之外，今天世界上大多数国家都是多族群共处的。

这将是一个什么样的世界？科索沃宣布独立的进程，是以成千上万人的生命损失为代价的，而它仍将面临极为不确定的政治前景。有人认为，承认科索沃独立，将在世界范围内激发更多的族裔独立运动，将造成更多的敌对和血腥。这实在不是危言耸听。也因于此，在科索沃宣布独立后，包括西班牙、格鲁吉亚等许多国家在内，对此态度都极为慎重，不少直接表达了反对立场。“民族自决”原则在最近一个世纪以来产生了无数暴力，其狭隘性已远超出建设性。对于一个人类经济生活关系日益依存的世界来说，继续支持和鼓励“民族自决”主张，已经不太合适。

2. 第二个教训：以族群聚居地作为划分行政单位的依据有失恰当

在“民族自决”理论的指导下，苏联民族政策的最大失误，是人为制造或强化了各群体对其传统聚居地的“领土”观念，以族群聚居地为划分行政区域主要依据的联邦制，各加盟或自治共和国不知不觉就成了“民族主义原型”的重要来源，苏联解体和解体后继续要求分裂的运动，恰恰就以加盟和自治共和国为单位展开。

与其他联邦制国家以自然形成的政治地域为划分行政单元的依据不同，苏联的联邦制是以“民族”聚居地作为划分行政单位的主要依据，中央政府为各“民族”组建了各自的“共和国”，把每个主要“民族”都与一个行政地域联系起来。苏联的行政建制包括了俄罗斯联邦等 15 个加盟共和国、20 个自治共和国、8 个自治州、10 个自治区和 128 个边疆区或州,每个单元都以"民族"来命名,拥有自决权和独立建国的权利,从此苏联的每个"民族"都有了自己的法定"领土"。以"民族"为行政划分依据的联邦制和自治制度,恰巧符合现代民族国家的建国原则,即英国民族学家厄内斯特·盖尔纳所说的,"民族主义首先是一条政治原则,它认为政治的和民族的单位应该是一致的"。[①]

苏联在 1991 年的解体早已孕育于 1922 年的建国伊始,"民族自决"理论和以"民族"为中心的联邦制,既是把苏联境内不同"民族"撮合到一起的黏合剂,但事过境迁又成为最大的裂解剂。苏联在始终蕴含分裂危险的情况下还能保持七十多年的时间,主要原因是共产主义意识形态及经济、行政上自上而下的垂直管理体制,它们共同为苏联人的生活提供了共同性,但这种共同性到 20 世纪 80 年代后期不复存在。戈尔巴乔夫当政后推动苏联意识形态和政治体制的全面改革,允许各加盟共和国建立民族主义政党,以"公开性"为口号,清算苏联政府历史上犯过的错误,启动对苏联制度与政策的全面批判。政治上的高歌猛进使苏联原有的意识形态纽带、经济秩序、政治凝聚力都遭到破坏,那些建立加盟共和国的"民族"因势转变为独立的"民族国家"。

苏联解体后,俄罗斯也一度陷入苏联式的裂解魔咒中难以自拔,国内的车臣叛乱迟迟不能平息。这使俄罗斯开始深刻反思苏联民族理论和民族政策的经验教训,并对以往的失当做出调整。比如重新界定"民族"术语,对国内各族改称族裔民族;取消身份证上对"民族"身份的登记,淡化公民的族性意识。俄联邦政府还加强了国家的统一领导,建立了中央对地方"垂直"管理体制。将全国划分七个大区,总统亲自任命大区代表。区的划分与俄国军队的军区几乎重叠,各区有内务部队的分部。中央还直接派驻审计代表,对各区执行中央预算和财政情况进行管理。并且规

① (英)厄内斯特·盖尔纳:《民族与民族主义》,1 页,中央编译出版社,2002。

定各州选举产生的州长，要经过总统的任命，才能行使权力。这些措施使民族自治体在行政上被弱化，而行政区的作用得以加强，显示出俄罗斯联邦政府在努力削弱各“民族”与其“自治共和国”“自治州”等地区之间的对应关系，淡化各“族裔民族”的“领土意识”。[①]

苏联开创了对本国行政区划根据民族来划分同时又以民族来命名的历史先河，南斯拉夫、捷克斯洛伐克和新中国在民族理论和民族政策上都是苏联的仿效者，虽然在具体做法上又稍有所不同。如今不仅苏联不复存在，南斯拉夫、捷克斯洛伐克也因国内的民族问题而一分为多，只有中国还相对好地保持了国家的完整，但近些年来同样为少数族群聚居区的稳定而忧心不已。

3. 第三个教训：“政治民族”框架先天不足

苏联领导人都认识到民族差异对维持苏联团结的危害，因此意图打造基于“苏联人”认同的政治民族，这一思路是对的，为何走不通呢？实际上，“政治民族”还需要以一定的文化和历史认同为作为纽带。美国、法国、英国等国在建国或现代转型的过程中兴起的民族主义，都是政治民族主义，都曾致力于推行均等的公民权利，超越族群、肤色、文化、地域等的界限，但却又强调共同语言、宗教的作用。如美国过去一向推行英语教育、以基督新教为主要信仰，法英等国亦有类似历史惯例或政策。这使得政治认同又以一定的文化认同为基础，政治民族主义与文化民族主义得到结合。单纯的权利自由主义是建立不起强盛的“政治民族”的，“政治民族”可以超越种族界限，不同族群、肤色的人均可能拥有共同的政治理想而合为一家，但却难以超越语言、宗教界限，如苏联所看到的那样，一旦境内各“民族”分别拥有语言上的独立性、在宗教信仰上又产生分别，那么由此使“民族主义原型”上升为成形的民族主义运动，便不再不可想象。

---

① 王丹：《多民族国家还是多族裔民族国家?》，载《民族社会学研究通讯》2009 年第 59 期。

均一的政治认同要以相通的文化认同为纽带。英国学者安东尼·D. 史密斯分析了即便在全球化时代,民族认同仍不会被削弱、相反还会加强的历史性原因。在他看来,构成民族主义意识形态的象征符号,主要仍在于历史而非“现代性”,他指出“理解民族和民族主义作为现代世界普遍现象的关键,主要在于历史文化和族裔纽带的既有框架和持久遗产,而不在于全球性互相依存的影响”,“民族主义的力量恰恰来源于它的历史积淀”,“民族主义仍具有强大威力,就是因为它是具体的,也就是说,它深植于每个地区特定的社会背景和特点鲜明的文化遗产之中”。民族主义的这种特性,使得民族主义本身也充当了信仰符号的功用,“民族主义不同于自由主义和社会主义,它更类似于宗教和宗教共同体”。史密斯因此批评了那种将民族主义视为“现代性结果”,并将这种“现代性结果”完全与过去历史割裂的做法,认为“现代主义的解释夸大了与过去的分离程度,没有看到现代性中还有传统的东西存在”,而冷战之后世界范围内出现的种族性民族主义浪潮,也并非是什么“民族主义”的复兴,“它基本上还是一种‘历史产物’,只不过一部分被冷战意识形态掩盖了”。① 在全球化时代,“经济上的相互依赖以及大众传播日益增强,时间与空间不断缩小,所有这些都对人们形成刺激,使那些惊讶地发现他们的传统结构和文化正在扭曲的人做出反应”,“随着世界一体化程度不断加深,越来越多的无根之人会在他们熟悉的种族联系和文化传统中寻求庇护”。史密斯还以欧盟为例,在欧洲实现经济一体化、国家之间已经互相让渡部分经济主权甚至部分政治主权时,他发现并指出:在欧洲建构一个超民族的共同体、形成统一的欧洲认同却难上加难,“讲出一种‘欧洲的历史’,而不仅仅是一个‘欧洲各民族的历史’”,到现在为止还不过是美妙的愿望,“欧洲的‘文化家族’看上去是如此空洞苍白和瘦骨嶙峋。就像是一个空贝壳,欧洲所有的国家、地区和族裔都可以在里面躲避”。②陈彦对欧盟进行研究

①② 安东尼·史密斯:《全球化时代的民族与民族主义》,中文版序,中央编译出版社,2002。

时也发现了同样的问题，在与法国哲学家莫兰的访谈及对布鲁塞尔自由大学副教授马涅特的著作《欧洲、国家与民主》所做的介绍中，陈彦向人们展示了一个悖论：“欧洲联合进程启动时期其实也是欧洲各民族国家加强时期”“欧洲各国在打造欧洲共同体的同时，也加强了各自民族国家的分量”。[①]

由于政治民族主义与文化民族主义的关联，在苏联框架内打造政治民族有许多障碍难以克服。苏联是在沙皇俄国不断推进领土扩张、又在自身历史中进一步兼并其他实体的结果，这注定它不是在现有国家的形态上形成“民族”，而是在多“民族”、多种文化传统共存的条件下塑造国家形态并进而打造“政治民族”。苏联境内的各个民族不仅民族传统、历史记忆不同，国家经历也有分别，它们之间欠缺自然形成的历史纽带，而苏联的某些民族政策，无意间又加剧了这种隔膜。比如苏联时期大力培养民族干部，这些民族精英分子基本是为各个“民族”而非苏联国家所培养的，这使民族干部首先关注的是本“民族”的利益而非国家利益，后来民族精英分子恰恰是推动苏联解体的主要力量。

在任何国家，形成“政治民族”其实都非易事。即使是早期法、美、英等国，“政治民族”传统一开始是由它们所开辟，但在当代世界，这一传统也日益显示了其疲惫。美国自 20 世纪 60 年代以来，随人群的族群构成发生变化，语言、宗教开始走向分裂，英语不再拥有以往的统治地位，致使不少有识之士开始提出“我们是谁”的疑问，美国的国家认同已现出危机征兆。这些年来英国分裂主义运动有所抬头，苏格兰、威尔士都有很多民众想从英国独立。

六、“中华民族”的得失

中国需要从苏联等多族群国家的解体中吸取教训，对内部族群关系

---

① 陈彦：“从欧洲命运共同体到全球命运共同体”“欧洲悖论与欧洲联合”，均见《二十一世纪》2002 年 10 月号。

要谨慎处理，这又建立在对以往解决族群问题的知识体系和制度系统的反思上。

中国未来会不会因为族群问题而发生分裂？北京大学教授马戎认为，不能排除这种可能性。[①] 中国民族理论和民族政策基本借鉴苏联模式，民族区域自治制度在历史的特定阶段曾起到过非常积极的作用，但事过境迁，今天的具体环境已大为不同，不少方面需要做出重新思考和改进。这也使得近年来，中国民族学界对中国民族理论和民族政策的反思日益增多，有人甚至提出要建构第二代民族政策。[②]

在思想史层面，晚清以来中国人在吸收外部思潮时所形成的民族主义意识形态和理论体系，也需要重新予以反思。它不仅表现在要慎重对待“民族自决”的合理性，对外部建立话语权，反对国际上以“民族自决”为借口支持中国或世界其他地方发生的族群分离运动；还表现在近百年来形成“中华民族”话语体系的过程中，这一概念在功莫大焉的同时，又存在内在矛盾。

19 世纪下半叶中国与外来力量的碰撞，刺激了中国人的黄种-非黄种的种族想象，在清朝政权屡屡屈身于外来侵略者、不能维持帝国的体面和尊严后，19 世纪末 20 世纪初，明末清初时期曾盛行一时的反满思想，开始在“黄种人”内部进一步撕开一条裂缝。孙中山及同盟会的政治纲领：“驱逐鞑虏，恢复中华，创立民国，平均地权”，就很好反映了不仅是孙中山，而且事实上是 19 世纪末 20 世纪初时兴起、与维新保皇派相对立的革命派的基本理念。满族对中国的控制原先在共同的儒家文化旗帜下，本来已不存在统治合法性的甄别问题，顶多不过是阶级阶层之别，但在 19 世纪末普遍的民族主义潮流中，17 世纪时的反满种族主义思想重新从历史中被唤醒。一起同孙中山参加了清末革命的章太炎，就一再声称自己熏陶于其家族和浙江社会的传统，在这一传统中，保卫汉族、抵抗夷狄，

① 马戎：《21 世纪的中国是否存在国家分裂的风险？》。

② 胡鞍钢、胡联合：《第二代民族政策：促进民族交融一体和繁荣一体》，载《新疆师范大学学报》2011 年第 5 期。

与保卫统治者的正义同等重要。而陶成章则注意到，“原来外洋各国，从未有异常种人做皇帝的，就是同种的人暴虐百姓，也就要起来革命”，民族主义话语全球化与中国的反满，形成了呼应。①

清末反满民族主义的兴起，存在对明朝刚刚覆亡时普遍的反满情绪的借用。以章太炎为例，在他于20世纪初期所做的有关种族群体的叙述结构中，17世纪思想家的影响明显可见，当时的满族被描述成掠夺成性、没有文化的夷狄，而到1900年时，满族再次在章太炎那里被看成原始民族，它一心一意要把中国压在民族等级中的最下层。对满族-中华关系的重新想象，使得在辛亥革命前，孙中山和革命党人一度想团结利用民间秘密会党，共同推翻清王朝。而且，也正是以满族为革命对象，在革命党的民族主义话语建构中，汉族的主体地位被凸显出来，汪精卫写于1905年的《民族的国民》一书，对于“民族”的定义，就异乎寻常地强调了共同血缘、共同语言、领土、风俗习惯、宗教、精神与生理特征及历史。在汪精卫看来，既然“非我族类，其心必异”，那么，战胜民族对于战败民族必束缚压制之，种族之间难免有争斗。与陶成章一样，他也注意到：西方文明国家没有接受异族统治的例子。

20世纪初的中国民族主义是建筑于反满的事实，还极其鲜明地体现在辛亥革命后革命党的内部分裂上。黄兴、章太炎等人在推翻清王朝后即宣布“革命已经成功”，而不再致力于进一步推进社会民主革命，甚至于将革命政权交与旧官僚袁世凯，他们也表现出不以为意，袁氏毕竟是汉人也。就是作为革命领袖的孙中山，虽然在后期的革命纲领中提出了“五族共和”，但在内心深处，他又是如何想的呢？“1912年8月，新成立的国民党领袖倡导同化政策，并创建了一个组织，鼓励汉族人到‘边地’定居。实际上，孙中山在辞去临时大总统之后，几乎就没有再提过五族共和之说，他本人则投身于边地殖民的计划之中。”

---

① （印）杜赞奇：《从民族国家拯救历史——民族主义话语与中国现代史研究》，118页，社会科学文献出版社，2003。

晚清革命党人的反满民族主义，代表着一种“从民族国家拯救历史”（印度学者杜赞奇语）的努力。在经历一场建筑在种族想象上的民族塑造后，维新党人排斥其他“劣等种族”的黄种人种族主义、革命党的反满民族主义，“拯救”了“中国”的历史了吗？孙中山到革命成功时才设想出的“五族共和”，从现在来看它的历史功用并非没有问题。在革命党人闹着革命的时候，20世纪初乃至其后的多少年间，中国境内少数族群的独立运动，也巍然成为一种潮流。从某种意义上说，少数族群的民族独立运动，与革命党人共享了相同的现代民族建构逻辑，“革命党人既然把民族与种族等同起来，就很难反对日益发展的蒙古独立运动及独立的蒙古国的建立，也无法应付西藏和新疆的危险局面”。[①] 由汪精卫、孙中山所开辟的这一民族主义传统，在它初生时便面临了始料不及的国家整合难题，而它的后来影响同样不容低估。1949年中华人民共和国成立，中国共产党以类似于传统文化主义的阶级叙述方式，曾经一度再次超越了种族与民族合而为一时的国家整合尴尬，但在20世纪90年代初两极体制终结、基于阶级的意识形态分崩离析后，与种族相结合的少数族群的分离主义难题，又重新以显在的形式在中国境内现身，并且再次威胁到中国的内部稳定。

把一切现实的问题都归于先人和历史无疑是不当的，但是，现在又的确蕴含在过去当中。所以，反思过去的失误有助于为现在解疑释惑。实际上，就在百余年前革命党人将种族、民族和历史合而为一的时刻，当时就有许多先见之士预言了此一民族和国民构建的可能后果。晚清社会对政治群体的表述，一直存在两种思想和路径的碰撞：一种是建立在先天性原则之上的排他性的以汉族为中心的表述，另一种是建立在中国精英阶层的文化价值观念与学说基础之上的表述。这两种思路的斗争背后，浮现着的仍是传统的文化主义与种族主义之间的紧张。与章太炎、汪精卫和孙中山等革命党人相对，以康有为、梁启超为代表的君主立宪派继承

---

① （印）杜赞奇：《从民族国家拯救历史——民族主义话语与中国现代史研究》，社会科学文献出版社，2003。

了儒家关于群体的文化主义的观念，相信群体是由具有共同文化的人组成的，而不是仅仅局限于一个种族或少数族群群体。康有为曾经警告，如果将汉族重建定位为民族主体，那么必然威胁到其他非汉族的群体，其结果将导致国家分裂，而保留清皇室、采用虚君共和体制，则可以避免这种结果。

维新派与革命党人在民族或国民问题上的不同思考，实际上在中国社会形成了两种不同的民族主义传统。但康有为、梁启超基于文化共同的民族假说，最后还是败给了汪精卫、孙中山的基于种族分际的民族假说。从中国作为一个国家的内部民族整合来说，孙中山等所开创的民族国家想象，当然是存在"现代性缺失"的。此一缺失大略说来，或许就是政治民族主义与文化民族主义被迫分离，传统的文化系统不再作为政治系统的精神支撑，而在更大程度上支撑传统中国人心灵的文化主义，恰恰是超越种族的，并不排他。

但反思不能到此为止。把视野从中国内部的民族关系拓展到中国与外部世界，还应该说，即使是维新党人的国家民族境界里，也含有不利于与外部交往的消极因素。如作家韩少功在参与中国近邻韩国的一次会议后所感受到的那样，近代以来的中国精英阶层，在展开其种族、国家、文明论说时，往往只知有中国(再加上日本)，而不知还有其他东亚小兄弟，"梁启超蔑视黑种人和红种人，认为能与白种人争霸全球的只有黄种人，亦即他心目中的中国人。胡适主张全盘西化，实际是主张全盘现代化，但他旨在再造中国文明的'整理国故'运动仍然把中国以外的亚洲排除在'东方文明'之外。至于梁漱溟，他举目四顾，将天下三分，在中国文明和西方文明以外又加了一个印度文明，比梁启超和胡适多了一大片南亚的视域，但这种宏论仍然只会使东亚、中亚、西亚、东南亚其他诸多族群惊讶不已和顿觉寒心。在整个二十世纪的历史中，在中国知识界的习语中，'东、西比较'基本上是'中、西比较'，大中华主义的大尾巴总是藏不住"，韩少功因此借韩国学者白永瑞之口疑问："中国有没有'亚洲'？"[①]

---

① 韩少功：《阅读的年轮——〈米兰·昆德拉之轻〉及其他》，179页，九州出版社，2004。

维新党人退守到中国内部谈论文化主义，而革命党人索性舍文化至上而直言中国内部的种族分别，晚近以来的中国国家民族建构所遭遇的困境因此是双重的，内部的少数族群问题和与外部交往时的不知有其他民族，都对作为进行时态的当代中国内外关系梳理造成了障碍。与亚洲区域其他国家频繁谈论“亚洲”“东亚”相比，中国知识阶层在此话题上的默默少语，不光是对中国曾经作为东亚国际体系中宗主国家历史传统的嘲讽；而且从现实来看，它对于构建一种强有力的中国与亚洲或东亚世界的互动，也是一个看得见的损失。如何走出这种人为设置的窘境？

既然晚近中国国家民族构建的“现代性缺失”在于对传统文化主义的放弃，和对中国历史传统中作为另一层面的种族主义的复活再用，那么，反过来思考，纠正这一偏向的合理途径，是否就在于重新走回历史，在新的条件下让文化主义的传统苏醒过来并为今天所用呢！近代以来中国精英阶层虽然利用了古已有之的种族主义思想，但中国基本来说是一个“文化国家”，“即使官僚政府的权力有限，文化国家的观念也标志着共同文化观念的普遍存在，它把国家和群体联系在一起，并维系着政体”。[①] 说传统中国不存在种族主义，那是反历史，是不客观的；但如果认为传统中国以种族压倒文化，那同样是反历史的，是不客观的。宋、明之末，种族主义在部分士大夫中有所彰显，那是在中国处于积弱、存在外来侵略的情况下，而在其强大时期，文化主义的理想仍盖过种族主义的偏颇。注重文化认同的“天下主义”，与国力强盛成正比的事实，甚至出现于满人统治时的清代，而清的统治者奉行的恰恰又是传统士大夫的华夏文化观。

存在种族观念，但“天下主义”的文化追求又超越了种族主义，这种现象可见于金庸小说《天龙八部》中的英雄人物形象乔(萧)峰。从文化上来说萧峰是汉人，从族裔上来说萧峰是契丹人，萧峰的文化身份与种族成分，在金庸笔下有着背离。这反映在萧峰在获知其族裔身份后，其行为既

① (印)杜赞奇：《从民族国家拯救历史——民族主义话语与中国现代史研究》，41页，社会科学文献出版社，2003。

有基于契丹人的种族主义的倾向，又有基于汉文化的文化主义倾向。但从萧峰既不愿意助契丹人杀汉人，也不愿意助汉人杀契丹人，以及从他对女真人的态度来看，萧峰身上最终还是文化主义压倒了种族主义，他选择的是淡化族裔分别的“天下主义”价值取向。《天龙八部》是小说，取材于历史，虽然并不能等同于历史本身，但它展现的东西却又部分反映了历史真相。

对文化主义的期待还意味着：我们是否还要反省中国现代国家民族建构这一“现代性”本身？回首近百年来中国人对于国家民族的想象和建构，不难发现，中国现代国家建构中的问题在于两个方面：其一，是否需要接受民族国家的概念，对“中国”重新进行建构？其二，如果接受民族国家的概念，又如何在“中国”建构民族国家？清末包括维新党人和革命党人在内的人士，都做出了取民族国家的思路。在历经百年洗礼、“民族”这一外来语汇于中国现实问题面前，已日益显示出其疲软的情况下，今天我们又到底该如何对待古代中国曾经作为“文明国家”的传统呢？是否应该在“文明国家”的概念下，重建中国“民族国家”？

七、改进“政治民族”

近世以来，中国在构建“中华民族”理论体系及制度框架时的失误，其实也就是在“政治民族”塑造上的不成熟。其主要方面是没能在全体公民中达成广泛的契约、推进相对均一的政治经济权利，并以一定的文化创新来形成强有力的精神情感纽带。

因族群隔阂而发生国家分裂和冲突，原因既在精神层面，也在物质层面。不同族群间的经济发展水平差别，往往是族群意识激发、国家公民意识淡化进而产生族裔民族主义的重要原因。因此，基于国家认同的公民意识的塑造，很大程度上在于推动公民权利的均衡发展，使全体公民相对平均地享受国家发展成果。发展差距容易造成认知区隔，特别是在一个国家的不同地区之间，发展差距又表现为族群间的经济社会发展分别时，本属阶层差距的发展差距，就会有意无意被想象成族群差距，并在发展程度较低的族群中形成怨恨情绪和对国家的离心力。苏联解体前夕，境内少数族群聚居区的经济社会发展水平与主体族群俄罗斯族有差距，这在少数族群聚居地引发了受歧视的联想，而主体族群俄罗斯族也因为国家政策优惠向少数族群的倾斜而深怀不满。无论是主体族群还是少数族群，竟然都对国家解体欢呼雀跃。

现代社会是利益高度分殊的社会，不同族群、阶层、利益集团，有千差万别的经济、政治和文化权利需求。要消除因不同的权利要求而在国家内部形成的离心力，在不同人群间凝聚共同的国家意志，就需要保障全体公民不分族群、阶层，都能均等地参与国家生活、均等地享有公民权利。这种政治民族主义诉求，不是保全国家的万全神药，但却是必备药品。现代国家成为民族集合体的关键，就在于人与人之间打破任何身份限制，通过订立契约相互让渡主权，平等拥有和行使公民权利，并由此形成公民对民族国家的忠诚。与民族国家相对的，则是以往的君主国家、臣民国家或阶级国家，后一种类型国家的主要特征，就是一个国家内部存在不同人群，他们之间有国王、贵族、地主、农民、农奴等的身份分别或阶级定位，而且这种身份分别和阶级定位几乎是固定不变且代代世袭的。然而，进入现代世界以后，许多国家都经历了由阶级国家向民族国家的转变，其特征就是打破有形无形的世袭制和固定不变的阶级、阶层分化，公民权利在所有人群中相对均等地分配，公民命运最大限度地不受出身和暂时身份的影响。民族国家因此等于国民国家、公民国家，真正贯彻了民族原则的社会，因此必然是开放社会。

一个国家的和谐安宁，必要条件之一就是克服族群隔阂、跨越族群界限、建立内部发展相对均一的政治民族体系。国家能否稳定存在，首先取决于这种公民宗教的有无。世界上的绝大多数国家是多族群国家，很多国家还存在显著的族群和阶层鸿沟，因族群和阶级、阶层隔阂而引起社会仇恨甚至冲突的事件，层出不穷。不少国家对此做出了努力，从一些社会相对和谐的国家经历来看,基本经验正是塑造开放社会,想方设法保障发展机会向各族群、阶层均等开放,使任何阶层和族群的公民都能平等地获得政治、经济和文化地位跃升的机会,而不是强势群体与弱势群体的地位固定化。在这方面,不少国家都有比较好的经验。比如为底层群体或少数族群出身的公民创造成为国家政治精英的机会。“吞并”苏格兰之后的英国,其首相经常是从属于“少数”的苏格兰而出;美国向来以“大熔炉”著称,也很少有人因为自己是少数族裔就感觉受到歧视,2008 年年底,一位非洲裔人士“出人意料”首次竞选成为美国总统;没有多少人会留意,伊朗最高精神领袖哈梅内伊竟是出身于少数族群阿塞拜疆族,该国族群众多,但族群隔阂却并不显著;在苏联处于族群关系相对安宁的时期,最高领袖斯大林则是个格鲁吉亚人,赫鲁晓夫则是乌克兰人。此外,法国前总统萨科奇是匈牙利移民后代。这些现实事例在反映了这些国家内部的阶层、族群融合的事实的同时,又给各个国家内部处于社会底层或少数族群的公民有意无意提供了暗示和激励,使其意识到只要通过自身努力,就有可能“改换门庭”而跨入社会“精英”之列。

开放的社会生机无限。在这方面展现出更多包容性的国家,就会更有前途。从权利分配的角度看,开放社会简单来讲就是使发展机会超越族群、阶级和阶层之隔,人人都可以通过自身努力而可能实现向“上”流动的社会。这样的社会仍然无法做到绝对平等,但不平等却并非固定化,而是在不断地被打破。人能不能获得更多发展机会和改变自身命运,主要要看自己的努力程度。

在这方面,2010 年的南非世界杯,美国足球队在赛场上的表现能给人以不少启示。世所公认,美国足球队不是一支强队,他们的脚法不够华丽,也无超级球星压阵。但一到赛场,领先也好,落后也好,美国队的小伙子们都在满场飞奔,永不停止对胜利的渴望,那种顽强进取的意志和不懈努力的精神状态,总是给人以深刻印象。与一般球队在落后的情况下很难反败为胜不同,美国队先败后胜、通过艰苦拼斗改变赛局,却屡有发生。这种精神意志是从哪里来?前往南非观战的美国前总统克林顿，说美国足球队的拼劲就是美国精神在足球场上的表现。此言有所溢美，却也并非虚词。美国精神是什么？对美国作为公民国家、公民社会来说，最大的特点就是机会均等，也就是说只要努力了，就可能会有回报，而不会因为阶层、肤色、族群等“出身”的不同而有形成固定的身份与命运分别。所以美国队的队员是带着美国的机会均等意识在踢球的，管它此刻是在前在后、是顺是逆，只要不放弃、积极争取，就有可能改变命运。

美国并非尽善尽美，如同19世纪末睁眼看世界的那些中国现代先行者们就已经看到的那样，侵略他人的列强是对外征服与内部善治的矛盾结合体，而越是要对外拓展自身的国家利益，就越会在国家内部普及民主、法治和公民权利。这是进入现代世界以来，先发国家一边在外开疆拓土、烧杀劫掠，一边内部革新政治文明、推进权利普及，从而不断超越先前的“先进”“文明”国家，并率先建立起强大而开放的现代性社会的隐秘史实。

“中华民族”作为政治民族共同体的更新和改进，其入口在于推进全体公民的权利均等和政治参与，但它又是不够的。复兴中国文明传统、推动中国的文化主义传统与政治民族的结合，才能为“中华民族”作为一个命运共同体提供有力的情感纽带，在这方面，当代中国需要做出更多更大的努力。

八、克服“族群隔阂”

相比族群单一的国家，多族群国家保持国家完整要困难得多，族群隔阂和由此产生的族裔民族主义，很容易对国家统一造成威胁。如何克服这种消极影响？总结上文所述，不可缺少以下方面：

一是保障相对均等的公民权利。也就是打造政治民族，弱化阶级、阶层差别和地域发展差别，保障少数族群平等有效地享有国民权利和参与国家生活。这是现代社会的公民宗教,虽不充分,但却必要。

二是建构较为一致的国内行政体制。在缺乏传统皇权那样可以超越族群、阶层的国家象征符号的情况下,国家内部不同族群聚居区在行政管理体制上的分别,有可能被想象成不同"民族"的区隔,进而产生族裔民族主义、威胁国家安全和稳定。

三是推动形成共通的文化观念。在坚持主体族群的主流文化的同时,保护少数族群的亚文化的存在和发展;同时推动不同族群间的文化交流,彼此了解熟悉不同的生活习惯、宗教信仰和思维方式,在不同族群间形成文化共通,这将有力促进国家层面的政治民族的生长。

四是慎重对待"民族自决"理论。在看到"民族自决"理论曾经发挥的解放作用的同时,又要对它在实践中的过度化造成的危害有清醒认识。"民族自决"有其应用限度,应在理论上澄清其局限所在。

五是避免掉入有关概念陷阱。需要检讨以往对某些"民族"概念和理论的运用,称呼全国 56 个族群(ethnic group)为"民族"(nation),这容易为族裔民族主义的生长提供口实,因为在"民族自决"原则下,"民族"是一个政治单位,"one nation, one state",任何一个"民族"(nation)都有权利建立国家(state)。只有在"中华民族"的概念下,称呼"nation"才是恰当的,才不会引起歧义。

第三章

失衡之邦的创伤

1911 年清朝崩溃的另一大原因，是晚清之际国家内部不同区域间形成了严重的发展差别，在人口与经济分量、政治与文化观念上高度分化。

这也是现代中国重新推进国家统一的阻碍，黄埔军校的建立及北伐反映了这种困厄。

美国内战同样起因于南北方的发展失衡。

内部发展均衡的国家才能长久维持国家稳定。

一、晚清：日益分化的社会

晚清以来至黄埔军校创立时期的中国社会，一直处在不断分化中。按照英国史家阿诺德·汤因比的说法，这一分化是在“挑战-应战”性的文明兴衰更替过程中，中国面对外来挑战无法展现自身的适应性而做出有效应战的结果。随着19世纪中期外来势力的侵入，西方工商业以及新思想传入中国，中国社会结构被迫发生了由传统向现代的持续变迁。这一变迁并不顺利，在此过程中引发了深刻的国家和民族认同危机，中国在政治上一度处于分裂状态，并因此不得不寻求重新进行国家整合的良策。而中国社会结构的变迁带来的内部分化，又是在经济、人口和思想等多个领域同时展开的。不过，由于衣食住行构成了人类的基础性实践活动，“政治、社会和经济的结构左右着道德生活、精神生活和宗教生活的方向”①，笔者更倾向于认为，这一分化首先是发生在经济和人口方面，其次才是在思想观念或精神文化上。

从经济和人口角度说，在第一次鸦片战争爆发后，中国人口仍在持续增长，并于1850年前后达到清朝人口最高峰，为4.3亿。与此同时，中国仍是典型的农业社会，小农经济和农业人口构成了社会的基本层面。在这种情况下，中国在经济和人口上面临的主要问题，是人口增长与土地供应不足的矛盾，它成为农民起义与社会动荡的根源。1851年在清朝人口达到最高峰时，发生了洪秀全领导的金田起义和长达十余年的太平天国运动，其原因正如何炳棣所说，是“1850年左右中国本部的稻米栽培似乎已经达到饱和点”②。然而，在经过两次鸦片战争及与外部列强签订一系

---

① （法）布罗代尔：《资本主义论丛》，顾良、张慧君译，158页，中央编译出版社，1997。

② （美）何炳棣：《明初以降人口及其相关问题：1368—1953》，葛剑雄译，215页，生活·读书·新知三联书店，2000。

列不平等条约后，随中国被迫打开大门和与外部世界的工商业发展日益融为一体，中国社会的内部动荡，在经济上开始表现为传统农业经济与现代工商业经济的难以调和。在人口上不再表现为人口增长的压力，而在于人口结构的变更，即由于现代工商业开始传入中国，中国社会开始经历由传统农业社会向现代工商业社会的转型，大量农业人口开始转化为现代工商业人口。在此过程中，生活方式的变迁、经济形态的改变，对传统的政治、经济和思想体制，都造成了巨大冲击。

站在今天来看，晚清以来中国社会的激烈分化，及其所反映的清朝在外来压力面前自主推动社会全面转型的极其不成功，与几乎同时间发生在日本的明治维新的成功形成了鲜明对照。中日在同样事态面前其表现大相径庭，固然与两国精英人物对两国事务临机处置能力存有差异有关，但如果深入当时两国的社会结构，又不能不认为，相比日本，晚清所面对的是一个更为复杂的社会系统，其转型不易并不奇怪。实际上，自清朝中期以来，中国社会内部在经济生活、人员往来上的变化，便已为清末以后的全面分化，以及国家变迁中的种种痛苦，做出了前期准备。

主要是在清朝，由于人口迁移路线的变化，中国以秦岭—淮河沿线为界，形成了南北两大地域集团，两大地域集团在经济发展水平和人的思想观念上有异，而且其人口与经济在国家中所占的比重有别。秦岭—淮河一线以南的南方地区，其人口自唐宋以来，已逐渐超过北方。在政区的设置上，南方也逐渐增多，到清代则尤其为甚。清代前期设置的 18 省中，位于南方的就有 12 个。如以山东、河南、陕西、甘肃及其以北地区为北方，以江苏、安徽、湖北、四川及其以南地区为南方；南方人口的增长速度要大大超过北方，这也使南方人口比重不断上升，北方人口比重不断下降。1749 年，南方各省人口占总人口的比重为 58.8%，1850 年，更增为 70.8%。南与北人口之比为 7∶3。与此同时，南方在经济上也在全国占主要地位。南方以长江流域，尤其是下游的江南地区最为富庶。自唐宋以来，江南已逐渐取代中原而成为中国的基本经济区。明清时期，这一地区的社会经济更加发展，中央政权的财政几乎“独倚东南”。有人统计，

“江苏布政使司所属的苏、松、常、镇、太等四府一州地丁糟粮等项总计比浙江多1倍，比江西多3倍，较湖广多出10余倍。而这五属与浙江的杭、嘉、湖三府漕粮总额竟高达全国3/4”。

不过，19世纪中期以来由于太平天国战乱和民国时期的一系列重大战争以及人口海外迁移，中国南北人口比重关系在此期间又发生了很大变化。与清代中叶，即1749年至1850年间的趋势正好相反，北方各省人口比重呈持续增长的趋势：1912年时占全国总人口的33.4%，1928年时为35.3%，1936年时为36.9%。北方各省区人口比重的持续上升，与东北各省、内蒙古、新疆等地，尤其是东北地区不断接受大量移民有关。近代工矿业的兴起，无疑也是北方地区赖以维持较多人口的重要因素。南方各省区人口比重的下降，一是仍受太平天国战乱的人口巨大损失的影响，二与民国时期一系列重大战争的摧残及大量人口持续迁往海外有关。不过，民国时期中国南北人口比重的相对变动，并没有根本改变中国人口南重北轻的态势。① 在黄埔军校创办十余年后的1935年，据人口学者胡焕庸先生统计，当时中国人口主要集中在瑷珲—腾冲线以东地区；而在东部地区中，南方稻作平原人口密度在400以上，而北方种植旱粮作物的平原地区人口密度则在250—400之间，明显要比南方低。②

南方不仅在人口上相对北方明显为多，而且在商品经济上，也一直发育得比北方要好。这可从明清时期留下的众多白话小说、小品文等其他文献中反映出来，江南市井生活的商品经济气息无处不在。而在清代中叶兴起的徽商，名震大江南北。从社会结构上说，明清两代，江南地区乡村人口中真正从事传统农业生产者极少，农民的生计主要靠经济作物的种植和家庭手工业。“早在康熙年间，松江府已经有百分之七十的乡村人口不再从事传统农业生产。”③

南北方在经济与人口上的差别，在中国与西方产生经济往来特别是

---

① 姜涛：《人口史话》，社会科学出版社，2000。
② 胡焕庸：《中国人口之分布》，载《地理学报》，民国二十五年(1935年)第二卷第二期。
③ 姜涛：《人口史话》，92页，社会科学出版社，2000。

西方入侵后进一步加强。西方对中国的干涉和入侵，首先也是从中国南方开始的，而在两次鸦片战争及其他战争后与中国签订的条约，中国国门之洞开，也由南方开始并且以南方为主。这种情况，只要看看中国按列强要求所开放的那些通商口岸，以及列强在中国开办的工商业所处地理空间的情况，便可一目了然。中国传统的农村和农业结构，近世以来因此首先也是在南方受到挑战，南方的广州是产生中国现代民族主义思想的摇篮，“这一地区长久以来深受西方商业及文化的影响，并于同英鸦片战争之后达到高峰”。[①] 而“同 19 世纪 50 年代相比，19 世纪 90 年代的中国是迥然不同了”。一如费正清所说，“当时中国社会结构的变化，在于原有的儒生—农民—手艺人—商人范围之外，军人有了新的社会地位；军官学校出身的军官，取得了过去只给儒生保留的一些特权。地主士绅和商人之间的界限模糊起来了”。[②] 当时大量廉价的农村劳动力涌入城市，同时绅商开始合流，城市与乡村的分别日益明显，而这一点在南方表现得尤为突出。近代上海开埠后，迅速成为中国对外贸易大港和工商业、金融中心城市，毗邻的苏南浙北农村经济受此促动，也发生了由传统农业向现代农业的深刻结构性变化，并因此使这一地区的经济发展处于全国领先地位。[③]

除人口构成和经济结构外，晚清以来，南方在思想观念上也与北方出现分别。这不仅表现在商品经济思想在南方更加深入人心，而且体现在吸收和运用外来思想方面，南方也走在北方前面。以 20 世纪初时出国留学的人员来看，在日本的中国留学生积极分子，主要来自四个地区：华中的湖南和湖北，广州地区，长江下游地区和四川省，基本都是南方省份，而来自北方的相对就少得多。

中国南北方自晚清以来在人口、经济和思想观念上的分化，在 1911 年辛亥革命后，并没有随旧王朝的崩溃而消失；相反，在革命党人未能掌

---

① (美) 费正清：《中国：传统与变迁》，张沛译，330 页，世界知识出版社，2002。

② (美) 费正清：《伟大的中国革命(1800—1985 年)》，刘尊棋译，178 页，世界知识出版社，2000。

③ 参戴鞍钢：《近代上海与苏南浙北农村经济变迁》，载《中国农史》，1997(2)。

握国家政权、军阀体制在中国出现后，这一分化局面，又在现代工商业在中国的不断扩张中得到增强。特别是在黄埔军校创办前的1914年至1918年间，欧洲陷入世界大战，中国基本置身其外，并成为欧洲战时经济的商品供应国，这为中国近代工商业发展赢得了较长时间的喘息之机。中国对外贸易的增多，使中国资本阶层得以迅速成长，产业工厂数量也急剧增长。但这种发展在南北方是严重不均衡的，南方远远走在北方前面，故而它不仅没有成为推动国家愈合的力量，反而为国家在政治上分裂起到了推波助澜之效。

综上所述，在黄埔军校创办的1924年之前，中国实际上已处于经济、人口和社会结构等几乎涉及各个领域的全面转型期。一个传统的政治、经济和文化制度和结构仍尾大不掉，而正处在向现代社会转型或说过渡的国家，是很难保持稳定的，"现代性孕育着稳定，而现代化过程却滋生着动乱"。[①] 晚清以来的中国社会，无疑也是战争和动乱连连的，由于中国整体上处于由传统向现代的变迁过程，同时南方的现代化速度、人口与经济规模远远超过北方，这也使得其间的起义和革命多从南方发生，南方地区在近现代历史中对中国的影响更为重要。而在黄埔军校初创的20世纪20年代，中国社会的内部分化延续以往，又主要体现为三种不同的经济、文化和政治要求：

一是在广大南方沿海地区，本身家庭手工业和商品经济就比较发达，而随着西方入侵，主要在南方沿海，这些地区兴起现代资本主义经济，人口构成也在发生由传统农业人口向现代工商业人口的变迁，人口流动加快，也由此产生现代资本主义文化。以民族工业资本为例，它在全国工业资本中的比重，从1895年到1913年间，由22%上升到70%，而它主要又集中在沿海沿江大中型城市，"截止到1913年，民族资本的企业主要分布在上海、武汉、广州、杭州、无锡、天津、南通等沿海沿江大中城市，其中以

① （美）塞缪尔·P. 亨廷顿：《变化社会中的政治秩序》，王冠华等译，38页，生活·读书·新知三联书店，1989。

上海为最”。民族工业资本在全国资本中所占比例，从1895年至1913年间的变化，反映了中国资产阶层在清末已快速兴起，民族工业资本主要分布在南方地区的事实，又使新兴资产阶层是从南方要求中国建立起与资本主义发展要匹配的政治制度和文化系统。中国近代资产阶级革命以出身广东的孙中山及其领导的南方革命党人为代表，不是偶然的，是建基于资本主义在南方最先发育、南方经济与人口比重明显高于北方的现实。

二是在广大北方地区，受西方影响相对较小，传统社会结构仍与前期没有产生太大区别，其人口仍以传统农业人口占绝对主导地位，人口流动性相对也比较小，因此在文化和政治观念上，仍高度秉持传统思想。现代民族国家意识在此地区的发育生长，相对来说也薄弱得多，而帝制意识形态在此区域仍有深厚土壤。在辛亥革命结束、中华民国成立后，出身于北方的袁世凯立刻就篡夺了民国总统大位，并在其后不久即在北方地区宣传造势意图重建帝制，这一举动在北方的支持为多而在南方为少，无疑反映了当时中国南北方在社会结构与思想观念上的重大分野。这一点到袁世凯之后的北洋军阀时期也仍然存在。

三是同样从清末以来，由于西方入侵而带来的工商业发展与社会变迁，中国社会流动人口的增多，产业工人随着外资企业、洋务企业及商办企业的发展而不断增加。他们大都来自农村，而中国农村又尚未完成土地革命，产业工人与传统农民作为中国社会的底层，人数众多，却处于受压迫地位，他们因此也形成了自身独特的政治、经济和文化要求。在20世纪20年代前后，中国产业工人的人数也已不在少数，甲午战争前夕约为10万人；而到了1913年，则已达到约为63万人；再到中国共产党成立之前的1921年，更达约190万人。而其主要分布的六个地区中，又以上海地区和长江口、广州和广东内地以及香港为最重要，也就是说，同样以南方地区为主。[①]

实际上，当时中国社会已从经济和政治上分化为三个阶层或说利益

① 参戴逸总编、汪润元主编：《中国近代史通鉴（1840—1949）之六：民国初年》，红旗出版社。

集团：深受传统思想影响的地主阶层、新兴资产阶级和包括产业工人与农民在内的劳工阶级。这与法国大革命时期的社会结构颇为相似，当时法国同样分为三个阶层，即地主和贵族阶层、新兴资产阶级与第三等级。法国大革命中不同阶层或利益集团间的分合竞和，同样复制于中国近现代的经历。

二、黄埔军校中的主张与争论

晚清以来中国国内分化，使中国国家认同从那时起产生了分裂，它带来的第一个政治结果，就是辛亥革命和清王朝的崩溃。

在清朝崩溃前夕，现代民族主义思想在中国便已有生长和传播，这一方面体现在梁启超等保皇党人的思想中，另一方面也体现在革命党人的思想中。但保皇党人和革命党人在民族主义意识形态的建构上，旨趣并不相同，也即对什么是“国民国家”认识不一。[①] 以孙中山、汪精卫等为代表的资产阶级革命者，在辛亥革命之前的一段时间内，将中国社会的矛盾归结为汉满种族矛盾。孙中山创办的同盟会的政治纲领：“驱逐鞑虏，恢复中华，创立民国，平均地权”，就很好反映了不仅是孙中山，而且事实上是19世纪末20世纪初时兴起的与维新保皇派相对立的革命派的基本理念。

革命党人在清朝最后几年重提满族压迫问题，其实不过是新兴资产阶级与传统农耕特权阶层矛盾的另一种表达，当时清朝政权恰是后者的代表。代表了传统体制的清朝政权，在外来压力面前应变无方，屡屡丧权辱国，因此，19世纪末兴起的以种族主义为基本内容的民族主义，满汉矛盾不过是做了虚拟的替罪羊。也就是说，在当时中国严重的内外危机面

---

① 关于梁启超的“虚君共和”思想和孙中山的“民主共和”思想在建构现代民族国家思想上的分际，可参王柯：《国民国家与民族问题——关于中国近代以来民族问题的历史思考》，见《世纪中国》网站(http://www.cc.org.cn)，2003年7月11日。

前，中国国内的阶级问题，改头换面以种族主义为内涵的民族问题而出现。值得注意的是，团结在孙中山周围的反满民族主义，其组织者和活动区域，主要是在中国南方，即使其海外支持者，也基本是出自中国南方的移民及其后代。南方的革命要求与北方的帝制体制之间的不能相容，最后结果是在不断的革命暴力中，1911 年中国各省由南及北逐一宣告脱离清朝政权，帝制体制就此寿终正寝。

清王朝崩溃后，国家不再有统一而权威的政治象征符号，可以超越阶级、种族之别而在广大民众中起到凝聚人心和集结力量的作用，而以孙中山为代表的资产阶级革命党人，不仅力量薄弱，而且在革命理论上也存在问题。[①] 它导致中国国家认同发生进一步分裂，并带来两个不良后果：一是基于种族主义的民族主义在汉民族之外出现，在中国内部诱发民族分裂。辛亥革命之后外蒙古、新疆和西藏等地马上出现独立要求，而外蒙古在苏联的策动下，最终独立并被当时的中华民国所承认。这种结果，不能不说与资产阶级革命者当时在意识形态上的偏失有关，“革命，使中国人民得到一种自决权的革命，却使它在西藏、新疆和蒙古人民面前显出一副殖民帝国主义的形象”[②]，“革命党人既然把民族与种族等同起来，就很难反对日益发展的蒙古独立运动及独立的蒙古国的建立，也无法应付西藏和新疆的危险局面”。[③] 这种国家认同问题，可以说其基本指向，在于“要不要留在一个国家”。

二是对未来应该建立起什么样的国家上，也因为革命党人没有及时、没有能力建立起政治权威，而使得中国国内各种势力意见严重分歧，并由此导致军阀割据。晚清以来中国在经济、人口方面的变迁，及在变迁过程中造成的内部分化，在清朝崩溃后仍在继续，不可能随中华民国的建立而

---

① 黄兴、章太炎等人在推翻清王朝后即宣布“革命已经成功”，而不再致力于进一步推进社会民主革命，甚至于将革命政权交与旧官僚袁世凯，他们也表现出不以为意，袁氏毕竟是汉人也。由此可见当时资产阶级革命党人在民族主义意识形态上的欠考虑。

② （美）费正清：《伟大的中国革命（1800—1985 年）》，201 页，世界知识出版社，2000。

③ （印）杜赞奇：《从民族国家拯救历史——民族主义话语与中国现代史研究》，第 66 页，社会科学文献出版社，2003。

马上就能实现内部均衡。1911 年的辛亥革命，并没有改变晚清以来形成的中国社会利益集团格局，以袁世凯为代表的地主阶层虽不再奉清朝为国号，但却承继了清朝的传统农耕特权阶级的身份和利益诉求。袁世凯成为中华民国总统后，不久便重新在中国恢复帝制的举动，就说明了这一问题。虽然袁世凯本人曾“是帝制朝代中国最积极提倡现代化的人”①，在清王朝行将灭亡之前，袁世凯担任山东巡抚和直隶总督期间，便在所辖地区进行过一系列激进改革，建立了地方政府自治制度、现代警察制度及西式教育制度。

在这种情况下，裂解性的不同利益和政治集团为解决国家统一问题，或者达成相互妥协，共同致力于改良来缓解内部差异，或者是以革命的暴力手段，将横亘在各种不同意志间、不可调和的利益与愿望强制击破。而在人类历史中，特别是在现代民族国家的生长中，后一种方式更为常见。清朝崩溃后中国寻求国家统一的历程，也没能逃出这个俗套。因此，军事领域的变迁与活动集中反映了清朝崩溃后中国重建国家过程中社会诸方面的矛盾与分化。

黄埔军校于是应运而生。当时中国北有北洋军阀，其政权名义上统管全中国，实际上势力只及北方省份；而南方以广州为中心，也成立有革命政权，与北洋政府分庭抗礼。黄埔军校的成立，无疑是当时中国社会内部分裂的产物，一方面它是中国内部特别是南方上至精英下至民众的统一意愿的体现，另一方面又反映了中国总体的分裂格局。表现在三个方面：一是黄埔军校处于中国对外开放的南方最前沿，其管理者与学员绝大部分来自南方，仅此就表明了黄埔军校的南方性；而且黄埔军校吸收了原处北方的保定军校的人员，这意味着南方的革命意识形态，相比北方军阀政治有更广泛的吸引力和号召性。二是黄埔军校是诉求革命的新兴资本阶层、劳工阶级等利益集团的联合，他们联手对抗北方军阀和外国势力，在政治理念

① （印）杜赞奇：《从民族国家拯救历史——民族主义话语与中国现代史研究》，88 页，社会科学文献出版社，2003。

与经济、文化要求上有共同之处，如都反对外来压迫、反对传统政治制度的复辟等，而与北方地区在经济发展、政治制度与文化上要求不同。三是在黄埔军校内部，又鲜明分别出两种政治派别和文化，他们的政治、经济与文化要求又很不相同，对未来要建设什么样的中国有不同的设想。

先说第一个方面。黄埔军校选址南方的广州，并非偶然。当时广州是中国现代民族主义的主要发生地，中国革命力量在北方受挫，只好在南方集结于此。而黄埔军校的创办，又是中华民国成立后一系列政治和军事斗争的结果。在 1912 年孙中山将中华民国总统之位让与袁世凯后，后者并未如革命者所愿在中国建立起民主共和政权，相反逐步排斥打压革命力量，竭力推进独裁和恢复帝制。在经历“二次革命”及几次倒袁运动的失败后，孙中山终于认识到有党无军的深刻弊端，因此退居广东伊始，他就把建立一支由革命党人自己掌握的军队，作为重中之重来考虑和执行。黄埔军校的创办，也正是以此为背景的。由于创办者是南方革命力量，这就决定了它的革命性质。

再说第二个方面。黄埔军校的创办人员，是由国共两党的精英分子共同组成的，他们代表了新兴资产阶级和劳工阶级的意愿，在意识形态和斗争对象上，有很多重合。如都提倡建立新国家，都反对外来压迫和军阀政治。恰如费正清所说：“通商口岸的外国势力和各省军阀政权在大多数深谙世故的中国人眼中成了‘帝国主义’和‘军阀政府’的罪恶搭档。国民党和共产党一致把这对罪恶的双胞胎看成‘民族主义’的敌人。”①对此做出注脚的有趣一页就是“五卅运动”，当时参加游行的群众队伍，不仅有中华总商会的商人，也有中国企业中的工人，还有黄埔军校的学生。而在黄埔军校中，一段时间内其宣传舆论阵地，大部被中国共产党所掌握。诚如蒋介石所说：“本党（指中国国民党——作者注）所有的宣传机关和言论机关，可以讲到统统都属诸 CP 同志，就是我们的党报——《民国日报》、《国民新闻》，这样的机关报，也完全是交 CP 同志来办。要晓得，这完全是信

① （美）费正清：《中国：传统与变迁》，537 页，世界知识出版社，2002。

任 CP 同志能够同我们国民党合作到底。”①

最后来说第三个方面。黄埔军校的创办者国共两党，虽然共同构成了当时中国革命的民族主义意识形态的负载者，但在民族主义的革命目标上，两者又同中有异。黄埔军校初创时期的中国国民党，右派的“主要兴趣是在民族革命的基础上联合各个阶层开展反帝斗争而非用阶级战争的方式来解决问题”②，这实际上决定了当时国共两党在旨趣上的分别，国民党在力图“代表”整个中国的同时，又尤其反映了新兴的民族资本的愿望和需求。而中国共产党是以马列主义作为自己的思想指南，即便是革命的民族主义，也不能违背马列主义的基本精神。因此中国共产党代表了工人阶级的利益与要求，期望建立的并不是由资产阶级占统治地位的国家，而是无产阶级专政。这决定了国共合作有其底线，一旦共同敌人消失，双方的分歧便压过共同点。

黄埔军校内这两种政治派别及其政治目标上的差异，从黄埔建军伊始便已存在，而它们在黄埔军校中又各有基础并在后来各有发展。这在很大程度上，也是由黄埔军校的学员构成决定的。黄埔军校创办后，其生源一部分来自各地推荐，更大一部分来自直接向社会招收。当时中国社会已处于从农业社会向现代工商业社会转型的变迁，传统生活在农村的大量民众开始脱离农业生活方式，来到城市成为自由民，原本生活于城市的人口其流动性也在加大。然而，正在兴起的工商业和城市，一时间并无足够容量来为日益增多的流动人口提供工作机会。在旧的社会体制无法和平实现现代性转换，需要军事暴力来破旧立新的情况下，一部分流动人口进入军队，便自然而然，“到处都有剩余的流民，他们在城市间寻找工作不得，只有当兵，否则落草为匪”。③ 中国社会在黄埔军校创办时期的情况，不过是克隆了拿破仑时期的法国和英国而已，当时这两国同样处于农

---

① 蒋介石：《关于“中山舰事件”》，载中央军事政治学校政治部编：《蒋校长演讲录》，1926。转载于广东革命历史博物馆编：《黄埔军校史料（1924—1927）》，371 页，广东人民出版社，1982。

② （美）费正清：《中国：传统与变迁》，538 页，世界知识出版社，2002。

③ （美）黄仁宇：《大历史不会萎缩》，74 页，广西师范大学出版社，2004。

业社会向工业社会、农业人口向现代工商业人口转型的过程中，这两国军队同样大量吸收了城市中的流民，军队和战争起到了收容过剩人口、对这部分人口进行国家投资的功效。[①] 军队的人员构成也决定了军队的思想意识形态。由于黄埔军校的学员主要是青年学生、城市无业者和由农村来到城市的流民，因此在学员的思想意识上，小资产阶级和劳工阶级的成分皆有，国共两党在学员中皆有大量支持者，也就不足为怪了。从实际表现来看，在黄埔军校创办之后，校内教职员工和学员明显在意识形态上分化为了两个派别且在合作中有斗争。当时军校学员中成立有多个协会或学会，但政治立场、革命目标和思想旨趣却大不相同。这种分别又充分体现在两个主要派别——偏向共产党和国民党左派的青年军人联合会与偏向国民党右派的孙文主义学会（其前身为中山主义学会）间的斗争上。[②]

因此，黄埔军校既是有最低政治目标的政治、思想共同体，也是从初始成立起就存在明显内部分歧的政治集团复合体。国共双方同时在黄埔军校中生存，反映了当时国共两党在政治目标和意识形态间的歧义，尚远小于他们与北方军阀之间在政治上的不能相容。这三者之间的不同可约略类比于法国大革命发生之际法国资产阶级、第三等级与传统贵族阶层和王权这三者之间在政治信仰上的迥异。在法国大革命之初，法国资产阶级联合第三等级共同剥夺王室和贵族地主阶层的特权，而在王室和贵族特权被推翻之后，资产阶级与第三等级之间的冲撞才浮上水面。

三、北伐及其后继影响

在黄埔军校练兵到达一定规模后，其志业就是北伐以实现国家统一。

---

① 关于拿破仑战争时期法英两国的人口、军队与社会变迁间的关系，可参麦尼尔：《竞逐富强——西方军事的现代化历程》，第六章，学林出版社，1996。

② 关于黄埔军校内的政治与思想分歧，可参广东革命博物馆编：《黄埔军校史料（1924—1927）》，第六章：两种思想和势力的斗争，广东人民出版社，1982。

经过连年征战，蒋介石领导的国民革命军终于达成目标，于 1928 年占领北京并使国民政府得到国际承认，同时“东北王”张作霖之子张学良率部“易帜”归顺国民政府，中国实现了名义上的统一。

黄埔军校及其事业在中国近现代史上的功用，就在于以军事手段，彻底破除旧制度的残余，以弥合在晚清以来多方面分化的国家和社会，并塑造了相对均一的社会结构与国家制度系统。早期的黄埔军校和国民革命军，由于实行“联俄、联共、扶助农工”的三大政策，以“三民主义”作为自己主要的意识形态，其军事力量和政治追求，在新兴的资产阶级包括城市产业工人和乡村农民在内的劳工阶层中，有广泛的代表性。黄埔军校及北伐的革命性质，由此分隔了两个中国：一个是深受传统帝制思维影响、在社会结构上也保持传统的中国（尽管北洋政府后来并非实行帝制）；另一个是伸张对外独立和内部平权的中国。黄埔军校及其北伐在当时的革命性，按照德国社会学家马克斯·韦伯的话说，是国民革命体现了当时上升阶段的阶级的意愿和要求，他们在政治上初步成熟，“能够把握本民族长远的经济政治‘权力’利益而且有能力在任何情况下把这一利益置于任何其他考虑之上”。[①] 而北方军阀及其统治已明显表现出落后性，以黄埔军校军为主体的国民革命军在北伐过程中势如破竹，通过一系列战争最后实现国家统一，因此实有其然。革命力量同时掌握了两个富有号召力的政治符号：其一就是反对外来压迫，致力于民族解放，这与北洋军阀们的对外勾结形成鲜明对照；二是致力于内部平权，反对传统权力结构，这也在大部分人群中具有号召力。也因于此，革命在当时中国有其政治合法性，这也是后来日本威胁加重后，蒋介石可以以抗日为名义号令诸侯、迫使其他军阀势力归顺，以及张学良东北易帜的原因所在。而在北伐成功中国取得初步统一后，中国的主权得到恢复，一些不平等条约逐步废除，中国重新出现了一个统一国家的样态，它也表明黄埔军校及其北伐在一定程度上取得了成功。

黄埔军校功业的一个重要特点，就是南方革命势力对北方军阀政治

---

① （德）马克斯·韦伯：《民族国家与经济政策》，98 页，生活·读书·新知三联书店，1997。

的胜利。国民革命军最后之所以能够成功,其中的主要原因,不仅在于革命意识形态在当时中国更多的人群中具有号召力,国民革命享有道义优势,而且也在于南北双方的战略能力对比上,南方明显强于北方。这种战略能力体现在多个方面,包括南方人口相对北方的优势(表 7 - 1)[①]、南方在现代工商业和金融以及经济总量上也比北方强盛等。从当时中国的南北差异以及蕴含在南北差异中的阶层或利益集团差异来看,南方对北方的胜利,也是新兴资产阶级和广大劳工阶层对传统乡绅地主阶层占统治地位的社会制度的胜利。这一胜利在 1928 年北伐结束、国家初步统一后,又以一定的制度形式得以确定。按照旅美史家黄仁宇的说法,这乃体现在国民党在打破旧制度后,在中国城市中推行大工业化建设和创建各种行政与商业制度,使中国社会的"高层机构"实现了翻转。[②]

表 3 - 1　1912—1953 年南北人口分布的变动

年份	南方人口(万人)	北方人口(万人)	合计(万人)	南北人口之比
1912	27 502.5	13 814.0	41 316.5	1.99
1928	28 843.2	15 756.4	44 599.6	1.83
1936	29 509.8	17 272.2	46 781.9	1.71
1947	27 457.2	18 822.6	46 279.8	1.46
1953	38 489.7	20 720.6	59 210.3	1.86

但是,黄埔军校及其以其为主体的北伐,只是在中国社会内部破除了经济、人口、文化和政治等差别中的一部分,在北方的传统制度臣服于南方的现代制度后,晚清以来形成的三大阶层或利益集团,后来演变为两大阶层之间的对立,即新兴资产阶级与广大劳工阶级之间的不同愿望要求。

① 此表见姜涛:《人口与历史——中国传统人口结构研究》,人民出版社,1998。表中以江苏、安徽、浙江、湖北、湖南、四川、西康、福建、台湾、广东、广西、云南、贵州、西藏为南方,其他地区为北方。

② 关于"高层机构",参(美) 黄仁宇:《大历史不会萎缩》,41、218 页,广西师范大学出版社,2004。

国民革命军北伐的过程，也是中国国民党逐步扬弃“联俄、联共、扶助农工”三大政策的过程。在取得全国政权后，国民党在黄埔军校初创时期对新兴产业工人和乡村农民的关注急剧减少，“南京政府对现代金融、外贸、国际交往及交通和通讯的熟悉程度远胜于它对中国内地农村的了解，醉心于现代事物的官僚一到农村则往往感到不快”。[①] 相反南京政府以在中国推进大工业为己任，而对在农村建立黄仁宇所说的“低层机构”，即通过发动农民和产业工人参与社会革命毫无兴趣，国民党的革命精神在全国政权取得后也旋告消退。在这种情况下，国民党代表的大工业和金融力量与其经济、政治追求，与共产党代表的农民阶层和产业工人的经济、政治愿望，它们之间越来越难以调和。“通过组织工厂工人和乡村农民发动社会革命，这本来也可能成为一种选择，但革命领导层的主要人物最终背叛了社会革命，镇压群众运动，并在维护国家统一和反对帝国主义的基础上巩固了政权。”[②]与北伐战争前相比，中国内部矛盾的加重和社会分化，不再如以往那样是传统农耕社会制度系统与新兴资产阶级、产业工人和农民之间的矛盾，前者已被北伐的革命力量所摧毁，不再能够作为一支强大的力量而起到作用。而新兴资产阶级与产业工人和农民之间不同的利益要求，上升为中国社会的主要矛盾。这是北伐初步实现中国重新统一后，中国后来又陷入内战的原因所在。

从北伐战争将告结束的 1927 年起至 1937 年中日战争全面爆发，中国社会的两种不同阶级或利益集团间的冲撞和分裂，不仅没有减轻，反而不断加重。20 世纪二三十年代曾被称作为民国经济史的黄金十年，“那时候大局甫定，早期的、清末的那种所谓制度变革的上层斗争已经完成，所以民国初年，精英阶层的共识是认为我们从新文化运动进入制度进步时代，主要是用西方现代制度和工业化道路来构建中国的上层建筑和经济基础。民国初年的工业化、城市化的发展速度非常快，同时带动了农业

① （美）费正清：《中国：传统与变迁》，544 页，世界知识出版社，2002。
② （美）费正清：《中国：传统与变迁》，526 页，世界知识出版社，2002。

的所谓区域化种植、商品化生产、产业化经营。小农的生产和消费的商业化程度增加……但也就在那个时代,出现了社会两极分化、农村衰败、小农破产、流民的增加和农民革命运动兴起”。[①] 现代性有助于稳定,但现代化则是在破坏中重建秩序,往往意味着动乱。中国历史在晚清以来屡屡验证了这一命题,而1927年至1937年间的经历更有典型性。北伐成功后,旧式的军阀之战在中原大战结束之际已告退出中国历史舞台,但接踵而至的就是国共内战,同时不久又面临外敌入侵。而在内战发生的情况下,国共两党又得以实现第二次合作,是黄埔建军时期共同信仰与追求的某些部分,如两党都反对外来压迫,都以民族解放为己任,到后来也仍然存在而且在1937年外敌入侵后重新成为中国面临的主要问题使然。

黄埔军校及其北伐没有一劳永逸地解决晚清以来中国的内部分化状况,不过,由黄埔军校和北伐所推广普及的民族主义思想,在1927年中国共产党建军之后的中国内外战中,又分别被国共两党进一步发展创造,他们共同为促进中国内部分化的消除做出了自己的努力。

在辛亥革命之后,南方革命力量以及后来的中国共产党,均看到了国内社会分化与由此带来的民族分裂所带来的消极影响,因此在很长时间内,二者均致力于对此进行纠偏。孙中山及国民党人的努力,很大一部分在于更新民族主义意识形态,并落实在实际的军事、战争和政治中。在推翻清朝王朝后,孙中山所面临的,已不再是推翻旧的异族王朝的使命,而是如何重建一个新国家。中华民国成立后国家和民族分裂局面的出现,使孙中山与国民党人意识到了早期基于种族主义的反满民族主义思想的局限,以及革命没有在广大群众中产生强大号召力因而遭受挫折的事实,因此后来对民族主义思想进行了许多创新,使之成为更具包容性、更有社会发动能力的思想意识形态。其主要在于两方面:一是充分考虑到中国是一个多族群国家的现实,提出了超越种族、血缘(族裔)、文化的“五族共和”“中华民族”概念,促进了政权民族主义在中国的成长和国家统一大业

① 温铁军:《惠及多数人的新农村建设》,载《天涯》杂志,2006(5),4—5页。

的完成；二是关照中国社会存在剥削者与被剥削者、压迫者和被压迫者的现实，致力于通过土地革命、民主革命等手段，来达成民权主义、民生主义的公民均权目标。[①] 黄埔军校以校训和校歌等表达出来的所谓黄埔精神，就充分体现了这一点。[②]

而在共产党方面，其政治旨趣与目标，更在通过社会革命实现内部均权和消除民族隔阂。以毛泽东为代表的中国共产党人，接过了孙中山的“土地革命”和“中华民族”论述，一方面致力于内部平均地权，以创造在权利上相对均一的公民社会，促使现代民族国家认同的产生；另一方面，又发扬了孙中山的“中华民族”思想，致力于民族整合，在少数民族地区推行同样的土地政策。同时，又以共产主义意识形态，在不同的民族间建立意识形态与奋斗目标的共同性，将阶级问题和民族问题合而为一，通过消除阶级差别来消除民族隔阂。颇有意味的是，在中华人民共和国成立后，中国共产党人遵从中国明清以来的政治传统，将首都再次建于中国北方的北京，并加强了对北方地区的工业投资，这些举措当然怀有以此消除晚清以来中国南北方在经济和人口上发展不平衡的考虑。

四、裂痕：19 世纪中期的美国

中国晚清君主政权的崩溃以及辛亥革命后所经历的较长时间的政治分裂，很大程度上是晚清以来中国面临外来压力，在由传统农业社会向现

---

① 关于孙中山及国民党民族观的发展演变，参方慧：《论清末民初宪政中民族观的变化》，载《民族研究》，2006(6)；曹锦清编：《民权与国族——孙中山文选》中有关三民主义的论述，上海远东出版社，1994。

② 孙中山手书的黄埔军校训词：“三民主义，吾党所宗；以建民国，以进大同；咨尔多士，为民前锋；夙夜匪懈，主义是从；矢勤矢勇，必信必忠；一心一德，贯彻始终”，见中国革命博物馆编：《黄埔军校史图册》，41 页，广东人民出版社，1993；黄埔军校校歌则为：“莘莘学生，亲爱精诚；三民主义，是我革命先声；革命英雄，国民先锋；再接再厉，继续先辈成功；同学同道，乐遵教导；终始生死，毋忘今日本校；以血灌花，以校作家；卧薪尝胆，努力建设中华”，同见中国革命博物馆编：《黄埔军校史图册》，41 页。

代工商业社会转型的过程中,社会内部尤其是南北两个地域集团,发生了深刻的经济、人口与文化分化的结果。一个由传统农业社会向现代工商业社会转型的国家,很容易发生社会制度更新速度跟不上社会变迁速度的情况,由此产生的不均衡容易在国家内部产生经济、政治和文化上的严重分化,进而撕裂社会,使不同阶层、利益集团间产生深刻鸿沟,导致社会动荡、政治对立甚至国家分裂。这一景观在近两百年间许多国家由传统农业社会向现代工商业社会的转型中,多次出现。法国在 1789 年大革命、君主制和贵族特权被掀翻以后,一直到 20 世纪上半叶的很长时间内,就曾经常性面临“两个法国”——天主教法国与新教法国、君主制法国与共和制法国、城市法国与乡村法国间的争斗,并因此内乱不休。

这也见于美国在 19 世纪中期的历史进程中,北方的资本主义经济和文化,与南方的种植园经济与奴隶制文化,并存于当时的美国且势不两立,最后的结果是美国内战。在北方胜利之后,美国才重新实现国家统一,并使全国建立起统一的资本主义经济和文化。美国真正成为一个民族和建立起现代民族国家,实际上也是在南北战争之后才得以完成。[①]

1. 南北部经济“各奔东西”

美国建国以后,威胁国家生存的两个障碍之一,就是美国各地之间在物质、经济和社会上存在差异。这种差异是如此之大,如任其发展,美国民众将不再效忠美利坚合众国,而是把各州作为首要效忠对象。在美国开国之初,从经济上来看,合众国是四分五裂的,当时唯一的重要商业形式是远洋贸易,即各州主要是与大西洋彼岸的市场相联结,彼此之间不相往来。后来随着银行的建立、保护关税的实施、运河的开凿、道路的大量修建,才逐渐推动美国国内贸易的发展,各州之间才建立起越来越密切的

---

① 关于美国内战前在经济、社会与文化上的分化与对立,可参巴林顿 · 摩尔:《民主与专制的社会起源》,第三章:美国内战——最后一次资产阶级革命,华夏出版社,1987。

经济关系，最后超越了对外贸易并在相当程度上形成了全国性经济体系。

美国内部差距在某些范围内的弱化、全国性经济体系的形成，是从东西部的融合开始的。在 19 世纪上半叶的一段时间内，实际上，美国的地区差别并不完全在南北，东西部的发展差距甚至大于南北之别。东西差别也是美国建国前老、新殖民地之间的对立的延伸，比较老的殖民地建立的州位于东部沿海一带，人口较密集，经济上相对成熟，社会阶层分明；新殖民地建立的州，主要在西部和内地，人口少，经济不发展，社会尚未分化分层。但这种东西差距在 1830 年后由于北部地区工业的迅速增长和广阔的国内市场的出现，而逐渐缩小，终至退于南北矛盾之后。1818 年穿越阿勒格尼山脉的坎伯兰公路的修建，1825 年连接大湖区与纽约州的伊利运河的开挖，1828 年以后铁路的大量修建，使美国内部出现了交通运输方面的彻底变革，从而使西北部在经济上几乎完全摆脱了在地理上沿密西西比河而下直至河口的天然走向，而与东北部相联结，工业的北部和农业的西部相互作为彼此的市场和货源地。以至 1860 年，密西西比河上游一带和东北部各州之间已经尽释前嫌，在南北战争中形成了单一的北部。[①] 约翰·昆西·亚当斯任总统时的国务卿亨利·克莱在 1824 年提出的“美国制度”，成了现实。克莱当时鼓吹要通过修建道路和提供运输工具（称为“国内改良”）鼓励西部农业的发展，并通过建立保护关税制扶持东部工业，从而使工业地区成为西部农业的市场，而西部农业地区也为东部工业提供市场。东、西两大地区在经济上相互补充，在政治上相互支持，最终形成了一个全国性的经济体系。

在东西合流的同时，甫建国时便已存在的南北差异，不是在弥合，而是在扩大。南部地区土地肥沃，气候温和，生长期长，沿海平原地势低并有河流穿行入海。这些条件有利于棉花、烟草、稻米等经济作物的生长，这些作物又便于种植园发展成为生产单位并使用奴隶劳动。南部还由于

---

① 有关 19 世纪上半叶美国东西差距及后来消弭的情况，参 J. P. T. 伯里编：《新编剑桥世界近代史》(10)，828—829、836—839 页，中国社会科学出版社，1999。

伊莱·惠特尼于1793年发明轧棉机，出现了一场以棉花取代烟草和稻米、以奴隶劳动取代自耕农的经济革命。种植园制度迅速从沿海各地扩展到内地，南部高地的普通农场主放弃了原有的自耕自给的经济，转而以棉花为主要经济作物。在19世纪上半叶，棉花的种植经过地势较低的南部向前推进了1000英里，一直到达得克萨斯的布拉索斯河的低地地区，所到之处带去了奴隶制和种植园。这种经济形态使南方高度依赖海外市场，在出口棉花等产品的同时从海外获取工业消费品。南部的棉花一度为北方的工业发展提供了动力，但到内战前夕，北部对南部棉花的依赖减少，由此南部与北部不仅在经济联系上松懈，在社会制度上也大相径庭。在种植园奴隶制经济上形成的家长制农业社会，社会风气倾向保守，各个阶级泾渭分明。

与此同时，新英格兰和大西洋中部沿岸各州，没有种植主要物的自然条件，经济上因此更多是自耕自给，并发展了规模广泛的渔业和远洋商业。当商业成为北方的主要财富来源时，商人而不是种植园主更受社会尊崇，所用的劳动力也是自由工人而非奴隶。还由于缺乏如南部的棉花那样的大宗商品来开展对外贸易，北部地区在经历杰斐逊禁运和1812年的战争后，制造业获得了长足进步，生产多样化使北部逐渐形成了城市化的资本主义工商业经济。由此在北部地区内部见不到如南方那样鲜明的贫富分化，社会阶层界限也并不分明，相反注意个人精神，强调相互竞争，不反对变革。

南北部在经济形态上的各奔东西，“这种发展情况不仅加深了南北之间的不同之处，而且破坏了两个区域在1790年在财富和人口方面大体相等的平衡状态”。① 如同今天中国存在城市与农村、东西南北间的发展不平衡，人们惊呼存在“两个中国”（城市中国VS农村中国、东部中国VS西部中国）一样，当时出现了“两个美国”。

更糟糕的是，19世纪上半叶南北部曾一度出现过的经济互补关系，

---

① J. P. T. 伯里编：《新编剑桥世界近代史》（10），840页，中国社会科学出版社，1999。

到19世纪50年代后也逐渐消失。在东西部合流之前，北方的工业发展需要南部的棉花，而南部则成为北部工业品的销往地，然而，在西部地区的农业生产能力被开发并且一步步扩大后，东西之间形成“钢铁与黑麦”的联姻，北部对南部的棉花不再依赖。那么，南部的棉花又销往哪里呢？海外，主要是英国。1830年，原棉占美国出口值的50%，其中大部分运往英国，这些原棉76%又来自南部各州，棉花将美、英两国紧密地联结在了一起。[①] 到19世纪50年代，美国的经济地图发生了深刻变化，北部与西部已融为一体，而南部的棉花大部分不再销往北部，而是被运到了英国，棉花将美国南部地区与英国相联结，而不再是美、英两国联系在了一块儿。以致在南北战争爆发后，南部联盟曾把希望寄托于“棉花外交”来寻求英法等国的支持。

如果一个国家的不同地区，在经济上互有很强的需求，那就会形成共同市场，有利于防止国家分裂。然而，到19世纪中期，美国南北部地区的经济联系已极度弱化，统一市场已经破裂，共同利益日益稀少，相反，双方的差异和分歧，却在不断扩大和加强。

2. 奴隶制的梦魇

南北部的差异，不仅体现在经济形态上，社会结构和社会制度上的差异同样始于美国建国。奴隶制的规模，在梅森—狄克森线南北两边大不相同。1790年，奴隶人口只有不到6%居住在该线以北，而94%居住在该线以南。也就是说，在该线北边，每49人中有一个奴隶；而在南边，每三个人中就有一个奴隶。为组建成新的联邦制国家，北美十三块殖民地间曾经达成相互妥协。1787年在修改《邦联条例》开会时，代表们就奴隶制问题和联邦政府的对外贸易权限问题彼此做出了让步：就奴隶制问题，北部八州与南部五州立场不一，前者主张废除，后者反对；就对外贸易

① C. W. 克劳利编：《新编剑桥世界近代史》(9)，778页，中国社会科学出版社，1999。

问题,北方各州主张国会有权规定商业关税和签订对外贸易条约。后来北方诸州同意推迟20年废除奴隶制,南方各州同意联邦政府有管理商业贸易的权力。

这种妥协暂时形成了一种国家内部的脆弱平衡,却是极不稳定的。华盛顿早在18世纪90年代预言,“只有根除蓄奴制”,才能“在一个共同的原则纽带基础上巩固联邦并使之永存”。托马斯·杰斐逊则在密苏里危机期间发出著名的呐喊,他说这个国家就像“被夜里的火警声”惊醒一样,面临内战和联邦解体的可怕结局。约翰·昆西·亚当斯则似乎早就预见到了南北部的战争,他说:“联邦因为蓄奴制而解体,紧接着将是……联邦两大分裂部分之间的一场战争。”作为反对奴隶制、奉行国家主义意识形态的扩张主义者,亚当斯清楚地知道强行根除蓄奴制会给联邦制国家带来什么样的结果,这使他在担任国务卿期间,为防止蓄奴制的传播、维护内部平衡,甚至不愿意让美国扩张新领土。1819年密苏里危机爆发时,他与西班牙谈判达成的《泛大陆条约》,竟满足于以塞宾河为界,而把后来成为得克萨斯州的巨大部分领土排除在外,这让南部人极为不满。他将西南的扩张看成是对美国国家利益的违背和对国家生存的威胁,实际上,时任总统门罗,以及后来担任总统的安德鲁·杰克逊、马丁·范布伦,也同样认为得克萨斯是美国维护内部完整的毒药。

在合众国建立后,南北方不同的经济发展方式、社会制度和价值观念要求,使这种平衡后来一点点被打破。北方州在18世纪大多废除了蓄奴制,1804年,新泽西州成为最后一个废除蓄奴制的北方州;到1846年,奴隶制的最后残迹在马里兰和特拉华以北地方不复存在。北方对奴隶制的反感,还与北部地区经济形态上的变化有关,北方热情拥抱世界性的技术变革,机器劳动大量代替人工劳动,奴隶制在经济上业已过时。

南方在废除奴隶制问题上的态度,一开始与北方并无明显不同,奴隶制无论在法律上还是道义上都还没有在南北之间形成本质差别,一段时间内随烟草经济的衰落,南部地区一度也准备逐步废除奴隶制,奴隶还有减少的趋势。然而,进入19世纪后,下南部地区棉花产业的急速发展,改变了南部地区的经济形态和在奴隶制问题上的态度，蓄奴制在经济上越来越有利可图，奴隶经济因此复活，这使得到“1830 年后，南部完全放弃了早先对奴隶制的谴责，转而提出了美国最明确的保卫等级社会的主张”①。

南部的奴隶制和南北部在经济上的不同发展方向相结合，后来在美国内部形成的是一个循环怪圈：南方的棉花经济强化了奴隶制的存在，奴隶制的存在又强化了南北部的经济发展差别，南北部的经济发展差距反过来又强化了双方在社会制度和国家发展方向上的观念差异。当这种状况演变到极致，也就是内战发生前夕，南北双方在经济形态、社会制度和观念体系上，已经没有交集了。

3. 两种主张、两条路线

国家内部不同地区的发展差异并不必然导致地区冲突和国家分裂，有时会促使它们相互依赖，但如果不同地区在经济上没有互补性，而且因地区差异而产生相互对立的政策要求，却就有可能给国家内部冲突埋下火种。联邦分裂和内战发生前，在下述问题上，南北部都存在明显分歧：

一是联邦政府对国内的改良工程进行补助究竟应该做到什么程度。北部希望对那些把东北部的工业和西北部的农业联合起来的工程项目给予最大程度的支持，但这遭到南部的反对。

二是该不该建立中央银行。作为资本中心的东北部希望有严格控制的银行系统，这有利于东北部的工商业发展，相反，农业为主的南部处于债务人的地位，对中央银行则杯葛有加。

三是国有土地是否向移民定居开放。东部工业界反对对公共土地进行任何分配，因为这将造成劳动力流失，农业为主的南部和西部则赞同分配国有土地，这有利于刺激农业发展。

四是要不要实施保护关税制。北部出于工业发展和经济民族主义，

① J. P. T. 伯里编：《新编剑桥世界近代史》(10)，845 页，中国社会科学出版社，1999。

力主保护关税；以棉花为主要出口产品的南部不想接受不能在国外购货的限制，因此极力反对保护关税制。

上述问题是南北部广泛的分化对立的一部分，然而，围绕上述任何一个问题发生的争执，各个地方并不完全团结一致，没有形成稳定的南北畛域主义。只在一个问题上，南北方以地域为界，逐渐变得难以相容，那就是奴隶制问题。南北双方在奴隶制问题上的争执，起作用的不光是道义因素，经济、政治因素也起到了同样重要的作用。对南部地区来说，维持奴隶制有利于其棉花经济。奴隶制的扩展，还有利于南部在国家政治生活中壮大实力，美国宪法规定每五个奴隶可算作三个自由民即 3/5 原则。北方则担忧国家领土的扩大，新加入的地区会成为蓄奴州，这在道义上是个欠缺，同时也会压缩北部地区工商业经济的地盘，还会对北部地区在国家政治生活中的分量造成冲击。南北双方后来的争议焦点都集中在准州问题上，准州是自由州还是蓄奴州，深切关系到双方在国家经济、政治生活中的权势。在南北战争前夕，南北部的对立，虽然开始时主要由经济发展差别而起，但越往后，越全面蔓延到了社会制度和精神文化等多个层面并且势成水火。当时的北部精英普遍认为，“美国最重要的‘国家利益’不再是大陆扩张，或者是将欧洲影响排斥在美洲大陆之外，而是遏制并最终在美国废除蓄奴制”。

当蓄奴问题牵涉到道义、经济、政治等多方面的考虑时，南北战争之前的美国其实已面临“两种主张、两条路线”的斗争，“作为世界上最大的蓄奴制共和国，美国包含着两种界定清晰和完全对立的意识形态”，对美国到底应该成为什么样的国家——是自由的、城市化的资本主义工商业经济和社会，还是专制的、乡村化的种植园奴隶制经济和社会，看法根本不同，这种已直接涉及如何定位国家身份、确立国家认同的对立，是无法调和的，“北方和南方之间的斗争从来都不‘仅仅是历史的插曲’，而是‘不同的自然禀赋决定了的两种不同的文明发展趋势’之间不可避免的冲突”。①

---

① （美）罗伯特·卡根：《危险的国家：美国从起源到 20 世纪初的世界地位》，袁胜育、郭学堂、葛腾飞译，社会科学文献出版社，2011。

为防止在蓄奴问题上导致国家分裂，直至南北战争之前，美国政治精英一直小心谨慎地维护南北部地区间的平衡，特别是在领土扩张问题上格外小心。而在领土扩张之后，很多时候是以建立一个自由州的同时、必建立一个蓄奴州的方式，维持南北部的平衡。即便如此，由于北部地区人口和经济增长的速度远远大于南部地区，南北部的平衡实际上还是在不断被打破，以致合众国几次遭遇国家内政危机，这些危机都是伴随美国领土的扩张、在即将加入联邦的准州是否允许采取奴隶制的问题上发生争吵而产生的，也就是说，是美国扩张的危机。

第一次危机是在 1818 年至 1820 年，被称作密苏里危机。事件起于 1803 年从法国手中购得路易斯安那后，密苏里于 1818 年申请加入联邦，结果在该部分领土允许还是不允许蓄奴的问题上，南北方意见严重对立，最后于 1820 年折中处理，准许密苏里为蓄奴州；同时缅因以自由州的名义加入联邦，并规定北纬 36°30′以北自路易斯安那购买尚未成州的土地禁止蓄奴，史称《密苏里妥协》达成，事件才得以平息。《密苏里妥协》还在南北部形成不稳定的君子协定，北部不会在蓄奴制早已存在的州干涉蓄奴制，但蓄奴制也不允许进一步扩张。这种平衡是暂时的，南北部围绕争夺准州成为自由州或蓄奴州的斗争，在南北战争之前从未停止，而在 1846 年美国与墨西哥的战争后，这种斗争进一步加剧。

墨西哥战争起于对得克萨斯的兼并，该州于 1836 年从墨西哥脱离并独立成共和国后，一直希望加入美利坚联邦。但无论安德鲁·杰克逊还是其后的马丁·范·布伦、威廉·亨利·哈里森在担任总统时，都出于对奴隶制扩张的担心，反对兼并得克萨斯。这一难题随 1845 年得克萨斯终于被允许加入联邦、但旋即引爆美墨战争后，以更加突出的形式表现出来。对墨西哥的战争使美国进一步获取了包括加利福利亚和新墨西哥在内的大片新领土，但在这片新领土上究竟是否可以蓄奴，再次激发和加剧了南北部围绕蓄奴制早就存在的争端。后来又是由老牌政治家亨利·克莱提出一份妥协案(即 1850 年妥协)，危机才暂时平息。但问题的症结并没有根除，四年后参议员斯蒂芬·道格拉斯提出《堪萨斯-内布拉斯加法案》，该法案以人民主权原则使《密苏里妥协》失效，则使蓄奴与废奴的斗争到了白热化的程度，它与1857年的德雷德·斯科特案一道，使南北部彻底失去了相互信任，也成为美国走向内战的转折点。

4. 由争论走向暴力

在南北部的不平衡发展使奴隶制问题日益尖锐化时，19世纪50年代美国人的心理也一起失去了平衡，他们不再有耐心在奴隶制问题上委曲求全。

1856年，美国发生了两起极为恶劣的暴力事件。这年5月，支持奴隶制的一伙暴徒闯进堪萨斯一个叫劳伦斯的自由镇，捣毁报社，焚烧房屋，抢走财物，并导致一人死亡。一位名叫约翰·布朗的自由土地党成员被激怒了，在小镇被劫两年后，他带领自己的四个儿子以及另外三名男子，闯进奴隶制支持者的定居点波塔沃托米，将五名男子拖出家门，当着他们家人的面将其活活砍死。奴隶制支持者和反对者间小规模的仇杀，带来的是大范围的混乱。整个秋天，堪萨斯陷入了游击战。当8月30日密苏里的支持奴隶制的暴徒袭击位于堪萨斯州奥萨沃托米的自由民定居点时，约翰·布朗的一个儿子弗雷德里克被枪杀，布朗本人侥幸逃脱。而1856年末，这场地区性内战使200名定居者被杀，200万美元财产被毁。联邦政府派遣大约1500名士兵前往恢复秩序。

一波未平，一波又起。这一时代的美国人，都是住在火星上的，不仅江湖之远充满暴戾之气，庙堂之中也不遑多让。1856年5月22日，在劳伦斯镇被洗劫的第二天，美国政治的核心地——国会参议院上演了一场全武行，来自南卡罗来纳州的议员普留斯顿·布鲁克斯，用手杖暴打马萨诸塞州参议员查尔斯·萨姆纳，致使后者当场倒地不起，用了将近半年的时间才康复。此前两天，萨姆纳发表了关于“对堪萨斯的犯罪行为”的煽动性演讲，猛烈抨击奴隶制及支持奴隶制者们的暴行，他指责窜入堪萨斯烧杀无辜的密苏里人都是“醉鬼人渣，污秽不堪”，还攻击了南卡罗来纳州的参议员安祖·巴特勒“选了一位情人……虽然在全世界的眼里都是肮脏的……唯独在他眼里是纯洁的……我指的就是妓女，就是奴隶制”。这场为时两天、言辞尖刻的演讲，激怒了普留斯顿·布鲁克斯，后者是安祖·巴特勒的亲戚，他趁萨姆纳在休会伏案工作时，用一根手杖打他的头，后者当场倒地不起。布鲁克斯仍不罢休，继续击打没有知觉的萨姆纳，直至手杖打断为止。布鲁克斯使萨姆纳成为反奴隶制事业的殉道者，为了让人们记住后者遭受的暴行，他的参议员席位在两年半的时间里一直空着。在众议院的压力下，布鲁克斯辞职了，但他在支持奴隶制的人群中也成了英雄。后来当他又成功当选参议员重返国会时，南方的崇拜者赠给他若干根新手杖。里士满《探寻者报》的编辑甚至鼓动布鲁克斯再次用甘蔗抽打萨姆纳，这在北部地区激起了极大愤怒。

当争执上升为暴力时，横亘在人们心里的只有仇恨，而没有了和解的愿望。拉尔夫·沃尔多·爱默生见此情见景，心中充满了感伤，无奈地说：“我不知道一个野蛮社会和一个文明社会怎么能组成一个国家。我们要么必须抛弃奴隶制，要么放弃自由。”①

1856 年的轮番暴力只是开端，三年后的 1859 年 10 月，对“邪恶的奴隶制”咬牙切齿的约翰·布朗再次出山，他带领包括五个黑人在内的约二十人的队伍，偷偷占领了弗吉尼亚的哈珀斯渡口的联邦政府兵工厂，计划武装当地奴隶，并在弗州西部地区建立黑人堡垒，以此为“根据地”支持南方的奴隶起义。布朗的暴力行为引来一场“战斗”，联邦政府派兵干预，多人在事件中丧生或受伤，布朗则在被抓获后被处以绞刑。但布朗在被判刑时的演讲，竟成了经典。在他受刑之后，北方为他举行各种庄严纪念活动，连爱默生也说，这位新圣徒将会与绞刑架和十字架一样光荣。

---

①　(美) 乔治·布朗·廷德尔、大卫·埃默里·施：《美国史》(第 2 卷)，南方日报出版社，2012。

5. 对立政治集团的地区化

在南北战争前夕，由于经济形态、社会制度和价值观念的差异和纷争，南北方已经形同陌路。曾经做过参议员和国务卿、坚定捍卫南方权益的约翰·C.卡尔霍恩，曾在一次参议院演说中声称："维系各州的纽带，不仅为数众多，而且性质迥异。有的是精神方面的或宗教方面的，有的是政治方面的，还有的是社会方面的"[①]，他认为合众国分裂不会一下子出现。就在他说出这番话之时，合众国的宗教组织——教友会和浸礼会已经分裂为互不相属的南北两支，长老会也因地方分歧而深陷内部混乱。19世纪50年代，北部学校的南方学生纷纷离去，北方度假地再也见不到南部人的踪影，南部地方主义者甚至不穿北部工厂生产的机织布，而宁愿穿土布。维系合众国的纽带，在南北战争前已经一点点被扯断。

国家分裂的最后和最高表现，必然是政治分裂，经济、社会和文化纽带的撕断，最终都会反映到政治层面。现代政治多是政党政治，政治分裂因此又表现为政党分裂。进入19世纪50年代后期，当联结美国南北部的共同纽带一个个断裂时，精英阶层间的共识也告解体，相互间的妥协不复存在，全国性的政党分崩离析。

在19世纪50年代初期，在美国国家政治生活中，两大相互竞争的政党——辉格党和民主党，都是全国性政党，但又有一定的地域性，辉格党以北方为主，民主党以南方为主。这也使这两个全国性政党，在关乎国家发展方向的大是大非问题上，都存在激烈的内部纷争。辉格党内，有所谓"良知派辉格党人"与"棉花派辉格党人"之争，前者反对奴隶制，后者主张对奴隶制妥协。民主党内，南方民主党人多主张保护州权和奴隶制，而北方民主党人多倾向维护国家现状，不在奴隶制问题上采

① 1850年3月4日在参议院的演说，克拉莱编：《卡尔霍恩文集》，第4卷，556—558页。转引自J.P.T.伯里编：《新编剑桥世界近代史》(10)，857页，中国社会科学出版社，1999。

取激进措施。

在20世纪50年代中期之前，这两大政党出于维护联邦的考虑，在奴隶制问题上态度都有所克制。辉格党继承了早期联邦主义者的国家主义传统，本来是国家扩张的热心支持者。然而，为维护政党团结和防止国家因扩张而发生内部危机，在较长时间内，它既不支持南方的奴隶制扩张，也不支持北方的自由州扩张，以避免北方反奴隶制的“良知派辉格党人”揭竿而起，也防止南方的辉格党人受到南方民主党人的攻击而脱离辉格党。这也就可以理解像克莱、韦伯斯特这样的对奴隶制不怀好感的国家主义者，后来都主张最好是在现有的边界内对国家加以巩固和改进，而不是去进行领土扩张。韦伯斯特宣称，“我们影响力的扩大是靠增长，而不是靠领土独得”“靠内部发展，而不是靠外部攫取”①。

几起突发事件打破了这种不稳定的政党妥协局面。1854年围绕参议员道格拉斯提出的《堪萨斯—内布拉斯加法案》，奴隶制与反奴隶制的争执被激化到无可调和的地步，本来就存在深刻内部分歧的辉格党解体了。北方民主党人、“良知派”辉格党人与自由土地党一起组成了新的共和党，它不再是全国性政党，完全基于北方，认定奴隶制的存在妨碍了美国的“天定命运”，美国应该逐步在南方消灭奴隶制。1856年的连串暴行，进一步促进了政党的分化，当南方推举米勒德·菲尔莫尔为1856年总统候选人时，一位朋友写信给他说：“在堪萨斯发生的殖民行径及对萨姆纳的攻击大大促进了共和党的发展壮大。”②也就是从那时起，各政党已无法在奴隶制问题上采取驼鸟政策，全国性政党在纷争中四分五裂而走向地方化，政党不再能在国家生活中起到政治统合的作用，相反成为新的撕裂性力量。

政党的地方化和主张意见的水火不容，在1856年的总统选举中已有

① （美）罗伯特·卡根：《危险的国家：美国从起源到20世纪初的世界地位》（下），322页，社会科学文献出版社，2011。

② （美）乔治·布朗·廷德尔、大卫·埃默里·施：《美国史》（第2卷），500页，南方日报出版社，2012。

充分体现。共和党沿袭辉格党的纲领,党纲谴责了废除《密苏里妥协》的行为,谴责了民主党的领土扩张政策,谴责了奴隶制。在美国立国以来,这是首次在主要政党的党纲里旗帜鲜明地反对奴隶制。民主党虽然还是全国性政党,但北方民主党人此时在国会中已无足轻重,而南方民主党人则把持了民主党,其纲领赞同《堪萨斯—内布拉斯加法案》,呼吁更加有力地实施《逃奴追缉法》,并且强调国会无权干预州或准州的奴隶制。其结果是,1856 年的总统竞选,事实上是一场地区间的竞争,参加竞选的政党努力争取北方或南方的选票,共和党在南方只有少部分支持者。

民主党也没能避免分裂的命运。在 1857 年至 1860 年布坎南任总统期间,南北间的政见对立没有减轻,而是更上竿头又有加剧。伴随 1857 年德雷德·斯科特案、1859 年约翰·布朗袭击案,美国内部在奴隶制问题上的歇斯底里情绪,终于在 1860 年的选举年摧垮了最后一个全国性政党民主党。在该年 4 月的查尔斯顿总统选举提名大会上,因支持奴隶制的纲领失败,民主党分出两派,支持人民主权论的道格拉斯派民主党人推举道格拉斯作为候选人,要求在一切准州中自由建立奴隶制的当权的民主党人选出约翰·C. 布莱肯里奇作为候选人。这一年的总统选举,因此演变成一次地方选举,北方的亚伯拉罕·林肯与道格拉斯竞争,南方的布莱肯里奇与约翰·贝尔竞争。林肯代表共和党出战,其竞选纲领是从一切准州中彻底清除奴隶制,他获得了 18 个自由州的 17 个州的选票,还获得了第 18 个州的部分选票,而 15 个蓄奴州却以压倒多数给他投了反对票。

林肯当选了,美国历史上第一次通过明显的地区性投票选出了总统。这对奴隶制的支持者们来说是一记重锤,尽管林肯在奴隶制的问题上态度十分克制,反复强调并保证“不干预既有奴隶州的奴隶制现状,我认为法律没有赋予我这么做的权利,我也无意于此”①,但南方奴隶制的支持

① (美)乔治·布朗·廷德尔、大卫·埃默里·施:《美国史》(第 2 卷),517 页,南方日报出版社,2012。

者们从来没有把林肯与激进分子分开。还没有等到林肯正式就任总统，美利坚合众国就随着政党分裂而一同分裂了，内战也就变得不可避免了。

五、反思：建设平衡发展的国家

因地区发展失衡而导致国家认同危机、并差一点导致国家分裂的最新案例，还可见于2008年南美洲的玻利维亚。该国制宪大会2007年曾批准新宪法草案，赋予中央政府更大权力控制地方财政收支，草案一旦经由全民公投批准，将成为新宪法。这一宪法草案引起了该国东部一些省份的不满，属于东部的圣克鲁斯省2008年5月初举行本省自治公投，一时之间在玻国引起激烈政治纷争。玻国一些富省的自治要求，交织其中的既有经济因素，又有族群因素。东部省份居民多为欧洲移民后裔且较为富裕，西部安第斯山脉地区经济发展相对落后，居民主要为印第安人。这一纷争说明地区发展差别过大，容易在一国之内引发地方分裂倾向，而在地区间存在族群差异的情况下，更容易造成国家内部的冲突。

中国晚清、南北战争之前的美国，都曾发生过地区发展失衡而导致的国家危机，后来晚清崩溃、美国分裂，这两个国家又是如何重新统一的呢？中国是长达几十年的内战外战，美国则是两个区域集团间血腥的残杀，最后还是只有通过战争和暴力，才逐渐打破旧的社会结构和制度系统，缓解了社会内部不同阶层或说利益集团间在权力和权利上严重的不平衡，并建立起在经济、政治和文化上相对均一的现代民族国家。

中国近代史的这一段历程，以及美法等国维护国家统一和完整的近代经历，提醒人们需要引起注意的是，在扬弃传统社会结构和制度系统、建构现代民族国家的过程中，不同区域之间相对均一的经济发展水平、社会制度和思想文化，是相对均一的政治认同的基本来源，如果前者发生分化，那么国家认同就可能产生危机，社会就可能面临动荡。不过，国家发展的失衡并不仅仅见于地区之间，实际上，城乡发展落差、贫富差别即阶层分化、族群间的生活水平差异，都可能导致国家内部的对立和冲突。但是，更应该注意的还是地区发展失衡，上述种种国家内部的发展失衡中，地区发展失衡又有基础性，在很多情况下构成了其他方面失衡的原因。发展资源在地区间的均衡分配，有利于化解族群隔阂、贫富差距和城乡分别。也就是说，一个国家内部在横向的不同地区和族群之间、在竖向的不同阶层之间，都应避免产生经济发展水平及相关经济政治权利与文化要求的严重分化。这一点，直至今天未尝不是值得汲取的经验教训。

六、中国为什么要将首都定于北方？

最后简单就中国首都的地理方位问题做个剖析。

常住北京的人都会有感觉，最近一些年来，北京的交通状况是日甚一日地在变糟。听老出租车司机师傅说，就在十年前，北京还不像今天这样出门就堵，而且拥堵不分时间和地段。“出门难”不过是北京生活条件总体恶化的一个表现。在首都居家，你不得不习惯北京秋冬季节的灰色天气和春天不时吹来的风沙。你还得习惯在某个时候，报纸和居委会一齐通知，可能要停水几天。还有，环境专家还屡屡发出警告：沙漠已日益逼近北京，如今最近处，离首都只有 150 公里了！

北京好像已经越来越不适宜于人居了。怎么办呢？商务部研究院的梅新育研究员想出的办法是迁都。他在英国《金融时报》中文网撰文，认为元、明、清三朝定都北京的理由今天已不复存在，在水资源短缺、人口膨胀、空气污染加重和北方荒漠化威胁等问题的压迫下，中国应认真考虑迁都，最好将首都迁往长江中下游一个比较广阔的中小城市。

梅先生的建议，并非“前无古人”。早在 1986 年，国内学界就开始有人议论“迁都”问题，而在全国“两会”上，也有人大代表、政协委员提过类似建议。经济学者胡星斗先生在 2006 年的 5 月 9 日，就曾提交过一份给中共中央、全国人大和国务院的《关于尽快迁都、修改宪法的建议》，从水资源短缺、沙漠化的威胁、北京的中枢战略地位丧失、资源高度集中于北京的危险，以及人口的过度膨胀、工业的畸形发展、严重的污染等方面，主张中国应该迁都。迁到哪里呢？胡先生的看法与梅先生大同小异，同样建议应迁往南方，具体点说，是河南、湖北交界处的南阳襄樊盆地。

如梅、胡先生所说，北京作为中国政治、经济和文化中心，近些年来的确已承受其不堪承受之重。然而，迁都是否就是解决问题之道呢？

梅、胡先生将首都迁往南方的建议，其实有欠考虑。南方水资源充足，经济相对富裕，气候也比北方湿润，从自然条件来说，南方无疑比北方宜居。这也是过去几千年来，先后有许多君主选择在南方定都的原因所在。不过，在中国历史的绝大部分时间里，统率全中国之境的王朝，还是将都城定在了北方，而北京又是最近的三个王朝——元、明、清的都城。为什么要舍弃条件优越的南方，而偏要在自然条件相对较差的北方定都？个中缘由，事实上绝不止于梅、胡二先生建议里所提到的那些因素，其中至为关键且被忽略的一个问题，就是只有建都北方才能使中国南北方实现发展程度相对均衡，保证国家长期稳定。而在南方建都，则会不可避免地使国家资源进一步向南方集中，加剧中国内部本就存在的发展失衡，诱发国家发生政治分裂。中国首都宜北不宜南，这是由中国的经济和人口分布状况决定的。

人口和经济资源向某一区域集中可能会带来什么样的影响？晚清、美国在 19 世纪中期，都有过血淋淋的历史。在地区发展失衡导致南北战争和国家重新统一后，美国才真正由一个“想象的共同体”转化为一个有高度内部张力的事实上的命运共同体。美国最终成为高度成熟的现代民族国家，其中不可忽视的经历和经验，就是从 19 世纪下半叶以后，美国经由西进运动和向太平洋进军，美国东西岸在经济和社会发展程度上逐渐并驾齐驱，至 20 世纪中叶，不同地区已基本不存在大的发展落差。

一个国家的首都在哪里，人口和经济资源则容易向哪里集中。在中国因自然条件差异而有近乎天然的南北发展差距的情况下，只有定都北方，才有利于国家不同地区的发展均衡，进而维持国家长治久安。这也是最近千余年来，中国首都都建在北方的重要原因。明朝建国伊始，曾一度定都南京，但在燕王朱棣成为皇帝后，还是将都城迁到了北方。而凡是建在南方的政权，大都难以持久。远的不说，近如太平天国，在南京建立天朝后，仅十余年时间即灰飞烟灭。20世纪里南京又曾两次成为中国的政治中心，但很快即告终结，不仅无法免于外患，而且无法胜出内战。原因无他，近代以来，南北方的发展差距还在扩大，而建都南方只会加剧这一差距，使中国经济和其他资源进一步向南方集中，和南北方在经济、政治和文化要求上更加南辕北辙，进而造成政治认同的分裂。

在这种情况下，把中国首都迁往靠近南方的地区会给国家整体发展带来什么样的影响，其实不言而喻。即使真要取消北京作为中国首都的资格，那么，中国首都也不能建在经济与人口皆占主要的东南部地区，而只能在西北部地区。

在此稍加引申。近些年来，由经济发展带来的社会分层及不同社会成员的收入差距拉大，这种贫富分化可能造成的严重影响已频繁为人们谈起。然而，从横向上看，国家财政、教育等资源在不同地区的分布失衡及由此形成的地区发展差别，还没有在全社会引起足够重视。其实，后者对国家内部稳定的影响，一点也不比前者轻。纵向的收入差距，在很大程度上，就是由横向的地区发展差距造成的，因为国家教育、科技和财政等资源向东南沿海和少数超大城市集中，中国人口就地从业和发展的机会就大为减少，而流动到其他地区从业，则又大大提高了寻找工作和生活的成本。从长远考虑，综合运用国家政策和市场手段，使产业和资本向中西部和北部转移，让国家的资源在不同地区相对均衡分布，这一工作是到了非做不可的时候了。

第四章

丧失发展主动权的悲剧

奥斯曼帝国、拜占庭帝国、沙俄帝国因何而亡？国家不能自我主导内部发展尤其是经济发展。

美国、日本在成为“发达国家”之前，对外限制、保护自我发展能力。

清末“自强运动”失败在于开放过度。

中国未来重在“改革”而非“开放”，在核心技术、战略产业上须立足自我。

发展主动权操之在我的国度前途无限。

一、外侨权益制度、“威尼斯阴谋”与沙俄崩溃

翻看历史,总是叫人情不自禁唏嘘。有些一度甚至长时间叱咤风云的大国,后来却由于种种原因而湮没于历史的尘烟中。奥斯曼帝国就是其中一个。其兴起初始,不过是中亚草原上的一个部落民族,后来东征西伐,竟然于 1453 年攻陷君士坦丁堡(现伊斯坦布尔),终结了拜占庭帝国近千年的统治,建立起了横跨欧亚非三洲的伊斯兰帝国。但其崩溃过程同样令人扼腕,帝国后期如中国的晚清一样,是在“落后挨打”的凄凉中度过的,虽然也曾屡屡实施军事、政治等方面的变革,但木已成舟,失败命运无可挽回。到第一次世界大战期间,这个存在了长达四百余年的帝国,终于在内外交困中分崩离析。

像大多数帝国的崩溃一样,奥斯曼帝国的消亡原因是多方面的,但帝国后期战略选择失当,稀里糊涂放弃了发展主动权、经济上丧失了独立性,却是重要原因。

致命伤之一,就是奥斯曼帝国实施的“外侨权益制度”。在 1453 年彻底摧毁拜占庭帝国后,为促进贸易往来和繁荣国内市场,于 16 世纪和欧洲基督教国家签订外侨权益条款,准许驻在帝国的外国商人享有只能由其本国领事法庭根据其本国法律审理的特权,规定除非有其本国领事馆的官员在场,否则不得逮捕或拘留任何外侨,还豁免外国商人的内地捐税,对进出口商品只征收 3%—6%的进出口税。这种外侨权益制度,其实就是给予外侨以治外法权和经济特权,它的施行从短期来看促进了奥斯曼与外国的贸易往来,但其长久后果是,不但使外国商人在帝国境内恣意进行在其本国不能容许的不正当活动并因此获利,而且限制了帝国对本国工业实行保护关税,从而无法阻止欧洲工业品对本国工业发展的

冲击。

不仅如此，奥斯曼帝国治下的许多公民，羡于外侨权益条款的种种特权优惠，也纷纷谋取门道获得“国际”身份从而享受准“外国公民”待遇。帝国的“巴拉特”[①]文件规定，任何外国领事出于某种考虑都有权把该文件批签给某一奥斯曼公民，有此文件护身，该公民便具有该领事所属国国民可以享受的一切协定权利。结果到帝国后期，外国在奥斯曼的领事私售文件或护照以自肥者众，仅 1808 年，帝国境内持有俄国巴拉特的希腊人就不少于 18 万。[②]

到 17 世纪以后，奥斯曼帝国就逐渐处于衰败过程中。国家经济血脉被从内部掏空，是极为重要的一个诱因。外侨权益制度则在其中“居功至伟”，它的滥用一方面限制了进口关税率，使帝国政府不能利用关税保护的手段有效扶持本国工商业的发展；另一方面，则将帝国经济置于外国商人、外国领事及他们在当地的被保护者的控制之下。外来者的巧取豪夺，内部腐败官员的积极策应，兼之不少本国公民的投身附靠，共同编织起一张强大的利益网络，使奥斯曼帝国到后来完全丧失了经济发展的主动权。本国无良官员和公民充当“内鬼”，伤害的不只是帝国的经济信息安全，而是整个国家的经济安全，进而削弱了保证国家生存底线的战略能力。

除外侨权益制度外，奥斯曼帝国的另外两项措施在经济上也是致命的。一是允许欧洲人在帝国境内开设利凡特公司。这些由法国人、英国人和荷兰人办起的贸易公司，就地开发奥斯曼帝国的资源，在帝国经商，与欧洲开展贸易，却不用向帝国纳税，且在违法时不受帝国法庭审判。结果，欧洲贸易公司控制了帝国大部分的对外贸易，只留下些残羹冷炙给帝国境内的亚美尼亚、犹太和希腊商人经营，欧洲国家的领事还把大批“巴拉特”颁发给帝国的地方商人，让他们也享有治外法权。二是在英国诱迫下于 1838 年签订《英土商务条约》，有效夭折了奥斯曼帝国的任何工业化

---

① 相当于“绿卡”。——作者注
② 希腊当于处于奥斯曼帝国治下。——作者注

计划。条约签订后，英国表面上支持土耳其的工业发展，19 世纪 40 年代初至克里米亚战争期间，帝国一度建立起了一些工业。然而，"在这些企业中，几乎所有的机器、工头以及熟练工人都来自欧洲"[①]，同时欧洲人没有意愿把本地人训练成技术工人。这些工厂在 19 世纪 50 年代克里米亚战争爆发后，很快成为奥斯曼帝国向欧洲贷款的牺牲品，大量的钱财与精力投入都化为了纸灰。

奥斯曼帝国的经历，只是在经济上"自废武功"而导致国家消亡的一个例子，与之类似的是千年帝国拜占庭的命运，它所提供的是发展主动权被他人控制的另外一种版本。这个版本与所谓的"威尼斯阴谋"有关。

事情发生在 12 世纪，起因于基督教世界与伊斯兰教世界的战争，当时塞尔柱突厥人建立的伊斯兰国家，已通过 1071 年的决定性战争，使原先在拜占庭统治下的小亚细亚，变成突厥民族的中心地。穆斯林的西进引来基督教世界的恐慌，于是欧洲人以多次"十字军东征"作为回应。为挽救垂危中的拜占庭帝国，很想有所作为的皇帝亚历克赛一世康尼努斯(1081—1118 年)给予"十字军"队伍中的威尼斯人极大的商业特权，以换取他们反对诺曼人和对抗塞尔柱突厥人。与奥斯曼帝国拥有治外法权的欧洲商人一样，拥有商业特权的威尼斯人在拜占庭帝国免交一切捐税，而拜占庭本国的商人却深受各种苛捐杂税之苦，这使前者对后者享有绝对优势。商业上"先进"的威尼斯人逐渐控制了拜占庭的贸易，像吸血鬼一样一口一口把它吸成一具空壳，这使帝国失去了主要的税收来源，其财政来源更加捉襟见肘。同样严重的是，这还形成了威尼斯人的富裕与拜占庭人的贫穷的强烈对比，帝国内部形成对威尼斯人商业特权的普遍不满。这种对立随 1176 年密列奥塞法隆战役的失败而被点燃，财政枯竭的拜占庭帝国已根本负担不起大规模对外战争，君士坦丁堡在小亚细亚东山再起的愿望化为乌有，心怀沮丧的拜占庭人把怒火发在了西来的十字军头

① (美) 斯塔夫里阿诺斯：《全球分裂——第三世界的历史进程》(上册)，210 页，商务印书馆，1995。

上。在1183年的暴动中，以威尼斯人为代表的拉丁人被大量仇杀，其财产也被抢夺。

这扭转了第四次十字军东征的方向。本为抗击伊斯兰世界而来的威尼斯、法兰克、佛拉芒和日耳曼联军，不再寻求解放耶路撒冷，而是掉转枪头对准了君士坦丁堡。1204年春，拜占庭的陆军和海军没有敌过威尼斯人的贪婪和狡诈，君士坦丁堡被攻陷，十字军战士在"兄弟之邦"上演了一场长达三日的烧杀抢掠大戏。大戏落幕，帝国尽管后来得以恢复，但元气已伤，余下的时光只是苟延残喘。这场被称作为"商人的东侵"的第四次十字军东征，不仅没有消灭和抑制伊斯兰教的扩展，诡异的是，相反为穆斯林统治整个中东扫除了障碍。[①]

丧失发展主动权即丧失国家战略能力，而战略能力的缺失，对国家来说是件要命的事。决定一个木桶容量的，不是最长的那块木板，而是最短的那块。决定一个国家长久命运的，同样是国家战略能力中最弱的那些方面，不管国家在其他方面的表现是否良好。沙皇俄国在第一次世界大战期间的命运，也为发展主动权丧失给国家命运带来的影响加进了新的案例。19世纪下半叶的沙俄帝国，曾经较长时间保持经济高速增长。保罗·肯尼迪在《大国的兴衰》一书中指出："在1860到1913年这段很长的时期内，俄国工业产量以令人深刻印象的5%年平均增长率发展着，而到19世纪90年代，这一增长率已接近8%。"[②]第一次世界大战爆发后，短短几年时间，沙俄的经济即告崩溃，帝国再也无法进行有效的战争动员，其"强大"的工业生产，原来只是花拳绣腿，根本禁不起折腾。

把发展主动权拱手交给别人的国家没有前途。奥斯曼帝国和拜占庭帝国到其后期，经济命脉不是被他人所掌控，就是被他人所掏空，实际上已沦为他人的经济殖民地，帝国要外保安全、内施治理，都已缺乏必要的财政支持和经济基础。深具黑色幽默意味的是，这两个帝国的沦落，有很

① （美）斯塔夫里阿诺斯：《全球通史——1500年以前的世界》，411—412页，上海社会科学院出版社，1988。

② （美）保罗·肯尼迪：《大国的兴衰》，292页，中国经济出版社，1989。

大成分是自我政策选择的结果，而非外力强迫。外侨权益制度、给威尼斯人的商业特权，一时看来都是大有好处的，但不幸的是，时间久了才发现乃是自挖陷阱和坟墓，帝国是为眼前利益而牺牲了长远未来。至于沙皇俄国，教训是两个：一是没有强大的工业生产能力，第一次世界大战前沙俄的工业水平，相比当时先进的工业化国家要落后得多；二是这足够强大的生产能力，又应掌握在自己手中，但当时沙俄处于世界前沿地位的那些产业，都操之于外来投资者，“1914 年，90%的采矿业，将近 100%的石油开采业，40%的冶金工业，50%的化学工业，28%的纺织业，都是外国拥有的”[①]。上述两方面又依靠战略产业和自主创新能力，沙俄却毫无技术上的优势。

沙俄在 18 世纪由于彼得大帝的强力推进，曾经有过第一次经济大跃进，但它所依靠的是强迫劳动，技术和运输设施都很缺乏，结果到 18 世纪后期英国进行工业革命时，沙俄就被远远地甩到一边了。19 世纪下半叶，受 1854 年至 1856 年克里米亚战争失败的刺激，沙俄决心搞改革开放，内部解放农奴，对外引进欧洲资本和技术，这使沙俄在一段时间内保持了较高的经济增长，但却并不受俄国自己所控制。正如罗莎·卢森堡所说：“为了维持沙皇统治，德国和法国的金钱正源源不断流入彼得堡，如果没有这股生命油水，沙皇统治早就该咽气了。今天俄国的沙皇主义已不再是俄国条件的产物，其根据是西欧资本主义的条件。”[②]沙俄改革开放一度看起来很美，最终却流于失败的一个重要原因，是“没有在全国一体化的基础上充分开发它的自然资源和人力资源”。在 19 世纪以前，沙俄的贸易多与其东部地区和东边邻国展开，国家在经济上是独立的，克里米亚战争后的改革开放，引进欧洲资本和技术，导致俄国经济对欧洲产生依附，其工业和经济被迫偏向西部和欧洲部分。第一次世界大战沙俄的“主动”退出，一个基本原因就是在这种依附经济状态下，沙俄的工业生产

---

① (美) 保罗·肯尼迪：《大国的兴衰》，293 页，中国经济出版社，1989。

② (美) 斯塔夫里阿诺斯：《全球分裂——第三世界的历史进程》(上册)，340 页，商务印书馆，1995。

和经济潜力无法满足战争需要。

幸福的家庭是相似的，不幸的家庭却各有其因。其实，国家的不幸有时候也是相似的。美国南北战争之际的南方政权，其战争失败经历就有如第一次世界大战之际的沙俄，南方政权后来无法再维持战争的一个重要原因，就是没有经济发展主动权，工业生产能力不足，战争物资供给严重依赖对外。从战争取决于经济能力的角度说，南北战争中南方的失败是注定的。北方有强大的工业能力，在战争的头一年，与南方一样，都需要从欧洲购买包括武器在内的大批物资，但到了 1862 年，北方的工业能力开始发挥作用，已经能够供给自己所需要的全部原料，不再依赖欧洲了。南方呢？长期以来经济发展依赖对欧洲的棉花贸易，没有形成独立强大的工业生产能力，结果战争物资始终依赖欧洲，还要靠冲破北方海军的封锁来进口所需要的物资。1862 年，北方 38 家最大的枪炮工厂可以日产 5000 支步枪，而南方工厂的最高产量只有区区 300 支。[①] 南北战争的结局，是拥有发展主动权的一方战胜了没有发展主动权的一方。

二、美国：开放，更独立自主

历史学家斯塔夫里阿诺斯在其名著《全球通史》一书中说：古往今来，很多国家和民族在大浪淘沙中烟消云散，重要的一个原因是不能很好地吸收当时世界上先进的文明成果。“人类取得进步的关键就在于各民族之间的可接近性和相互影响。只有那些最易接近、最有机会与其他民族相互影响的民族，才最有可能得到突飞猛进的发展；而那些与世隔绝、缺乏外界刺激的民族，多半停滞不前”。[②] 也就是说，闭关锁国不能“保国

① J. P. T. 伯里编：《新编剑桥世界近代史》(10)，867 页，中国社会科学院世界历史研究所组译，中国社会科学出版社，1999。

② (美) 斯塔夫里阿诺斯：《全球分裂——第三世界的历史进程》(上册)，7 页，商务印书馆，1995。

保种”,只会“落后挨打”,而“睁眼看世界”,不断努力“师夷长技”,才能在有能力“制夷”的同时保障国运兴隆。

国家需要在开放的体系中搞建设,否则没办法吸收利用更多先进的技术和文明成果。世界潮流,浩浩荡荡,自绝于大潮之外无异于自取灭亡。中国现在已成为世界第二大经济体,三十多年来的快速发展,有人提出是几个“红利”的结果,所谓改革红利、人口红利和全球化红利是也。中国通过改革开放加入经济全球化进程,吸收了外来的资金、技术与经验,促进了国内人力资源和自然资源的开发。中国经济形成今天这样一个规模,对外开放功不可没。

然而,世界上完全靠对外开放“崛起”的国家却又稀罕之至,外力只是梯子,能不能登高望远,更重要的还是取决于内力和自身。开放不是没有限度的,不讲原则、尺度和方法的开放不仅不能发展壮大自己,反而会“赔了夫人又折兵”,可能危及身家性命。奥斯曼帝国、拜占庭帝国、沙皇俄国都曾对外开放过,但播下的是龙种,收获的却是跳蚤。对外开放不是盲目地跟着“世界潮流”跑,而是要在大潮中搏击成为弄潮儿,要在自身能够主导的范围内迎潮而上甚至引导潮流,这样的开放才有意义。让别人扶着跟上“世界潮流”,就会陷入对他人的依赖,被“世界潮流”所裹挟而晕头转向。

相形之下,世界上也有很多国家,在这方面头脑清醒得很。这些国家不相信有完全自由的经济竞争,也不相信有符合“全人类利益”的经济全球化。美国就是这样的一个国家。其伊始建国,乃是脱离母国——英国——的北美十三块殖民地的政治结合,在取得政治独立后,美国开国元勋们想得最多的一件事情,就是如何在经济上也自立起来,彻底不受英国的左右。美国宪法之父詹姆逊·麦迪逊就宣称:“至少就属于我们的防卫和基本需要品一类的物品而言,我们自身的生存要求我们不应当使自己陷入不必要地依赖外来供应的状态……主张‘听之任之的政策’的人们忘记了那些理论都是闭门造车,而例外情况和限定条件却是从经验中得来的教训。”美国第一任财政部长亚历山大·汉密尔顿在1791年提交给美国众议院的著名《关于制造业的报告》中,也指出工业基础对国家未来至关重要:“不仅仅是财富,而且一国的独立与安全也和制造业的繁荣有着重要的联系。每一个着眼于那些重大目标的民族,均应努力拥有民族自给的一切基本要素。其中包括有关生活、居住、衣着和自卫的手段。”①

美国国父们为实现经济独立自主,可谓身体力行。1786 年美国新宪法颁布后的第一次国会,乔治·华盛顿身着一套国产布料做成的衣服出现在开幕式上。他之所以这样做,“是为了给他的全体同胞树立一个榜样,并表明要把这个国家的独立和繁荣建立在坚实的基础上应该采取什么行动”。②

当时最强大的工业化国家英国实行的是自由贸易政策,亚当·斯密的自由贸易理论和大卫·李嘉图等的比较优势理论已流行于世。美国开国者们大多不相信自由贸易能带来经济繁荣的鬼话,虽然美国也有它的“比较优势”,即南部地区生产的棉花和种植园的其他农产品,是英国等海外市场所需要的。南部的种植园主们普遍赞成自由贸易,但麦迪逊、汉密尔顿站在国家和整体的角度,认识到有利于美国长远未来的,还是要发展起独立强大的工业体系,那就不能不实施贸易保护,而其手段则是保护性关税。1786 年美国新宪法颁布后的第一次国会,就决定征收足以促进处于发展初期阶段的美国工业的进口关税。开国者们还处处大力提倡使用“国货”,这次国会同时决定,用美国船只运送的进口物品所缴纳的关税比用外国商船运送进口物品低 10%。但所定的进口关税还是太低,不能充分保护美国工业和航运业的发展。因此,汉密尔顿在《关于制造业的报告》中,主张加强实行保护性关税,麦迪逊以此为基础,向 1794 年的美国国会提议,提高进口关税以保护美国的工商业。

提高关税的意见,一段时间遇到了挫折,“农业的和海外贸易的利益集团结合起来,挫败了他(指汉密尔顿——作者注)的关税方案”。③ 但拿

---

① 自(美) 斯塔夫里阿诺斯:《全球分裂——第三世界的历史进程》(上册),179 页,商务印书馆,1995。

② (德) 弗里德里希·李斯特:《政治经济学的自然体系》,173 页,商务印书馆,1997。

③ C. W. 克劳利编:《新编剑桥世界近代史》(第九卷),784 页,中国社会科学院世界历史研究所组译,中国社会科学出版社,1992。

破仑推行大陆封锁政策，却无意间为美国形成有机统一的国内市场创造了条件。当时英国利用自己强大的海军优势强征美国海员并劫掠与法国通商的中立国船只，美国的反应是1807年12月22日颁布《禁运法》，禁止美国船只前往外国港口，杰弗逊政府的这一政策后来导致1812年爆发美英战争。吊诡的是，不与海外通商和与英国的战争，摧毁了海外贸易，却对美国市场形成保护，使其免遭英国商品倾销的影响，同时，由于消费品短缺，从而刺激了美国本土制造业的发展。在战争结束、英国商品再次对美国市场造成压力后，在新兴的制造业院外集团的游说下，美国国会先后于1816、1818、1824、1829年颁布一系列关税率，将税率按价提高到25%以上，有的甚至高达45%。特别是1828年的税率，“给美国工业——特别是棉纺织业、毛纺织业和制铁业——提供了抵制外国竞争的有效保护。这正是美国工业从那时至今一直繁荣的直接原因”。①

实施关税保护、推行促进制造业发展的政策，为美国工商业摆脱英国控制、形成统一的国内市场创造了条件。而随着公路的修建、运河的开凿、汽船的发明，美国国内贸易迅速发展，各州之间建立起密切关系，最终超越了对外贸易。亨利·克莱力主建立的“美洲体系”成为现实。这位曾任美国众议院议长、后来在约翰·昆西·亚当斯政府任过国务卿的美国贤达，在1820年向美国国会提出一份政治纲领，建议组织以美国为中心的“美洲体系”，它包括四个重点：廉价的土地、运输方面的“国内改革”，国家银行提供贷款，为制造品确立保护性关税。其主要使命是鼓励东北地区发展工业经济，以代替英国的工业经济，工业地区将成为西部农业的市场，而西部的农业地区又将为东部工业提供市场。

以保护主义政策防范当时居于优势地位的欧洲（主要是英国）资本、商品和技术控制美国经济，美国在自力更生中保障了自身经济独立，美国的成功在于它拿捏住了尺度，它的开放是有原则和限定的。美国先贤深知保护性政策是落后国家赶上先进国家的必行之道，但美国也成为“先进

① （德）弗里德里希·李斯特：《政治经济学的自然体系》，175页，商务印书馆，1997。

国家”后,就不一定还要这么做了。南北战争中的英雄、后来也做过总统的格兰特,就这样说:“英国依靠贸易保护区达数世纪之久,把它推行到了极点并获得良好的结果。毫无疑问,英国今天之所以如此强大,应当归功于这一制度。两个世纪之后,因为保护贸易已无利可图,英国便开始发觉宜于采取自由贸易政策。那么,先生们,由于我对本国的了解,我深信,不出 200 年,美国从保护贸易中得到了它所能得到的一切的时候,自然也会采取自由贸易的政策。”①实际上,在格兰特说出这番话不久,美国就以经济强国面貌登上世界舞台,开始张开双臂热情地拥抱自由贸易了。

三、日本:没有“市场”意识的国家

19 世纪下半叶至 20 世纪下半叶的日本,为维护自身发展主动权,无论在意识上还是方法上,都给世人留下了经典范例。1853 年,当美国海军准将马修·佩里率舰队抵达日本江户湾停泊时,这个在幕府统治下闭关锁国数百年的岛国,一下子如遭雷击,从上到下不知如何应对。史称“黑船来袭”的这次外部冲击,使沉睡中的日本人猛醒过来,于是便有了 1868 年开始的“明治维新”。

与同期的苏联大举引进外来资本不同,日本的工业化和现代化历程,从一开始就立足于自身力量,是在外国投资极少的情况下完成的。1892 年,赫伯特·斯宾塞给他的朋友、当时日本驻美国公使金子坚太郎提出忠告:“日本的政策应该是尽可能避免与美国人和欧洲人亲近……不应让其他种族的人获得更多的特权。很明显,你正在建议通过修改与欧洲各国和美国订立的条约,让整个帝国向外国人和外国资本开放。我感到遗憾,

① 转引自(美)斯塔夫里阿诺斯:《全球分裂——第三世界的历史进程》(上册),180—181 页,商务印书馆,1995。

这是一种致命的政策。如果你希望知道可能会产生什么后果，就研究一下印度的历史吧。”[①]日本后来还是没有选择与西方“亲近”，最终结果是经济上的独立自主。

早在19世纪70年代初，日本就颇有远见地阻止外国资本在日本投资，已在日本开业的外资企业则由政府买回，其中就包括高岛煤矿（英国和荷兰的资本）、美国太平洋轮船公司和英法两国投资创办的邮政机构。到19世纪80年代初期，日本国内已基本不见外国资本的踪影。

日本对外资的讳莫如深可谓一以贯之。在第二次世界大战结束、日本从战争废墟中着手重建时，面对巨大的经济困难，日本国内曾在20世纪40年代末围绕国外投资和60年代后期围绕投资自由化发生了争论，大多数经济学家还是坚持对外资说“不”。吉田茂首相的顾问、“御三家”之一的马克思主义经济学家有则广巳，就力主日本最好靠自己的努力实现经济复苏，大量外资的主导地位和过度外资化会导致本国丧失独立自主的经济地位。在他看来，外资不是如何积累资本的技术问题或经济问题，而是关于国家主权和劳动者权益的政治问题。他说：“没有经济独立，日本就不会有政治和外交独立。在我们考虑日本人民的幸福与和平时，我们必须有一个可以做出独立判断的基础。”[②]

战后日本的政府官员、商界领袖、知识分子和评论家普遍相信，维持最低限度的外资是保护民族利益的正确策略。1949年道奇计划实施，特别是在20世纪60年代后日本经济进一步被纳入国际体系后，日本被迫对外开放商品和资本市场，不少日本人认为这是第二次“黑船”来袭，但最终日本还是化解了困局，原因至少有两个：一是经济发展战略选择得当，一贯坚持战略产业先行，使日本在对外开放后有经济竞争力，同时，更加致力于在政府引导下，发展技术密集型产业，这条技术立国的路线最初

① 转引自（美）斯塔夫里阿诺斯：《全球分裂——第三世界的历史进程》（上册），376—377页，商务印书馆，1995。

② （美）高柏：《经济意识形态与日本产业政策：1931—1965年的发展主义》，35、132页，上海人民出版社，2008。

走得颇为艰难，但长远效果却好处多多。二是战后日本在解散财阀体制后，又形成了独特的关联公司结构，这使外资很难吞并和控制日本企业。

工业化和现代化是要有资本的，不愿意利用外资，那么，资本从哪里来呢？日本走的是一条对本民族进行的内向型积累的路子。主要有两种方式，一是提取农业剩余。在改进农业生产率的同时，也加大了农业税负的收取力度，1871 年至 1875 年间，土地税占日本政府全部税收的 85％—93.2％，而且在 1896 年以前一直不少于 50％。为"殖产兴业"和"富国强兵"，日本农民做出了巨大牺牲。当时农民收入急剧下降，1883 年至 1890 年间，大约有 36.8 万农民由于无力缴纳税金而丧失了自己的土地。[①] 农民困苦到了什么程度？20 世纪 80 年代曾在中国热播的日本电视剧《阿信》，里面有阿信在少年时代曾到地主家打童工的剧情，其所处时代大致是 1905 年日俄战争前后，大量日本农民穷到了不能维持一日三餐的地步。另一个是，工人的工资被压得很低。在政府的支持下，"明治维新"后相当长时间内，日本工人都处在工作时间长而酬劳很低的状况下，这也为工业积累创造了条件。

在筹划工业发展时，日本直接瞄准国际前沿，它考虑的不是能不能变现、马上赚钱，而是能不能在技术和产品上与西方"文明"国家并驾齐驱，在外来压力面前保家卫国。具体来说主要是两点：

一是日本不惜血本重点发展的，是工业体系里最有利于国家安全的"硬"的部分，也即所谓战略产业。"租船不如买船，买船不如造船"，在维新运动开展后，日本马上急切地直奔当时最能代表工业水平的钢铁和造船业，在买进外国舰艇的同时，设立官营造船所。今天日本的大型造船企业，如石川岛造船所、三菱长崎造船所、川崎造船所等，都是从官营造船所演变而来的。中日甲午战争前夕，官营造船还只能承担船舶修理业务。

① （美）斯塔夫里阿诺斯：《全球分裂——第三世界的历史进程》（上册），369 页，商务印书馆，1995。

为推动造船业发展，日本政府不断出台政策扶持，1896 年制定了《造船奖励法》，1899 修订《航海奖励法》，这些措施使日本造船业的技术水准快速提高。1907 年，三菱长崎造船建造的天洋丸和地洋丸，是当时世界上最大的客轮。1911 年，日本关税自主权回复，船舶输入税金上升，进一步促进了船舶自给化。

自己造船对当时的日本来说，明显是没有经济效益的反市场行为。1897 年到 1913 年，川崎造船所总利润为 821 万日元，如果扣除政府奖励金 251 万日元，利润不到 600 万日元；如果只计算民用船舶，利润为 257 万日元，但扣除政府奖励金 208 万日元后，就剩下不到 40 万日元了，基本没有赢利。

在致力于自己造船的同时，日本还采用类似于美国的措施，鼓励用日本的船舶搞海洋航运。当时无论远洋运输还是日本各港口间的转运，都由几家外国海运公司经营。1875 年，明治政府免费或低价为国内航运公司提供大量船舶，并每年提供补助金，国内航运公司在政府的保护下与英美的海运公司竞争。后来明治政府又以行政手段，成立了日本邮船会社。1899 修订《航海奖励法》，规定如果航运业者使用外国船舶，补助金减半。这些办法，在很长时间内都是不讲效益的，但它成功培养起了日本独立的造船和航运能力。

同期建立的八幡制铁所(新日铁的前身)，同样在很长时间内也是没有效益的，在国际市场上缺乏竞争力。第一次世界大战爆发的 1914 年，八幡制铁所的利润率只有 4.9%，而当时日本的国债利率为 5.3%，没有政府的死力扶持，八幡制铁所是办不下去的。截止到 1914 年，日本政府给这家企业的补助金，累计达到 5600 万日元。

二是走的是技术技能蓄积，而非技术技能节约的发展路子。一般来说，从后进国家到先进国家有两种路子，一种是“技术技能节约的发展”，即从最简单的低技术的组装开始，工业化到一定程度后，人力、土地、资源等成本上升，会压迫产业升级。但这种类型的发展，从以往情况看，很难逃出组装的范畴，通过此路径迈进先进国家行列的还没有出现。另一种是“技术技能蓄积的发展”，先从来料加工做起，逐渐向高端技术和产业挺进。这两条路子，开始时都需要从海外引入技术和装备，但不同的是，前者始终无法摆脱对外部技术和装备的依赖，而后者却可通过消化吸收，逐步过渡到立足于自身的技术和装备高度工业化。日本走的是后一条路子，不断提升国民素质，不断推进知识技术积累，先行发展战略产业。

1868 年“明治维新”刚刚展开之际，日本还是一个与清朝无异的落后国家，后经励精图治艰苦奋斗，到第二次世界大战期间，在工业化上已与西方国家处在同一阵列。二战以日本战败为结束，在新的国际体系及“非战条款”等的制约下，日本不能再把主要人力、物力、财力用于发展与战争能力相关的工业技术，转而走向另一个战场——经济战场。为推动战后重建和参与国际竞争，日本再次在国家发展战略上选择技术立国路线，直接瞄准产业前沿展开角逐。在 20 世纪 50 年代初期，日本国内围绕是优先发展劳动密集型产业还是技术密集型产业，曾有两派不同意见，一派主张按照国际分工与比较优势理论，日本应把主要精力放在轻纺工业；另一派认为必须把重工业，特别是汽车等综合机械加工、冶金和化学工业作为重点发展的主力产业。日本通产省于 1952 年确定了后一种方案，1960 年的池田勇人内阁制定的“国民收入倍增计划”，核心也是优先发展技术密集型产业。当时日本在经济技术上明显与美国有很大差距，技术和资金都十分不足。日本产品在国际上享有质量低劣的恶名，一些关键技术和设备还依赖进口。“技术立国”的路线实施后，较长时间都面临国际收支失衡问题，承受了相当大的国内国际压力。日本没有动摇既定的战略安排，经过艰苦努力，终于建立起世界一流的技术密集型产业，日本产品在世界范围内逐渐成了质量和品质的代名词。

从“明治维新”到 1968 年日本成为世界第二大经济体，整整有一百年时间。一个世纪的历程里，日本在经济产业结构和指导思想上有不少变化，如 1930 年前自由放任主义曾煊赫一时，第二次世界大战及战后一段时间奉行管制经济，1950 年转向推动出口，1960 年步入高增长和自由化，然而，在扶持国家发展的体制和理论上，基本原则却长期保持了高度稳定，只不过在不同时期又赋予了新的含义，有不同的表现罢了。

有两个基本原则最能体现日本国家发展的特性。一个是以战略的眼光看待经济，也就是说经济发展要满足国家战略需要。这种经济战略观主张国家对经济发展进行指导和干预，主张优先发展关系国计民生的战略性产业，主张生产优先于消费，主张形成独立自主的生产能力。在非常时期，这有利于经济发展服从于战争需要；在战后重建时期，这有利于组织参与国际经济竞争。无论二战之前还是之后，日本经济的产业结构都以重化工业为主，在战前是集中于武器的生产、保障了日本的战争能力，在战后是集中于民用商品的生产、支撑了日本经济的国际竞争力。

另一个是强调竞争优势而非比较优势，为此致力于建立内生的创新研发体系，不断推进产业升级换代，并为防止过度竞争，通过组织卡特尔、统制会，或者通过政府规制与非市场治理结构相结合，扶持起大企业形成“寡占竞争”①。

在这两个基本原则的指导下，在 20 世纪的大部分时间内，日本的经济体制和经济学家的思想状态，与现今流行的主流经济学教科书南辕北辙，日本的企业管理活动是反利润原则的。与盎格鲁-撒克逊式股东利益居首的资本主义模式不同，日本资本主义通过终身雇佣制、年功序列制和以企业内工会为标志的日本式管理，来促进生产率的提升。日本力推的竞争优势，也与强调资源配置效率的新古典经济学不匹配。如果说现代经济就是市场经济的话，那么，从很多方面看，日本都是一个不讲“市场”的国家。

很长时间内，左右日本经济产业政策制定的经济学家们，也都并非亚当·斯密、马歇尔的信徒，有泽广巳、都留重人、中山伊知郎、下村治等人，或信奉马克思主义的生产力理论，或者信奉熊彼特的创新概念为核心的竞争优势理论，或者信奉凯恩斯的需求管理理论。苏联的工业化、罗斯福

① 注：与垄断不同，寡占指一个产品市场里有几家大企业进行实力相近的竞争，而前者意味着一个产品市场里只有一家大企业占统治地位。

的新政与德国的国家社会主义等不同国家在面临危机时的选择，都对日本产生了重大影响。

战略即选择，选择有回报，但也是有代价的。排斥外资、技术立国、战略产业先行的选择，苦的是日本百姓。重化学工业要慢慢积累才会产生经济效益，在此过程中需要国家大量补助，为此要提取农业剩余、压迫工人工资，百年时间，大多数日本人都是勒紧裤腰带过日子，很多人成为天皇的弃民，不少日本人在此期间移民拉美甚至菲律宾。苦尽则甘来，在通过艰苦奋斗跃升为发达国家后，日本人的这段经历早已成为过去。

日本在一个世纪里有别于其他"失败"国家的发展战略选择，总体来说是成功的，在 19 世纪下半叶和 20 世纪上半叶相当长的时间内，有效维护了日本的国家安全、拓展了日本的国家利益。独立自主的技术体系和产业生产，为日本积蓄了战争能力，改变了日本与西方列强的军事力量对比，也增强了日本人的自信心，甲午战争、日俄战争以日本胜利而告终，绝非偶然。而在二战结束以后，又使日本很快成为极具经济竞争力的发达国家。"日本之所以能够在独立的经济发展中成为独特的成功的旗帜，主要原因之一是它无论在 19 世纪中叶门户开放以前或以后，都始终保持着不受外来经济影响或支配的自由。"[①]二战以日本成为可耻的"战败国"而落幕，此与日本国家大战略的失误有关，而与经济发展战略无关。

顺带说一下。治外法权是国家丧失发展主动权，其实也是丧失主权的标志。西方列强 19 世纪下半叶与日本接触之初，也曾逼迫日本签订不平等条约，日本被剥夺了在它的港口中对外籍国民的法律管辖权和修改对外贸易关税的权利。"明治维新"后的日本决心根除这种不平等，首先在国内制定并实行了各种现代法规，接着便通过外交努力，于 1894 年说服英国和美国在五年后终止它们在日本的治外法权和领事裁判权，到 1899 年，所有列强都放弃了它们在日本的特权。日本成为打破西方控制

① （美）斯塔夫里阿诺斯：《全球分裂——第三世界的历史进程》（上册），123 页，商务印书馆，1995。

锁链的第一个亚洲国家。奥斯曼帝国的“外侨权益制度”及其破坏性影响，没有在日本重演。

发展权掌握在自己手上的国家前途无限。美国、日本在向现代国家转变伊始，都曾面临发展主动权被剥夺的危险，美国在经济上有可能被母国——英国——继续殖民，日本一度也受“不平等条约”困扰。这两个国家都是在独立自主的强烈国家意愿下，坚决有序地推进有关发展战略安排，从而有效规避了发展陷阱，重新把握和培育起了发展主动权，国家发展没有受到外来资本、技术的控制，国内市场也掌握在自己手中。它们在发展工业技术、培育发展主动权时，都非常注意两个问题：其一，是否有利于国家安全；其二，是否有利于形成竞争优势。完好解决了这两个问题，才使国家在非常时候能够应付危机，在平时状态能够控制挑战。这种理念一直贯穿到了今天，日本人强调要有经济战略观，而在美国，20 世纪 80 年代则是战略经济学的兴起。

这两国后来都成为开放的经济体，都在国际竞争中树立了优势地位，它们由内向型经济向外向型经济转变的经历，则说明对外开放与独立自主并不矛盾，在国家形成强大的工业生产和技术体系后，对外开放有助于巩固和加强既有优势，使强者更强、主动者更主动。闭关自守式的独立自主、关起门来搞一套，是不可取的。即使在致力于内生发展时，也要着眼世界大潮，以主动姿态作出回应，但对外开放要服从于独立自主，损害了独立自主的开放不如不开放。

四、百年中国：“一波四折”

在美国 19 世纪奔向经济强国、日本推进“明治维新”向现代化迈进时，年迈的帝国——中国清朝政府，也在内忧外患中搞起洋务运动。

洋务运动也叫自强运动，这场变革的动机与“明治维新”后日本致力于发展现代工商业一般无二，都是对西方军事压力的一种反应，开始时重在创办使用机器生产的军事工业和训练新式军队，所以首先搞起来的是兵工厂、造船厂。安庆军械所是第一个建起来的兵工厂，江南制造总局是当时规模最大的军事工业，福州船政局一度设备齐全，建造过排水量两千余吨的军舰。

洋务运动热热闹闹搞起来的现代工商业，一度使在两次鸦片战争中饱受耻辱的大清王朝又重现了帝国生机，这也就是所谓的“同治中兴”。国家的财富在那段时间看起来增长很快，到19世纪80年代中期，清朝国内生产总值(GDP)占全世界的比例甚至达到17%，远远高于今天的7%。从综合国力的角度看，当时中国远在日本五六倍以上，然而，1894年的甲午战争，却被小国日本打得一败涂地。洋务运动为什么像一个被吹大的肥皂泡，瞬间便被戳成点点碎末?

来看当年日本攻占北洋海军基地刘公岛前夕，日本海军总司令官伊东佑亨致大清北洋水师提督丁汝昌的劝降书：“……至清国而有今日之败者，固非君相一己之罪，盖其墨守常经，不通变之所由致也。夫取士必以考试，考试必由文艺，于是乎执政之大臣，当道之达宪，必由文艺以相升擢。文艺乃为显荣之梯阶耳，岂足济夫实效？当今之时，犹如古昔，虽亦非不美，然使清国果能独立孤往，无复能行于今日乎？……”此一批评可谓不留情面而又直指核心，伊东佑亨的意思是大清帝国仍沉湎于帝制、不思全面变革，而曾受黑船之辱的日本，在1868年明治维新后，则“以海外开明之治为范，唯一途，乃弃已之短，取彼之长，破陋习，变古格”(大久保利通语)，“急去旧治，因时制宜，更张新政”(伊东佑亨语)。

甲午战争的胜负，也是对日本“明治维新”与晚清洋务运动的效果的检验。伊东佑亨的这封劝降书，更深刻地道出的事实是中、日两国同时展开的变革自强运动，实际上是表面相似、内里相差很远。日本围绕建设现代工商业，各方面齐头并进，全面变革了政治制度和社会体制，国家意识形态也彻底转向，新兴工商体制与新的政治和社会体制不再是“主仆关系”。比如原先备受尊重的武士阶层，就在维新运动中沦落为社会边缘的“浪人”，而传统上向来被鄙视的商人阶层，则作为社会主导阶层受到尊崇。郭嵩焘观察到，在英国的日本人，大都学习律法、经制，学兵者甚少。相反大清王朝“文艺”依旧，社会结构与政治制度都没有改变，洋务运动是以军事工业为主的现代工商业的单骑突进，工商阶层仍受压制，与既有体制是“主仆”附庸关系，各地兴办起来的“军工企业”，“所造为无用之器，只便各督抚之私”。相匹配的现代政治制度和社会体制没有出现，洋务运动这件套在旧躯壳上的新衣裳，也就只能暂时遮遮羞，而一旦真有人过来拉扯，其底裤也就露出来了。

与同期日本在引进外国设备和技术同时又致力于构建自身的生产技术不同，洋务运动所奉行的，是“造船不如买船，买船不如租船”，到其后期提出“求富”的目标后，更看重短期经济效益。美国政治学家巴林顿·摩尔指出：“在中国，柯尔伯的重商主义政策是不可能执行的，因为商业因素和工业因素主要来自外国并且大部分都不能为清朝所控制。”[①]晚清的军事工业因此不过是花拳绣腿，离开了外国的装备和技术，便什么也搞不出来，当时各处造船造炮工厂，“所需原料燃料，亦皆购自外洋，既不经济，复不可恃。开平煤矿解决了燃料问题，钢铁木材仍须进口，平时已有停工待料之事，战时势必有断绝之虞”。[②] 甲午战争中北洋舰队无论是使用的战舰，还是战舰上的炮弹，都是靠国外采购得来的，战争需要的武器弹药通通无法自给，支撑战争的能力自然也就出了问题。当时晚清政权面对日本的处境，与 19 世纪 60 年代美国南方政府面对北方政府的处境如出一辙。

洋务运动展开之前，两次鸦片战争强加在清朝身上的不平等条约，已使列强在中国获得了种种特权，如协定关税、领事裁判权和租界，清帝国的发展主动权已几遭损坏。李鸿章、左宗棠等“中兴名臣”，本想通过洋务运动打一场翻身仗，把失去的发展主动权再争回来，但与同期日本通过明治维新成功纠偏、逐渐废除与列强签订的不平等条约不同，洋务运动没能

① （美）巴林顿·摩尔：《民主和专制的社会起源》，139 页，华夏出版社，1987。
② 郭廷以：《近代中国史纲》（上），302 页，中文大学出版社（香港），1980。

赶走列强套在清朝头上的“紧箍咒”。如在航运权上，五口通商之后，列强利用不平等条约确认的特权，在中国沿海、沿江建立大量轮船公司，如英国有怡和洋行、省港澳轮船公司、公正轮船公司、北清轮船公司、太古轮船公司，美国有旗昌洋行、上海轮船公司，这些外国公司主宰了中国的内外航运，后来李鸿章通过官督商办方式扶持成立轮船局，但却无法与外国公司相敌。与同期美国、日本高度重视航运自由权并设法将其掌握在自己手中相比较，清朝在此方面则是丢城失地，直至1911年帝国倾覆，也没能挣回来。而英美轮船公司在中国海洋内河忙碌的身影，则庶已近于利凡特公司在奥斯曼帝国的表现。

一场洋务，一场梦。李鸿章、左宗棠等能臣干将，当年已经知道洋枪洋炮的厉害，但还没有充分意识到建立独立自主的工业体系对帝国的重要性。在思想见识上，他们不仅比不上同期日本的维新名臣，就是比18世纪下半叶美国的那些开国者们也明显不如。而在洋务运动展开后，清朝上层却又相互掣肘，不能形成统一意见，政治腐败带来的巨大内耗，则使任何高明的战略安排也注定要在实践中沦为镜花水月。甲午战争的失败，也标志着洋务运动的失败，之后对日赔款、国家财政更加亏空，而又经义和团运动、列强对中国的再次蹂躏，晚清的发展主动权丧失殆尽。帝国在不长时间内宣告崩溃，当在情理之中。

屈指算算，19世纪中叶以来，中国实际上已经有过四次现代化经历，可谓“一波四折”(温铁军语)。第一次即清朝的“洋务运动”及随后的民族工商业发展，除此之外，还有20世纪20—30年代民国的“黄金十年”和抗日战争之后形成的“官僚、买办资本主义”；新中国成立后中央政府主导的国家工业化；然后就是改革开放地方政府主导的地方工业化。①

民国时期的第二次现代化，基本的格局与第一次没有多少不同。当时也有闻人达士做过宏大规划，如1928年至1931年任实业部长的孔祥熙，提出了以重化学工业为主导的国营企业发展计划，以国家的国防为目

① 温铁军：《我们到底要什么》，4页，华夏出版社，2004。

标;执掌国家资源委员会的翁文灏,在比较各国经济体制后,提出要以国防优先,政府应该负更多的责任促进国营事业的发展。应该说他们是有方向感的,20 世纪上半叶的世界已经进入钢铁时代,战争形态则是机械化,大凡先进的国家无不着力于重化工业发展。但这些计划都没有实行,相反贯彻的是陈公博、宋子文等人以轻工业优先的思路,建立起来的是采用民营资本为主体的自由市场经济体制。对这种选择,陈公博的解释是:中国在重工业上缺乏熟练劳动力;重工业需要大量投资和相关产业配合,民间资本很难投资;外国政府对本国的重工业有大量的援助金,中国政府没有这个财力。陈、宋看到的是另外一种"世界潮流"。

发展轻工业有利于参与"国际分工协力"(宋子文语),符合比较优势理论,而所依靠的是民间力量,政府不用那么劳神费力。这一套措施做起来,"看起来很美",民国期间经济增长速度惊人,当年上海非常繁华,有"东方巴黎"之称。同一时期,采用重工业优先的统制经济模式的日本,经济效益就难看多了。

与洋务运动时期一样,民国经济也没有摆脱国外资本的控制,大凡与重化工业沾点边的产业,都在外资的指掌之中,"1920 年,外国人已经控制了 99%的用现代方法生产的铁矿砂和生铁,76%的煤,93%的铁路,83%的经海关出港的轮船吨位和 73%的扬子江的轮船吨位"[①],而且,这些工业基本都是满足列强而非中国的经济需要。这种情况在抗日战争前夕都没有改变。

无论"洋务运动"还是民国"黄金十年",所走的都是技术技能节约的路子,面上的东西看着不错,但实际上技术没有积累,没有发展起独立的现代工业技术体系,没有形成战略产业。由于该"硬"的部分不"硬",所有荣华都飘飘荡荡,一遇烟熏火烤就转瞬消逝。抗日战争期间当日本铁蹄蹂躏中国国土时,高速增长的民国 GDP 却不能为前线提供一架飞机、一

① (美)斯塔夫里阿诺斯:《全球分裂——第三世界的历史进程》(上册),333 页,商务印书馆,1995。

辆坦克、一门重炮，而日本已可建造当时世界上最大的战舰——“大和”号，生产当时世界上最先进的“零”式战斗机。中国军队在战场上英勇奋战却还是节节败退，到领土丢失、人民涂炭了，才知道真正的痛在哪里。战争打的是经济和后勤，自从18世纪工业革命以来，国家的战争能力显著依赖于工业实力，而19世纪下半叶以后，又尤其依赖于重工业实力。民国所谓的工业增长，不过是把自己的资源加工好后送到国外，挣来的钱用于吃喝玩乐，民族的知识和技术水准没有丝毫提高。中国的第二次现代化路程，再次被日本所截断。

没有发展主动权牺牲的不单是发展，从晚清和民国两次现代化的失败经历看，发展主动权还直接关系到国家战略能力，损坏的更是国家安全。在非常情况，特别是战争来临时，有还是没有发展主动权，国家的命运会大为不同。

1949年中华人民共和国成立，共和国的缔造者毛泽东宣布：“中国人民站起来了。”在血雨腥风中成长起来的中国共产党，当年知道怎么让中国人民站得更稳健，更踏实，那就是由中央政府主导实施国家工业化战略。这是19世纪末以来中国的第三次现代化经历，充分吸取了前两次工业化不能保家卫国、终告失败的教训，走的是内向积累型发展基础的路子，而且是以重工业为先。比民国时期更尤不足的是，这个新生政权一穷二白，财政盈余几乎为零，按道理应该奔向“比较优势”搞轻工业。但毛泽东那一代领导人知道国家生死存亡靠的是什么，而又需要为此付出什么样的代价。中国不可能像已经发达起来的西方国家那样到处抢夺来积累工业资本，那就只好如19世纪后期的日本，一靠提取农业剩余，二靠压低工人工资，以内部剥夺的方式筹集资本。亿万中国农民和工人，在20世纪40年代末至70年代那段时间内，都是在勒紧裤腰带过日子，令人敬佩的是，那时候中国人的怨言，远不如今日多。

在前两个五年计划期间，新中国也大量引进了苏联的技术装备，到20世纪六七十年代又从西方国家引进了不少基础工业项目。引进不是为了组装成某件东西就了事，新中国的前三十年，讲得最多的是“自力更生”，别人的东西引进来后，马上着手消化吸收，转化为自己掌握的东西。有人概括说新中国成立后，中国的技术积累走的是一学、二用、三赶、四超的自力更生之路，自我技术能力迅速提高，也就是说，是技术技能蓄积型的。短短时间内，就建立起了门类齐全的工业体系，尤其是重工业的水平，并不比发达国家落后多少。飞机方面，仿制苏联米格21，造出了改进版的歼-7、歼-8系列，还大量出口；仿制波音707，造出了大型客机运-10，它的上马只比欧洲的空中客车晚两年，样机曾成功六次飞到拉萨。在极其艰难的条件下，60年代生产并成功试爆了原子弹、氢弹，70年代初独立发射了自己的卫星，中国人现在引以为荣的航天工业体系，就是那时候铺下摊子的。

大国是要有力量的，没有力量的大国不仅负担不起国际责任，迟早自身还会崩溃解体。凡是在残酷竞争中成长起来的大国，都会知道大国的力量维系于何处，也会知道什么样的大国才值得尊重。20世纪40年代末到70年代末，中国贫穷依然，人民群众的生活水平也比较困难，但没有哪个国家敢轻易招惹中国，毛泽东说“一切反动派都是纸老虎”，那是有底气的。有自己真家伙的国家，没有人敢轻视，相反，超级大国美国于20世纪60年代末，开始寻求与中国改善关系，曾经极为反共的尼克松在1972年以总统身份访华，与毛泽东实现“跨越太平洋的握手”。尼克松向毛泽东伸过来的手，是对中国国家战略能力的肯定和尊敬。

五、改革开放、“外资”与在华“华人”

20世纪70年代末，中国结束“文化大革命”时期的混乱，开始走上内部改革、对外开放之路，此乃百余年来中国的第四次现代化历程。前两次现代化是以欧（欧洲）为师，第三次现代化是以俄（苏联）为师，这一次，则又回到以西方为师。

中国一改前三十年强调的“自力更生”，转而大张旗鼓拥抱西方，有其必然性。前三十年的艰苦奋斗,国家战略能力显著增强了,但总体来说国家还十分贫困,非军工企业的生产技术和管理水平比较落后,国有企业效率不高,人的劳动积极性也逐渐走向低沉。同时,在20世纪五六十年代的高出生率影响下,进入60年代以后,大量年轻人在城市找不到工作(所以才有上山下乡,曲线解决就业问题),严重影响社会安定。穷则思变,另找一条出路是必要的。

20世纪70年代后期,中国共产党高层对改变国家内外政策,实际上已逐渐形成共识。于光远先生在其回忆录中说,在1978年12月18日中国共产党十一届三中全会前,还曾于1978年11月10日到12月15日间举行过一次中央工作会议。在这次为期20天、高层领导皆参加的高级别会议上,当时的最高领导者华国锋就提出:“把全党工作的着重点转移到社会主义现代化建设上来,是完全必要的。”华国锋还指出国际条件已经变得有利,认为要多吸收外来资金和技术,要重视市场竞争。[①] 改革开放思想和方针的最终确定是在三中全会上,但这一次中央工作会议,其实已经给三中全会定了调。华国锋、邓小平、李先念等当时主导中国政权的领导人都已经认识到,同样的东西到了另外一个时空,就有可能由真理变为谬误,再丝毫不变地沿着过去的路子抹眼走到黑,是没有前途的。

中国在20世纪70年代末经济战略由进口替代转向出口替代,国际政治经济环境的变化也创造了条件。冷战在那时已接近尾声,两个阵营的对抗已远不如之前那样激烈;相反,全球经济已不知不觉打破东西方的壁垒,日益接近融合,近世以来的第三次全球化浪潮,从那时起就如火如荼地漂洋过海到处寻找它的栖息地。全球化为中国大规模利用国外资源提供了可能,邓小平那一代的领导者看到了这个时势,他们在中国推动经济自由时所达到的深度,可能超过今天中国人的想象。20世纪90年代后期以来在中国名声不那么好的“新自由主义”一词,在西方人眼里一开始其实是用来描述中国的改革开放的,1978年年底中国所做的改革开放

① 于光远:《1978:我亲历的那次历史大转折》,中央编译出版社,2008。

决议，是世界上实践新自由主义的先驱。中国的转变震动了整个世界，随后1979年5月上台的英国首相玛格丽特·撒切尔采用削弱工会力量、摆脱长期滞胀局面的新政，1980年就任美国总统的罗纳德·里根采用规制缓和以及金融自由化等一系列新自由主义的标志性政策。不能说撒切尔和里根是受邓小平的启发，但“这些事实显示，当时世界上几个主要国家的领导人一致认识到，全球化经济已经进入了一个崭新的阶段，本国如果不进行积极的变革，就要落后”[①]。

什么样的时势，用什么样的战略。把中国的第四次现代化经历与日本的发展历程相比较，可以认为日本侧重于限制市场和保护社会，而中国侧重释放市场力量。从经济全球化的时空条件来看，日本模式诞生于1870年至1913年那一波全球化浪潮的逆转阶段，而中国模式则生成于20世纪80年代新一波全球化浪潮的迅速展开阶段。美国学者高柏指出，在日本与韩国经济起飞和实现高速增长的年代，国际分工的基础是最终产品，如果一国的企业无法造出有国际竞争力的最终产品，则无法参与国际贸易。同时外资与外贸是互相替代的，有了外资就没有贸易，因为一旦外资进来，就地生产，就地贩卖，也就没有进行贸易的必要了。而在中国也于日本、韩国之后走上高速增长之路时，国际贸易分工的基础已经以生产要素为主，中国作为一个发展中国家只凭廉价劳动力就可以参与国际分工，这在20世纪五六十年代是不可能的。同时，外资与外贸的关系也变为互相促进，因为当外资进来后，只要求利用廉价劳动力生产某些部件或进行组装，剩下的零部件跨国公司必须从其他国家进口，这样外资就促进了国际贸易。

三十多年的改革开放，成就是显然的，这些年来国际国内各种场合已说得太多，在此不用再多说。中国今天成为世界第二大经济体，绝非以往一些国家那样有增长而无发展，中国在经济增长的同时，经济和社会等各

---

① (美)高柏：《经济意识形态与日本产业政策：1931—1965年的发展主义》，中文版序言，15页。

领域都有发展。然而，在对外开放的过程中，中国在某些方面的情形，却又让人联想起晚期奥斯曼帝国、拜占庭帝国和19世纪下半叶的俄罗斯。比如给外资以超国民待遇，过去若干年中，中国出于与西方国家经济技术往来较少的实际，主动调整政策，对外国人来华投资做事给予了很多优惠，外资企业的名义税负为15%，实际税负水平为11%，而对国企的税收平均是30%左右，民企是20%左右，相差极大。这在一段时间内缓解了发展初期资金不足的困难，吸引大量外资来华投资，为中国经济发展注入了新鲜活力。但带来的一个很大问题，就是一些外国公司和公民不由自主地把中国政府的政策优惠当成了某种“治外法权”，不太把中国法律放在心上，而且不遗余力在中国搭建“人脉资源”，利用中国“人脉”拉拢利诱中国政府官员或企业负责人来为其谋利。像辉瑞、葛兰素史克等大型跨国药企，都曾发生过行贿中国官员、医生的行为，这不仅使外来药企获得高额利润，还对中国本土药业公司发展造成打压。

这种优越感又使一些中国公司和中国公民也想方设法要弄个外国身份，再以外国身份在中国经营业务或为外国公司出谋划策，“外来的和尚好念经”也。前些年便有不少优质民营企业选择在海外注册但其业务是在中国，一些耳熟能详的中国品牌，深究起来却发现竟然是“外国公司”的产品，饮料行业的娃哈哈和汇源集团、食品行业的雨润集团等无不如此。维尔京群岛到21世纪初已列在香港之后，成为中国内陆第二大外来资本来源地，而实际上，这些所谓的“外来资本”都是中国企业在维尔京注册而在中国经营的产物。优质民营非得要个外国身份，这就有点像奥斯曼帝国的“巴拉特”制度在当代中国重演了。

不仅如此，类似于奥斯曼帝国晚期以及晚清、民国时期所出现的买办阶层，一批“黄皮白心”的新“华人”群体也出现了。2009年发生的澳大利亚力拓矿业公司员工涉嫌在中国窃取商业机密案件有一个耐人寻味之处，就是涉案者力拓公司驻上海办事处负责人胡士泰的“国际”身份。这位出生在中国、从北京大学毕业的原中国公民，在加入澳国国籍后已变成“外国公民”。实为中国人的“外国公民”涉嫌替他国公司窃取中国国家机密，这种现象及其可能带来的影响可以想象。而像胡士泰这样用“外国公民”身份在中国左右逢源的，扫目望去不乏其人，有不少还经常出没于中国重要媒体或高端经济论坛，他们的所言所行到底代表哪方利益并不难推测。

有意味的是，奥斯曼帝国和今天中国在对外开放时出现的这种现象，曾经在美国开国之初，为美国开国元勋们高度警惕。麦迪逊在1789年曾在美国国会提出立法建议，对与英国的商品买卖设置歧视性关税，但此建议却由于北部城市的商业和与商业有关的利益集团的反对而在参议院被否决，这在麦迪逊看来，是阴险的代表“英国人利益”的势力在致力于挫败共和主义的独立愿景。他说：“众所周知，从事美国商业贸易的商人集团的很大一部分是由要么听命于英国人，要么用英国人的资本进行了贸易或者享受着售卖英国货而赚取的利润的人构成的，在这里，有关商业的观点可能并非是美国人的观点，不仅如此，它可能正是那个至少是在当下我们不应当征询其意见的那个国家的观点。”华盛顿在1896年的告别演说中也告诫美国人，在对一个国家充满热情的偏好所产生的“各种各样的邪恶”中，最首要的是“当我们所偏好的那个国家的爪牙和受他们蒙蔽的人，利用人民的赞赏和信任，而把人民的利益拱手出让”，而“那些抵制该国诡计的爱国人士，反而极易成为怀疑和憎恶的对象”。华盛顿本人就曾被杰弗逊及其追随者称为“爱国贼”，说他是“一个国家（法国）的故人，并听命于另一个国家（英国）”[①]这些带有“阴谋论”的说法，在当下的中国不时可以听到，不论麦迪逊、华盛顿之说是否真实，美国的经济独立和全面走向强大，又的确是在这种疑神疑鬼中不断成长的。用中国的话说，这似乎可称作“生于忧患”。

有这样的忧患比没有要好。今天的世界是一个经济全球化的世界。外国公司进中国或者中国公司进入外国，与他国企业合作甚至吞并他国

① 转引自（美）罗伯特·卡根：《危险的国家——美国从起源到20世纪初的世界地位》（上），社会科学文献出版社，2011。

企业,或者雇用非本国人来为某国公司服务,只要在法律允许的范围内,本来都稀松平常。但这并不等于说国家利益已经无足轻重,也不等于说这样的合作、合并或雇用没有其法律、道德界限。一旦形成当代版的“外侨权益制度”并造成本国公民纷纷为外来者提供“方便”的局面,一个国家的战略能力就有可能被瓦解,国家的崛起、复兴也就无从谈起。应该说,改革开放以来中国在这方面交了不少“学费”,而在近年来已日益认识到这个问题的严重性。前商务部官员郭京毅被外商收买而起草有利于外商的法规,此案在 2008 年曝光就是证明。然而,这一案件又不过是冰山一角,或有意或无意“出让”中国重要经济信息而危害中国经济安全的事情,几乎每天在发生:政府或重要商业机构的核心数据系统竟然是交给外国大公司来做的;国家组织的职称考试把美国微软公司的 Windows 操作系统说明书作为考试内容;国家统计局公布中国经济数据的当天,有些境外报纸竟然就已经提前准确刊出了即将公布的那些数据,等等,不胜枚举。

六、“中国创造”还有长路要走

三十多年的改革开放所形成的最大痼疾,就是从一个极端走向另一个极端,由之前对外部世界充满怀疑,到之后天真地认为外部世界送来的都是鲜花。它的具体表现,就是把“开放”本身当成目的,以至于“开放”能不能解决中国问题、有没有危害已不在考虑之列,只要是对“开放”质疑,都会被贴上标签,被本质化为“落后”“保守”。

“开放”只是手段,要服务于国家独立富强的目的,只要是冲击国家经济独立和社会秩序的开放,都是虚假的开放、走形的开放。开放是有利的,但也不会“只盈不亏”、有万利而无一害。不能因为开放可能带来害处就不开放,但也不能因为开放有益,就不防范和制止开放带来的弊端和损害。从有害的一面说,无原则、无限度地对外资、外来技术开放市场,所摧毁的会是自身的市场完整性和发展主动权,进而不仅会使国家丧失长远可持续发展的能力,还会危及国家安全。

近期由美国中央情报局前雇员斯诺登曝光美国政府全球监视项目所引发的“棱镜门”事件,正在把对外经济技术引进中的负面效应展露无遗。据斯诺登爆料,美国对华实施信息、网络攻击和监控已有多年,不少美国大型信息技术公司都与美国政府、安全部门以及军队合作无间。中国呢,这些年来任由思科、IBM、谷歌、高通、英特尔、苹果、甲骨文、微软等美国公司长驱直入,这“八大金刚”的产品都被用在了中国国家关键信息基础设施的建设上,中国的信息安全在以思科为代表的美国“八大金刚”面前形同虚设。据调查,从手机到服务器,从办公软件到操作系统,从搜索引擎到无线通信技术,美国“八大金刚”几乎渗透到了中国网络的每一个环节;政府、海关、邮政、金融、铁路、民航、医疗、军警,每一个部门几乎都有美国科技巨头的影子;在绝大多数核心领域,这八家企业都占据了庞大的市场份额。[①] 仅以世界云计算市场上最大的 IT 产品提供商思科公司为例,在金融行业,中国四大银行及各城市商业银行的数据中心全部采用思科设备,思科占有金融行业 70%以上的份额;在海关、公安、武警、工商、教育等政府机构,思科的份额超过了 50%;在铁路系统,思科的份额约占 60%;在民航,空中管制的骨干网络全部为思科设备;在机场、码头和港口,思科占有超过 60%以上的份额;在石油、制造、轻工和烟草等行业,思科的份额超过 60%,甚至很多企业和机构只采用思科设备;在电视台及传媒行业,思科的份额更是达到了 80%以上……[②]在信息网络时代,当你使用了别人提供的技术产品,而别人又拒绝向你提供产品的核心代码、维修技术时,你就等于向别人敞开了自家的保险柜,通通透透无密能保。

今天的世界已经进入一个用电脑软件就可以作战的世界。伊朗的核能部门发现,该国的核研究项目 2010 年以来受到一种名为“震网”的电脑病毒破坏,在 2011 年 2 月的攻击中,伊朗纳坦兹铀浓缩基地至少有 1/5

---

①② 白朝阳:《棱镜笼罩中国:思科等美 8 企业在华无缝渗透》,载《中国经济周刊》2013 年 6 月 25 日。

的离心机因感染该病毒而被迫关闭,病毒令伊朗核计划拖后了两年。维基百科的资料披露,"震网"病毒起源于2006年前后由美国前总统小布什启动的"奥运会计划"。2008年,奥巴马上任后下令加速该计划。2010年,因美方操作失误,原本用于攻击伊朗核设施的"震网"病毒扩散到互联网上。这种病毒代码非常精密,主要有两个功能,一是使伊朗的离心机运行失控,二是掩盖发生故障的情况,"谎报军情",以"正常运转"记录回传给管理部门,造成决策的误判。对伊朗核设施的攻击又为何能成功呢?原因是利用了伊朗使用的Windows系统和西门子SIMATICWinCC系统,这两个系统的多个漏洞都可以被病毒所利用。

同样在信息和网络安全领域,其他国家又是怎么做的呢?2005年,中国联想集团在并购IBM个人电脑事业部时,由于美国相关部门"担心交易会影响美国国家安全",美国外国投资委员会(CFIUS)对交易展开了旷日持久的调查,而在联想做出重大让步完成交易后,美国国务院2006年5月则答复美国国会,不会在机密领域使用联想电脑。2012年10月,美国众议院常设特别情报委员会发布报告称,中国电讯设备硬件供应商华为、中兴公司的产品威胁了美国国家安全。2013年3月,美国国会还把一项对美国政府采购行为是否存在网络间谍活动进行评估的新条款塞进了奥巴马总统签署的拨款法中,这部法律禁止美国航天局、司法部和商务部购买信息技术设备,除非联邦执法官员予以批准。其中一个条款规定,政府部门在考虑购买信息技术系统的时候,需要与执法机构磋商,对"发生网络间谍活动或遭到破坏"的风险进行正式评估,评估内容必须包括任何与将由中国"拥有、指使或资助的一个或多个实体所生产、制造或组装的此类系统相关的风险"。① 不仅如此,美国还敦促日本电信运营商软银公司和美国电信运营商斯普林特公司答应不使用中国生产的设备,以此作为两家公司合并的条件。

---

① 《路透社报道美将运用法律限制对华信息技术装备的政府采购》,载《参考资料》2013年4月17日。

开放要有原则和限度。世界上许多国家在使用外国资本、商品、技术时的做法,不像中国那样“浪漫”。2005 年还曾发生中海油公司收购美国优尼科石油公司,因为美国国会的干预而失败。2007 年 7 月 26 日,时任美国总统布什正式签署了“2007 年外商投资与国家安全法案”(FINSA),扩大了政府对打算在美国涉及国家安全和基础设施等经济和技术领域投资的外国公司的审查及管理权限,并极大提高了外国投资审查委员会(CFIUS)的权力和地位。美国商会在国会众议院提出该法案时,积极表示支持,认为该法案找到了“保持美国安全和保持经济向世界开放”的平衡点。[①] 既欢迎外来投资,但又要确保外来投资不会损害美国的国家利益,这就是美国的态度。尤其值得注意的是,美国众议院在通过该法案时,赞成与反对比率是 423∶0,无人反对,美国精英阶层在涉及国家安全和重大利益问题上的高度一致,与时下中国人在对待类似问题时的含糊不清或众说纷纭,形成鲜明对照。这种“疑神疑鬼”的举措,在提醒那些国家经济关系上的浪漫主义者要去读一读德国社会学家马克斯·韦伯近百年前的一次演讲,他说:“全球经济共同体的扩展只不过是各民族之间相互斗争的另一种形式,这种形式并没有使各民族为捍卫自己的文化而斗争变得更容易,而恰恰使得这种斗争变得更困难,因为这种全球经济共同体在本民族内部唤起当前物质利益与民族未来的冲突,并使既得利益者与本民族的敌人联手而反对民族的未来。”[②]

类似的情况不止美国有,又以澳大利亚为例,2007 年西方金融危机发生后,中国企业在海外并购过程中,就遇到了该国法律的阻截。该国外国投资审核委员会告诉中国企业家,新项目的海外投资者应将持股限制在 50%以下,而在入股已开展项目的资源型企业时,外国投资者的持股比例不应超过 15%。澳大利亚的外国投资审核委员会还于 2009 年 9 月否决了中国有色矿业集团有限公司收购莱纳斯矿业公司 50.6%股份的

① 《美投资环境生变 新法案加强外资审查》,载《21 世纪经济报道》2007 年 8 月 2 日。

② 马克斯·韦伯:《民族国家与经济政策》,甘阳等译,92 页,生活·读书·新知三联书店,1997。

申请。①

中国是在资本短缺且还没有完全形成足够强大的工业和技术能力的情况下,突然被抛进经济全球化大潮的。相比之下,日本 20 世纪 50 年代转向出口外向型经济和开放外来投资时,工业和技术能力都已十分先进。改革开放以来,中国再次全面拥抱西方,逐渐形成的一种心态就是"外来的和尚会念经",对西方制度和技术极其迷信,能引进的就引进,不再立足于自我发展,从而放弃了自己长期坚持的一些东西,结果使一些本有进展的技术停滞不前甚至消亡,技术进步比较缓慢。中国当前在信息和网络安全领域的尴尬局面,就是与信息网络相关的技术能力发展不足的结果,或者即使有了相关的技术能力,采购部门还是想当然地认为"外国的月亮比中国圆",宁要"可靠"的国外产品也不要中国的。他们以为买来的是"香饽饽",没想到却招来"特洛伊木马"。

国家兴不兴,要看产业行不行。我近年来一直观察两个战略性产业在中国的发展情况,一个是通信业,一个是装备制造业。可喜的是,在这两个产业中,近年来一批有技术含量的中国企业已在国际上兴起。通信业方面,华为、中兴已成为世界上都能叫得响的公司。装备制造业方面,徐州工程机械公司、三一重工、中联重科,都已异军突起,面对世界强手毫不生怯。而这只是很小的局部,在大多数产业领域,尽管生产能力巨大,但掌握核心技术的寥寥无几,关键性的战略产业也很薄弱。

再来看几个有点老的数据:一个是中国知识产权局 2005 年年底公布的数据显示,中国拥有自主知识产权的企业仅有 2000 多家,即总数的万分之三,99%的企业没有申请专利。而且,在 2004 年,中国涉及创新并有自主知识产权的项目 2/3 是由在中国的外资企业完成的。另一个是,到 2005 年年底,虽然中国已经成为世界第三大贸易国,中国 170 类产品产量世界第一,但是仅有 4 个品牌入围五百强,而且品牌价值也很低,是典型的"制造大国、品牌小国"。还有,中国是出口大国,出口带动了经济

① 《澳大利亚为外商投资设苛限》,载《参考消息》2009 年 9 月 26 日。

发展，可是出口总额中，一半以上来自跨国企业，高科技产品出口中，更有3/4以上来自跨国公司。中国企业的研发能力，也非常差强人意。在全国大中型企业中，至今有71%的企业没有技术开发机构，2/3的企业没有技术开发活动；我国汽车企业每年用于研发的费用只占销售额的1%，甚至更少，而国外汽车企业一般占到3%—5%。

中国汽车年产销量2012年已突破1900万辆，连续四年全球第一，汽车工业已成为中国经济的支柱产业，但真正属于中国人自主知识产权的汽车却十分稀少。大众、丰田、别克及其他外国品牌主宰了中型车和SUV市场，比亚迪、吉利、奇瑞等国内汽车制造商主要生产售价4400美元左右的微型汽车。

中国出口的产品中，“中国份额”所占的比例远小于发达国家。根据贸易统计资料，中国为苹果公司组装的iPod每出口一件到美国，就意味着中国对美出口增加150美元，而实际上，中国组装厂获得的增加值（“中国份额”）仅有4美元，其余146美元则归以美国为主的科研和试验设计部门以及工艺设计、营销和复杂零部件生产部门所有。① 统计数据显示，目前中国将近一半的贸易是加工贸易，2010年前三季度中国一般贸易逆差364.1亿美元，加工贸易则出现顺差2256.6亿美元，其中大部分由包括欧美企业在内的外资企业获得。在产业链条中，中国加工企业只获得少数加工费，而产品设计、运储和营销等环节的大量利润被包括美国企业在内的外国企业获得。例如，一台在美售价约1200美元的笔记本电脑，中国加工企业仅获取35美元加工费。②

我国的高科技产业实际上也很脆弱，大部分都是外国技术下的蛋。一份2006年的报告，说我国高技术产品出口已由1995年的101亿美元跃至2005年的2183亿，增速惊人。但高技术产品出口额中，三资企业出口占88%，是跨国公司把生产基地搬到中国，才造成我国高技术产品的

① 《“中国制造”含多少“中国成分”》，载《参考消息》2008年8月4日。
② 《外资享受“超国民待遇”时代终结》，新华网2010年11月18日。

大量出口。在高技术产业迅猛增长的同时，整个产业的销售利润却逐年下降，已从2000年的67.1%下降到2005年的42.2%。同时，产业投资增长速度逐年下降，已赶不上工业投资的增长，显示出投资者对产业投资的信心不足。[①] 中国2008年出口了价值4160亿美元的高科技产品，但除去中国台湾生产商和诺基亚、三星及惠普等公司在大陆的工厂所生产的产品外，中国的电子产品就十分微不足道了。[②]

又过去了六七年时间，上述情况有没有根本改变呢？基本格局没变。中国工程院院士顾国彪批评说，这些年来，中国在重大装备开发上虽有进步，但大部分是加工和仿制，中国工程技术人员无心搞创新，集体患上"仿制病"，缺乏自主创新的自信心，盲目相信国外技术。"永远买国外技术，就等于永远落后于外国"[③]，这位院士忧心忡忡。

没有核心技术，所谓中国品牌很多时候也名不副实。今天不少中国品牌的产品，在核心技术和部件上用的却是外国的，比如长虹等电视机生产商，以前用的彩电显像管、现在的液晶显示屏，最主要的装配部件和技术是外国的。还有联想电脑，搭载英特尔芯片的联想在中国个人电脑市场占有近40%的市场份额，2012年，联想搭载的芯片占英特尔收入的11%，实际上在给英特尔打工，赚的是点小钱。

中国的发展，还并没有完成从"中国制造"到"中国创造"的转变。"制造"与"创造"，一字之差，却决定了经济发展是可持续还是不可持续，具备还是不具备战略能力。当年日本的经济起飞时，GDP增长是建立在自身的科研和生产能力上的，其贸易顺差基本可以转化为国家财政能力。今天中国的发展很大部分依赖外来资本与技术，在有竞争力的产业领域中国没有强大的自主研发和生产能力，其贸易顺差其实很大部分只是发达国家的跨国公司进行全球贸易在中国的短暂停留，并不反映中国自身的

---

① 《我国的高技术产业实际很脆弱》，载《改革内参》，2006(18)，47页。

② 《美〈商业周刊〉认为创新不足可能束缚中国可持续增长步伐》，载《参考资料》2009年11月11日。

③ 记者陈岩、冉倩婷：《院士批中国重大装备多仿制，工程人员无心创新》，载《四川日报》2013年10月10日。

生产能力、经济实力和财政能力。这种发展很容易被中断。关键性的技术和能力不掌握在自己手中，在平时其影响不会表现出来，但一到关键性时刻就会立刻显露。

对国外资本和技术的依赖，就是将国家发展潜力和安全拱手让人。对外开展经济和技术交流合作是必要的，但不当的交流引进却可能使自己成为别人的技术奴隶。在信息化、网络化时代，依赖外来技术会更容易沦为技术奴隶，处境也就会更加危险。原因在于，以往的机械化时代，人类技术还不能发掘出一个透明的世界，无论怎样从外部技术引进，国家还是有密可保的。而如今，不当的技术和设备引进，无异于自费请刺客，让别人在自己的家里面不费力地建立情报站，居高临下通览家里发生的一切。这是今天这个时代与过去不一样的地方。

七、破除 GDP 和私有化崇拜

在较大范围内，1978 年以来的中国，重新走回了技术技能节约发展的路子，在跨国公司的经营活动下，中国成为"世界工场"，但只不过是提高了组装能力，自我的技术积累却差强人意。工业和技术体系里最坚硬的那部分，相比改革开放前明显削弱。

中国如今一身肥肉，看起来身高体壮，但肌肉和骨骼却很缺乏。之所以没有步入奥斯曼帝国、晚清的后尘，经济、财政上还有相当大的独立性，主要原因在于改革开放以来的中国，实行的是不完全的出口替代，国家经济主管部门还有宏观计划，实施一定的产业扶持政策，对区域经济发展也给予引导；在金融上也还没有完全对外放开，实施人民币汇率管制；特别是在进入 21 世纪后，加强了对自主创新的支持力度。所以，在部分产业陷入外资控制的同时，另有一些产业通过自身努力取得了较大发展。

有原则和限度的开放才会促进国家发展和长远利益。中国政府在这个问题上，也看得越来越清楚。中共十六大提出了"自主创新"口号，并进入国家“十一五”规划；2006 年国务院通过了《国家中长期科学和技术发展规划纲要(2006—2020 年)》，提出了自主创新的具体目标和内容，争取降低对外技术依存度；2007 年全国人大通过了新的税法，实行内外税合一，对内外资一视同仁；以及为防止垄断，特别是跨国公司利用自身的资金、技术优势对中国某些产业形成垄断，出台了《反垄断法》，对外资并购中国企业实行审查。一些产业计划也郑重推出，比如“龙芯”计划，致力于研制和规模化生产自己的 CPU；比如大飞机计划，又重新提了出来，预计几年后中国新造的大飞机会展翅蓝天；比如高铁项目，也走回了引进、消化、吸收、提高的路子。在反垄断上，也有了一些行动，2009 年汇源公司想把企业的饮料生产部分卖给外国公司，就在商务部审查时没有通过。如果这些法律、措施、规划能够贯彻并坚持下去，中国的身子骨会一天天硬朗起来。

然而，不可低估在这些问题上的认识偏差。2005 年至 2006 年间，由“国企产权改革方向”何去何从问题引发，发生了一场关于改革开放何处去的大讨论。这是继 20 世纪 70 年代末关于“真理标准大讨论”、90 年代初“姓资姓社大讨论”之后，对改革开放的第三次大争论。在这场争论中，普通网民对国有资产被官商勾结而贱卖的现象深为不满，但“主流经济学家”们认为当今中国社会所出现的分配不公等问题，是改革还不深入、市场机会还不健全所致。“主流经济学家”中的极端意见，是要彻底实行私有化政策，将国有资产能卖掉的都卖掉。①

第三次改革争论最后被简化为了继续改革与反对继续改革的对立。改革无疑是必要的，中国今天在改革中要处理的主要问题，已经不在于要不要改，而是怎么改，朝什么方向改。

在与外部世界的经济技术交流即对外开放方面，需要反思和矫正两个倾向：

---

① 参李梁、许桐辉：《中央高层两次高调谈改革 后退还是前进已有答案》，载《南方周末》2006 年 03 月 16 日；马玲：《中国第三次改革大争论及其走向》，载《联合早报》(新加坡)2006 年 8 月 4、5 日。

一是GDP崇拜。三十多年改革开放所形成的思维,就是一谈中国的变化,很多人都对GDP增长非常在意,以为那就表明中国的发展和进步。于是一切围着GDP转,其他一切不管。而为了促进GDP增长,则给予外资以超国民待遇,以吸引外来投资,提高生产能力和对外贸易水平。现在内外税合一了,但各地对外资的偏爱心理仍有很大的惯性,或明或暗还给予外资以很多优惠。由政府部门组织的"招商选资"团(过去叫"招商引资"),远赴中国香港、中国台湾以至世界其他国家的情况,至今屡见不鲜。

客观地说,在改革开放前期,外资是起了很大作用的,但外资进来不是为了学雷锋做好事,而是有它自身的利益要求,这种要求一部分与中国的利益相重合,另也有相当一部分与中国的利益要求不重合甚至对立。资本都有垄断的倾向,外资进来,同样希望形成产业垄断,包括生产、运输、贮存等产业链等。外资在中国的状态,可分两个阶段:改革开放前期,是在中国进行自由贸易、自由竞争的阶段,中国国有资产与自身工业能力那时还有很大能量,外资尚没有造成很大冲击;进入20世纪90年代后期,是外资在中国进入了追求垄断,也有某些方面实现了垄断的阶段。以微软在中国的销售为例。微软的办公软件进入中国,一开始其操作系统DOS2.0软件可以免费使用,而且不怎么反对对其软件的盗版。盗版一时冲击了微软正版软件的销售,但也有效打击了中国的竞争对手,培养了中国人用微软办公软件的习惯,不知不觉"帮助"了微软对中国办公软件市场的垄断。等微软垄断市场后,转而一方面要求中国政府打击盗版,另一方面标出高价格不肯降价。

近十来年,中国内部对GDP崇拜的反思逐渐增多,中央政府在口号上逐渐不再多谈"以经济建设为中心",对GDP的概念也有所淡化。这是好事,古今中外,GDP很高但国家却柔弱不堪甚至衰亡崩溃的事情,实在太多了。GDP并非在任何时候都能代表国家的生产能力。现今中国较高的GDP增长水平,如上文所说极大部分是由外资在中国的活动造成,其实不过是外国物品转移到了中国生产而已,不仅没有替中国增强体质,反而使中国背上"经济威胁论"的骂名。

在中国目前高度自由、地方政府有强烈发展冲动的市场环境下，“第三次改革争论”中推动私有化的意见，如果成为国家政策，它与GDP崇拜相结合可能形成的局面，是外资会更深入渗透到中国各种产业之中，形成对中国经济的更强控制。私有化本身无善无恶。美国、日本、德国等都是私有化程度较高的经济体，但国家内部经济能力、经济结构、经济环境的差别，却会使同样的政策产生不同的结果。美国早已是超强的经济体，法治也比较健全、对外资的审查也趋向严格，不会形成外资控制美国产业的情况。日本则是关联公司结构，德国与之类似，国内企业之间盘根错节、纵横交错的产权、治理结构，使外国资本想进来也往往老虎吃天、无从下口。中国不同，市场化程度很高，但技术蓄积不足，同时地方政府的发展需求往往与中央政府的意愿不尽一致，这使中央政府即使借助反垄断法案对外资予以审查，但地方政府强烈的逐利冲动，还是可能冲破法律规范，使更多国有资产被外资所控制。

实际上，今天中国已经到了可以利用自身资源进行产业升级与推动经济发展的新阶段。2012年全国实现财政收入11.72万亿元，比2002年全国财政收入1.89万亿元增长了6倍多；20世纪90年代以来也是中国高等教育大发展的阶段，现在每年大学毕业生高达600万。从资金和人才储备的角度说，中国现在完全可以走出一条有别于“组装车间”的经济发展新路。所以，中国的改革还需要进一步推进，但不能再是以往那种外资“超国民待遇”的继续，要在对外开放上有新的思路和安排，形成新的格局。比如着手大力扶持民族资本和产业，提高自己可以控制的生产能力。中国目前在能源、交通、金融、通信等战略产业上的国家垄断，表面来看阻止了外资的控制，但却没能摆脱对外来技术的依赖，相反在某些方面还强化了依赖。而在政府不太“关照”、其实也很关键的产业领域，一些企业不知不觉就“自生自发”地成长了起来。通信硬件设备产业就是显例，华为、中兴的崛起，很大程度是靠自己的努力。不久前碰到华为公司的一位管理人员，他说华为现在有点“烦”，成为世界第一大电信硬件设备供应商了，树大招风，在美国、欧洲各处都被狙击，所以现在华为考虑要拆分业务，做成几家公司，让规模看起来没那么大，减少外界的注意力。今后国家应打破对战略产业的垄断局面，除个别实在难以市场化和不适宜市场化的产业外，要让民营资本更多更深地介入战略产业领域，充分盘活现有社会资金和人才存量，这是提升国家技术和产业水平的重要环节。

八、市场换不来战略产业

需要反思和矫正的另一个倾向，就是一谈改革开放，就真的天真地认为全球一家、不分你我了，以为什么东西都可以引进。于是技术市场化，即通过开放市场促进发展的理论流行。

以改革开放加入经济全球化进程，是否可以换来一个没有国界限制的全球性经济世界？实际的情况是，越是全球化，越会促进民族国家的生长发育。从以往来看，现代民族国家意识的产生和民族国家的出现，正是随全球化大潮而来。反过来，民族国家意识的增长，又会有利于“全球化”、欧洲一体化的进程，恰恰是建立在欧洲各国的民族国家意识已充分发育、民族国家形态已充分生长的基础上。全球化时代民族国家消亡论不足为听，国家之间的经济、技术壁垒在可见的将来都不会消失。美国政治学者罗伯特·吉尔平指出：“有人认为，经济区域主义，特别是实现欧洲政治一体化的努力，标志着一场脱离以国家为中心的世界的运动以及后国家时期国际秩序的开始。但情况恰恰相反，欧洲政治统一的努力和广泛的经济区域主义一直是民族国家对共同的政治和经济问题做出的反应。区域一体化是扩大本国追求的目标和雄心壮志的手段，而不是替代以国家为中心的国际体系的途径。”又说：“经济区域主义是民族国家对共同的政治问题和对高度相互依存、同时又充满竞争的世界经济做出的重要反应。”①

① 罗伯特·吉尔平：《全球政治经济学——解读国际经济秩序》，上海人民出版社，2003。

国家之间是有竞争的，自古已然。在相对和平时期，国家间的竞争主要表现在经济和文化上，经济竞争又主要表现为技术优势的竞争，这也决定了不可能存在一个通行全球的无障碍的技术交流市场。科学无国界，但技术的所有权和使用权是有国界的。“以市场换技术”思路带来的问题，非常可能是向他人交出了市场却没有换来技术，或者即便换来了，换的也是人家过时落后的技术。三十多年的改革开放，中国经济高速增长，但技术积累却远不如新中国成立后的前三十年，核心技术受制于人，战略产业也有萎缩，前文已经对此做出了说明。在外资的进逼下，中国不少企业干脆选择买进别人的先进元器件进行组装的道路，而立足自身的技术研发则弃之一旁。

发达国家不会放弃对后发国家经济运行过程的控制，也不会放弃对后发国家长远发展潜力的抑制，尤其是在有竞争力的产业和关系国家安全的技术和产业上。其办法多种多样，比如通过技术和装备控制，防止先进技术和装备流向后发国家，以保持对后发国家的技术优势。美国于2007年出台规定，对出口中国的高科技产品加强限制，受规管产品包括飞机、飞机零件、航空电子、惯性制度导航系统、激光、水底摄影机、推进器系统和个别电讯仪器等。[①] 2006年1月，因涉嫌向中国出售用于播撒农药的无人直升机，日本雅马哈发动机有限公司曾遭日本警方突袭搜查。

再比如以资本介入和技术合作的形式，消灭后发国家的知名品牌和优势产业，控制后发国家的技术发展和关键性装备生产。七八年前，中国的装备制造业曾遭遇极为困难的一段时期，国有大中型装备企业几乎沦落到全被外资买尽的境地。外资专门选择中国产业龙头企业作为并购重点，利用国企改制和地方国有产权改革的时机，不惜血本进行并购。大连机电厂、宁夏西北轴承厂、合肥变压器厂等很多企业，在与外资“合作”后，外资利用控股权先想方设法拖垮中国企业，亏损到一定程度不得已只好把股权全部卖给外资。中国汽车产业搞了二十多年合资，只引进了一项

① 《美宣布加强出口中国高科技产品限制》，载《联合早报》(新加坡)2007年6月16日。

装配技术，汽车的核心技术——底盘、发动机、整体控制等，半个也没能引进。中国主要的轮胎企业也在与外资的“合作”中拱手让人，米其林在中国子午线轮胎的市场占有率在 2006 年已达 70%。[①]

关键技术和战略产业，不但无法用市场换来，相反你已经拥有的，外人还会想办法把你有的弄没，强的弄弱，转而都受他们控制。强调自由贸易和市场开放的发达国家，同时也多次强调经济自主性，反对“恶性收购”几乎是国家经济政策中的常识。2005 年 7 月，美国百事可乐公司有意对法国达能食品公司实施恶意收购，时任法国总理德维尔潘立即出台了一项旨在保护战略产业的政令，防止 11 个与安全相关部门的国内重要企业遭到外国公司收购。2006 年 1 月，世界第一大钢铁企业米塔尔公司，提出收购由法国、卢森堡、西班牙三国联合组建的世界第二大钢铁公司阿赛洛公司，也在法国政府设置的障碍下未能如愿。2006 年 2 月，意大利国家电力公司宣布对法国苏伊士公司实施兼并，法国政府不顾意方强烈反对，强令法国燃气公司与苏伊士公司合并，目的就是让意国家电力公司无力吞并这艘“能源航母”而自动放弃收购。法国人把这种做法叫作“经济爱国主义”，以此大力扶植重点企业，保护本国产业。法国的“经济爱国主义”实施手法多种多样，有：提高国有股和职工股，抵御恶意收购；推动企业强强联合，让对手知难而退；政府主导，救企业于危难之中（典型如 2003 年挽救阿尔斯通公司，使其起死回生）；出台针对恶意收购的法律；让企业优势互补，增强行业竞争力。[②]

法国的“经济爱国主义”实际上乃历史传统，当年路易十四的财政大臣让-巴蒂斯特·科尔贝就曾坚信国际贸易是一场得失所系的竞赛，他率先实施了国家控制经济和干预工业发展的措施。法国圣戈班集团于 1665 年创建时，其宗旨就是以国产器皿取代从威尼斯进口的产品。20 世纪 60 年代期间，随着战后经济的复苏，欧洲不少企业纷纷通过合并成为

---

① 高梁、玛雅：《开放要坚持走自主创新的道路》，载《读书》2006 年第 3 期。

② 参《法国“经济爱国主义”的启示》，载《参考消息》2006 年 3 月 30 日；《法国“经济爱国主义”具历史传统》，载《参考消息》2006 年 4 月 2 日。

更具竞争力的大公司，一些美国企业集团乘机吞并法国企业，这一下子激起了法国人的经济民族主义。从 1963 年起，法国政府对外国投资（主要对美国资本）开始采取限制措施，时任法国财政部长米歇尔·德勃雷指出，只要美国资本在法国国防工业中不占有大部分股份，美国在法国投资未尝不可。蓬皮杜总理则向美国企业家申明：外国投资仍受欢迎，但有些部门需要保护，而且在任何部门或任何地区，外资均不得占统治地位。戴高乐在 1964 年除夕广播讲话中警告说，“美国经济实力的压力施展到了我国国内”，法国有“被外国的投资、专利和实力殖民化”的危险。1967 年 1 月，法国政府颁布了关于外国投资的法令，规定外国在法国的直接投资预先须向财政部申报，同时成立了以财政部长为主席的外国投资委员会，负责对外来投资进行审查。采取这些限制措施后，美国资本失去了对法国经济渗透的念头。①

九、大飞机和高铁的沉浮

用市场没有换来技术还导致原有技术倒退的例子，最惨痛者莫过于大飞机的研究。20 世纪 90 年代后期以来，中国要不要造大飞机的问题一直争论不断，这一刚开始由民间发起、后来政府介入的论争，终于使大飞机项目重现转机。在充分调研讨论的基础上，国务院于 2007 年正式立项研制大型飞机，并在 2008 年于上海成立中国商用飞机有限责任公司。该公司的成立，意味着中国重新研制大飞机已进入实际操作阶段。

这其实已经不是中国第一次研制大型飞机了。早在 1970 年，尚处“文化大革命”中的中国就启动了第一个大飞机项目“运-10”的研制工作。经过十年之功，可乘坐一百多人的“运-10”飞机于 1980 年制成并成

① （法）皮埃尔·米盖尔：《法国史》，588—599 页，商务印书馆，1985；张锡昌、周剑卿：《战后法国外交史（1944—1992）》，167—168 页，世界知识出版社，1993。

功实现了试飞。不幸的是，这种仅比空客开发晚两年的大型飞机，却因种种到现在也没完全弄清楚的原因而于 1985 年黯然落马了。之后从 20 世纪 80 年代中期到 90 年代后期，中国并没有放弃大飞机研制计划，但思路不再是自己研制，而是立足与外国合作。麦道、空客都曾参与中国大飞机研制，但最后却都中途而废，无果而终。周恩来总理希望有一天中国人能坐上自己制造的大飞机出行的梦想，至今仍没有实现。

回顾中国研制大飞机的历程，可谓一波三折。走了这么多的弯路，其中的教训自然多于经验。最大的一个教训，就是像大飞机这样的战略性产业，想靠国际合作、以市场换技术，那是换不来的。没有人会傻到为自己培养一个强大的竞争者，在关键性的生产和技术领域，谁占据垄断地位，谁获得的利益就越大。麦道、空客与中国合作研制大飞机的目的，不是要让大家都能造飞机，而是要让中国造不出自己的飞机来。这与一般性的劳动密集型产业截然不同。在中低技术领域，后发国家的确存在"后发优势"，只要建构起相对开放的国家环境，就可以大量吸收利用先进国家的技术和设备，从而推动产业进步和经济发展。但一旦向战略性产业和高端技术领域延伸，先发国家就会对后发国家筑起技术壁垒，不是干脆不给技术，就是通过国际合作消灭后发国家的技术发展潜力。

时至今日，人们仍在为二十多年前中国自己制造的"运-10"飞机中道夭折而嗟叹不已。"运-10"飞机从首飞到被封存，已飞了 130 个起落、170 个小时，最远航程达到 3600 公里。这一机型虽然当时参考了外国的一些成果，并不非常成熟，但至少为中国研制大飞机做出了十分宝贵的探索，不仅发展储备了技术，而且培养聚集了人才。假如当时坚持下来，而不是忙于"国际合作"，假以时日，不仅"运-10"会不断得到改善，中国大飞机和航空制造业的研制水平也会得到质的提升，绝不至于像今天这样又得从头开始。

中国在研制大飞机上的第二个教训，也许应该就是在决策体制上。关键技术和战略产业能不能发展起来，最重要的就是国家有没有长期鼓励和支持自主创新的意志与环境。"运-10"的下马给中国留下了沉痛的教训。中国在研制大飞机问题上，交了 38 年学费，这笔学费不能不说昂贵了点。在再次确定立足自我研制大飞机后，未来所需要的，就是排除任何意见干扰、现实困难和非分之想，以持久的国家意志真正把中国自己的大飞机重新造出来并且造好，否则就实在对不起过去38年的学费了。

造大飞机当然是有风险的。不过，没有风险也就不会有价值，风险越大，可能创造的价值也就越大。任何高新技术创造在其起始阶段都会面临很多不确定性，但如果有风险就不去研究探索，那就会永远处在技术和产业的低处，永远不能实现技术和产业升级，也就不能参与世界性的高新技术和产业竞争。航空制造号称“现代工业之花”，“大飞机”则被誉为“工业皇冠上的明珠”，它的产业拉动作用远远超出一般产业。中国没有理由徘徊在这一产业之外。

外国公司借参与中国大飞机项目进而扼杀中国飞机制造能力的经历，其实一点也不新鲜，西方国家在工业化的过程中，为防止竞争者出现皆曾竭力抑制其他国家的工业发展。还是上文提到的奥斯曼帝国，在其晚期，工商业发展就受到外来干涉很多。18世纪60年代一位名叫萨兰多·帕帕多波罗的希腊商人[1]曾计划在科隆和纳瓦里诺开办几家肥皂工厂，结果遭到驻在该地的法国领事的阻挠，由于奥斯曼帝国官员的配合，这一干涉获得成功，结果是从马赛和普罗旺斯进口的肥皂在奥斯曼帝国没有遭受可能遇到的竞争。1779年一位名叫巴隆·托特的法国官员，特别视察利凡特各地的法国领事馆，返回后建议政府继续执行阻挠奥斯曼帝国地方工业发展的政策，这项预防性政策后来奏效了。[2]

中国的大飞机到今天还没有造出来，几代人的梦想仍是残缺的。几年前我与曾任陕西航空公司总经理的李大立老太太聊天，她拿出自己写的堆起来有几尺高的关于航空发动机的书籍、报告，说中国在20世纪70年代后期就曾十分关注发动机发展，如果一直坚持到现在，航空发动机问题在中国早就解决了，中国的大飞机制造技术也早就成熟了，何必要靠买

---

① 注：当时希腊在奥斯曼帝国统治范围之内。

② （美）斯塔夫里阿诺斯：《全球分裂——第三世界的历史进程》（上册），131页，商务印书馆，1995。

人家的东西过日子，要出口 8000 万衬衫才能买一架波音空客呢！老太太留学去过英国罗罗公司，曾经专门从事航空发动机研究工作，回首航空工业发展的历程，不胜感慨。

高铁在中国的发展，提供了另外一个案例。在人类经历铁路、飞机的交通革命后，高铁正在成为当代世界最大的技术经济与产业安全博弈的制高点，会成为未来全球基础设施的核心基石和主要骨干。最近十年来，中国恰恰在这一领域取得了决定性突破。一条条高铁线路的开通，不仅压低了波音、空客两大飞机制造公司在中国市场的筹码，而且中国高铁的对外输出还会为中国赢来极大的经济、政治和安全利益。高铁在中国已运行多年，还没有出现过大的问题，温州动车事故是典型的人为因素使然。然而，就在高铁产业在中国高歌猛进的时候，国际上以中国高铁存在质量问题、唱衰中国高铁的声音却此起彼伏，中国内部一些媒体也莫名其妙一起跟进。中国政府则在 2013 做出了撤销铁道部、组建中国铁路总公司的改革决定。对铁道部门的公司化改制，经济学家、前美国花旗集团信用卡总公司副总裁谭伟东认为，背后有着国际资本联手做空、搅局中国优势产业的阴影。① 中国在高铁产业上如果自废武功，那会是中国战略产业发展的又一大悲剧。中国工程院院士、中铁隧道集团副总工程师王梦恕指出：铁路改革后，如果将来遇到大的战争和灾难，对我们国家很不利。他呼吁铁路改革要慎重。② 谭伟东则指出，铁路发展只能国有，必须国营，市场化是最坏的制度选项。中国必须牢牢把握住主动权，以举国体制，确保高铁和大铁路网的建成，形成国际比较优势。一旦铁路产权平台放开，中国铁路的未来完全可能重现近代中国保路运动时的悲剧，即基本陷入国际资本绞杀的悲惨境地。市场绝不是万能的。在一切鼓吹市场化、自由化、全球一体化背后的，实质上是国际资本猎手。国际银行家和大资本财团，只有在彻底私有化产权、完全资本项目自由化、完全市场化和交融自由化下，其“全球

① 谭伟东：《中国铁路很可能被国际资本绞杀》，载《中国经济周刊》2013 年 3 月 27 日。
② 王梦恕：《铁路改革要慎重》，载《中国经济周刊》2013 年 3 月 27 日。

化”才能如入无人之境般，对其看中的中国资产，先做空，再痛下杀手。

不掌握关键技术、战略产业不行，会有什么结果？俄罗斯已有前鉴。第一次世界大战后期，俄国之所以提前退出战局，原因之一就是其军事力量最后缺少相应的国家经济与技术能力支撑。在第一次世界大战之后，新成立的苏联吸取了之前的教训，加速工业化，并建立起了完整的重工业体系，及至第二次世界大战发生时，其工业与战略能力已相当雄厚，这是后来德国不能消灭苏联，最后在二者的战争中，苏联逐渐取得对德优势的重要成因。[①] 在苏联解体后，其后继者俄罗斯搞“休克疗法”，但基本的骨干制造业还是没丢掉。普京上台后，则签署命令，一千个国有大中型制造企业不许卖。在经历20世纪90年代的衰落后，俄罗斯目前又慢慢恢复生机，其原因不光是丰富的油气资源为俄罗斯增添了财富，而且在于长远发展的能力得到了很好保护，独立的技术体系和战略产业还有一定竞争力。在“棱镜门”事件曝光后，一位专门研究俄罗斯的朋友告诉我，与中国大量引进外国通信技术公司的设备相对照，俄罗斯的通信技术设备基本没有外国货，都是自己独立生产的。

在大国的兴衰轮回中，有些国家从此消逝于历史尘烟，有些则顽强地生存了下来。凡是生存下来的，都是善于总结经验教训的民族。俄罗斯就是这样一个民族。彼得大帝曾经大力推动苏联的工业化，创办了铸铁厂、兵工厂、船坞、织布厂来补给军队的需要。约瑟夫·斯大林后来对彼得大帝给予高度评价，竟至把彼得一世所推行的工业化和他自己的五年计划相提并论，“这两位领袖都在力求自己国家的经济独立，而与不断扩张的资本主义西方相抗衡”。[②]

大国的体质里，要有坚硬的成分。战略产业，特别是与国防有关的技术和产品，如果能买到，当然可以通过引进来充实提高自己，但不能立足于购买、不能对购买形成依赖。一是关键性的技术和产品不可能买得到，

① 参保罗·肯尼迪：《大国的兴衰》，291—303页，中国经济出版社，1989。

② （美）斯塔夫里阿诺斯：《全球分裂——第三世界的历史进程》（上册），53页，商务印书馆，1995。

任何国家在这方面的出口都不会是完全的，而总会有所保留。同样型号的飞机潜艇，供自己用与供出口的，绝不会是同样的东西。二是如果对购买的东西形成依赖，就会使本国在关键技术和战略产业上的生产和研发能力萎缩，因此不但将为买外国东西耗费大量财力资源，而且一旦出现意外情况，在战略性物资、装备的供应上将受制于人。

阿根廷在马岛战争中的遭遇，就有力说明了这一点。当时阿根廷对英国舰队最有威胁的武器，就是从法国进口的飞鱼导弹，英国谢菲尔德号巡洋舰就是被这种导弹打沉的。后来英国向法国告急，当时的法国总统密特朗决定对英国公开飞鱼导弹密码，阿根廷的飞鱼导弹才对英国人失效。从这件事情也可以看出，阿根廷使用的飞鱼导弹，其技术与生产能力不在自己手中，而要依赖他人，在关键时刻是多么的可怕。

国家间是没有道德可言的。西方国家与中国的经济技术合作，是服务于它们的国家利益的，中国的经济竞争力强起来，对它们来说是件不利的事情，因此它们抑制中国的经济竞争力再自然不过。这种抑制不仅在技术领域，在经济中的其他方面同样如此。中美经济与战略对话开展起来，一个焦点问题是在金融，美国一直在督促中国开放资本市场、实施金融自由化。中国的金融体制无疑是需要变革的，但美国这样“热心”督促，原因再浅显不过：按美国要求实施金融开放，中国在金融上就会对美国形成依赖，美国就可以遥控指挥中国金融市场。其中的一个效果，就是中国的实体经济会牢牢被美元锁定，会帮助强化美元霸权。中国要想在经济上摆脱以美国为中心的全球经济秩序，就完全没有可能，而会被定格在为美国提供消费品、美国给中国以“美元”白条的角色，换句话说是美国的万年打工仔。

十、避免发展陷阱

经历一个多世纪的磨难，中国如今再次显露全面复兴的迹象，中华文明的一阳来复也已可期。在继续推进改革事业的过程中，中国要从过往的大国衰败历史中汲取经验教训，牢牢把握发展主动权，避免历史覆辙。

中华人民共和国成立已六十余年，前三十年的独立自主发展，后三十年余年的改革开放，都为中国如何实现发展与进步做出了宝贵探索。用前面三十年否定后面三十余年是没有意义的，用后面三十年否定前面三十年也没有意义。前后两个三十年是递进关系，没有前面三十年在工业资本和人力资源上的积累，也就不可能有后面三十余年中国各地的地方工业化，“人口红利”也就无从谈起。后三十多年的改革开放，则充分释放了前三十年积累的资金、人才能量，中国在不知不觉间成为举足轻重的世界第二大经济体。

概括地说，新中国前三十年突出强调独立自主，而后三十余年更追求“与国际接轨”。在不同的时空中，这些方针政策都没有大错。但两者在各自时空，都有强调过头的倾向。前三十年过多拘泥于独立自主，亿万民众承受了巨大的发展代价，后三十年多一味努力“与国际接轨”，则容易形成“开放至上”的新教条，对国家安全和长远发展潜力形成较大损害。未来中国需要改革开放与独立自主相结合，要在保持开放格局的同时，思考如何更好地独立自主。

开放而又独立自主，是保证发展主动权、维护中国核心国家利益的最好选择。为此，在未来中国的经济、技术发展战略安排中，要加强两个基本意识：一是国家安全意识，即哪些安排、哪些技术有利于维护国家安全，哪些安排、哪些技术可能危害国家安全；二是竞争优势意识，即哪些安排、哪些技术有利于在国际竞争中取胜，哪些安排、哪些技术可能造成竞争失败。

避免发展陷阱，维护和培育发展主动权，就是要建立起使国家发展和国内市场不受外部资本、技术控制的能力，在于以下方面：

一是自由使用自身及世界资源的能力。资源是最大的政治，没有对世界资源的有效利用能力，也就没发展主动权。在第二次世界大战发生之前，日本工业发展所需要的资源，大部分依靠国外；第二次世界大战发生后，美国停止对日本供应石油，日本对外战争马上难以为继。为保障外部资源供给畅通，需要强大的外交和军事能力，日本试图通过外交结盟和军国主义摆脱困境，但失败了，冒险偷袭珍珠港在战术上是成功的，但在战略上，对美开战是场灾难。日本对外资源依赖的局面，今天仍未改变。为保障资源供给，日本的安全保障依赖美国，国防上的这种依附，实际上表明日本仍然是一个相当脆弱的国家，能不能发展、怎样发展，受制于人。日本是培育发展主动权的典范，但其先天不足又使其发展主动权始终受到制约。

二是强大而自主的生产能力或物品供给能力。粮食及日常生活所需要的大宗用品，要立足于自我生产，或者在不能充分自给的情况下，大宗用品供给能够靠强力来维持，而不受国外资本控制。生产能力强大自主与否，在非常情况如战争时尤为关键，美国南北战争时南方的处境即是说明。在近年美国大幅度退出实物生产、实体经济衰败后，美国国土安全部于 2012 年 1 月出台了《全球供应链安全国家战略》，对美国通过全球供应链来保障商品的高效和安全运输做出了战略安排。这是美国不再拥有强大生产能力情况下的替代选择。

三是强大而自主的技术支撑能力。在攸关战略产业的关键技术领域，不能受制于人。从技术层面来说，人类生活已进入信息化和网络化时代，谁掌握了制信息权，谁在网络空间有更大自由，谁就更有安全保障和发展主动权。在与信息网络相关的技术上，更要建立起自主性，不能依赖于人。

四是国内市场不受他人控制的能力。这个市场包括商品市场和金融市场。在商品市场上，近年来外资已转向寻求控制中国基础产业和流通领域，如在粮油食品产业上，中国食用油市场已基本被外资所攻破，本土大豆产业已被美国转基因大豆所消灭，外资还移师到中国大米、小麦等主粮市场，从生产、收购、加工、贮存、销售等多个环节意图全产业链介入。中国的粮油市场一旦落入外资之手，那就是奥斯曼帝国的利凡特公司在中国重演，用在中国本土地生产的货物，就可以掌控中国市场。在金融市场上，外资介入中国房地产市场，对中国的金融安全是重大隐患。美国与中国的战略与经济对抗,重点寻求在金融领域实现突破,如果按照美国的要求推进金融自由化,中国的金融市场也将毫无自主性可言。

美国前国务卿基辛格说:如果你控制了石油,你就控制了所有国家;如果你控制了粮食,你就控制了所有人;如果你控制了货币,你就控制了整个世界。石油(自然资源)、粮食(食品)和货币(金融),再加上科学技术,事关国家发展主动权,严重点说,事关国家存亡。在这些领域的开放与合作,要有战略意识,首先要问是否有利于国家安全,其次要问是否有利于在国际竞争中逐渐占据优势地位。凡是不利于国家安全和形成竞争优势的开放、交流与合作,都是不可取的。

第五章

国家分裂的文化成因

大国生存需要相对统一的经济、政治和文化体系。

曾经横跨亚欧两洲的蒙古帝国的迅速崩溃，在于蒙古人文化落后和帝国的文化分裂。

魏孝文帝的“全盘汉化”也导致国家文化分裂进而政治分裂。

美国内战也与文化分裂密切相关。

中国近世以来过度否定自身文化传统，当代中国应以自身传统为基础重建文化自信。

一、蒙古帝国的消亡

还是从一段历史旧事说起。

在中国的宋朝和明朝之间，曾经出现过一个朝代叫元朝，这个元朝就是蒙古人征服了汉族人之后建立起来的国家，当时它的版图非常之大，不仅包括现在中国的全部领土，还包括外兴安岭、越南（当时叫安南）等地方。这个版图已经够大了吧，不过令人惊奇的是，这么大的国家，其实还只是一个更大的国家——蒙古帝国——的一个部分。当时的蒙古帝国横跨欧亚两个大陆，往东到了现在中国的东海之滨，往北囊括了今天俄罗斯的大部分版图，往南征服了东南亚的一些区域，往西一直延伸到中东甚至东欧，东欧国家匈牙利据考证就是蒙古人后代所建。这个帝国就版图而言，可能是迄今为止世界上所有曾经存在过的国家之中最为广大的一个。

帝国的建立过程非常具有传奇色彩，蒙古民族的前身是匈奴人，一直处于中国的西北边陲，是一个人口非常稀少的部落民族。但是这个民族很有生命力，1200 年至 1300 年间，在今天蒙古国和中国内蒙古自治区所在地，兴起了一支强悍勇敢的游牧民族——蒙古族，他们原先是由一些并不统一的部落组成，部落之间经常发生混战。1206 年，成吉思汗统一各蒙古部落，从此开始了蒙古人的对外征服历程。成吉思汗及其子孙窝阔台、蒙哥、忽必烈等四处征伐，多次以少胜多，先后在欧亚大陆击溃一些军事和政治上的强国，如东亚的大宋王朝、中东的阿拔斯帝国、东欧的罗斯王国等。蒙古人所到之处，皆无往而不胜，及至 1241 年，蒙古军队已控制了从亚得里亚海到日本海的欧亚大陆广大地区。到 1259 年左右，蒙古人便建立起了横跨欧亚、面积相当于现在三个中国还要多的大帝国。

然而，好景不长，当蒙古人刚刚建立起自它的大帝国时，帝国便开始了崩溃。首先是帝国一分为三，成吉思汗的孙子忽必烈在现在中国的领土上建立大汗国，虽然名义上是蒙古各汗国的首领，但实际上已丧失对其他蒙古汗国的控制能力；成吉思汗的另一个孙子拔都在现俄罗斯境内建立金帐汗国；忽必烈的弟弟旭烈兀在征服阿拔斯王朝后，以大不里士为郡建立伊尔汗国。各王国之间为争夺大汗之位，曾多次发生内部争斗，帝国的实力因此大受削弱。几年之后，当突厥人开始复兴时，蒙古帝国便已分崩离析，再也湮灭无闻了。

蒙古帝国从兴起到消亡，可谓“其兴也速，其亡也忽”，在人类的历史上其实仅仅存在了几年时间，就迅速烟消云散，再也不见了踪影。帝国为什么消亡？抚今追昔，今天当我们重温历史、反思蒙古帝国的灭亡时，其原因肯定是很多的。比如说，这么大的一个帝国，如果一直由蒙古人统治下去，那么蒙古人在帝国的人口构成上，就必须占据多数和主流的位置，但当时纯种蒙古人的人口才有多少呢？跟今天蒙古人民共和国的人口差不多，区区不到两百万人，这意味着蒙古人在它自己的帝国中，实际上是个少数民族，而且不是一般的少数民族，是一个人口处于绝对少数的少数民族。蒙古人在整个帝国中，就是一滴水淹没在大海中，以这样的少数来统治多数，那当然只能维持一时；另外，蒙古人是马背上的民族，是一个部落民族，生来只会打仗，而不会统治。当时在帝国的版图中，各个地方的政治组织系统都极为不同。在中国的这一块，是农业社会；在中东和东欧，是农业、商业和部落并存的社会；在俄罗斯的这一块，是正由游牧向农业转变的社会，帝国内部差别是如此之大，缺乏政治智慧的蒙古人可以在马上打天下，但无法在马下治天下……原因很多很多，如果要给蒙古帝国下结论，我们得出了总的评价，那就是蒙古帝国的消亡是多方面因素共同作用的结果。

不过，如果要细致地分析帝国的瓦解过程，就要解剖开来，一项一项地分析。蒙古帝国的崩溃，与它在文化（或文明）上的不开化密切相关。

几乎可以说，帝国的崩溃实际上是从文化分裂开始的。作为游牧民族，蒙古人在文明上谈不上有什么创造，帝国的建立完全是武力强盛的结果。然而，它征服的那些王朝和国家，大都有过灿烂的文明，东方的宋朝是文明之地；中东和阿拉伯的阿拔斯王朝及其他伊斯兰国家则以伊斯兰文化闻名，伊斯兰教在这些国家已有七八百年的历史；东欧的俄罗斯王国是原拜占庭帝国在精神上的继承者，他们赖以凝聚民族的东正教文化具有强大的感召力。在这些文化历史悠久的民族面前，蒙古人很快就显示出了他们的不足，文化弱小的民族可以从肉体上征服文化强大的民族，但文化强大的民族却可以反过来从精神上征服征服者，蒙古帝国后来的进程正是这样。

蒙古人每前进一步，碰到被征服民族强大的文化时，便情不自禁陶醉于被征服者的文化中，眨眼间便被被征服者从文化上同化，丝毫没有防御能力。正如美国战略家布热津斯基所说："缺乏一种明确的和自觉的文化甚或种族的优越感，就使（蒙古）帝国的精英失去了必需的主观的信心。"①

文化的分裂，使一个庞大的帝国丧失了统一的精神支柱和民族向心力，帝国中的不同部分从此便向不同的方向各奔东西，直至最后化作历史的烟云。一个典型的事例是，1259 年，当蒙哥大汗去世后，旭烈兀支持他的哥哥忽必烈继承空缺的王位时，却遭到堂弟、俄罗斯金帐汗国大汗别尔克的反对。反对的原因是别尔克已皈依伊斯兰教，他对旭烈兀消灭信仰伊斯兰教的哈里发政权十分愤慨，以致两人公开对战，最后逼迫旭烈兀再次渡过幼发拉底河，进入波斯，而只在巴勒斯坦留下一支筋疲力尽的军队，并且这支军队中的大多数不是蒙古人。这挽救了伊斯兰教世界，也为蒙古帝国的衰亡拉开了序幕。

因文化或宗教信仰产生分别会引发内部政治分裂，帝国的统治者们并非完全毫无知觉。从成吉思汗到忽必烈，蒙古统治者奉行着对各种宗教兼容并蓄、一律加以护持的政策。蒙古人在对外征伐的过程中便已深受佛教影响，但 1219 年成吉思汗特遣使臣到莱州，邀请号称"长春真人"

① （美）兹比格纽·布热津斯基：《大棋局——美国的首要地位及其地缘战略》，24 页，上海人民出版社，1998。

的全真教领袖丘处机去西域，给以隆重待遇，赐号“神仙”，爵“大宗师”。在丘处机回来后，还派人降旨问安。蒙哥任大汗期间，他亲自参加各大宗教的重大庆典仪式，同等对待各教教士。1250 年他在哈拉和林组织召开宗教辩论大会，会上把不同宗教“喻手之五指”，又用“镜面王缘”的佛教故事阐述了蒙古统治者的宗教态度，在裁定佛教高于其他各教地位的同时，又表明了各教一视同仁的立场。① 但到忽必烈继蒙哥之位后，蒙古各部分在宗教信仰上开始各有所归，忽必烈皈依了佛教，与他争位的阿里不哥是基督教徒，察合台后裔木八剌沙、八剌等信奉了伊斯兰教，宗教信仰即文化上的差别，最终带来的是政治分裂。

再以蒙古帝国内的察合台汗国的命运为例，南疆地区和中亚的河中地区以农业为主，进入那里的蒙古人逐渐被同化，在经济上转向农业的同时，信仰上也转向伊斯兰教；而东部察合台汗国（今新疆地区）不愿放弃游牧经济和蒙古教法，后来汗国分裂为了东西两部分，互相对峙和敌视。西部河中地区逐渐被突厥化的蒙古人自称为“察合台人”，而把东部今新疆地区的蒙古人称为“察台”（一种轻蔑侮骂的称呼，意为“抢劫者”）；今天新疆地区的蒙古人反过来把前者称为“哈剌瓦纳”（也是一种轻蔑称呼，意为血统不纯的“杂种”），自称为真正的蒙古人。②

二、魏孝文帝“全盘汉化”及其亡国③

在历史长河中，像蒙古帝国那样因文化分裂而导致国家解体的并不

① 《至元辨伪录》卷 3 中说，蒙哥曾表示：“这释、道两路各不相仿，只欲专擅自家，遏他门户，非通论也。今先生（道士）言通门最高，秀才人言儒门第一，迭屑人奉弥失诃言得生天，达失蛮叫空谢天赐也，细思根本，皆难与佛齐。”又举手为喻，说“佛门如掌，余皆为指”。转引自余振贵：《中国历代政权与伊斯兰教》，87 页，宁夏人民出版社，1996。——作者注

② 余振贵：《中国历代政权与伊斯兰教》，111—112 页，宁夏人民出版社，1996。

③ 关于魏孝文帝主动汉化及如何造成国家崩溃，直接采用了中国人民大学国学院常务副院长黄朴民教授的研究文章《魏孝文帝“全盘汉化”的不归之路》，特此说明，并感谢黄先生的慷慨允许。——作者注

少见。中国古代魏孝文帝的汉化改革,就曾造成国家灭亡的灾难后果。

发生在公元5世纪后期的北魏孝文帝改革,是北魏社会政治盛衰的一大关键,也是中国历史进程中的一个重大事件。中学历史教科书把它与“商鞅变法”“明治维新”等一起列为中外历史上十大改革事件,对它给予了高度评价,如“推动了经济的复苏与繁荣”“加速了北魏政权封建化的进程”“促进了各民族之间的交流与融合”等,魏孝文帝也被定调为中国古代少数民族杰出的改革家、政治家。的确,这场改革推动了北方地区多个部族的大融合,消除了长期以来部族之间的隔阂,为中华民族的发展壮大奠定了坚实的基础。没有当年孝文帝犁庭扫穴,彻底“去鲜卑化”的努力,就不可能有后来隋朝水到渠成、瓜熟蒂落式的混同南北,实现一统。

然而,考察北魏孝文帝改革,至少有两个问题无法回避:

其一,既然改革的效果如此神妙,又是振兴经济,又是稳定政局,那为何孝文帝逝世才三十年左右,北魏就爆发“六镇起义”,北魏的统治就陷入分崩离析、万劫不复的局面?

其二,孝文帝改革以“全盘汉化”为根本宗旨,直接而彻底地摧毁了北魏赖以统治的根基,完全泯灭了鲜卑族的个性特征,使这个曾经生机勃勃、骁勇善战,打遍天下无敌手的民族逐渐消失于历史的长河之中,究竟该怎么看待这样的归宿?

北魏孝文帝改革可以公元490年为界,划分为前后两个阶段。前期侧重于“形而下”的部分,主要是整顿吏治、理顺关系、改革经济、改善民生;后期则注重于“形而上”的部分,包括迁徙都城、移风易俗、兴起礼乐、推行“汉化”。前者务实,后者务虚,前者重绩效,后者求声势,从经济基础到上层建筑,皆有涉及,皆有触动,可谓是全方位、立体化的全面型改革。

这些改革虽然都归之于北魏孝文帝的名下,总称为“孝文帝改革”,但实际上,在公元490年之前,孝文帝拓跋宏并非是北魏朝廷的实际最高统治者,当时的朝廷实权全部掌握在其祖母冯太后的手中。在孝文帝改革的第一个阶段,相关改革的顶层设计、推行实施,即建立卓有成效的新制度以取代旧制度,如推行班禄制、实施三长制、倡导均田制、改革租庸调制等等，成效卓著，其实都与他没有直接关系，皆是在冯太后的主持下逐一展开的。北魏孝文帝改革中那些最为切合实际、最有实质效益的措施与做法，都是冯太后的作为与贡献，而它们的推行与见效，则为真正归属于孝文帝主持的后阶段改革奠定了基础。

公元 490 年魏孝文帝亲政，之后这场改革运动才完全由他本人来操盘。从公元 490 年亲政到公元 499 年去世，这十年左右的时间里，孝文帝亲自主持的改革，主要的动作有两项。一是公元 493 年全面启动、公元 494 年正式完成的迁徙都城，将北魏的都城由平城迁移到洛阳；二是移风易俗，“全盘汉化”，彻底去掉鲜卑族的民族特性，将其完全融入汉族之中。

就迁都洛阳而言，应该说是正面意义大于负面影响的。迁都本身不算严格意义上的改革措施，但它实现了北魏政治中心的南移，强化了对中原地区的统治，摆脱冯太后政治的阴影，削弱鲜卑旧贵族势力的影响，为接下来的“汉化”改革扫除障碍，还是颇具合理性的。但有利必有弊，迁都的负面效应也是明显存在的，它耗费了大量的人力、财力、物力，给当时的社会经济造成不利影响，破坏了鲜卑族的纯朴风尚，使鲜卑贵族沾染上魏晋门阀士族的种种恶习，骄奢淫逸，官风腐败。更为严重的，是迁都丧失了拓跋贵族集团的强有力支持，造成洛阳新贵与平城老人之间的疏离和对立，导致统治集团内部的分裂，酿成日后北魏的政治危机，伏下了北魏衰亡的契机。孝文帝逝世后仅三十余年，北魏政权便迅速地分崩离析，走向灭亡，其远因也许不得不追溯到迁都洛阳之举。正如宋代叶适所认为的那样，拓跋宏“始迁洛邑”的举措，是错误的抉择，属于“根本既虚，随即崩溃”[①]。

至于迁都后推行的那些“汉化”措施，就更值得商榷了。其重点，是彻底改变鲜卑族原有的风俗习惯，毫无保留地学习和采纳汉族的典章制度和生活方式，全方位促进鲜卑族接受汉族文化。具体措施有：

一是易服装。公元 495 年，他下诏禁止士民穿胡服，规定鲜卑人与北

① 《习学记言序目》卷三十四。

方其他少数族人一律改穿汉族服装。他还自己带头穿戴汉人服饰，并在会见群臣时，“班赐冠服”。

二是讲汉话。孝文帝正式宣布以汉语为“正音”，称鲜卑语为“北语”。要求朝臣“断诸北语，一从正音”，明确宣布“不得以北俗之语，言于朝廷，若有违者，免所居官”。“若有故为，当降爵黜官，各宜深戒，”认为“如此渐习，风化可新”①。

三是改汉姓。太和二十年(公元 496 年)正月，孝文帝拓跋宏下诏改鲜卑复姓为单音汉姓：“北人谓土为拓，后为跋。魏之先出于黄帝，以土德王，故为拓跋氏。夫土者，黄中之色，万物之元也，宜改姓元氏。诸功臣旧族自代来者，姓或重复，皆改之。”②从此之后，鲜卑族姓氏就与汉族完全相同了。

四是定族姓。孝文帝拓跋宏对魏晋以来的门阀制度情有独钟，在改汉姓的基础上，他参照汉族门阀制度的做法，来确定鲜卑族的门第高低，并据此来选拔人才，任命官吏。“诏黄门郎、司徒左长史宋并定诸州士族，多所升降。”③

五是通婚姻。孝文帝为了使鲜卑与汉族两族进一步融合，还大力倡导鲜卑人与汉人互通婚姻。他身体力行，带头示范：“魏主雅重门族，以范阳卢敏、清河崔宗伯、荥阳郑羲、太原王琼四姓，衣冠所推，咸纳其女以充后宫。”④此外，他还亲自为六个弟弟聘室，六个王妃中。除次弟之妻出于鲜卑贵族外，其余都是中原的著名汉族大士族。通过这种联姻把两族统治者的利益与命运紧密联系在一起，以巩固统治。

六是改籍贯。拓跋宏还颁布诏令，规定凡迁徙到洛阳的鲜卑人，死后要埋葬在河南，不得归葬平城，从而有效切割了鲜卑人与平城根据地之间的联系，也保证了其后代的籍贯从此改为洛阳而不再为平城。

考察北魏孝文帝拓跋宏这些移风易俗的决策与措施，可以发现，其实

---

① 《魏书·高祖纪》、《魏书·咸阳王禧传》。

②③ 《资治通鉴》卷一百四十《齐纪六》。

④ 《资治通鉴》卷一百四十《齐纪六》。

质就是要通过“全盘汉化”来消除鲜卑拓跋氏的民族个性与民族精神，改革的结果是鲜卑拓跋氏没有了自己的语言、没有了自己的姓氏、没有了自己的服饰、没有了自己纯粹的血统，这样一来，鲜卑拓跋氏便彻底丧失作为一个部族的独立性、主体性，从而与汉族完全同化，融入汉族之中。尤为甚者，孝文帝还借汉化改革、移风易俗之机会，将南朝地区业已趋于没落的腐朽门阀制度在北方地区卷土重来，给北魏原本比较单纯、实效的政治生活注入了腐蚀剂，使得尚无厚重文化积淀的鲜卑拓跋氏贵族迅速腐化堕落，从而严重销蚀了北魏统治者的锐气与活力。

除了上面这些移风易俗的做法外，孝文帝拓跋宏的“全盘汉化”还包括大力度确立儒家学说为北魏统治指导思想的地位，按汉族的礼仪制度全面改造祭天礼仪，不拘一格重用洛阳新贵与汉族人士人等多个方面内容。

就倡导儒学言，这表明鲜卑族认同汉文化为自己的精神归宿，它同时也意味着拓跋鲜卑主动丢掉自己的特征与优势——勇武质朴，自我削弱曾经十分强盛的北魏军事力量，一方面是学校遍布，弦歌不绝，“天下承平，学业大盛。故燕齐赵魏之地，横经著录，不可胜数。大者千余人，小者犹数百”。[①] 另一个方面是武备松弛，征战受挫，民风萎靡不振，斗志消沉退化。其中的得失真不容易做简单的判断。

就改造礼仪言，孝文帝的所作所为，也直接从精神的源头摧毁了鲜卑族作为个体民族的心理支柱，使其成为没有主体性、没有共同精神文化家园的失魂落魄一族。这方面孝文帝的最大举措，是于太和十八年（公元494年）下诏废除了“西郊祀天”仪式。原来鲜卑拓跋氏先世所崇拜的天、神，和汉魏所崇拜的天、神有很大的不同，这反映在祭天的仪式上也有相当的差异。北魏孝文帝之前，北魏政权在祭天上，遵行的是“西郊祀天”的仪式。据《魏书·礼志》所载，西郊祀天之日，“帝御大驾，百官及宾国诸部大人毕以至郊所”，致祭时，挑选皇室子弟七人，“以酒洒天神主”，并让女

---

① 《魏书：儒林列传》。

巫在祭坛上摇鼓作法，然后，再“帝拜，后肃拜，百官内外尽拜”。很显然，西郊祀天仪式使鲜卑拓跋氏贵族能够保持自己民族的古老原始崇拜，唤醒自己记忆深处的文化认同与精神皈依，从而留住自己的生命之根。可是，就是这么重要的典礼，让孝文帝拓跋宏一纸诏令给废除了，而改为采用汉族帝王的祭祀天地的仪式，圜丘祭天，方泽祭地，以祖宗配天。放弃本部族崇拜的天、神不祭祀，改而去祭祀汉族的天、神。

就重用洛阳新贵和汉族士人而言，孝文帝的行径也是得不偿失。他要消解冯太后的影响，要摆脱旧贵族的掣肘，要走出平城时代的阴影，建立自己的核心班底，任用自己的心腹也是很正常的。但是，在具体操作上，则不免操之过急、欲速不达，他的用人范围比较狭窄，局限于那些支持改制的洛阳新贵，如任城王拓跋澄、齐州刺史拓跋鉴，同时积极将汉族头面人士拉入自己的阵营，包括早有根基和名望的李彪、崔光等人，也不乏高闾、宋弁、邢峦这样的新锐之士。这种用人上的倾斜偏爱，加上拓跋宏对平城和整个北魏北部地区的忽略，严重导致了统治集团内部的分化，旧贵族离心离德，动辄捣乱，太子叛逃平城事件就是一记警钟。可是拓跋宏并没有真正认识这个问题的严重性，仍然是我行我素，刚愎自用，以致积重难返，“无可奈何花落去”。其死后不久，这种新旧对立，洛阳中枢与边防外镇抗衡终于全面爆发，北魏王朝土崩瓦解，一蹶不振，就完全无法加以逆转了！

应该说，孝文帝改革本身并没有错，当时北魏王朝面临的种种危机也使得其从事革新、改弦更张犹如箭在弦上，不得不发。孝文帝本人及其亲信集团崇尚汉族的先进文明，提倡汉化也有一定的合理性。但问题在于，孝文帝的改革思维与主要措施陷入了致命的“误区”，即“不本土俗”“不安于本而眩其末”，他亲政后的一系列所作所为，其实在相当程度上并不适合北魏国家的国情与族情，是他个人好恶的感情冲动战胜了政治理性运作的产物，它决定了北魏最终没落与解体的宿命。换言之，孝文帝改革的致命性失误，就是他在改革的过程中让所谓的汉族优势文化迷惑了自己的理智，以致完全丧失了鲜卑拓跋氏应有的自身立场，自动放弃了鲜卑拓跋氏的主体性与合法性，丢掉了作为独立部族在改革事业中的话语权。一切唯“汉”是尊、唯“汉”是从，一厢情愿地“全盘汉化”，自我缴械去融入汉族文化之中，自己给自己挖掘了坟墓，后果至为悲惨，教训极其深刻。

北魏孝文帝“全盘汉化”为主旨的改革悲剧，也印证了一个最普通的道理：任何改革，都必须立足于自身的主体性，都不能割裂自己的传统与历史，都不能脱离自己的文化土壤。“桔逾淮则为枳”，其他的物质文明、制度文明、观念文明再美好、再优秀，也无法直接移植、生搬硬套，否则，难免陷入东施效颦、邯郸学步的尴尬境地，“画虎不成反类犬”，使自己的改革愿望与最终结果南辕北辙，适得其反，徒然贻笑于天下，成为历史舞台上的悲剧性角色。

三、文化隔阂易引发悲剧

蒙古帝国的崩溃、魏孝文帝汉化的失败说明了一个问题，那就是一个国家内部如果没有形成共通的文化系统、没有建立文化上的主体性，就很难保持内部稳定，所谓长治久安也就不过是镜中花、水中月。从这个角度来说，也许用“文明”这个词来概括蒙古帝国的消亡更为合适，“文明是对人最高的文化归类”[①]，与文化更多指向精神心理层面不同，文明更多指向包含了物质、制度和精神心理的多重存在。为行文方便，下文仍多用“文化”而非“文明”一词，“文化”在本文中，与“文明”基本乃同一内涵，但更多指向精神心理层面。

对于一个国家来说，重要的是保证文化主体性基础上的共通性，而不一定是统一性。也就是说，一般情况下，一个国家内部都会存在多个族群和多种文化类型，但在其中应该有主导性和共通性的东西，不同文化类型之间应该能够互相理解、相互包容。文化共通是形成统一的政治民族的

① （美）塞缪尔·亨廷顿：《文明的冲突与世界秩序的重建》，26页，新华出版社，2002。

精神心理基础,国家和民族是一种政治共同体、需要通过在成员中间建立均等的权利来塑造共同的国家民族认同,但也要以相通的文化情结,来作为凝聚集体认同的价值资源。没有这种共通性,一个国家很容易发生文化分裂进而导致内部冲突和战争。国家是如此,扩大到国际关系层面乃至全球人类生活,文化上的分裂、文明象征符号系统的差异,同样容易产生政治上的对立。这方面的事例从不少见,无论是欧洲"十字军"东征中基督教与伊斯兰教的水火不容,还是同一宗教内部不同教派间的殊死相争,或者其他类型因为文化差异而引发的对立紧张,都能看到文化分裂而产生的政治军事影响。

欧洲历史上的神圣罗马帝国,在 17 世纪"三十年战争"(1618—1648 年)期间就曾因国内民众持有不同的宗教或文化观念而备受困扰。当时德意志表面统一,但在马丁·路德新教改革运动的影响下,神圣罗马帝国内部出现宗教分裂。1618 年,多属神圣罗马帝国版图中的中欧德语区,分出新教徒和天主教徒两大武装阵营,而时任哈布斯堡神圣罗马帝国皇帝斐迪南二世试图恢复罗马教会的一统,摒除新教,以建立帝国对中欧各诸侯的控制。新教的波希米亚领地于 1618 年起义反抗斐迪南二世统治,结果引发了一场席卷全欧洲、时间长达三十年的战争。这是一场直接由宗教因素引发的战争,法国人充分利用了这场"内乱",在现代国家制度的创始者、首相黎塞留的策划下,法国坚定支持德意志新教各诸侯反对神圣罗马帝国皇帝,到 1648 年战争结束、签订《威斯特伐利亚和约》时,神圣罗马帝国在严重内耗下,分裂为三百多个拥有自主外交政策的政治实体,直到两百年后随着普鲁士的兴起,德国才重新实现统一。

比较近一点的例子可举 2001 年 9 月 11 日发生在美国的恐怖事件,几个不怕死的伊斯兰极端主义圣战分子,劫持高速飞行的客机,撞上了美国最高的大楼——世贸大厦。这起事件举世震惊,也可以说是 21 世纪或者说当代世界最骇人听闻的悲剧。这一后来被称作"9·11"事件的恐怖袭击行为,就极为鲜明地反映了在美国的文化扩张主义作用下,古旧时代的"十字军"东征中的文化冲突,改头换面在当代世界的延伸或重演。在某些局部层面，今天的基督教世界和伊斯兰教世界在宗教信仰——也即在文化价值观上，无疑存在着深刻的对立。

“9·11”事件的发生，美国哈佛大学知名政治学家塞缪尔·亨廷顿似乎早有预见。1993年夏天，他在美国《外交》季刊发表了一篇文章，名字叫《文明的冲突?》。文章发表之后，在美国并没有引起多少反响。然而，正应了人们常说的一句老话：墙内开花墙外香。这篇文章捅开了马蜂窝，立即就引来了世界上其他国家的强烈反应，一时之间，从北京到东京，从雅加达到伊斯坦布尔，从莫斯科到德黑兰，褒扬者有之，贬斥者有之。各国国际政治方面的学者仁者见仁、智者见智，纷纷发表文章，对此说予以回应。

一篇不过三万字的小小文章，何以引来如此关注?

还是来看一看亨廷顿在这篇文章里到底说了些什么吧。原来，亨氏提出了一个极其敏感、极具爆炸性的观点，他认为，冷战结束之后的世界，已经抛弃了以往冷战时期的意识形态上的对立，人类间的冲突正迎来新的形式，那就是“文明的冲突”。亨氏的理由是，世界上现存的七种主要文明——西方文明、东正教文明、日本文明、印度文明、儒家文明、伊斯兰教文明、非洲文明之间存在难以调和的价值观念上的矛盾，这些矛盾在冷战时期由于两极对立和意识形态冲突而被掩盖了。在两极格局解体、意识形态冲突不再重要的情况下，文明与价值观上的冲突已取代意识形态成为世界冲突的主要形式，相同文明的国家将围绕一个核心国家而展开同质文明的合作，朋友和敌人也将依据文明而选定，世界冲突将主要发生在不同文明的国家之间，这将决定冷战后的国际政治。

亨廷顿的这一理论，后来广泛被称作“文明冲突论”。在这之后的几年内，他的“文明冲突论”仍被许多人讨论，亨氏本人也在此基础上进一步完善其理论，并于1996年写成《文明的冲突与世界秩序的重建》一书。此论对世界上研究国际政治的人都有触动，并且对现实的国际政治产生了深刻影响。在对“文明冲突论”持批评态度的人当中，尤以伊斯兰国家和儒家文明国家反应最为强烈，因为亨廷顿认为当今世界最可能对西方文明造成威胁的就是伊斯兰教国家和儒家文明国家的联盟，而为了防止出现这一局面，西方文明国家应该团结起来，“同舟共济”，想方设法阻止他们的联合。这显然有向伊斯兰教文明和儒家文明挑战的味道，也给世界上不同文明国家之间的合作泼了一瓢冷水，并不符合人类社会的历史发展潮流，当然普遍引起了非西方文明国家人们的不满，人们把亨廷顿叫作“恶兆预言家”。[①]

亨廷顿的“文明冲突论”，认为伊斯兰文明与西方文明之间存在着冲突，这种冲突既可能表现为宗教性的宗教激进主义与基督教信仰间的不相容，也可能表现为伊斯兰宗教文化与世俗西方文明间的隔阂。需要指出的是，相比大为世俗化了的欧洲，美国今天仍然是一个宗教意味浓厚的国家。2002 年春天美国前总统乔治·沃克·布什访华，在清华大学做了一次演讲，这位总统就曾亲口告诉在场的中国人，今天美国 95％的人都“信神”。[②] 既然几乎全体美国人都是“上帝”的信徒，怎么能说美国文明是单纯的世俗文明呢？所以“9·11”事件不能不说也是宗教性文明间的冲突。本·拉登和基地组织为什么要以美国和美国文化为敌？原因很简单，在他们看来，美国在世界上到处扩张它的文化，已经威胁到了伊斯兰教文化的生存，今天伊斯兰世界的贫穷和四分五裂，就跟美国的文化扩张大有关系，因此他们决心捍卫伊斯兰教的特性，反对美国的文化扩张。本·拉登和基地组织并不代表伊斯兰世界的主流，但伊斯兰世界对美国或西方文化的戒备，却是众所周知的。

文化或者起到分裂的作用，或者起到统合的作用。2002 年世界杯足球赛的时候，土耳其国家队中的队员，有四五位都不是在土耳其出生的，在德国出生的就有好几位，他们都是土耳其移民的后代。这些人的足球天赋都非常好，如果留在他们生身之国，也有可能入选所在国家的国家

① 亨廷顿的本义，也许是通过指出文明间可能存在的对立，而提醒人类注意在不同文明间寻找共存之道。他在《文明的冲突与世界秩序的重建》一书中，认为人类的不同文明和文化如共同遵循三种底线价值，即避免原则、共同调解原则、共同性原则，仍可能塑造出全球文化某些程度上的一体化，这也就为人类共同的文明认同打下一点基础。见塞缪尔·P. 亨廷顿：《文明的冲突与世界秩序的重建》，366—370 页，新华出版社，2002 年。

② 乔治·沃克·布什，在北京清华大学的演讲，2002 年 2 月 22 日。

队，但他们毫不犹豫地回到了他们父母甚至祖父母的国家，这就很令人奇怪。为什么这样呢？需要说明两点：其一，从种族上来说，这些外援还是"土耳其人"，因为他们是土耳其移民的后代；其二，他们还是以伊斯兰教为其信仰，这和母国土耳其是一致的，也就是说，在文化上，他们事实上也是土耳其人。正是出于这两种因素，这些队员告别他们的出生国，选择到他们祖先的国家来踢球。后一种因素即宗教信仰，起着更重要的作用。看看当时的法国队和英国队，队中的成员来源多样化，有北非移民的后代，也有黑人，种族构成都不单纯。但这些移民的后代在为他们的出生国踢球，因为他们在文化上，都已经被出生国同化了。更显著的是 2010 年的南非世界杯足球赛，被舆论称作为"移民世界杯"，原因是前来参赛的 736 名球员中，竟然有 145 名是"外援"，或者是吸收了其他国家来的移民入籍者，或者是从他国来的移民后代加入了球队。这使大部分国家的球队，都不是一种肤色。

宗教信仰或者说文化，真的有这么大的力量，能够把其实已是德国人的土耳其后裔，吸引回到祖先的国家并为之甘效犬马之劳？宗教信仰或文化就具有这样的神秘性。2001 年"9·11"事件发生后，当时美国兵临阿富汗，英国有不少穆斯林青年就曾纷纷离开英国跑到了阿富汗，实际上不仅是英国的穆斯林，世界其他一些地方，包括几位美国白人青年，他们也因为信仰伊斯兰教而到了阿富汗，要与塔利班和本·拉登共生死。有信仰的人群很难被同化，土耳其等西亚北非国家到欧洲的移民，历经几代仍拒绝接受欧洲文明，在很多欧洲国家已越来越成为很头疼的社会问题，作为反动，针对移民的文化保守主义思潮在欧洲重新泛起。2012 年的法国总统选举，在第一轮投票中，令人意外的是，极右翼的国民阵线竟然获得将近 18%的选票，法国社会的总体右转不言而喻。这个曾经主张多元主义最有力的国度，在前总统萨科奇主政期间，两次大张旗鼓驱赶罗姆人，通过了反对穆斯林女性在公众场合包头巾的法案。

不仅是法国，整个欧洲世界对外来移民不愿融入欧洲文明，已越来越缺乏耐心。德国总理默克尔在 2010 年 10 月的一次演讲中，就公开指出德国试图建立多元文化社会的努力已经“彻底失败”，她强硬地要求穆斯林移民应该学习德文，以便在德国学习、就业和融入新国家。[①] 欧洲对外来移民的狐疑态度，并非只体现在某种微妙思潮，而已直接表现为欧洲内部的社会冲突。2011 年 7 月底，一向平和安宁的北欧国家挪威，发生了自第二次世界大战以来最为血腥的爆炸枪击案，32 岁的极右翼分子安德斯・贝林・布雷维克在奥斯陆政府机构门前放置汽车炸弹，然后在于特岛向数百名执政党工党的年轻成员开枪射击，造成 77 人死亡。请注意布雷维克在网站上发表的宣言，他说：“如果不首先清除多元文化/文化马克思主义所体现出来的政治学说，你说无法打败伊斯兰化，或阻止/扭转伊斯兰对西欧的殖民。”他还写道：“我们的世界已经疯狂的最广泛的体现之一就是多元文化。”这种舆论思想所代表的，不言而喻是文化保守主义在欧洲的回潮，往小处说，是欧洲各国对穆斯林人口增多将冲击其国家特性有恐惧，往大处说，是欧洲对人口变迁将动摇其文化（文明）优势怀有担忧。

进入 20 世纪以来，欧洲在世界上先是失掉了军事优势，接着是政治优势，但欧洲人在思想意识中，尚对世界其他地方存有文化（文明）心理优势，认为欧洲文化（文明）最为先进、最具普世价值。如今外来者不愿融入欧洲文化（文明），这无疑敲打了欧洲人最后的一道心理防线，会给欧洲人的自我认同、国家认同造成困扰，也会制约欧盟最终成为政治实体所必需的欧洲认同的形成。

正是因为文化的共通性是国家力量的一个重要源泉，大国通常都非常重视文化问题。有人说美国今天奉行的是文化帝国主义的政策，美国学者罗伯特・卡根就很痛快地承认，美国一直是扩张性的，包括文化扩张，这使美国带有帝国性质。[②] 从以往的人类历史看，大国不仅会进行军事扩张，而且追求文化扩张，军事扩张为文化扩张打下基础，文化扩张则

---

① 默克尔：《德国建多元社会徒劳无功》，载《联合早报》（新加坡）2010 年 10 月 18 日。

② （美）罗伯特・卡根：《危险的国家——美国从起源到 20 世纪初的世界地位》，社会科学文献出版社，2011。

为军事扩张铺开道路，两者相辅相成。人类发展到今天，直接进行赤裸裸的军事扩张、侵吞别国的领土，已经不太可行，也不经常使用了。像1990年伊拉克侵略科威特的事情，在当代世界将越来越是特殊事例而不是普遍事实，最后伊拉克激起世界公愤、在遭遇其他国家打击后，还是从科威特退兵。在这种情况下，一个大国怎样才能在国际社会发挥它的影响力呢？硬的手段不能常用，那就从软的地方做起，这个“软”的地方就是文化，要进行文化扩张。美国在这方面很典型。

美国有个战略家叫约瑟夫·奈(Joseph Nye)，他是哈佛大学的教授，曾经做过美国前总统克林顿的助理国防部长，他认为现在的美国要发挥它的影响力，就必须营造和使用好两种力量：一是“硬实力”，另一个“软实力”。什么是“硬实力”呢？就是军事和经济力量。什么是“软实力”呢？就是文化、意识形态和价值观。这个约瑟夫·奈特别重视“软实力”，他认为现在的美国硬实力已经非常强大，更重要的是要美国的“软实力”发挥更大作用，要让美国文化变成世界文化，全世界都美国化，都被美国文化所化。这无疑是很大的野心，不过话说回来，大国不能没有这种雄心壮志，将来有一天中国真的全面复兴了，也要让中国文化走向世界，全世界都以跟着中国文化走为荣。

四、美国内战的文化成因

对大国来说，维护国家在文化上的统一性或共通性，从来都不那么容易。美国南北战争前夕南北部地区在经济形态、社会制度和思想观念上的冲突，同样深刻地显示了文化因素在国家统一或分裂中的重大作用。美国内战源于南北对立，南北对立的根本原因又在于南北方在不同的经济形态上，生长出了两种不同的制度体系和文化观念，即南方的奴隶制文化与北方的工商业文化，这两种制度体系和文化观念间的融合速度没有跟上领土扩张的速度，而又都意图代表美国在国家政治生活中扮演主导作用，相互之间因此尖锐对立。战前美国南北部事实上形成了两种相互冲突的社会和文化(文明)，正如巴林顿·摩尔所说："爆发内战的根本原因在于不同经济体制的不断发展产生了两种在奴隶制问题上观点相悖的不同文化(但两者都是资本主义的)。北方资本主义与西部农业社会的不断接触在一段时间内使北方城市特权阶层与南方土地特权阶层之间的反动联合显得没有存在下去的必要。"①

美国南北部的制度和文化冲突与生俱来，"美国一诞生就具有性格分裂症：一方面是对《独立宣言》中体现的人类平等和自然权利的原则性承诺；另一方面是对体现在《美国宪法》中的蓄奴制度予以保卫的现实承诺"。② 在内战之前，美国南北部在制度和文化上，分别朝着两个方向进一步分道扬镳。北部地区发展起完善的工商业，生活日益城市化，高度重视自由劳动，奉行"进步"与社会变革的原则，坚持社会运动的重要性，维护审慎、勤奋和求实等中产阶级理想。南部地区种植园经济高度依赖奴隶劳动，强调社会稳定和因循守旧的准则，强调维持等级森严的社会，强调乡绅阶级所有的悠闲与尊严的理想。这是跑在两条路上的马车，永远没有相交的可能。北部害怕随领土扩张带来蓄奴制的蔓延，南部害怕自由州的增多会危及蓄奴制的生存和种植园经济的发展，两者在对国家制度和文化的想象上，是完全对立的。

南北之间在制度和文化上本就存在的紧张与冲突，又随 19 世纪上半叶美国的对外领土扩张而不断扩大。在南北战争之前的相当长的一段时间里，新领土的获得并不意味着美国的发展壮大，而是在加剧内部撕裂。路易斯安那加入后的密苏里危机、德克萨斯加入后的美墨战争及 1850 年妥协，都在美国政治精英中制造了难以愈合的裂痕，以致许多希望保持联邦统一的人，不愿意扩张领土，怕随领土扩大而带来蓄奴制的扩张和激化内部分歧。在 1846 美国与墨西哥因德克萨斯问题而发生战争后，当时墨

---

① (美) 巴林顿·摩尔：《民主与专制的社会起源》，113 页，华夏出版社，1987。

② (美) 罗伯特·卡根：《危险的国家——美国从起源到 20 世纪初的世界地位》(上)，234 页，社会科学文献出版社，2011。

西哥人估计,“战争会引起美国社会分裂”①,后来的情况也正是如此。

1860 年美国联邦分裂、内战发生之际,因经济形态、社会制度差异而带来的南北部在观念层面冲撞,根本已不可调和。在引入机器生产、自由劳动成为常识之后,非自愿劳动在北部地区开始被作为道义问题而不是经济问题来看待。在北部地区,新教教义广为流传,人人平等的天赋人权学说深入人心,人是可以臻于完善的进步意识不断强化,人类尊严这一普遍而深刻的信念因此产生。美国当时最重要的思想家拉尔夫 · W. 爱默生(Ralph Waldo Emerson)就曾在他的作品中不断宣扬过这种信念。英国等欧洲国家的废奴运动,也对美国人产生了不小影响,奴隶经济严重违反启蒙运动的平等原则,也与福音会宣扬的人类博爱原则背道而驰,这使得北部地区的废奴运动后来放弃了以说服来使南方自愿逐步解放奴隶的方法,而致力于强制解除奴隶制度。价值观念上的显著差别,使南北方后来在奴隶制问题上已没有相互妥协空间,北部人声称南部人堕落下流,是奴隶监工,南部人说北部人异想天开、不切实际,双方彼此极尽诬蔑抹黑之能事,一个国家内部的文化裂痕逐渐演变成了巨大的文化鸿沟,“由于废奴主义者的宣传鼓动而日趋紧张的奴隶制问题,便产生了一种几乎完全以地方为畛域的分歧”。②

南北部围绕蓄奴制产生的冲突有多大?当时北部地区产生了一批群情激昂的废奴主义者,他们为达目的甚至不择手段。1859 年,废奴主义者约翰 · 布朗企图袭击弗吉里亚的哈珀斯费里,发动一场奴隶起义,结果失败被俘。出人意料的是,在他被判处绞刑时,北部民众群情激愤,对布朗表示了极大支持。这给南部人带来的是更严重的心理恐慌。

美国南北部从建国到 19 世纪 60 年代不断加强的文化分裂,最后还是通过战争予以了解决。南北战争用暴力手段,强行摧毁了南部地区的奴隶制经济和社会制度,并将《独立宣言》所宣扬的人人平等、天赋人权等

① (美) 阿伦 · 米利特、彼得 · 马斯洛斯金:《美国军事史》,军事科学出版社,140 页。

② J. P. T. 伯里编:《新编剑桥世界近代史》(10),828—829、847 页,中国社会科学出版社,1999。

概念，通过进步主义运动而不断发展强化并深播于了合众国全境，由此进一步确立了基于平等、个人主义的“美国信念”和以英语、新教信仰为核心的盎格鲁-撒克逊主流文化传统。这一信念最早由托马斯·杰斐逊提出，被广泛认为是美国特性的关键因素，“它又是17世纪和18世纪美利坚早期定居者的有特色的盎格鲁-新教文化的产物。这一文化的重要因素包括：英语；基督教；宗教义务；英式法治理念，统治者责任理念和个人权利理念；对天主教持异议的新教的价值观，包括个人主义，工作道德，以及相信人有能力、有义务努力创建尘世天堂，即‘山巅之城’”。[①] 美国号称“大熔炉”，世界各地不同种族、信仰、肤色、语言的人汇集到一起，不断丰富“美利坚民族”的内涵，但长期以来，新加入的移民都会归化盎格鲁-撒克逊文化主流，同样以平等和个人主义为信念，同样忠于《独立宣言》、美国宪法和其他开国文献所体现的政治原则，这也就是美国人常常称道不已、印在美国国徽和硬币上的国训 E Pluribus Unum 即“合众为一”。也就是说，无论内部有多少族群、语言、宗教信仰和亚文化体系，美国主流的盎格鲁-撒克逊文化都是明确的、占有主导地位的，国家在象征符号上不存在混乱。著名的地缘政治学家、英国人麦金德说：“美国在它的学校里严格要求移民都学英语”，也就是接受美国主流文化。顺便说一句，法英等国同样如此，“像法国、英国这样的国家今天就是融为一体的”[②]。

但美国的忧患同样存在。20世纪下半叶以来随着大量说西班牙语、信仰天主教的拉丁裔移民的涌入，以往构成美国特性的种族、语言、宗教、意识形态逐渐发生了变化。美国历史学家小阿瑟·施莱辛格在1992年出版《美利坚的非合众化》，就对美国人口结构变化将导致盎格鲁-撒克逊文化传统边缘化忧心不已，他写道：“美国不再是一个在变化中始终保持自己特性的国家，而是越来越把自己看作种种旧特征的维护者。美国不再认为自己是一个由进行自由选择的个人组成的国家，而是越来越把自

① （美）塞缪尔·亨廷顿：《谁是美国人？——美国国民特性面临的挑战》，前言，新华出版社，2010。

② （英）麦金德：《民主的理想和现实》，142页，商务印书馆，1965。

己看作一个由种族特性近乎不可磨灭的不同族群组成的整体。'由众而一'曾是美国人的理想。我们现在是不是要抑一扬众呢？中心能否继续存在，或是大熔炉要让位给巴别塔？"[①]这种担心并非仅见于施莱辛格，实际上，亨廷顿提出"文明冲突论"，有人认为他主要考虑的，并不真的完全是国际问题，而是美国自己的特性问题，或者说亨廷顿关注国际间的"文明冲突"，是源于"把对美国前途的忧虑投射到了全世界去了"[②]。中国社会科学院原副院长李慎之就指出，亨廷顿所忧心不已的，其实是非西方世界对西方世界的人口优势，将导致西方文明的衰落。而在美国国内，拉丁裔、非洲裔、亚裔等少数族群占人口总量比例的不断提高，正在使美国在语言、信仰上出现多元化趋势，英语和新教的主流地位日益受到挑战，原先构成美国特性的 WASP（即白种盎格鲁-撒克逊人新教徒，几百年来一直是决定美国的价值标准与文化走向的社会主体）及其文化形态，已淹没在多种族、多语言、多信仰的汪洋大海。这样的美国还是美国吗？"像联合国。"亨廷顿如此评价。这位美国特性的捍卫者，借"文明冲突"之语，其实影射了美国社会愈演愈烈的文化多元思潮，将削弱美国人传统的文化认同，降低美国社会的凝聚力，而进一步发展，还将损害美国人的国家认同，可能使美国国将不国。

为提醒美国人注意这种悲观前景，继《文明的冲突与世界秩序的重建》之后，亨廷顿又于 2004 年出版了《谁是美国人？——美国国民特性面临的挑战》一书，对美国特性的危机展开全面讨论，进一步强调美国要保持和发扬盎格鲁-新教文化传统，认为这是美国的希望所在。而 1965 年后拉美裔移民大量来到美国、占美国人口比例的持续扩大，却有可能使美国分成两叉，两种语言（英语和西班牙语），两种文化（盎格鲁文化和拉美裔文化），从而加剧或者取代美国社会原有的黑白人种分权现象，使美国出现分化、衰落的危险。

---

① （美）威廉·亨利：《为精英主义辩护》，57 页，译林出版社，2000。

② 李慎之：《数量优势下的恐惧——评亨廷顿第三篇关于文明冲突论的文章》，载《太平洋学报》，1997(2)。

这似乎是危言耸听。视野放宽一点，有多少大国已经因内部的文化纠纷、混乱或分裂而解体或发生其他危机！“苏联的遭遇表明，在缺乏人种、民族的文化共性的情况下，意识形态的黏合力是弱的”[①]，在解体前夕，苏联并没能形成一个共通的苏联主流文化形态，文化符号上的软弱无力或四分五裂，使苏联不同族群、阶层之间没有共通的价值理念，也就没有精神情感上的共通互融，这又使相对均一的苏联国家认同也无法形成，苏联的最后解体也就在情理之中。

一个国家的文化传统，实际上是一种国家象征符号，如果被该国国民广泛接受，就有助于凝聚一个国家。而且，需要指出的是，这种象征符号是相对稳定的，不会轻易发生变化，这样才能很好起到整合社会、安定国家的作用。泰国于 2006 年 9 月 19 日发生了军事政变，但政变过程中没有一声枪响，泰国社会也没有发生激烈动荡，老百姓对此基本上听之任之。这场“和平”的政变之所以成为可能，很大程度上不能不归因于泰国仍是君主社会。虽然泰国国王并不掌握实际政治权力，但国王在国家生活中，却起到了普遍认可的象征符号的作用，作为一种文化传统，在很大程度上统合了人心。

一般来说，一个社会总有两套秩序：一是政治秩序，另一是社会秩序。前者是实施国家意志、国家战略的工具，后者却具有自组织功能，能够维持社会的基本运转。泰国虽然一时政治上脱序，但由于国王的权威，国家在文化传统上仍保持着最大公约数，也就仍有向心力，社会秩序也就乱不起来，这也为迅速重建政治秩序提供了可能。泰国实际上构成了一个“备份”社会，当政治系统出现危机的时候，作为象征符号的君主传统，平时是在“备份”中，这时就可启用，发挥作用。

国家象征符号与国家政治系统并不合而为一，是一件幸事。欧洲社会中，那些保存了君主制传统的国家，普遍稳定性较高，如英国、瑞典、荷

---

① (美)塞缪尔·亨廷顿：《谁是美国人？——美国国民特性面临的挑战》，10 页，新华出版社，2010。

兰等等。而没有保留君主制传统的国家,稳定性普遍比较差,如法国、意大利等。典型的是法国,从法国大革命废除君主制传统后,一直到 20 世纪上半叶,国家一直处在动荡不安中,时时为内部的文化、政治纷争所纠缠。而在亚洲,保留了君主制的日本,同样有较高的社会稳定性,1945 年日本战败后仍能很快从废墟中重建国家,就与这一文化传统的存在很有关系。中国则像欧洲的法国,在清朝崩溃后再也不能接受君主制传统,传统政治统治模式的突然终结,不是国家面貌的焕然一新,而是长时间陷入政治和社会紊乱。传统帝制以及与之相行的以儒家文化为主的文化传统的被质疑、被否定,它造成的文化混乱甚至分裂,给国家治理造成的困难和伤痛,实际上直至今天仍然存在。

五、中国文化:“花果飘零”

蒙古帝国、美国、苏联等大国所经历的文化分裂,在近一个半世纪的中国历史上,有更为鲜明的体现,甚至可以这样说,近百年来中国历代王朝的崩溃、内部混乱和战争经历,都与文化分裂有关。中华民族的文化主体性相当长时间以来已变得模糊不清。特别是进入 20 世纪以后,中国很多时候非常像亨廷顿笔下所谈的“无所适从的国家”,对自身文化传统否定过度,以致文化自信缺失,主流文化在不同人群间有不同的表达。时至今日,官方推行马列主义意识形态,知识分子多以西方文化为圭臬,而传统伦理在乡村社会仍有深厚影响,在文化价值上各说各话。

中国近现代以来的历史,是一个不断走向激进主义,在政治上一次次“推倒重来”的同时,又把中国“积贫积弱”的账算到文化头上,不断瓦解自身文化传统的过程。历史学家余英时在香港中文大学成立 25 周年(1988 年)纪念讲座上,曾发表《中国近代思想史上的激进与保守》演讲,指出近代以来,中国人的思想意识经历了向激进主义的演进:第一阶段是从 19 世纪中叶开始到“五四”运动,清朝精英阶层在推动学习西方人技术上的长处后，又试图颠覆传统的政治伦理秩序，走向了政治激进主义；第二阶段是到了“五四”运动期间，这个也称作新文化运动的事件，将激进主义从政治推进到了文化层面，认为当时中国碰到的问题，不是移用西学、西政就可能解决的，而是要以西方现代化来代替中国旧的文化，因为中国旧文化是民主和科学的最大障碍；第三阶段从抗战开始，随马克思主义学说流行，马上超越资本主义、进入社会主义，甚至一下子跨进共产主义、“毕其功于一役”（孙中山语）的思想，逐渐占据社会主流。到“文化大革命”时期，中国现代思想的激进化走到了全程的终点，不但中国传统文化和西方近代文化的主流都受到了最彻底的否定，甚至社会主义的文化主流也遭到了猛烈抨击；第四阶段则是到了 20 世纪 80 年代，在“百花齐放、百家争鸣”名义下所出现的“文化热”，重新否定中国文化传统，思想形态又回到了“五四”时期。[①] 哲学家李泽厚亦做如是观，他说，这条线索一路由戊戌变法——五四运动——文化大革命奔腾直下。这一文化激进主义的具体表现，是激烈地反传统，是让文化来承担一切，认为一切问题都是文化问题。“新文化运动”“文化大革命”乃至 80 年代的“文化热”，在李泽厚看来都有营造“文化乌托邦”的嫌疑，虽然这些文化领域的运动有时确实起到了启蒙中国人的功效，但大体来说，都过分突出了文化的功能，结果文不对题，制造了更多的悲剧。鉴于此，李泽厚说：“我一直认为，（中国的问题）关键不在思想，而在制度；不在文化，而在政治；不在人民思想落后、传统文化有罪、群众觉悟不够，而在缺乏有效动作的现代民主程序和法律程序，以确立群己权限，明确个人、社会、党和国家在生活中的关系和位置。”

激进主义给中国国运带来的负面影响极为巨大。在政治层面，直接导致了清朝的崩溃以及之后长达四十年的内部混乱和国家分裂，中国的重新统一直至今日仍未最终完成。鸦片战争后对中国传统政制和文化精神的质疑（尚未全盘否定），直接导致上层统治精英间在政治文化间的决

---

① 余英时：《中国近代思想史上的激进与保守》，载《知识分子立场——激进与保守之间的动荡》，时代文艺出版社，2000。

裂，在引入西方文化、推动“中体西用”（张之洞语）乃至体制变革后，其文化分裂情形，极为类似于魏孝文帝的汉化改革所引起的国家内部文化对立。谭嗣同可以说是晚清激进派的最高代表，他在其《仁学》等作品中，一口否定了中国两千年的传统，说两千年的“政”都是“秦政”，“秦政”就是大强盗；两千年的学是“荀学”，是乡愿，而且两者狼狈为奸，“谭嗣同实际上是中国近现代政治激进派和文化激进派的源头和先行者，是辛亥革命和五四运动的前驱”。[①]

在文化层面，一个多世纪以来，中国人可以说“无所适从”。国学大师钱穆就曾颇为伤感地说，中国人患上了“文化自谴症”。[②] 经历过多次对自身传统的非难，中国文化现在是什么状况呢？按照新儒家学者唐君毅的说法，到“五四”运动以后，已经“花果飘零”，乃至美国汉学家列文森(Joseph R. Levenson)评论说，中国文化传统的主流部分——儒家文化在今天不过是博物馆中的历史记忆[③]。这个“花果飘零”是什么意思？秋天特别是深秋的时候，尤其是如果是阴天又刮起大风，树上的黄叶会哗哗哗地都掉到地上来，然后风把满地的树叶吹得到处飞舞，这样的场景会引起什么样的感想呢？《红楼梦》里的林黛玉看到花枯萎衰败了之后掉到了地上，就拿来扫帚把这些花都扫起来埋在了地下，并作了一首诗叫《葬花吟》，林黛玉在葬花的时候心情怎么样？凄凉不凄凉？新儒家学者谈论中国文化的“花果飘零”，相信没有多少中国人看到这个词不会心情压抑，以儒家为主的中国文化传统只有在博物馆里才能见到，在现实生活中已经找不到它的踪影，也不再有它的容身之地。新儒家学者们在谈中国文化的前途的时候呢，一方面迫切期望中国文化马上就迎来光辉灿烂的明天，但他们又是悲观主义者，认为中国文化在未来也许只能是“一阳来复”。“一阳来复”意味着什么？“阳”是《易经》里的观念，《易经》讲“七阳来复”，“七阳”是一种非常圆满的境界，“复”是“恢复”“复原”的意思，“七阳来复”

---

① 李泽厚：《世纪新梦》，安徽文艺出版社，1998。

② 钱穆：《中国历史研究法》，139页，生活·读书·新知三联书店，2001。

③ （美）列文森：《儒教中国及其现代命运》，340页，中国社会科学出版社，2000。

讲的就是一种事物可能马上恢复到比较圆满的境界。“一阳”比起“七阳”，当然是极其不圆满，太阳光是七色光，“一阳”只是七色光里的一种颜色，七分之一，单调不单调？所以新儒家学者认为中国文化虽然可能会重现生机，但现在只是看到了一线生机，感觉到了鳞光片羽，而没有看到一大片光辉灿烂的未来。这也就是说，如果现在中国人不努力重建自己的文化系统的话，那么中国文化的未来将很不乐观。

一个民族在文化上没有了前途，会怎么样？对于每一个人来说，他的生命都有两种存在形式：一种是肉体生命，一种是灵性生命，这个肉身按照佛教的说法即“皮囊”，它固然重要，但真正体现了“人”这种生物的特殊性、高贵性的东西，其实还是灵性生命。有了灵性生命，人才可以超越自己，才可以勇敢地面对苦难，才敢于接受任何挑战。对于一个民族来说也是一样，文化就是民族的灵性生命，灵性生命旺盛的民族，必然最有创造性、最有生命力。犹太民族为什么在流散两千多年后，仍然会想到要回到迦南即巴勒斯坦？这个民族的灵性生命极其旺盛，两千年的时间，虽然犹太人分散在世界各个地方，但他们从来没有忘记过自己的使命和责任，从来没有丧失过回到自己原来的家园的希望和斗志，这太了不起了。在世界所有民族中，只有犹太民族有这种意志和精神。犹太民族的创造力怎么样？对 20 世纪的人类产生了最大影响的三位科学家、思想家，都是犹太人，科学家是爱因斯坦，哲学家是马克思，还有一位精神分析学家是弗洛伊德。一个民族如果丧失了自己的灵性生命又会怎么样？亨廷顿用了四个字“无所适从”来概括一个民族如果文化上陷入困境会是什么样子，在他看来今天的土耳其就是一个“无所适从”的国家。这个国家的现代开国之父凯末尔，极力主张西方文化，但是土耳其本身是信仰伊斯兰教的国家，他搞西方化、以西方文化为标准来改造土耳其，如果真能改造得彻底、将土耳其真正变成西方文化为主导的国家，那也未必不是好事。但是事情没有这么简单，每一个民族的文化，都是这个民族在长时间的历史实践中、为适应生存环境而不断积累创造出来的一种东西，它不是说丢就可以丢掉的。那么现在强行要把它丢掉，只能形成这样一种局面：一方面，国家内部一部分人信奉起西方文化；另一方面，本身的伊斯兰文化仍继续存在，这两种东西同时存在，在国家内部的影响力又不相上下，结果就造成整个国家无所适从、不知道到底应该如何选择了。[①] 现在的土耳其就是这种情况，国内问题丛生，想加入欧盟却迟迟不被接纳，这当然不能都归结到文化问题，但文化分裂、灵性生命被破坏，却的确是一个重要方面。

其实，近代以来欧洲的科技革命、政治变革，并不以文化革命为前提，许多传统仍保持了连贯性。“新教改革”应该算得上是西方文化史上一项大的文化革新，但就是“新教改革”也并没有破坏西方文化的传统，马丁·路德的批判锋芒，只是针对教会的极权体制，换句话说只是反对传统的政治文化，但对个人对上帝的信仰及圣经中原教旨精神，却坚决予以维护。余英时即指出：“现代的中国知识分子都认为西方近代文化从中古基督教权威中解放出来是最伟大的成就……这种看法当然是有根据的，但是我们不能误解西方近代的俗世化是彻底地铲除基督教，更不能把科学和宗教看成是绝对势不两立的……相反，基督教经过宗教改革的转化之后反而成为西方现代化的重要精神动力之一。”[②]举例来说，近代以来启蒙运动中的重要人物，基本都不排斥“上帝”。法国启蒙哲学家伏尔泰曾说，传道士不过告诉孩子们上帝存在，牛顿则向他们证明了宇宙确是上帝智慧的杰作。牛顿对上帝的深信不疑正是激励他探求宇宙秩序的力量，而16世纪英国的医学发展，据说也得力于上帝的观念。西方现代资本主义的发展，据德国社会学家马克思·韦伯的研究，同样与基督教新教伦理有关。

一个国家到底在什么情况下才能保持强大？美国前国家安全事务助理布热津斯基认为，国家实力通常体现在四个方面：经济实力、科技实力、军事实力和文化实力。文化力量是其中的重要组成部分，它构成了国家的软力量，而经济、科技、军事力量则构成国家的硬力量。软力量通常

---

① （美）塞缪尔·亨廷顿：《文明的冲突与世界秩序的重建》，153—160页，新华出版社，2002。

② 余英时：《中国思想传统的现代诠释》，13页，江苏人民出版社，1995。

是建立在硬力量的基础上，但软力量也可以独立地发挥作用，而硬力量的发挥也要以软力量作为支撑，没有软力量的支持，硬力量再强大，都不可能真正起到作用。一个在文化上无力、民族没有向心力的国家肯定是不会有强大的实力的。一个人要有所作为，需要有一点精神；一个民族要生存和发展，同样需要一点精神，而文化给一个民族提供的，正是精神上的动力。文化弱小或者一国的文化对本国国民丧失了吸引力，乃至再也不能凝聚民心，这个民族就容易被文化强大者从文化上征服。有鉴于此，越来越多的国家意识到，唯有保持本国文化的民族特性，才可能产生世界性的影响。在世界政治场域，文化强大的国家在制定文化战略、大力推行文化扩张主义，文化弱小的国家则起而捍卫文化主权，想方设法弘扬本民族历史文化传统。例如，法国政府近年来不遗余力捍卫法语的纯洁性，竭力抗拒英语的“污染”，并在全世界宣传法国文化；加拿大因担心遭到美国的文化兼并，对 1988 年的美加自由贸易协定全力反对，虽然在经济上加拿大有利可图；而地处东南亚的新加坡在推行了二十多年的英语教育后，掀起了“讲华语”运动，并提出要继承发扬五种“亚洲价值观”。

六、当代中国的文化建设

当代中国的文化建设，首先要面对的是需不需要文化理想、应不应该从目前的粗鄙状态中走出来的问题。20 世纪 70 年代末以来，中国人的精神世界日益世俗化，有一个从理想主义到实利主义转化的过程，导致高度物质化的国民生产总值崇拜，很像英国在维多利亚时代的样子，当时英国文化论者马修·阿诺德讽刺英国人整天关注的，不过是“煤啊钢啊”之类，而对崇高的文化理想不太关注。

其次，为避免文化上的“无所适从”和内部分裂，还需要面对另外两个问题：一是全球化背景下，如何应对以西方文化为主的外来文化的冲击；二是如何处理内部不同文化体系间可能发生的紧张。当代中国在社会、政治等领域出现的冲突,在很多时候都与文化分裂或文化沦丧有关。典型的如台湾问题,经过长达半个多世纪的两岸分治,今天在中国大陆和台湾之间,尽管在日常生活实践和理念中还有不少相通之处,但至少在政治文化领域,已经出现了两套不同的体系。不少人认为台湾回归的前提是民主,这是因为台湾已经发展起了新的、有别于大陆的文化体系。

对此,首先还是要讲传承,要有保守主义的思路,要把政治与文化做区分。北京大学教授林毅夫在一篇关于经济发展与中国文化的文章中说,“五四”及其后的中国知识分子大多认为,制约中国发展的根本问题在于中国文化中精神价值层面的东西严重滞后,而不仅仅是简单的器物甚至组织制度系统也落后于人,因此,“中华崛起”的唯一途径便是“全盘西化”。他起而发问:这种看起来自洽的理论,在实践上真的可行吗?只要让中国人在中国社会里长大,长大以后还是中国人,就不太可能在伦理、价值这个层次上完全摆脱中国传统、接受西方的东西。如此一来,中国又岂有重新强盛的希望![①] 其次是要讲创新,也就是哲学家赵汀阳所说的,要有创作眼光,所有的文化存量——中国的、外来的,东方的、西方的,儒家的、基督教的、伊斯兰教的,等等,都可以作为创造中国新文化的资源,中国文化是一个开放的体系,在以自身传统为主流的同时,又要不断吸收外来成分,实施文化改造,以“即用见体”(儒家学者陈明语),适应变化了的具体生活情境的需要。

讲传承,实际上就是如何对待自身文化传统的问题。自鸦片战争以来,中国文化再也无法避开如何应对外来文化冲击,而西方文化对中国文化一直保持强势姿态。“是东方文明还是西方文明将决定着整个地球并支配其未来?当前,摆在文明的基督教世界面前的重任就是将包围着自己的众多古老的异域文明——首先是中国、印度和日本的文明——纳入自己的胸怀并融进自身的理念之中。这是它的一项伟大使命,它必须履

① 林毅夫:《经济发展与中国文化》,载《战略与管理》2003年第1期。

行之,否则就只有毁灭。”[①]美国海权论者马汉在19世纪末所说的这番话,至今仍能给我们以很多启迪。在貌似平静的世界强国与弱国的文化往来上,绵里藏针的文化强制,实际上随时都在进行着。如19世纪中叶以来的大多数时间一样,它继续在中国内部制造着文化撕裂,塑造着中国人对于现代化的不同认识,恰如余英时所说,“中国现代化的困境之一即源于价值观念的混乱;而把传统文化和现代生活笼统地看作两个不相容的对立体”。[②] 幸运的是,保守中国自身传统的意识,相比以往又明显复苏。比如2003年围绕北京大学教改而引发的“华人大学理念”争论,2004年因为儒家学者蒋庆举办“读经运动”而带来的文化保守主义论辩,其参与者之众、论战之激烈,无疑隐喻了21世纪到来之时,中国人对于自身历史与前途在思想观念上的转折。文化保守主义与学术自主的思潮涌动,蔚为大观,也引来了很多争论,如旅美作家薛涌先生,就对中国大学建立国学研究院一事深为不恭,[③]并对一些学者所说的“警惕文化霸权”做如此评判:“目前中国思想文化界,有一股狭隘的‘本土主义’思潮。”在薛先生看来,这“从不同的侧面反映了中国思想界在全球化的冲击下阵脚大乱的现实”。[④]

近些年来中国知识阶层对自身传统和“本土”知识重视程度的明显提高,与其说是“阵脚大乱”“狭隘”,不如说是因为知识视野更加开放,对中国文明前途所系何处,有了更洞察精微的把握和定位。思考今天要不要善待和复兴中国自身文明传统,一个主要的背景就是近世以来中国人在这方面所走过的历程。从过往上百年的时间来看,中国人在此长时间“屈辱”过程中的一大缺失,恰恰就是否定传统过度。这在思想文化领域产生了两方面的不良后果,一在信仰层面,中国自身的宗教性传统受到严重破坏,中国人的精神世界日益紊乱;二在知识层面,中国本有的一套对人与

① (美)马汉:《海权论》,425页,中国言实出版社,1997。
② 余英时:《中国思想传统的现代诠释》,46页,江苏人民出版社,1995。
③ 薛涌:《“借鉴”之后能偿还吗?》,载《新京报》2005年6月4日。
④ 薛涌:《学术就是学术》,见《新京报》2005年2月28日。

人、人与国家、国家与国家及人与世界的解释和处置结构，因为中国近代在军事上的接连失利，而连带受责、被几代中国人弃之如敝屣，这又使得当代中国人在处理一些“理性”的事物时，极其缺乏适宜于本土的知识资源。

这一问题应该怎么来看，上面提到的马修·阿诺德，早有令人信服的判断。此公在一个半世纪前比较美英与欧陆的文化高下时，就曾指出美国是一个清教徒占统治地位的国度，希伯来精神过于强盛，以致压抑了希腊精神。他给英美社会开出的药方，并不因此就丢弃了基于宗教的希伯来精神，而迁就基于理性反省能力的希腊精神，而是认为两者之间应该取得平衡。阿诺德是说美国，转到中国来，中国传统上是一个世俗性很强的国家，并无深厚宗教传统，就是深藏于儒家礼仪中、并不深厚的一点宗教性关怀，在近世以来也被破坏殆尽。所以中国文明现在面临的问题，与阿诺德笔下的美国恰恰相反。美国太宗教化、希伯来精神兴旺得有些扭曲，所以需要多强调希腊精神，以对希伯来精神做些中和。中国呢，却应该花大力气，重建宗教关怀、复兴希伯来精神。道理很简单，缺什么补什么，多什么就减什么。

所以，在现时段要不要谈传统和“本土”，完全是一个时态化的问题，如果没有晚近以来中国人对自身文明传统的一味破坏、对中国人精神世界造成了不容回避的严峻问题，那么，今天当然也就没有必要这样为传统而大声疾呼。当然，需要复兴的并不只是中国本身就很薄弱的希伯来传统，“五四”所追求的科学精神——广义来说是希腊精神，同样因为在中国迟迟没有结出正果，而应该重建。

一个丧失了自己的文化与历史传统的民族是不会有希望的，那些决意要“另起炉灶”的民族，在具体的文化实践中，最终形成的局面多半会如塞缪尔·亨廷顿所说，在固有传统与外来文化之间“无所适从”，不知道如何对自己的未来进行取舍选择。文化有保持现状的倾向，文化传统和特定文化都具有持续性、生存力和惯性，这即是美国人类学家托马斯·哈定在其《文化与进化》一书中指出的“文化的稳定性”。那种企图以一种全新的文化来取代原有文化的努力注定是要失败的,英国哲学家波普尔指出:以一种理想化的模型(政治的、经济的、文化的等)来改造一个社会只能导致暴力。奥地利经济哲学家哈耶克(Hayek)的自由秩序原理则认为:任何政治、经济、文化等规则的改进,都要建立在尊重现实的基础上,尽管现实可能确实非常地不完美。每一个民族的文化与历史,相对自身来说都至为贵重。就以现在人们经常谈论的"韩国的成功"而论,东亚"儒家文化圈"中的这个国家,不仅经济搞得不错,创造了"东亚奇迹",民主政治的转型也有条不紊,发展出了"东亚经验",很多人说,这是韩国儒家文化的胜利。简单地把经济和政治发展归结为是某种文化的功效,当然并不合适,某某文化能够开化资本主义精神、某某文化无法开化资本主义精神的说法,不能尽信。然而,这并不等于说,文化在经济和政治发展中无足轻重,相反,强健的文化精神,却确实能为社会的经济与政治发展化解不少障碍。韩国前总统卢泰愚在他的自传中说:他在 20 世纪 50 年代上军校期间所受到的良好儒家教育,对他一生都产生了至关重要的影响。这种说法值得人们仔细思考,正是这位军人出身的前总统,在 20 世纪 80 年代末,开创了韩国总统直接选举的新时代。作为全斗焕时代的执政党主席,他冒险做出直接选举、释放反对党领导人金大中等重大决定,背后到底是什么样的精神力量在给他做支撑?而这种强大的精神支撑力,又是从什么地方而来的呢?从卢泰愚的政治实践中,我们隐约可以感受到传统儒家文化与政治现代化的精神勾连。

如何在中国复兴希伯来精神、重建希腊精神?如陈明所说,文化是人类适应生活环境的产物,因此要"即用见体",一边要讲传承,另外一边又要根据具体生活情境不断推进文化创新,也就是说要返本开新。晚近以来,中国逐渐被纳入全球经济、政治和文化的交流过程,面对的生活场景与以往已大不相同,抱残守缺、固守文化传统当然是不行的,而要对文化传统予以改造,创造出新的形式和内涵,就如同基督教文化在最近几个世纪的改革一样。"五四"运动以及之后的文化激进主义,在很大程度上,也是中国文化传统在面对变化了的生活场景时,不能及时展开"创造性转化”(林毓生语)或“转换性创造”(李泽厚语)的结果。在创新中不断丰富发展中国文化的内涵、转变中国文化的传播方式,才能更好延续中国文化的生命力,发挥中国文化在塑造新的社会和政治形态中的作用。

21 世纪的中国人在思考自身的文化创新时,如果对科学精神稍有尊重,那么,就不能不直面这两个事实:一个是,以经验主义的思路言之,在以往漫长时间流程中形成的中国文化传统,与古和今的中国人的生命之间,不言而喻存在密切关联。第二个是,自鸦片战争以来一百多年时间过去,一代代中国人拼命向西方学习,来自外域特别是西方的知识思想,已深深参与了中国国家历程,实际上也已成为中国文化的有机构成,占有显著比重;与此同时中国人的生活状态,也因为工业化、市场化、城市化而发生了天翻地覆的变化。有基于此,当代中国的文化创新,应该是以这样一种原则作为基准的:其一,要在全社会建立起对中华民族自身历史与文化的最低认同,并以此作为中国人道德、艺术与宗教生活的基本价值和行为规范,因为这是一个民族生存的根或者说宿命,不是说舍弃就可以舍弃的,也不是说舍弃就能舍弃的;其二,要在全社会建立起对近百年来所接受的外来文化的最低认同,并以此作为中国人实现自由、法治、民主的必要资源。在这两个作为共同性的最低度认同的前提下再各取所需,经过一百年来的引进、吸收,外来文化中的许多成分已成为我们民族文化的一部分,成为我们的另外一种新传统,中国人已不再能够舍弃它们而重建生活。在此基础上,文化与生活选择可以再多面向展开,实现多元共存。

这也即是陈寅恪所说的“一方面输入外来之学理,一方面不忘自身之文明”;以及张君劢在 20 世纪三四十年代所主张的,文化创新必须坚持“二义”:“第一,自内外关系视之,不可舍己循人;第二,自古今通变言之,应知因时制宜。”[①]也就是说,在作为底线的对中国自身文明传统和对西方文化的低度认同之上,学术和知识的生长路径,所谓东西中外之别,已经没有意义。只要“因时制宜”,对应具体问题而选取知识资源,学术和思

① 张君劢:《明日之中国文化》,110 页,山东人民出版社,1998。

想产于什么样的地理空间已不再是问题，缺少什么就吸收什么，而不必问知识思想是出自何方。

当然，这里还是要指出的是：因于传统在近百年来一直被破坏的中国特定语境，当代中国文明复兴上不能不有着力点的取舍。那就是要加强对传统中国社会的信仰世界和知识世界的探索，取其可用资源继续为今所用；与此同时一如既往不懈输入外来学理。如今中国人心灵的不开放，其实不再是对外来知识不开放，而是对本土文化和知识不开放。这一局面不能再持续下去。

20世纪中叶的一些文化保守主义者仍能给今人很多启迪。典型的就如张君劢，这位热心参与政治的文化论者，当时一边强烈主张宪政，一边呼吁中国文化传统不遗余力，在政治自由与文化保守之间毫无犹疑，这种态度令人惊讶。张氏的选择是对的，分析地来看传统中国文化，其很大成分仍有保守之价值，所以张氏才做出了文化保守的策略选择。事情也正是如此，张君劢在其著述中，对政治和文化这两个事物，就屡屡明显表现出态度有别。张氏并不打算全盘保守中国传统文化，他对中国传统文化的优劣是明察秋毫的，在传统政治文化和传统生活文化间，他所“保守”的是后者而不是前者。通览其著作《明日之中国文化》，不难发现这一点。一方面，书中不乏对中国传统文化的溢美之词；但另一方面，他对中国传统的政治专制主义制度、学术上的不重逻辑的批评和反省，却也极其猛烈和深刻，其言辞并不亚于所谓“西化论”者。表面上看，这有些令人奇怪，其实不然，他是分清楚了中国传统文化的精华和糟粕，看明白了在外来文化冲击下中国文化暴露出来的问题。他要反对的，正是中国传统的政治秩序。

不合理的传统政治秩序应该大规模变革，尚存合理性的传统生活伦理却不妨予以继承、改进和发扬。19世纪末以后中国传统文化在外来文化冲击下暴露出来的问题，主要是偏向于政治层面即传统的统治关系，而作为原精神形态存在的中国传统典籍文化及它的表现中国传统生活文化，却并不是中国社会向前发展的根本障碍，因为决定一个民族和国家的整体道德水平和文化精神的，不是统治道德（政治文化）而是社会道德（生活文化)。或者干脆说,中国的问题,在于政治体制而不在于精神层面的文化。

20 世纪 30 年代的张君劢大力强调中外文化的融合,《明日之中国文化》中呼吁中国文化要“创新”而不是“复古”,原因也正在于此。在张氏的心目中,明日之中国文化究竟是以中国传统文化为本还是以外来文化为本,这并不是一个特别重要的问题,无论本土文化还是外来文化,都可以参与明日之中国文化的建设,成为明日之中国文化的资源。他主张弘扬中国传统文化,但并不等于维护或恢复中国传统的政治、经济制度。张君劢一生的追求就说明了这一点,他一边从事文化建设,一边积极投身于社会政治活动,参加起草了《国宪大纲》,并写作了《国宪议》,一生发表了大量文章论著来宣传宪政思想,主张地方分权和政治多元化。中国文化传统与现代政治建设,在他那里得到了统一。

张君劢的文化观念以及他对政治和文化关系的理解,对今天开拓创新中国文化仍有极大的启迪。在文化创新上,要做加法,不能做减法。知名学者甘阳,近些年来力主要“通三统”,他认为当代中国三种传统并存,也即三十多年来的改革开放,形成了以“市场”为中心延伸出来的、注重自由和权利的传统;中华人民共和国开国以来,毛泽东时代形成的追求平等和正义的传统;还有另数千年来形成以儒家文化为主的文化传统。[①] 这三种传统在当代中国并存,中国文化重建需要的是推动这三种传统的融合。21 世纪的中国人需要有这种文化视野,同时需要指出的是,通常所说的“中华民族自身历史与文化”,并不简单就是“儒释道”,而是包括了中国化了的基督教、伊斯兰教等非汉族文化体系。因此需要继续推动基督教、伊斯兰教等亚文化体系的本土化,在此基础上开创中国文化的新境界。

---

① 甘阳:《新时代的“通三统”——中国三种传统的融合》,载《通三统》,3 页,生活 · 读书 · 新知三联书店,2007。

第六章

世界变迁的人口魔方

法国曾经是欧洲首屈一指的大国，为何进入19世纪中叶却渐落德国之后？两国人口结构的变化决定了不同的国势。

近世以来的三波经济全球化浪潮，同样肇因于世界人口结构的三波变化。

人口数量、物质文明构成和族群文化构成皆会影响经济和政治。

今天世界人口已进入第四波变迁历程，但当前所见全球经济、政治的激烈变动，却还来自第三波世界人口变迁。

中国人口如今要面对的主要问题，不再是人口过多，而是防止人口结构过快失衡和过早陷入人口减少。

一、法德竞争：人口的影响

人口是国家的关键性战略能力，也是国家其他战略能力的前提和基础。美国政治学者罗伯特·吉尔平认为："从长远看来，稳定的经济增长率或人口变化是政治变革的最重要的动因。"同处欧洲大陆的法国与德国，在19世纪以来随人口变迁而发生的竞争优劣态势变更，就非常有典型性。

在欧洲历史上，法国长期一直是除哈布斯堡帝国之外人口最多的国家，人口数量使法国赢得了战略优势。在19世纪以前，法国一直是欧洲人口增长较为迅速的国家。法国人口在1715年至1789年间从1800万增长到了2600万，这使得"18世纪末，在英、法两国扰乱旧体制的基本因素恐怕是人口的增长"①。然而，这一优势在19世纪中叶以后开始削弱。法国是欧洲最早开始实行节制生育的国家，随着各种避孕手段的推行，法国人口增长到19世纪已经放缓，"在19世纪上半叶，法国的人口仍然增长了30%，而欧洲同期平均增长了50%，英国的人口增长率更达到100%"。"1800年，法国共有2700万居民(英国仅1800万，德国为2480万)，人口居全欧之首——幅员辽阔的俄罗斯另当别论——占欧洲总人口的15.7%；但是，到1850年时，这一比例下降为13.3%；1900年更下降为9.7%。"②

在法国人口增长速度放缓的同时，欧洲其他一些大国特别是德国的人口，却在迅速增长。"17世纪时，英国的人口只有400万，法国是1600万，西班牙是800万"，而到了"1870年，德国的人口为4000万，超过了英

文中关于各大国的人口变化，由于引用资料来源不同，相同年份对同一国家的人口统计会稍有出入，特此说明。——作者注

① 麦尼尔：《竞逐富强——西方军事的现代化历程》，196页，学林出版社，1996。

② (法)费尔南·布罗代尔：《法兰西的特性——人与物(上)》，商务印书馆，1995。

国或法国的人口。截至1914年,德国的人口增至6500万(增长了62%),超过了英、法两国的人口增长率。英国人口从3100万增至4500万(增长了45%),法国的人口几乎没有增加”。① “从普法战争时候起,德国人在青年男性的比率方面就占优势。19世纪60年代末,德国20—34岁的青年男性比例只是稍稍强于法国的东邻。然而到1910年,德国人已经把这一优势增大到了1.6∶1;到1939年,德国在年龄上适于从军的人数相当于法国的两倍多。”②

表6-1　　欧洲的人口(百万)

	法　国	德　国	英　国
1870	36	40	31
1900	39	56	41
1914	39	65	45

资料来源: Quincy Wright, *A Study of War* (Chicago: University of Chicago Press, 1942), vol. 1 (pp. 670 - 671), as cited in Anton W. Deporte, *Europe Between the Superpowers* (New Haven: Yale University Press, 2nd ed. , 1986), p. 13.

表6-2　　欧洲的钢产量(百万吨)

	法　国	德　国	英　国
1880	0.39	0.73	1.32
1900	1.57	6.46	4.98
1913	4.69	17.60	7.79

资料来源: Ingvar Svennilson, *Growth and Stagnation in the Europen Economy* (Geneva: United Nations Economic Commission for Europe, 1954), p. 260, as cited in DePorte, Ibid. , p. 13.

---

① (美)罗伯特·A. 帕斯特编:《世纪之旅:七大国百年外交风云》,上海世纪出版集团,2001。

② 各项比率依下述论文中的人口数字计算得出: Dudley Kirk, *Population and Population Trends in Modern France*, Modern France: Problems of the Third and Fourth Republics, edited by Edward Mead Earle, Princeton, 1951, p. 317. 转引自(美)威廉森·默里、麦格雷戈·诺克斯、阿尔文·伯恩斯坦编:《缔造战略:统治者、国家与战争》,时殷弘等译,520页,世界知识出版社,2004。

欧洲大国人口上的变化，对各自国家的经济与战略能力，产生了明显影响。从表6-1、表6-2的统计数据可以看出，法、德两国国力优劣势的变化，与其人口数量级直接相关。1850年法国仍是欧洲大陆最大的工业国，法国与德国的较量总是以法国占优，而法国人口也一直多于德国，1854—1856年的克里米亚战争是以法国胜利而告终的。到了1870年，德国人口从此永久性地超越法国，德国的工业生产与总体经济能力，特别是当时在经济增长中最有代表性的钢铁产量，差不多已达到法国的两倍以上，这使德国在战争工业化上明显比法国处在有利地位。法德之间战略态势的变化，在1871年的普法战争中得到了检验，“到1870年，德意志人口超过了法国。就在同一年，俾斯麦从法国手中夺去了法国传统的霸主地位”。[①]

普法战争之后，法德之间的人口数量差距进一步拉大，法国几乎永久性地在德国面前处于竞争劣势。第一次世界大战前夕的1913年，法国国民生产总值只有德国的55%，它在世界工业生产中所占比例只相当于德国的40%。[②] 后来成为法国总统的第二次世界大战中的英雄戴高乐，在20世纪30年代就对法德再次开战的前景十分悲观，他哀叹说，每有一个法国男子达到兵役年龄，就有两个德国人如此。[③] 而法国政治家白里安在第一次世界大战中，面对别人批评他采取讨好德国的政策时，为自己辩护他实行的是依法国出生率而来的外交政策。[④] 法国在两次世界大战之间对于自身安全的忧虑和需要自我保护的感受，也很大程度上是由人口大大下降这一事实造成的。

对法国国家命运与其人口数量之间的关系，法国历史学家布罗代尔曾深感痛心地指出：“避孕显然并非始于昨日，它不是现代的文明……在这条道路上，我们比欧洲邻国超前了足足一个世纪。这一领先的地位对

① （英）科林·麦克伊韦迪、理查·德琼斯：《世界人口历史图集》，陈海宏、刘文涛译，52页，东方出版社，1992。

② （美）保罗·肯尼迪：《大国的兴衰》，279页，中国经济出版社，1989。

③ （美）保罗·肯尼迪编：《战争与和平的大战略》，时殷弘等译，135页，世界知识出版社，2005。

④ （美）基辛格：《大外交》，顾淑馨、林添贵译，205页，海南出版社，1998。

法国的人口增长是一场不幸的灾难。正当法国的人口增长速度缓慢爬行的时候,邻国却阔步前进,工业的欣欣向荣加快了后者的前进步伐。我国在欧洲的人口比重相对下降……是否可以认为,法国失去其强国地位的时间不是 1815 年 6 月 15 日滑铁卢一战的惨败,而是在此之前很久,即从路易十五当政期间法国故意减少人口自然增长那时算起? ……19 世纪期间,西欧各国的发展几乎并驾齐驱。在社会演变、政治、经济、医学以及其他领域,处于齐头并进的状态。唯有一项例外,而且只涉及法国一个国家,它比欧洲其他各国提前 100 年时间,'开始减少有生力量,恰恰就在各国竞相进行世界扩张的时候'。在 18 世纪的这一事件的影响下,法国今后在各方面的前进步伐全都受累不浅。""'节制生育'一词最恰当不过地概括了法国历史悲剧的全过程。"①

二、世界人口的三波变迁

法、德两国在欧洲的权势之争及其态势变化,实际上不过是整个人类政治变迁的一个缩影,人口在其中扮演了魔法师的角色。无论过去还是现在,人口变迁都深刻影响到大国兴衰和世界政治面貌。这一点在进入所谓现代世界以来的五百余年间表现得特别明显,世界人口在此期间经历了三次大的变迁,随后在全球层面带来了三次大的经济和政治变动,但在此之前的漫长人类岁月中,人口变化对人类经济、政治生活的影响同样直接而迅猛。

1. 现代之前的情况②

所谓现代,是指全球形成跨洲性经济、商业乃至政治网络,人类生活

① (法) 费尔南·布罗代尔:《法兰西的特性——人与物(上)》,商务印书馆,1995。

② 此节所引用人口数字,均出于(英) 科林·麦克伊韦迪、理查·德琼斯:《世界人口历史图集》,刘文涛译,东方出版社,1992。

在较远距离上联为一体的世界，以1492年哥伦布“发现”新大陆为界。进入现代世界之前，全球不同区域存在多种彼此陌生的文明，在经济和政治上总体来说相互离散、各不统属，所谓世界政治，因此主要是各个离散世界的政治。

古代社会各种文明的兴起、文明中心的确立，都与人口变迁有关。在亚洲，文明最早在西部出现，先是苏美尔和阿卡德，接着是美索不达米亚，都曾在文明创造上辉煌一时，它们恰恰就是当时亚洲人口最多的地区，在古希腊罗马时代以前的大部分时间里一直占有亚洲人口总数的25%，公元前3000—公元前2000年初期为250万人，公元前2000—公元前1000年初期为500万人，公元前1000—公元元年初期为900万人，同期亚洲人口总数分别为1000万人、2000万人、3600万人。这一时期，苏美尔人最早发生了农业革命，发明了最早的文字、最早的青铜铸件以及最早的带轮车辆。然而，亚洲西部的文明中心地位，后来却被亚洲东部所超越，中国和印度先后兴起，并在文明创造上领亚洲之潮，到公元前5世纪，这两个国家的人口都在2500万—3000万人的规模，远远多于亚洲西部。在汉朝时期(公元前206—公元220年)，中国在人口数量上轻而易举就超过了罗马帝国，当罗马人口有4000多万人时，中国汉朝则有5000多万人。在隋唐时期(公元581—公元907年)，中国人口再次超过5000万人，中印两国的人口各自拥有亚洲的1/3，而亚洲西部进一步衰落，公元8世纪时人口只有2000万人，仅占亚洲人口的10%。自秦汉以后，中国一直是世界级的帝国，在亚洲东部长期扮演文明中心角色，逐渐形成了所谓东亚朝贡体系，人口众多是其主要成因。

欧洲文明最先是在地中海出现，同样与人口因素有关。地中海是连接亚洲和欧洲的交通要道，亚洲西部文明向西欧洲传播首先要通过地中海，在亚洲西部文明的影响下，地中海沿岸先于欧洲其他地方进行了农业改良，农业进步反过来又促进了人口增长。到公元前1000年青铜器时代末期，就人口密度来说，希腊比欧洲平均水平数高3倍，意大利则高2倍。在公元前1000—公元前400年间，欧洲人口增加了1倍，从1000万人增长到2000万人,同期希腊人则增长2倍,人口总数达到300万人。希腊人能够在亚历山大领导下击退、反击并最终征服庞大得多的波斯帝国,就得益于它的人力。意大利后来接过了希腊文明的火种,原因同样在于人口。公元前300年前后意大利人口激增,罗马征服了意大利半岛后,创立了一支大大超过其他欧洲国家的军队,并在与西地中海的另一强国迦太基的战争中以胜利告终,当时迦太基帝国人口只有150万人,而罗马则有500万人。包括整个地中海流域的罗马帝国形成后,帝国人口密度上升并超过了希腊的最高数字,到公元1年有700万人口,当时全欧洲仅有3100万人。"古典欧洲的轴心是地中海",然而,希腊和意大利却先后都衰落了,"新欧洲的轴心是欧洲大陆,各主要强国聚合成在一条连接意大利和比利时的线的两边"[①]。这种情况的发生还是与人口变迁相关,西北欧各族群比地中海各民族增殖得要快是主要成因。古典时代以来的人口增长率,地中海地区平均数合计只有36%,西北欧则达到了185%。

在任何时候,人口数量多都是国家竞争中的优势,然而,在现代之前的世代,人口少的族群打败人口多的族群,这种现象却屡见不鲜,比如人口居于少数的蒙古人和女真人,曾先后征服人口数量更多的汉族皇朝,罗马帝国后来也是被人口居于少数的蛮族所击垮,原因何在?这种情况的发生,绝大多数时候都发生在游牧族群与农耕定居者之间。在人类三种基本生活类型,即游牧、农耕和工商业中,只有农耕生活方式最适宜于定居,因此其尚武精神最弱,而游牧生活与现代工商业皆有极强的流动性,容易焕发向外冒险精神。《国富论》的作者、英国人亚当·斯密对此有精当评论,他说:"勤劳并因此致富的国家是最有可能受到攻击的国家,除非国家在国防上采取新措施,人民的自然习性会使其根本不能保卫自己。"[②]但从近五百年来的情况看,现代工商业国家明显比传统农耕国家和游牧族群的战略能力强盛,本书因此重点考察现代世界人口与国际政治变

---

① (英)科林·麦克伊韦迪、理查·德琼斯:《世界人口历史图集》,刘文涛译,12页,东方出版社,1992。

② 亚当·斯密:《国富论》,501页,华夏出版社,2005。

迁的状况，侧重说明现代工商业国家相对传统农业国家和游牧族群的优势，及人口因素对处于同一种文明类型的现代工商业国家间关系的影响。

2. 第一波：欧洲霸权

在进入现代世界，也就是15世纪末欧洲人开始大规模向外探险时起，世界人口至今经历了三次大的变迁，自然而然，第一波变迁是以欧洲为主题。

欧洲并非天生就是人类文明的宠儿，实际上，在哥伦布远航"新大陆"时期，当时的世界大致说来还是三分天下，三者之间互不统属。亚洲东部是以中国为中心形成的朝贡体系，中国文明在这一区域拥有绝对的影响力；亚洲西部和欧洲东部是土耳其人建立起来的奥斯曼帝国，这个横跨两洲的帝国时不时对欧洲造成威胁；第三个就是欧洲，境内君主国家林立，在1648年《威斯特伐利亚和约》签订后各国逐渐按主权国家的规则行事。这三块区域构成了当时世界三个主要的经济、政治板块，相互之间虽然有一定的贸易联系，但总体来说却又相互离散，谁也管不了谁。在19世纪快要进入尾声的时候，亚洲东部的儒家文明和西部的伊斯兰文明，全都败给了欧洲的科技和工业革命，并被欧洲压倒性的军事力量强行纳入了以欧洲为中心的现代资本主义体系，三个中心后来被一个欧洲中心所取代。

欧洲近世以来长期拥有的优势地位，与在此期间欧洲人口的一些变化密切相关。由于欧洲率先进入全球性商业和现代工业时代，从15世纪末开始直到20世纪初，其人口在三方面发生变迁并建立起了相对或绝对优势。

首先在数量上，欧洲人口占整个世界人口的比例持续增大。1700年时欧洲人口（包括俄罗斯）占世界总人口18%左右，1800年占20%，而到了1900年，则进一步上升到近25%。[①] 这两百年时间里由于现代医学的

---

① 注：根据（英）科林·麦克伊韦迪、理查·德琼斯著《世界人口历史图集》中人口数据算出。

发展、婴儿死亡率的降低、人均寿命的提高等因素，欧洲人口增长速度超过世界其他地区。19世纪欧洲人口增长率高达135%，而世界平均水平为80%，[①]它为欧洲对外扩张提供了源源不断的人力资源。其二，是早于其他世界实现了由传统农业型经济生活向现代工业化经济生活的转型，人口运用技术和进行内部组织的能力都大于其他社会。这是在进入现代以来，欧洲虽然人口数量上仍不多于亚洲，但其能量却比亚洲国家为大，和前者能以少胜多，打败或征服中国、印度这样的人口大国的基本成因。其三，是因为人口数量增长及人口转型而带来的对外移民，也扩大了欧洲优势。直至21世纪上半叶的近代世界，世界移民主要是欧洲向世界其他地方移民，当欧洲移民遍布世界后，欧洲对世界的统治地位便也形成。最后，如果再加一点的话，那就是欧洲在经历多次十字军东征后，各主要国家人口在族群构成、宗教信仰和精神文化方面，都达到了高度的同一性，这也增强了欧洲各主要国家内部的凝聚力。

从1492年到20世纪上半叶，世界史的主要内容都是围绕欧洲而展开的，在这漫长的四百余年间，除19世纪后期的美国和日本外，世界性大国基本都在欧洲。美国虽然在19世纪中期已具备世界大国的潜力，但并没有正式参与世界角逐，这一段时间的世界政治，实际上就是欧洲政治。没有欧洲对于世界其他地方的人口再生产优势，也就不会有欧洲对于世界的统治地位。

就是在欧洲范围之内，欧洲大国的兴衰成败及其优劣位势更替，也皆与人口变迁有关。在三十年战争期间及之后一段时间，法国和哈布斯堡王国一度执欧洲牛耳，这两国也是当时欧洲人口最多的两个国家。后来英国进入欧洲的大国阵营，一个重要原因是英国后来发力，人口增长极快，因此到处移民和建立商业，并最终建构起英国的海洋霸权。英国"人口从1750年的610万增加到1800年的920万(增加50%)，1850年

① (英)科林·麦克伊韦迪、理查·德琼斯：《世界人口历史图集》，刘文涛译，418页，东方出版社，1992。

达到1800万(增加100%)。在19世纪后半期,人口增长率仅仅稍微有所减慢(当时增长率仍超过75%,到1900年,出现了3300万的人口数字)”[①]。同期法国人口仍然多于英国,但以下几个方面决定了法国不会如英国那样建立世界霸权:一是在18世纪以来,法国人口增长不如英国快,年轻人口比重小于英国,这决定了英国表现出了比法国更强的活力和创新性。法国人口“1800年是2900万,1850年是3600万……在19世纪下半期,虽然人口上升到了4100万,但这种增长完全是由于人的寿命延长所致”[②],与18世纪晚期以后英国所表现出来的高人口增长率相比,明显缓慢。“从1792年至1815年,法国在战争中损失的兵员总计在130万到150万之间。与此同时,从19世纪开始,法国的出生率显著下降。也就是说,随着波旁王朝的复辟,人口迅速增长的问题在法国领土上永远消失了……法国人学会了控制生育,而英国人则学会了如何使不断增长的人口进入工商业界就业。这基本上是法、英两国政府在1792—1815年之间所采取的行动的无意识副产品。”[③]二是法国内部地理条件比英国优越,因此向外移民的动力不足,也限制了法国开创海外帝国的意愿。三是法国所处陆海兼备的地缘环境,使法国自黎塞留以来,一直把视野放在欧洲霸权而非海外霸权,法国的战略目标与英国不同。英国把精力置于欧洲之外的全球,法国把精力置于欧洲,故英法并无实质性的海外竞争,从而也就无从比较谁高谁下,追究“为什么法国人口比英国多,却没能如英国那样建立世界霸权”这样的问题,也就没有什么意义了。

3. 第二波:美苏争霸和“美国世纪”

20世纪是美国和苏联共同主宰世界的世纪,也可以说是“美国世

---

① (英)科林·麦克伊韦迪、理查·德琼斯:《世界人口历史图集》,刘文涛译,35页,东方出版社,1992。

② (英)科林·麦克伊韦迪、理查·德琼斯:《世界人口历史图集》,刘文涛译,52页,东方出版社,1992。

③ 麦尼尔:《竞逐富强——西方军事的现代化历程》,220页,学林出版社,1996。

纪”,因为在20世纪的前叶,第一次世界大战最后还是因为美国的加入才告终结,美国起了关键性的作用,而在20世纪下半叶的美苏争霸中,苏联终于抵不过美国的全面优势而败下阵来。无论美苏两极争霸还是“美国世纪”,进入20世纪以后的全球政治格局,已完全颠覆19世纪及之前的状态。根本的变化是,长期以来欧洲对于世界的霸权,让位于美苏霸权或美国的统治地位,英国、法国、德国等以往的世界一流大国,不得不退居美国、苏联之后而成为二流大国。

第二次世界大战结束后欧洲霸权完全丧失、美国和苏联共管世界,以及20世纪90年代以来美国独步天下,同样与在此期间的大国人口变化密不可分。从18世纪末时期起,欧洲的世界霸权就开始在美洲开始受到侵蚀,北美十三块殖民地组成一个新国家美利坚合众国,首先给欧洲的权势撕开了一个大洞。而在19世纪里,欧洲霸权更是不断受到美俄两个新兴大国的侵蚀。俄、美两国更大规模地参与世界瓜分,其后盾就是19世纪以来急剧的人口增长,到20世纪来临之时,两国人口都已远远超出当时世界上的其他传统列强。美国人口从18世纪后期到20世纪初的增长速度十分惊人,1775年还只有325万人,1800年为600万人,到1900年便达到了7600万人。① 中国革命先行者孙中山先生,在20世纪初曾对美国人口在19世纪的100年间就增长10余倍惊叹不已,认为这一美国崛起的关键性因素。② 与此同时,俄罗斯人口在19世纪的增长幅度同样引人注目,1800年为3600万人,1850年为6500万人,1900年更增长到10700万人,人口规模在100年间增长200%③。到20世纪来临时,在新旧列强中,沙皇俄国和美国的人口已分别居于第一和第二位置,大大超过紧随其后的德国(5600万人)、英国(4100万人)、法国(3900万人)。

在人口规模逐渐超过旧列强的同时,美、俄两国在19世纪都致力于

---

① (英)科林·麦克伊韦迪、理查·德琼斯:《世界人口历史图集》,刘文涛译,347页,东方出版社,1992。

② 孙中山研究学会编:《孙中山文集》(上),70—71页,团结出版社,1997。

③ (英)科林·麦克伊韦迪、理查·德琼斯:《世界人口历史图集》,刘文涛译,79—81页,东方出版社,1992。

推动工业和经济发展，在物质文明上也赶上甚至超过了英、法、德等国。1860年，美国的工业产值已超过德国和俄国，即将比肩法国，只比英国有明显差距。到1870年，俄国的国民生产总值位居世界第一，但不久之后出现衰退。再到1900年，德、美两国的工业产值都超过了法国，分别占世界工业产值的13%和23%，而美国在1890年钢铁产量和能量消耗量都已居世界首位，事实上已取代英国成为世界上最大的工业化国家。[①]

美国和沙皇俄国作为19世纪的新兴国家，在人口、经济迅速增长的同时，军事力量也发展很快，逐渐已可与旧列强相比肩。欧洲的世界霸权因此在19世纪里不断受到侵蚀，托克维尔等有远见的人士，在19世纪中期就曾预言，20世纪将是美国的钱袋和俄罗斯的皮鞋共同主宰世界。[②]第二次世界后形成美苏霸权，从人口角度来看毫不令人意外。1930年，美国人口达到1.2亿人，苏联人口增至近1.4亿人，是人口最多的两个国家。在第二次世界大战发生前夕，它们各自的人口数量都比位居其次的德国人口多了一倍[③]。这两国的人口优势不仅最终决定了战争走向和结局，也决定了第二次世界大战后的国际格局。

20世纪中后叶的美苏霸权，仍与这两个大国人口优势进一步扩大密切相关。在20世纪下半叶，美、苏两国人口加起来有约6亿人，比传统西欧国家的人口总和还要多。尤其是美国，由于大量外来移民和稳定的总和生育率，人口一直处于增长中，相比之下，欧洲人口在经历短时间的增长后重新又陷入停滞。1500年到1900年之间，欧洲人口(不包括俄罗斯)占世界人口的比重从14.5%上升到18.1%，在2000年又下降为8.2%。[④]美国人口结构一直保持相对合理，年轻人口在国家总人口中始终占有较高比例，这恰恰也是美国的活力所在。

---

① (美)保罗·肯尼迪：《大国的兴衰》，214、224、252、253页。

② (英)科林·麦克伊韦迪、理查·德琼斯：《世界人口历史图集》，刘文涛译，347、82页，东方出版社，1992。

③ 注：根据(英)科林·麦克伊韦迪、理查·德琼斯所著《世界人口历史图集》中人口数据算出。

④ 根据表三数据算出。

4. 第三波：非西方世界兴起

进入20世纪晚期后，全球舆论普遍认为世界政治权力正在发生由西方向非西方的转移①，它同样与20世纪下半叶以来，非西方快速的人口增长与西方的人口停滞过程相一致。在此时间内，非西方人口改变了传统的高出生、高死亡、低增长的高位均衡，而转为高出生、低死亡、高增长，同时工业化和城市化速度加快。17世纪初美洲大陆人口只占世界总人口的不到2%，但是今天这个数字却是13.3%。② 从20世纪初到20世纪末，亚洲人口由占世界总人口不到60%，重新上升到60%以上，非洲则从7%提高到9.5%。③

相反，西方人口出现停滞甚至负增长。自1900年以来，欧洲人口增长63%，而全世界平均水平为140%。④欧洲和俄罗斯在世界人口中的比重，在最近的半个多世纪中更是急剧减小。1900年欧洲人口(包括俄罗斯，不包括苏联的亚洲部分)占世界人口的约25%，1950年变为约22%，到2000年，则已经显著降为12%。⑤ 正在展开的21世纪，欧洲人口占世界人口的比例还会继续走低，以欧盟以往的主要构成西欧来计算，1950年，西欧国家人口占世界人口的12%，到2000年则降为约6%，而据美国人口咨询局估计，到2050年，这个数字还可能下调到4%。⑥ 苏联人口在1913年时还占世界总量的8%，1990年时已降为只有5.5%，而在十余年后又有进一步降低，其后继者俄罗斯人口如今只占世界总量的2.2%⑦，这

---

① 如(美)塞缪尔·亨廷顿在《文明的冲突与世界秩序的重建》(新华出版社，2002)一书中即认为，当代世界面临西方的衰落，同时非西方文明在复兴。

② 注：根据表三数据算出。

③④ (英)科林·麦克伊韦迪、理查·德琼斯：《世界人口历史图集》，刘文涛译，419页，东方出版社，1992。

⑤ 见(意)马西姆·利维巴茨：《繁衍——世界人口简史》(第三版)，郭峰、庄谨译，29页，北京大学出版社，2005。

⑥ 尼古拉斯·埃伯施塔特：《全球人口的四大意外变化》，转载自《参考资料》2004年9月16日，译文题为：《埃伯施塔特文章〈全球人口的四大意外变化〉》。

⑦ 注：根据表6-3数据算出。

也是在20世纪下半叶的美苏争霸中，苏联最后不敌美国的一个重要原因。

表6-3　各大陆人口(公元前400年—公元2000年，以百万为单位)①

年　份	亚洲	欧洲	苏联(俄)	非洲	美洲	大洋洲	世界
公元前400	95	19	13	17	8	1	153
公元元年	170	31	12	26	12	1	252
200	158	44	13	30	11	1	257
600	134	22	11	24	16	1	208
1000	152	30	13	39	18	1	253
1200	258	49	17	48	26	2	400
1340	238	74	16	80	32	2	442
1400	201	52	13	68	39	2	375
1500	245	67	17	87	42	3	461
1600	338	89	22	113	13	3	578
1700	433	95	30	107	12	3	680
1750	500	111	35	104	18	3	771
1800	631	146	49	102	24	2	954
1850	790	209	79	102	59	2	1241
1900	903	295	127	138	165	6	1634
1950	1376	393	182	224	332	13	2520
2000	3611	510	291	784	829	30	6055
0—1750	0.06	0.07	0.06	0.08	0.02	0.06	0.06
1750—1950	0.51	0.63	0.82	0.38	1.46	0.74	0.59
1950—2000	1.9	0.53	0.97	2.51	1.83	1.67	1.75

注：对于出生率、预期寿命和存活年数，此数据涉及每栏开始时间与前一栏开始时间之间隔(对于第一栏来说，这一间隔从假定的人类出现到公元前10000年之间)。

① 表6-3来源，见(意)马西姆·利维巴茨：《繁衍——世界人口简史》(第三版)，郭峰、庄谨译，29页，北京大学出版社，2005。

随着第二次世界大战结束、非西方国家纷纷摆脱被殖民局面和实现国家独立,一方面在人口数量上再次拉大了与传统西方强国和俄罗斯(不包括美国)的差距,另一方面在工业发展和经济建设上取得了长足进步,人口的物质文明形态上也开始迎头赶上西方。在今天的世界上,东亚地区先是“四小龙”、后是中国大陆和印度的经济起飞,不仅改变了亚洲的经济面貌,也改变了全球地缘经济格局。东亚地区正取代美国和欧洲,成为新的世界经济中心,其实体经济规模已占有全世界的近 1/3。这也是进入新世纪以来,所谓“金砖四国”(BRICS)频频为人所谈起的原因。这四个“大有前途”国家中,有三个是发展中国家,即中国、印度和巴西,这三个发展中大国的人口,在 20 世纪下半叶以来占世界总人口的比重不是持平,就是不断上升。印度在这方面的表现更为明显。

非西方世界的人口增长和经济发展,正在改写以往由美国、欧洲和日本所主导的经济全球化格局。从实物交换的角度看,以中国、印度、巴西等国为中心,世界正在形成一个新的全球化体系。这也使得以往的八国集团(G8,在 20 世纪 70 年代刚建立时是七国集团即 G7,后来在 20 世纪 90 年代随俄罗斯加入而成为 G8)风光不再,而将中国、印度、巴西包括在内的二十国集团和“金砖国家”(中国、印度、巴西、俄罗斯和南非)俱乐部,其重要性近年来逐渐上升,已取代了以往八国集团的分量。

5. 小结

人口变迁会改变国家在国际竞争中的优劣位势,也是影响世界政治的最为活跃的要素。近世以来随世界人口的三波大规模变迁,相应带来了世界经济和政治的三次大的变动。首先是欧洲自进入现代世界后相对为快的人口增长及人口在物质文明形态上的转型,导致欧洲持续性的对外扩张,并奠定了欧洲直至 20 世纪初期的世界霸权。接着是当 20 世纪来临,美国和俄罗斯的人口在数量上显著超过欧洲任何一个大国时,欧洲传统大国作为世界性大国的历史,从此一去不复返,欧洲霸权在 20 世纪上半叶完全终结,世界政治中出现了新的巨人,大国政治也扩散到欧洲范围之外。在此期间德国和日本也曾因人口快速增长而领一时风骚。再次,进入20世纪下半叶以来,传统的殖民体系瓦解、大批新兴民族国家在亚非拉等地增生,世界人口变迁进入第三波,广大后发国家也走上了工业化和市场化道路。在这一波浪潮中,传统欧洲大国、日本和俄罗斯(苏联)人口生产急剧减弱,相反非西方国家人口增长强劲。在世界范围内已不存在显著的物质文明差别的情况下,非西方世界相对为高的人口增长水平,也为这些国家的经济发展和在世界政治中分量的提升,创造了条件和资源。这一波潮流虽然早在20世纪60年代后期前即已开始,但与之相关的地缘政治变动却因传统大国的实力惯性而相应保持惯性,但这一惯性在进入21世纪后却戛然而止,原因是世界人口变动所引起的地缘政治变动,已由不断积累的量变而进入质变阶段。这一阶段世界人口的特点,一是在数量上,非西方世界对西方世界产生全面性的数量优势,这一优势目前还在扩大;二是在物质文明构成上,非西方国家迎头赶上,不再存在殖民化时期相对殖民国家的物质文明代差,并且由于教育的普及,世界人口素质呈现平均化趋势;三是在人口年龄构成上,西方国家老龄化程度日渐严重,大幅度削弱了这些国家的经济和战略竞争力,而非西方国家普遍人口年轻,当前仍存在良好的发展潜力;四是在人口流动上,移民全球化进程加速,尤其是亚洲和伊斯兰世界对外移民大量增多,世界移民路线图在经历近世以来欧洲的向外移民后,现在已经逆转,变为世界其他地方向欧洲和西方移民。

三、三大人口要素的作用

从国家特别是大国兴衰史来看,人口是关键性战略资源,不仅构成国家的硬实力,也构成国家的软实力。主要表现在两个方面:其一,有较多人口的国家,一般情况下也会有较多年轻人口和更多高智慧人口,并因此使国家更有活力。人口增长会不断创造年轻人口和劳动人口,从而为国家经济、科技和军事等的发展提供丰富人力资源。其二,人口也是文明的基本负载,人口多的国家,更有利于传播文明和文化,并建立起在文明和文化上的相对优势。

在人口变迁与大国兴衰和世界政治嬗变的关系中,人们一般看到的是人口数量增减对国家兴衰和世界政治的塑造作用。一般来说也的确如此,通常情况下,哪个国家的人口数量多,哪个国家的战略能力就强,就更有竞争优势。没有一定的数量为前提,一个国家不可能成为所谓大国,也不可能在地区和全球产生广泛影响。

但人口对国家战略能力的作用,并不仅仅体现在数量上。甲午海战的时候,中国人口比日本多得多,结果却败了;奥斯曼帝国、奥匈帝国和苏联都曾拥有众多人口,后来却都分崩离析。人口多是优势,但数量多寡仅是人口影响大国兴衰和世界政治的一个方面,除数量之外,从以往来看,人口中的另外两个要素,其影响同样巨大:

1. 人口的文化和族群构成

在世界历史上,有些国家曾经人口众多,最后还是不可避免衰落了。其中一大原因,就是人口结构中没有形成负载某种主要文明和种族的主体人口。如果一个国家没有在其人口中形成对某种主要文明的认同,没有相通(而非共同)的种族构成,其内部凝聚力就不会强盛,即使产生人口增长,人口多也难以形成数量优势和国家可用的有利战略资源。

以奥匈帝国为例。这个国家的前身是哈布斯堡帝国即神圣罗马帝国,在很长时间内其人口数量和统治面积都在欧洲无人能出其右。但这个国家也是一个种族成分特别复杂的国家,在与普鲁士争夺德意志控制权的1865年,哈布斯堡帝国的3700万人口中,800万具有德意志血统,500万是匈牙利人,500万是意大利人,400万是斯拉夫人,200万是罗马尼亚人,以及还有其他种族。这一年其军队花名册中,有128286德意志人、96300 名捷克人、52700 名意大利人、22700 名斯洛文尼亚人、20700 名罗马尼亚人、19000 名塞尔维亚人、50100 名鲁提尼人、37700 名波兰人、32500 名马扎尔人、27600 名克罗特人和 5100 名其他种族人。[①] 哈布斯堡帝国的军队很像一支多国联军，这与整齐划一得多的法国军队和普鲁士军队形成了鲜明对照。这样一个国家的内聚力及其军队的战斗力可想而知，19 世纪下半叶败给了普鲁士，而在 20 世纪上半叶，奥匈帝国彻底毁灭于第一次世界大战的战火。在现代民族意识尚未产生的古典时代，奥匈帝国尚能保持其国家形态，而当 18 世纪后期以来民族主义风起云涌时，由多个族群、多种信仰人口组成的帝国，就再也无法压抑境内的民族分离倾向，最后无可奈何，分崩离析。

苏联的解体，同样与内部族群和文化构成复杂有关。在 1991 年帝国崩溃之际，境内有 130 多个"民族"，中亚诸加盟共和国有约 1000 万穆斯林，波罗的海各加盟共和国族群构成更为复杂。在爱沙尼亚，路德宗新教徒占居民人数的 70%，而东正教徒占 20%；在拉脱维亚，路德宗新教徒占 40%，东正教徒占 35%，天主教徒占 25%；在立陶宛，天主教徒占 90%，东正教徒只占 4%。[②] 中亚诸加盟共和国、波罗的海诸加盟共和国，与主体民族俄罗斯族在信仰上南辕北辙。最后导致苏联大家庭不能持续、帝国分崩离析的，不仅在于族群差异，而且在于族群间的宗教信仰即文化分裂。1993 年美国哈佛大学教授塞缪尔·亨廷顿提出"文明冲突论"，他所担心的，实际上很大部分是美国国内的人口问题。非撒克逊-盎格鲁人口特别是信仰天主教的拉丁裔人口增长速度大大高于传统白人人口，这在亨廷顿看来威胁到了美国的主体人口结构，进而会威胁美国的文明特性，这样的美国将是联合国而不是美利坚合众国。近些年来欧洲对外来移民的排斥增多，也是基于同样心理。另外，加拿大的国土面积居世界第二，却没有多少人认为它是大国，又是为什么呢？从人口角度看，一是这么大

① （美）保罗·肯尼迪：《大国的兴衰》，206—207 页，中国经济出版社，1989。

② 尼·伊·雷日科夫：《大国悲剧——苏联解体的前因后果》，徐昌翰等译，173 页，新华出版社，2008。

的国家，才区区3000万人口，人口数量太少，不足以支撑大国骨架；二是加拿大国内存在两大族群，即讲英语的英国人后代与讲法语的法国人后代。后者主要聚居的魁北克，一直要求独立，这使加拿大人口在种族与文化构成上没有形成主体板块，因此妨碍了它的内部团结，也使它难以成为大国。

2. 人口的物质文明构成

近世以来，世界三大文明中心中，东亚文明中心和奥托曼文明中心都被打垮，欧洲和西方文明破茧而出，对非西方世界产生巨大优势。其原因何在？在于非西方世界的物质文明与欧美国家存在代差。这种差距不仅体现在欧美国家的人口数量与非西方世界的差距在减小，更体现在人口结构中，欧洲人口的科技和商业素质比非西方世界为高。也就是说，在近世以来由传统农业社会向现代工商业社会和人口转型中，欧洲和西方远远走在非西方国家前面，而哪一个国家在人口的物质文明转型中速度更快、效益更佳，谁就会拥有更好的人力资源，也就相应会积累更强的国家战略能力。

19世纪末的中日甲午战争，也说明了这个问题。当时日本在经历西南战争和明治维新后，其中央政权和精英阶层，在推进日本成为类似于欧洲的现代工商业国家这一目标上，已达成一致观念并开始在实践上落实。这种负载着现代观念的精英阶层，也已成为日本的新的领导阶级，他们积极推动日本现代工商业的发展。到甲午战争前夕日本在现代化上已大大超过清朝，其国家竞争力也已在清朝之上。如历史学家黄仁宇所说“一个国家之现代化，主要是以商业组织之原理加于国事之上，因之公众事务之分工合作和私人生活之分工合作异途而同归，所增加之效率，使这国家的功能提高”“日本在德川幕府后期本来已朝此方向发展，与中国无法分类的大多数相比，显然效率更高，此中差异也在战场上表现无余”。[①]

---

① 黄仁宇：《中国大历史》，258页，生活·读书·新知三联书店，1997。

反观中国，第二次鸦片战争后虽然由曾国藩、李鸿章和左宗棠等人发起自强运动或洋务运动，但洋务派的基本主张仍是“中体西用”，现代工商业不过是传统封建制度的附庸品，改革国家制度不仅未在主政者那里形成主流观念，也未成为国家目标。“自强运动表示着一种意志简单的目的：中国希望借西方之科技以充实军事力量而已。改革者所需要的乃是轮船与枪炮，所以他们设立的是船坞与兵工厂。所有的改革也与其他部门隔离，以免妨碍旧有法制规章。”[①]也就是说，那时中国也开始经历人口的物质文明转型，但这一转型还未上升为国家的主导性意志。直到甲午海战之后，传统的皇权观念及其制度系统才被深深触动，由此产生清末新政及若干变革，但此时已为时晚矣。[②]

中国、印度等人口大国都曾经历被殖民的历史，说明了人口数量并非在任何时候都在国家战略能力中扮演关键性地位。然而，数量永远却又是优势所在，也因为人口众多，中国、印度在20世纪上半叶开始从被殖民状态中建立起现代民族意识并开展民族主义运动后，日本后来无法吞并中国并最后败北，印度最终也从英国统治中独立。

正在展开的21世纪，人口构成中的一个新增因素，即人口的年龄构成，也将影响国家兴衰和世界政治变迁。这一因素只是最近一个半世纪以来才开始存在的，在此之前，全球各处一直处于前工业社会状态，城市化水平很低，人口出生率普遍比较高，没有人口总和生育率低于世代更替水平和老龄化的现象，世界各国间人口年龄结构的差别不大。自19世纪中期以来，法国率先在欧洲出现出生率下降和人口老龄化问题，由此影响了法国在欧洲的优势地位；而20世纪下半叶以来，总和生育率下降至世代更替水平以下和老龄化问题，出现了世界性扩张，全球主要国家和不同地区，人口年龄结构均已发生显著变化。特别是欧洲、日本，少子化和老龄化程度已相当严重。同样一个国家，在人口普遍年轻和普遍老化时，社

① 黄仁宇：《中国大历史》，254页，生活·读书·新知三联书店。

② 中日当时社会主导者的观念比较，可参（美）费正清：《中国：传统与变迁》，378—381页，世界知识出版社，2002。

会心态以及民众对内政外交的需求是极为不同的；而在全球分别出老年国家和年轻国家后，这两种类型的国家在政治取向上也将大为不同。这种差异已明显影响不同国家和地区的内外政策，从而影响世界政治。①

四、人口变迁对世界的新塑造

近四五百年间，全球人口曾经历过三次大的变迁，并都产生了相应的经济、军事和政治影响。当前世界已进入第四次人口变迁进程，但由于人口变迁导致的经济、社会和政治影响具有滞后性，21 世纪前二三十年的世界将主要受第三波人口变迁的影响。2011 年年初以来中东北非地区的乱局、欧洲的经济社会危机，以及西方国家对利比亚的军事干预和围绕叙利亚局势而发生的大国博弈，可以认为是世界第三波人口变迁的经济、政治和社会影响已全面爆发。

第三波全球人口变迁大致起自 20 世纪 60 年代，自那以来欧洲和西方近两百年来人口增长速度超过世界其他区域的历史发生逆转，人口生育水平急剧下降甚至在一些国家开始出现人口负增长。人口生产在世界不同区域的显著落差，给世界人口带来的一个重大变化，就是近二十年来，原先主宰世界的那些国家在迅速变老，而世界的其他部分正年轻气盛，这在不同类型国家内部产生不同的经济、政治和社会要求，并分别产生不同的对外影响。

其重要影响之一，就是在世界范围内形成一股新的移民大潮，并且世界人口移动由传统的西方世界向非西方世界移动，转变为非西方世界向西方移动，欧洲、美国等西方发达国家，目前已成为世界移民的主要接收地。就像欧洲近世以来的对外人口迁移，带来了欧洲的兴起及其全球统

① Celiaw. Dugger, *Very Young Populations Contribute to Strife*, *Study Concludes*, The New-york Times, April 4, 2007.

治地位一样，这一波倒转回去的移民潮，将改变的也不仅仅是一些国家的人口结构，同时还会在经济、政治等领域发生影响。在此过程中，不可避免会有冲突和对抗，且在某些时候还会显得格外激烈和难以调和。

从一定程度上说，21 世纪以来发生的重大恐怖主义事件及美国展开的反恐战争，都可以看作是人口问题在当下的一个反映。这方面的不适和冲撞，从量上来说近年来显然在不断攀升，近年来发生的一些事件，就说明了这一问题的严重性。

2011 年 1 月 8 日，美国国会女众议员加布里埃尔·吉福兹在亚利桑那州图森市进行巡回谢票活动时遭遇枪击，造成 6 人死亡、12 人受伤。据报道，她遇此劫难的主因在于她从政以来，在移民问题上态度强硬，致力于在亚利桑那州推行更严厉的移民法案，加强边境的安保措施，对已入境的非法移民进行识别、起诉并将他们驱逐出境。2010 年 11 月，她以微弱优势在国会选举中胜出，决定她胜选的议题正是移民，但这也使她多次受到匿名恐吓。

美国近些年来对待移民越来越不友善，由此引起的不和谐与欧洲相比，却又有点小巫见大巫了。也是在 2011 年年初，希腊公民保护部长赫里斯托斯·帕普齐斯宣布，将在希腊和土耳其边界修建一道 12 公里的隔离墙，以遏制非法移民经由土耳其进入希腊和其他欧盟国家，否则如 2010 年那样有 10 万人从中亚、中东和非洲进入希腊，那是希腊不可承受之重。希腊政府的这一决定，引起了移民群体的抗议，也引发了欧盟和国际舆论的强烈反应。

欧洲的上空无疑已飘荡起移民保守主义的阴云。更夸张显示这片阴云的，是 2010 年发生在法国的两件事情。一是继 2009 年之后，2010 年 8 月法国再次大张旗鼓驱逐罗姆人；另一件是 2010 年 9 月法国通过法案，禁止人们在公共场所穿戴会遮住整张脸的头巾、面纱和罩袍。这两件事情，都在世界上引起了很大争议，尤其是伊斯兰世界对法国的做法很不满，有些极端主义组织甚至宣称要对法国发动恐怖袭击，一时曾使法国人颇为惶然。然而，值得注意的是，绝大多数法国人却都支持对异已者采取一些限定措施，法国参议院通过禁止妇女公共场所穿遮脸服饰的议案，就只有一票反对。

这种态度并不只是法国才有。德国中央银行德意志银行的董事扎拉青 2010 年出版了一部著作，书中指出回教徒移民降低了整个德国社会的智力，使德国社会变得平庸。他虽然因此被银行开除，但民意调查却显示，大多数德国人同意扎拉青的看法。一些欧洲国家如荷兰、西班牙、意大利等，也都在酝酿制定类似法国的法案。这的确反映了欧洲对其人口结构变迁的一种恐惧。欧洲的穆斯林人口在过去三十年间增加了一倍以上，并将于 2015 年前又增长一倍。如今法国穆斯林人口已有 600 万之多，占其总人口的 10%；德国穆斯林人口已 400 万有余，占其总人口的 5%。仅仅是人口种族结构的改变，还不足为惧。欧洲人担心的，是随移民潮而一天天增多的穆斯林人口，过于顽强地保存了自己的文明传统，并不愿意融入欧洲文明。德国总理默克尔在 2010 年 10 月的一次演讲中，就公开指出德国试图建立多元文化社会的努力已经“彻底失败”，她强硬要求穆斯林移民应该学习德文，以便在德国学习、就业和融入新国家。

对外来移民的不适感，在欧洲不再只是简单的“社会归化”问题，而已形成趋向激烈的社会冲突。2011 年 7 月底，一向平和安宁的北欧国家挪威，发生了自第二次世界大战以来最为血腥的爆炸枪击案，32 岁的极右翼分子安德斯·贝林·布雷维克在奥斯陆政府机构门前放置汽车炸弹，然后在于特岛向数百名执政党工党的年轻成员开枪射击，造成 77 人死亡。请注意布雷维克在网站上发表的宣言，他说：“如果不首先清除多元文化/文化马克思主义所体现出来的政治学说，你就无法打败伊斯兰化，或阻止/扭转伊斯兰对西欧的殖民。”他还写道：“我们的世界已经疯狂的最广泛的体现之一就是多元文化。”

归纳起来，近年来欧洲人口结构所发生的三个明显变化，的确都有助于使欧洲往内向的方向越走越远。这三大变化，一是欧洲本土人口出生率严重下降，欧洲已全面进入老龄社会，在目前世界老龄化程度最高的 19 个国家中，除日本和摩洛哥外，其他 17 个国家都在欧洲；二是由第一个而来，是当今世界人口流动，已由近代以来主要由欧洲向外移民，而变成世界向欧洲移民；三是人口的族群和宗教构成上，不信奉基督的外来移民人口所占比重上升。

穆斯林移民在欧洲的增多及难以在文化上归化欧洲，在某些场合已被放大为欧洲将成为"欧拉伯"的舆论意识。荷兰自由党领袖海尔特·维尔德称："公元 732 年的普瓦捷会战阻止了伊斯兰第一次入侵欧洲，第二次入侵又于 1683 年被阻挡在维也纳的关塞之外。我们现在要阻止的是穆斯林这一次的秘密潜入。"[①]"要阻止（荷兰）回教化"。[②] 这种舆论思想代表的，不言而喻是文化保守主义在欧洲的回潮。往小处说，是欧洲各国对穆斯林人口增多将冲击其国家特性有恐惧；往大处说，是欧洲对人口变迁将动摇其文明（文化优势）怀有担忧。

不过，对欧洲将"欧拉伯"化的担心，其实有些杯弓蛇影。大多数研究机构通过调查指出，至少在未来半个世纪内，欧洲都不会为穆斯林所主宰，后者都将在欧洲处于绝对少数地位。笔者看到的最高估计，是美国移民政策协会称，到 2050 年，穆斯林人口占欧盟总人口的比例将达 20%，这并不会动摇欧洲之本！另外，还要考虑到的是，世界人口变迁正在进入第四波。包括伊斯兰世界在内，世界人口已普遍进入低增长阶段，未来靠近欧洲的那些伊斯兰国家，同样将遭遇老龄人口增多、青年人口减小问题。这样，当前这波向欧洲进发的移民潮，再过一二十年后将会放缓，因人口问题而引发的国际冲突，也将可能逐步减弱。

第三波人口变迁带来的经济、政治和社会影响，当然不仅表现在如对外移民这样的国际层面，也表现在国家内政层面。中东北非地区 2011 年以来的乱局，从人口变迁的角度看就非常容易理解。1980 年的时候，埃及人口才 4400 万，而到 2010 年据推算已达 8400 多万，其中 25 岁以下的就占到 52%。整个中东北非地区也都大略如此。据联合国统计，北非和

---

① 《美刊说没有证据表明穆斯林将在欧洲反客为主》，载《参考资料》2009 年 8 月 4 日。

② 《荷兰可能继法国之后也禁回教妇女穿罩袍戴头巾》，载《联合早报》（新加坡）2010 年 10 月 2 日。

西亚人口在 1980 年约为 2.3 亿,到 2010 年几乎增长一倍,提高到了 4.4 亿,其中 24 岁以下的人口比较超过了 50%。[①] 中东北非地区的人口增长率及年轻人口比例,均显著高于世界其他地区。大批的年轻人口突然出现,就业、社会福利等等问题,不是空喊几句民主、自由、人权的口号就能得到解决的。而大批年轻人没地方吃饭、没机会发展,再加上社会有腐败和贫富差距现象,就很容易转换成社会的民主政治要求,包括对外的民族主义倾向。

概而言之,2011 年以来中东北非地区的乱局,主要成因是人口增长速度超过了国家所能提供的就业和福利增长速度。突尼斯、埃及等国上街游行的,大部分是年轻人。这一点跟欧洲很不相同。欧洲上街游行的多是老年人,他们所要求的无非是改善福利待遇,而并不要求颠覆整个的政治体系。然而,北非、西亚的年轻人一上街,马上就要求变革现有的政治体制,同时对外来干涉极为敏感。大致能这样说,欧洲主要是老年人政治,中东地区主要是年轻人政治。相对于老年人政治,年轻人政治的革新性更鲜明,改变国内国际经济、政治面貌的意图和能力也更强。在这种情况下,可以想见,中东地区的混乱以及由此引发的对外关系紧张,想一时半会儿停息下来,恐怕很难。

五、2050:"美国世纪"终结?

在第三波人口变迁的冲击下,当今世界的大国格局及全球政治图景无疑也将发生深刻变化。已在发生和可以预料的情况有:

第一个就是移民潮会加剧全球冲突。这一幕场景今天已反复在西方世界尤其是欧洲上演,今后会更加剧烈。此轮移民潮的产生原因,在于 20 世纪六七十年代,广大欠发达国家尤其是伊斯兰世界的高生育率,使

① 平田笃央:《中东政局变化背后的人口增加因素》,载《朝日新闻》(日本)2011 年 2 月 8 日,转载自《参考资料》2011 年 2 月 12 日译文《日报认为中东陷入动荡缘于出现人口爆炸和信息革命新形势》。

其年轻人口在20世纪八九十年代急剧增多,由于所在国一时难以为大量涌现的年轻人安排教育、就业等,从而引发了大规模的人口向外流动。亚洲、非洲的大量向外移民,引起了移民与接收国民众在就业、社会福利、宗教信仰等多方面的紧张。

第二个是保守主义思潮兴起。这与移民、人口老龄化和人口负增长有关。因移民而引发的冲突激发了欧洲和美国的文化保守主义,但保守主义思潮并非仅仅表现在移民问题上,人口老龄化会加剧公共财政的困难,使老龄化国家的民众把注意力更多注意在内部福利改善而非国家长远发展,人口负增长会消除西方国家曾因人口大量增长而产生出来的“剩余人口”,从而淡化扩张主义冲动。体现在国防上,是会使一些国家削减国防支出,在战略思维上偏重防御而非扩张,对参与世界事务的兴趣减弱。这种现象在欧洲国家已普遍存在,英、法等国近年来都为应付国内福利支出需求而减少了防务支出。但另外一些不可测因素可能产生,就如19世纪末20世纪上半叶法国因人口增长停滞而在战略上保守,在与德国竞争时因政治恐惧而激化与德国的矛盾一样。

第三个是世界政治权力分散化趋势强化。由于非西方世界相比西方世界更高的人口增长水平,可以预料,在世界普遍卷入工业化和城市化、文明构成上不存在明显代差的情况下,非西方国家在世界经济、政治中所占的比重还会进一步扩大,世界总体的权力分散化趋势也将加强。这将改变以往的大国政治格局和全球政治状态。

第二次世界大战结束的时候,传统的一流大国英国、德国、法国和日本退居美国和苏联之后,成了二流大国。这是20世纪以来大国政治的第一个重大变化。直至20世纪90年代以前,世界基本还是按照第二次世界大战结束后安排的世界体制在行事,一流大国和二流大国共同把持了联合国安理会,理所当然它们最有世界影响力。

然而,时易世移。20世纪90年代初苏联解体以来,原超级大国苏联的继承者俄罗斯已退居二流大国行列,同为安理会常任理事国的法国、英国也风光更褪。英国靠跟在美国后面帮腔过日子,法国频频对美国说

“不”却又经常底气不足，俄罗斯是苏联与美国斗法失败后的残留品。至于在欧洲举足轻重的德国，至今仍在为摘掉“战败国”的帽子而苦苦奋斗。英、法、德三国的世界影响力不能与六十多年前的自身相比，俄罗斯的世界影响力不能与二十多年前的苏联相比。

那么，日本又如何呢？人们普遍认为日本在向政治大国和军事大国之路迈进，日本自己也在不遗余力要争取成为安理会常任理事国，但有常识的人都会明白，这恐怕不过是秋后的蚂蚱所做的最后几下蹦跳，其情形正如第一次世界大战之后的法国。日本在世界大多数国家的心目中，其国际地位同样不是在上升而是在下降。这一点尤其体现在东亚国家对日本的看法中，二十多年前不少东南亚国家还一而再、再而三地要求日本做东亚经济的旗手，如今这种声音早已湮灭无闻，日本在东亚世界的经济影响力根本无法与当年相比。

与此同时，中国和印度、巴西等非西方大国的地位则在上升，“BRICS”一词即是说明。中国与印度的未来前途问题，常常占据世界媒体的主要版面。美国《时代》周刊封面曾以“中国世纪”为题，预言中国将在21世纪中叶与美国比肩。而关于中国“龙”与印度“象”谁主沉浮的言论，近些年间也是屡见不鲜。

20世纪下半叶以来，传统大国在国际政治中的地位下降，非西方大国的地位上升。这一景观随21世纪的展开还可能进一步强化。这是世界大国图谱在最近半个多世纪中的第二个大的变化。这个变化还是与这些国家的人口再生产状况有关。第二次世界大战结束后，传统强国英法德日等均实现人口增长，同步实现了又一次经济增长。到20世纪60年代，随着战后欧洲和日本的经济迅速发展，当时包括基辛格、乔治·凯南、保罗·肯尼迪在内的国际政治领域的闻人，曾纷纷预测美国、苏联、西欧、日本和中国将共分天下。[①] 然而，20世纪60年代以后，这些传统大国除美国之外，纷纷进入人口生产停滞或人口负增长状态。目前传统西方大

① 如保罗·肯尼迪在其《大国的兴衰》一书中即持此见。

国除美国之外，人口增长均已停滞，它们普遍开始鼓励生育，担心人口进一步减少。而在世界主要大国中，只有美国、印度的总和生育率，还维持在世代更替水平，不低于 2.0 这一数字，其他皆已在此数字之下，其中包括了中国。[①] 2006 年 10 月 17 日是美国第三亿人口日，在美国人为人口在增长而欣喜的同时，俄罗斯、日本和欧洲国家都在为人口增长停滞和负增长而焦虑不安。尤其俄、日两国，出生率下降幅度之大，格外显眼，其总和生育率均已在 1.3 以下，远远低于世代更替水平，且其人口已开始出现负增长。欧洲的德国、意大利、西班牙等国同样如此。

人口减少将在财政、经济和地缘政治方面带来巨大的挑战。与人口再生产停滞相继，自 20 世纪 80 年代以来，欧洲、日本的经济发展速度开始减慢，到 20 世纪 90 年代后，日本甚至经历了“失去的二十年”，而欧洲近年来同样深陷经济危机不能自拔。与之相映，中国、印度、巴西等国不仅人口还在增长，经济发展也保持了较高速度。根据目前世界各大国的人口再生产状况，俄罗斯、日本的国际地位还将可能继续下滑，英国、法国、德国等国尽管可以通过移民实现人口缓慢增长，但人口的种族结构更加复杂，同样会极大制约其国家战略能力。欧洲亦将越来越成为欧洲的欧洲，而非世界的欧洲。欧洲由从前的“欧洲向世界移民”转为现在的“世界向欧洲移民”，是欧洲活力下降的明显标志。传统白种人口在欧洲总人口中的占比减少，欧洲人口种族构成的日益多样化，以及欧洲社会的老龄化，都将使欧洲更加内向，对世界事务不再怀有以往的兴趣。也就是说，这些国家和地区在世界上发挥经济和政治影响的能力，未来都不太可能还有提高。

对未来的大国图谱，人们感兴趣的另一个问题是美国霸权会不会走向终结，新世纪以来频繁为人们所谈起的两个新兴经济体中国和印度，会不会在不久的将来超过美国成为新的超级大国。

这同样要有对人口与政治的历史考察与未来预测。如今日益为人看

---

① Mark Turner, *India's population* '*to outstrip China by* 2030', The Financial Times, February 24 2005.

好的中国和印度这两个世界最大的发展中国家，其目前的良好发展势头以及赶超美国迹象的出现，其基础很大部分是由20世纪下半叶的前30年打下的。其他方面不论，两国的人口增长幅度远远超过其他国家，为两国经济增长提供了源源不断的人力资源，这是中国可以发展劳动密集型产业、印度实现软件业腾飞的重要前提。然而，随总和出生率和人口出生水平的显著降低，中国的“人口红利”在2015年前后即将消失，印度也将步入老龄化社会及存在大量贫困人口，而美国目前仍保持稳定健康的人口生育率和世代更替水平。美、中、印三国人口形势在未来一些年内的变化，将在很大程度上左右它们的发展前景及相互间的关系。

20世纪下半叶以来的美国霸权，与其人口优势密不可分。与欧洲和苏联在20世纪70年代以来就开始出现人口增长停滞甚至人口负增长不同，美国一直保持了人口增长，1967年美国人口达到两亿，而2006年10月17日则是美国第三亿人口日。同时，美国还是世界最大的人口迁入国，世界各地的优秀人才源源不断地涌进美国，这与向欧洲移民多是受教育程度不高的群体，且在文化上难以融入欧洲大为不同。这两个方面保证了年轻人口在美国总人口中始终占有较高比例，美国人口年龄结构比其他传统强国更为合理，美国内部能够长期保持向前发展的活力。美国之所以在与苏联的冷战中最后获胜，部分就在于20世纪70年代以来相对苏联人口优势的出现。

尤其值得注意的是，与世界上绝大多数大国不是陷入人口负增长，就是出生率下降至远远低于世代更替水平形成对照，美国人口今天仍处于增长中，其总和出生率仍维持在世代更替水平。在世界人口最多的10个国家排名中，美国目前排在第3位，占世界人口总量的4.5%；而到2050年，美国人口将增加至4.2亿，仍旧排名世界第3位，占世界人口4.5%的比重也将维持不变。① 在可见的未来，美国与日本、俄罗斯、德国、英国和

① 尼古拉斯·埃伯施塔特：《全球人口的四大意外变化》，转载自《参考资料》2004年9月16日，译文题为《埃伯施塔特文章〈全球人口的四大意外变化〉》。

法国等国的人口数量差距，会被进一步拉开，美国对这些国家的优势也将加大。至少到2050年，传统上曾对美国形成挑战的大国，都将不再可能与美国一争高下。其主要成因，就在于俄、日、法、德、英等国，它们相对美国的日益扩大的人口劣势，在21世纪上半叶都不可能逆转，这些国家目前远低于世代更替水平的生育率以及背后反映的不愿多生的生育文化，一旦形成就有很强的惯性，将长期决定这些国家今后的人口数量与结构。

在21世纪上半叶的大国体系中，有可能与美国在国家战略能力上一比的，只有中国和印度。中印人口数量多于美国且还在增长中，两国也都在致力于经济和社会全方位发展，在物质文明类型上，两国都已是工业化国家，与美国已没有分别且将会逐步缩小与美国的差距。按照现在的发展速度，到2050年追上美国的可能性是存在的。

然而，这种预测并没有考虑中、印等国在今后一些年份中的产业与人口变化。从长远来看，支撑一个国家财富和战略能力增长的，在于其物质再生产与人口再生产能力。中国要与美国“平起平坐”，就必须在未来几年内实现物质再生产方面的产业和技术升级，要由现在偏重于一般消费品生产，转变为在装备重工和前沿高新技术上也与世界领先国家无分高下。在这个问题上，中国面临的形势并不是在改善而是在恶化。物质再生产是受人口再生产状况制约的，在未来一二十年内，中国人口再生产将由现在对美国的优势转为劣势。主要表现在两个方面：

一是与美国到2050年将一直保持人口增长不同，到21世纪20年代中期以后，中国就将面临人口下降。这是由中国目前偏低的总和生育率决定的，按照一些人口学者的计算，2000年第五次人口普查显示中国的总和生育率已降至1.22—1.27[①]，大大低于美国2.1的水平。即使按照2011年第六次人口普查的结果，中国人口目前的总和生育率也已低于1.6。由此带来的第二个问题，是中国人口老龄化程度不久之后就将超过美国。第六次人口普查的结果表明，中国60岁以上人口已突破13%，65

① 张翼：《当前我国人口的优势与未来难题》，载《党政干部文摘》2005年第2期。

岁以上占 8.87%、人数达到 1.2 亿,早已进入老龄化社会。中位年龄为 35.2 岁,美国为 36 岁,目前中国人口还比美国年轻。但再过十几年时间,到 2025 年,中国人的中位年龄就将达到 40 岁,美国不到 39 岁,中国人口老龄化的程度将比美国严重。而到 2025 年以后,中国人口还将加速老化,中位年龄提升的速度更甚美国;到 2050 年,中国的中位年龄将接近 50 岁,而美国的中位年龄仍只有 40 岁,美国人口将显著比中国年轻。[①]

老龄化意味什么?全社会需要靠社会保障基金来养老的人越来越多,创造财富的人在总人口中的比重将越来越小,国家发展活力不仅因此降低,还将使国民收入中用于物质再生产的部分不得不极大压缩。这一方面将使中国近 20 年来主要基于廉价劳动力的经济类型,因劳动人口减少而不可持续;另一方面又将严重制约中国将国民收入投资用于产业升级和摆脱单纯的体力经济。这种情况已不再只是预测,而是正在发生的现实。鉴于此,对"中国崛起""中国复兴""中国世纪"之类的词语和说法,并不可以过于当真。实际上,这不过是静态地以中国目前的资源条件,特别是人力资源条件来判断中国未来发展。而 2015 年后中国的人力资源情况及其对国家发展的影响,将极其可能完全不同于现在看到的情况。到时中国的发展成本会急剧上升,用于投资的财富将越来越少,还能不能保持目前的发展速度,不能不打上一个问号。

而对印度来说,虽然目前其出生率比中、美为高,但相比美国,它同样在人口上存在两个劣势:一是印度与中国一样,不太可能吸引很多移民,而其总和出生率目前也在呈逐步减小的趋势。二十多年前,印度总和出生率还在 5.0 以上,但现在已急速降为 2.3,而在最近十年中,其总和生育率下降了 19%[②]。这样,它到 2050 年前后也将面临人口下降,而且将步中国之后 15—20 年时间进入老龄化社会,到 2050 年,其老龄化程度也

---

① 参考:《西滨彻从人口和收入视角分析中国印度东盟国家潜力》,载《参考资料》2010 年 5 月 14 日;《巴尼特认为美国未来的全球地位取决于其财政选择》,载《参考资料》2011 年 4 月 21 日;以及詹姆斯·戴尔·戴维森:《巴西的经验》,赵银德等译,179 页,机械工业出版社,2013。

② 《印度总和生育率十年下降 19%女性教育程度提高》,载《印度时报》2012 年 4 月 1 日。

会比美国略微为大。另一个是,印度人口的种族和文化构成比美国还要复杂,不同种族和信仰间的差异也更难融合,这对印度国家战略能力的提升也是很大的阻碍。

年轻的国家总是比年老的国家更有活力,而一个逐渐老去的国家要想追上比自己年轻的国家,无异于天方夜谭。摊开 2050 年之际的世界政治地图,美国非常可能仍保持现在的优势,其实力只会相对下降,而不会绝对下降,而且下降幅度不会很大。这意味着从现在起就关注美国衰落,并没有太大意义。到 2050 年,在有广泛影响力的大国中,美国的年轻人口比例最高,人口构成最为合理,美国人口将比中国和印度都要年轻。美国人口相对合理的年龄结构,将抵消它在人口数量上相对中、印两国的优势。而中、印两国由于人口老化严重或老龄化程度加速,其用于物质和财富再生产的国民收入,在整个国民收入中所占的比例也将明显低于美国,物质和财富再生产的能力,因此将弱于美国。如果仍然不断吸引高素质移民的话,美国的人口优势将更加明显。

如果要说问题的话,美国人口将面临的问题是传统 WASP 人口出生率不如其他族裔高,美国可能会在 2050 年"联合国化",也即将不存在主体人口和文化。当西班牙语和英语一样在美国平起平坐,当有色人种、拉美族裔与撒克逊-盎格鲁白人平分美国,当天主教和其他宗教信仰者在数量上超过传统新教信仰者,美国内部也可能会产生深刻危机。不过,这种情况在 2050 年之际出现的可能性并不大。也因于此,今天中国和印度等发展中大国在津津乐道自身的"崛起""复兴"时,一定要对未来长时间内的大国图谱有清醒认识,而不要陷入德国哲人马克斯·韦伯在一百年前时所说的"软乎乎的幸福主义"。

六、第四波人口变迁

21 世纪前二三十年间的世界经济、政治变化,主要受 20 世纪下半叶人口变迁的影响,因人口变迁导致的经济、社会和政治影响具有滞后性。然而,又要看到,今天世界人口正在经历近世以来的第四波变迁与以往不同,这一波变迁使全球层面开始出现人口增长放缓,世界大部分国家由二三十年前普遍担心人口增长过快,转而担心人口生产停滞。

进入 21 世纪以来,世界人口生产前所未有地整体性地出现了出生率下降,这与自有历史记载以来,人类社会一直保持较高的出生率、以年轻人口为主的状态,明显产生了分别。

这个新生的现象是从西方国家开始的,在一段时间里仅涉及全球的某些部分。在新世纪到来之前,人们还普遍以为,出生率下降只是发达的西方世界的现象,不会成为全球性问题。人们所愁的,更多是世界人口越来越多,会给全球环境、资源带来沉重压力。后一种担心现在仍然存在,也需要正视。然而,出人意料的是,近年间一些机构发现,今天除少数国家外,世界总体来说已进入人口出生率下降的新进程,它给人类生活带来的挑战,也许更为迫切和严峻。

在当前的世界人口版图中,多数发达国家的总和出生率已大大低于世代更替水平。经济合作与发展组织国家的人口平均总和出生率已跌至 1.74,德国、日本等一些国家甚至不到 1.4,这与维持人口数量稳定所需要的 2.1—2.1 的总和出生率相差甚远。步其后尘,不少后发国家近年来人口出生率的下降幅度,更甚发达国家。中国和印度 1950 年的总和出生率分别为 6.1 和 5.9,到目前中国已降至大约 1.5,印度 2.45。德意志银行全球战略家桑吉夫·桑亚尔研究指出,多数国家的人口出生率在下降,全球人口出生率将在十年左右时间里下降到世代更替水平。而据联合国人口司和美国人口普查局统计,过去半个世纪以来,全球每位妇女生育的子女数量几乎减少了一半,从 20 世纪 60 年代初的 4.9 个降至今天约 2.5 个,最大的降幅出现在后发国家。①

---

① 桑吉夫·桑亚尔:《人口增长停止》,载《日本时报》2011 年 11 月 2 日,转载自《参考资料》2011 年 11 月 15 日。

环球同此凉热。当今世界只有撒哈拉以南的非洲大陆还保持着较高的人口出生率,再没有大块的人类生活区域内还在拼命追求生孩子。向来信仰“多子多福”的东亚地区,出生率早在十几年前就已明显低于世代更替水平,越南、泰国等大多数东南亚国家也不遑多让。而流波余韵所及,绝大多数加勒比岛国乃至拉美全境,以及从北非、中东直至亚洲的大片伊斯兰区域,都引人注目地出现了出生率的显著下降。比如缅甸当前的人口出生率也已跌破世代更替水平,伊朗在 20 世纪 70 年代每个妇女还平均生育 7 个孩子,到现在已急速降至只有 1.74 个。

这些国家过去都曾以孩子生得多而闻名,在普遍没有采取计生政策的情况下却在短期内发生了生育率的大逆转,极大地颠覆了人们对这些国家只知道生孩子的传统印象,也颠覆了以往对世界人口的很多预测。笔者手上一本出版于 20 世纪 80 年代后期关于人口问题的书中,就曾估计按当时的人口出生率,世界人口到 2000 年将达到 65 亿,实际上当 2000 年到来时,这一数字只有 61 亿。世界人口很有可能在 21 世纪 50 年代达到 90 亿的顶点,比普遍的预测提前半个世纪,随后会大幅度下降。而在联合国人口基金会 1995 年 7 月 11 日伦敦发表的世界人口报告中,还曾说到 2050 年世界人口将达到 94 亿,到 2080 年将达到顶峰 106 亿,随后逐渐下降。在人口大国中,印度人口会在 21 世纪 50 年代达到峰值 15.5 亿,比联合国的预测整整提前了十年,也比联合国的预测少了 1.7 亿人。[①]

由于人类寿命延长、后发国家年轻人口占比还比较大等原因,目前世界人口还在增长中,但出生率的大幅下降,则预示了全球人口生产和人口结构的长远前景。这一轮可称作近五百年来全球人口第四波变迁的过程当前已经开始,但它对世界经济、政治和安全产生影响,恐怕还要过上至少二三十年的时间。不过,可以预料的一个场景是,不久的将来,无论发

① 桑吉夫·桑亚尔:《人口增长停止》,载《日本时报》2011 年 11 月 2 日,转载自《参考资料》2011 年 11 月 15 日。

达国家还是欠发达国家，都将普遍进入老龄化社会，一个全球性的老龄化社会就会形成。这是从古到今从来没有出现过的新现象，到时东亚地区还能不能保持以往几十年间所看到的经济活力，大国间的实力对比会发生什么样的变化，各国将如何应对因老龄人口大量增加而带来的社会保障压力，都非常值得玩味。同样不难想象的是，与以往人们一直担心人口增长过快相对照，越来越多的国家担心人口减少过快，这样的时刻也很快就要到来。

第四波人口变迁预计在将来若干年间会弱化当前因移民而引发的各种冲突。当前看到的这股移民大潮，在未来二十年左右时间内将有所减缓，原因在于伊斯兰世界的人口已进入低增长阶段，二三十年后这些国家也将步发达国家后尘出现人口负增长。目前这种势头已在伊朗、约旦等国出现。新出生人口的减少，也将改变各自国家的人口结构，老龄人口增多、青年人口减小，社会内部因青年人口过多而产生的能量也将减少，到那时，因人口问题而引发的国际冲突，也可能在某些方面有所减弱。

七、中国人口形势：今非昔比

中国是世界的一部分。全球人口近些年间的变化，在中国同样有表现。简单总结进入新世纪以来中国面临人口再生产状况与以往的不同之处，可以认为主要在于两个方面：

一是人口总和出生率已明显低于世代更替水平以下。据新中国成立以来六次人口普查以及若干次人口抽查的情况来看，自 20 世纪 70 年代以来，中国已快速由人口再生产的第二种类型进入第三种人口类型。也就是说，中国人口在 20 世纪五六十年代，由传统的高出生、高死亡、低增长转变到高出生、低死亡、高增长后，仅仅三十年左右的时间，就已过渡到 20 世纪 90 年代以来的低出生、低死亡、低增长。这表现在出生率和总和生育率的持续下降上，20 世纪 70 年代初时，中国人口总和生育率为 5.8，到90年代中期,即已迅速降至2.1左右,而到2000人口普查时,据官方公布的数据,又降至1.8,直到2011年第六次人口普查前,一直采用这一数据。但这一数据争议较大,中国社科院人口与劳动经济研究所研究员张翼认为,第五次人口普查时中国人口总和生育率已降至1.27。即便2000年时的1.8是准确的,也难以想象在十年之后,总和生育率竟然毫无变化。

另一个是出生率下降趋势基本不可逆转。中国今天13亿人口中,近一半生活于城市,一半生活于农村。在现今城市化率还不足50%的情况下,中国的人口再生产状况就已完全不同于计划生育政策刚刚推出不久时的20世纪80年代。可以预见,在中国的工业化和城市化进程仍在加速推进的情况下,无论人口政策如何调整,今后中国人的生育观念也将很难回头,人口总和出生率将继续保持在世代更替水平之下甚至进一步下落。正如北京大学乔晓春教授所说,在一个国家进入工业化阶段后,将生育率从高降到低是可能的,而将长期以来已经较低的生育率提高则不太可能。日本、俄罗斯和韩国等国的经历,都已说明了这一点。

以上两点又决定了现在和未来中国人口结构的几个变化:

一是老龄化时代到来,"人口红利"即将转换为"人口负担"。2005年11月1日零时正式启动的全国1%人口抽样调查表明,截至调查启动当日,中国60岁及以上的人口为14408万人,占总人口的11.03%,而65岁及以上的老龄人口首次过亿,达到10045万人,占总人口的7.69%。与1990年第四次人口普查时相比,65岁及以上年龄人口上升了2.12%。而2011年第六次人口普查资料显示,65岁及以上的老龄人口又增长了2000万,占总人口比例已接近9%。中国早已进入老龄化社会、又在加速奔向老龄社会,业已成为事实,这正使社会保障面临空前压力。蔡昉等学者认为,这也将使因20世纪50年代至70年代两次人口生育高峰给中国带来的自20世纪80年代以来的"人口红利期",到2015年前后变成"人口负债期"。

二是少数族群人口在中国人口中比重上升,聚居度增大。分析从

1953年第一次人口普查到2011年第六次人口普查的各族群人口的比例,不难发现,中国最大人口群体汉族与其他族群在人口再生产上有不平衡现象,汉族政策出生率与实际出生率皆大大低于其他族群,这使汉族人口在全国总人口中的比例有所下降。1953年第一次普查,汉族占总人口98.94%;1964年第二次普查,汉族占总人口98.22%;1982年第三次普查,汉族占总人口97.3%;1990年第四次普查,汉族占总人口91.96%;2000年第五次普查,汉族占总人口91.59%;2010年第六次普查,汉族占总人口91.51%。最近20年间,汉族群与其他族群的人数比例关系大致稳定,而与1982第三次人口普查数据相比,1990年第四次人口普查时,八年间汉族人口增加增长10.80%,其他少数民族人口增加了增长35.52%,显示计划生育政策对不同族群人口增长产生了不同影响。与汉族人口近二十多年来在东部地区流动频繁相比,其他族群流动性较小,人口聚居度增大。

三是独生子女在主流城镇社会正在成为中坚人口。20世纪80年代以来"一对夫妇只生一个子女"的政策,使最近二十多年间中国人口结构中形成了一亿多独生子女,而在25岁以下人口中,独生子女已占近一半。由于独生子女大部分出生和生活在城镇,独生子女群体成为社会中坚的时代正在到来。

中国自20世纪70年代以来人口再生产类型的转变及人口在数量、结构上的变迁,给国家和社会所带来的影响是全面的,而其中之一就是使国家安全面临新的问题和挑战。这种风险既有传统安全问题,又有非传统安全问题。概而言之主要在于以下四个方面:

一是发展安全。这一方面是由于随老龄化程度加深,社会总抚养比增大,用于老龄人口养老、医疗等的费用增多,将使国民收入中用于消费的部分增加,而用于投资的部分将不得不减少,使支撑国家长远发展的财政能力受到制约。另一方面是由于20世纪90年代以来的低出生率,将使21世纪20年代以后,由于劳动人口比例在总人口中减小,可能使中国出现劳动力短缺。其直接影响,是使目前主要基于农村青壮劳动力的劳动密集型经济难以为继。这两种前景目前都已有一些征兆。2004 年中国基本养老保险的支出总额比 2000 年猛增了 65%，基本医疗保险基金支出比 2003 年增长了三成多，超出了基金收入的增长速度。而广东沿海近年来的"民工荒"，则是对后一种情况的提示。到 2015 年左右，随"人口红利"的逐渐丧失，中国将面临极为严重的内部消费压力，特别是养老压力，用于物质和财富再生产的投资还能不能像现在这样得到充分保障、吸引外资的能力还能不能像现在这样强，不能不打上一个大问号。如果那时中国因此发生经济停滞，今天中国人热衷说着的"大国崛起""伟大复兴"等，将不过是镜花水月、一厢情愿。

二是军事安全。近二十余年来中国国家利益日益拓展，对军事安全的需求不断增多。但同样由于老龄化，在国民收入三部分：消费、投资和防务中，由于用于消费的部分增多，投入到国防的国民收入，将来也将可能不得不压缩或受到很大限制。关于这一点，欧洲国家在进入老龄化社会后的表现，就有很多启示。欧洲没有建立起来像美国那样强大的军事力量，也无法像美国那样以军事手段维护自己广泛的国家利益，不仅因为欧洲自第二次世界大战之后对战争与武力已经有深刻反思，而且在于欧洲的人口结构。一个老龄化的社会必然在心理上总体趋向保守和防御，公众对于良好社会保障的压力会使国家不可能将更多财富用于国防建设。这一问题目前在中国还非常不明显，但再过一二十年，情况就有可能发生显著变化。在中国国家利益日益拓展的情况下，如果没有足够的财政能力支撑足够的军事能力，这不仅关系军事安全，也关系发展安全。

同时，一个独生子女占劳动力主体、老龄化程度日深的社会，也将侵蚀国家防范和进行战争的能力。以往的中国社会是一个谋生型社会，也是一个多子女家庭占绝对多数的社会，对"人命"的敏感往往被压制在对谋生的巨大需求中。今天中国社会已解决温饱问题，进入了发展型社会，在独生子女家庭占有中国家庭总量几乎一半的情况下，未来一旦发生战争，整个社会对前线军人大量牺牲的可承受能力，将会完全不同于 20 世纪下半叶朝鲜战争、对越自卫反击战争时的状况。不仅如此，社会老化也会使一个国家在财政、人力和心理上，对战争的承受能力下降。两次世界大战之际的法国，其国防政策、军事战略以及其时社会心理的变化，就与19世纪中叶以来法国首先在欧洲出现人口出生率下降，和率先进入老龄化社会有关。

三是社会安全。它至少包括三个方面：① 西部地区少数族群人口增长迅速，聚居程度高，汉族人口在非汉族聚居区所占的比例大幅度下降，西部地区与东部地区不同族群间的人口交流较少，同时西部非汉族聚居区经济社会发展程度大大低于东部汉族聚居区。这对保证西部地区的政治和社会稳定，促进西部地区的发展，产生了更大困难，形成了更大挑战。② 在随老龄化程度加深、社会保障压力增大的同时，中国尚未初步建成完善的全民社会保障体系，特别是在社会保障上城乡分别明显，中国两种社会和人口——城市社会与农村社会、城市人口与农村人口间的对立，今后也可能加剧，从而影响社会安定。③ 中国人口正由传统农业人口向现代工商业人口转换，大量农业人口进入城市后，由于城市无法提供充足就业机会，很多人在城市成为流民或游民。从中国传统来看，流民或游民恰恰是社会动乱的一个重要因素。而从一些先发国家从传统农业社会向现代工商业社会转型的情况看，人口转型同样产生过严重社会问题，甚至为此爆发过革命。

四是文化安全。中国近些年来日益突出的信仰危机、价值观颠倒，很大程度上也与20世纪70年代以来人口结构的变化有关。有调查显示，独生子女在对家庭和社会的责任、集体意识、合作精神和牺牲奉献观念等方面，与以往多子女家庭出身的人群相比，有显著差异。在这一代人身上，中国传统价值观和信仰的色彩更为淡薄。独生子女群体不仅在改变人口结构、社会结构，也在改变文明结构。中国传统儒家文明的承继，特别是慎终追远和祖先崇拜的信仰结构，是靠中国特定的生育文化来支撑的。以子女随丈夫姓为特征的姓氏文化，保证了每个人都可以与自己的先人建立起精神联系，从而安顿身心。但当大多数家庭都选择只生一个子女时，中国传统的支撑祖先崇拜的生育文化不复存在，中国文明传统和其特定信仰也就失去了人口依托。

八、反思两种人口思潮

因为人口生产状况在近二十年来的显著变化，最近一些年来，围绕人口问题的争论一直不绝于耳，特别是每逢全国“两会”期间，不少与会代表就对人口性别比失衡、老龄化加速、富人名人超生等问题，表达了许多关注。可以预料，未来在人口问题上，有关争论仍不会停息，中国人口政策应该向何处走，仍会存在不同声音。因此，通过回顾新中国成立以来中国在人口生产及思潮上的演变，从而更好把握当代中国人口问题，非常必要。

中华人民共和国成立以来，在人口再生产及其思潮演变上，大致经历了三个时期：一是20世纪五六十年代人口快速增长，经历了两次人口出生高潮，期间每年平均出生近2300万人。同期内民众生育观念仍是多子多福，政府则是主张“人多力量大”。刚建国时期鼓励多生，其后经历1959—1961年的天灾人祸开始注意计划生育问题，但直至1972年以前，基本还是放任自流。不过，在20世纪50年代，马寅初、潘光旦等人就已经提出要限制人口增长，但这一派意见受到了严厉批判，很快就销声匿迹。总体来说，在新中国成立后至20世纪70年代初，是人越多越好论占主流。

第二阶段是从20世纪70年代中后期以后，国家逐步把计划生育定为国策，实行严格的人口控制政策。这样，自70年代后期开始，中国人口增长幅度明显减小，出生率显著下降。到20世纪90年代中后期，按政府人口部门计算，中国人口总和出生率便由20世纪70年代初期的5.8降至2.1，接着于2000年第五次人口普查时又降至1.8，至2011年第六次人口普查时又降至1.6，已明显位于世代更替水平以下。在这一时期，是人越少越好论占主流，马寅初及其《新人口论》得到平反，宋健、田雪原等人根据“适度人口”论提出中国的“适应人口”规模,这些观念经过反复宣传逐渐深入人心。

第三段大致是从20世纪90年代后期以来,人口总和生育率进一步下降,老龄化社会日益逼近,与此同时,对人口形势开始有不同于20世纪七八十年代的判断,很多专家学者的注意力不再聚集于人口过多,而是担忧因生育失衡而带来的人口结构变化可能给中国未来带来的影响。如蔡昉、林毅夫、胡鞍刚提出废除计划生育政策。同时人口越多越好论重新出现,美国康斯威辛大学的易富贤先生频频发文,对计划生育政策和人口控制思想进行了批评。而中央政府对人口问题的态度和政策在最近一些年也在悄悄改变,如2003年将计划生育委员会更名为人口与计划生育委员会,2013年又将国家人口与计划生育委员会和卫生部合并,在继续控制总量的同时,对提高人口质量、改善人口结构予以越来越多的关注。2013年12月28日,第十二届全国人民代表大会常务委员会第六次会议审议了国务院关于调整完善生育政策的议案,同意启动实施一方是独生子女的夫妇可生育两个孩子的政策。单独两孩的实施,走出了中国人口政策调整的第一步。

回顾中国人口生产及人口思潮发展的三阶段,可以看出,对中国人口形势及应采取什么样的政策,一直存在着不同声音和争论,而在两个时段争论又特别明显:一个是新中国成立后一段时间,马寅初、潘光旦等人主张节制人口,而中央政府对节制人口并无多少意愿。这段时间也可以认为是新中国成立前中国内部人口问题争论的延伸,晚清以来中国在人口问题上,便已存在很多争论。而在国民政府时期,在人口问题上已形成两种对立观念:一方认为人口过多、应节制人口,另一方面认为人口不必节制。另一时段是从20世纪90年代中期前后开始,随人口老龄化等问题开始浮上水面,一些专家学者对这一人口思潮又开始反思,由20世纪70年代中后期以来“中国人口太多”思维一统天下,转而出现不同声音,要求反思以往的人口政策。这些争论归纳起来,大致是有两种意见:一种基本是过去20年来主流人口观念的延伸,认为人口不宜过多,应严格实行人口控制;另一种则认为中国人口总和出生率已不可逆转地降至世代更替水平以下，已到了可以应该放开生育的时候。简而言之，一为人口控制论，一为人口放任论。在后一种意见中，比较激进的观念是认为中国不存在人口过多问题，人口越多越好，不需要限制。

在这两个时段之间，围绕人口问题的争论较少。它又可划出两个时期，一个是在20世纪50年代末至70年代初，国家并无很大意愿进行人口控制，人口思潮基本转入自由放任论为主流，争论声音渐告停息。而到20世纪70年代末以来，以对马寅初及其《新人口论》平反为标志，人口思潮出现反转，人口控制论开始成为主流思想。这种思潮对之后中国人的人口观念起了几乎革命性的塑造作用，少生才好的思想意识逐渐普及，一直延续到今日，使中国社会的绝大多数人特别是年轻人无不认为应该实行人口控制和目前中国人口过多。在此时段内，因为国家已有定论，围绕人口问题的争论，同样不是很多。

如何来看近半个世纪以来中国人口变化的三个阶段及期间的思潮演变？文化是人类适应生存环境的产物。任何政策和思潮，都必须放到具体的时空背景下去考察才有意义。需要从以往不同时期中国的人口思潮及由此影响下的人口再生产状况与中国的经济社会发展之间的关系中，对以往的人口生产状况和人口思潮做出评价。

从这三个不同阶段来看，20世纪70年代末至21世纪初的这段时间，也就是人口再生产及其思潮演变的第二阶段，大致可以认为是中国发展的最佳时期。这 时期年轻人口和劳动人口占有绝对多数，社会抚养比最小。而在之外的两个阶段，一个是属于过去，当时人口增速过快，新生人口过多，因少儿人口抚养比突然增大而使社会抚养比突然增大；另一个是属于即将展开的未来，那时同样因20世纪五六十年代的快速人口增长以及它与20世纪80年代中期以来人口出生率大幅度下降所形成的反差，而使中国人口将加速老龄化，社会因老龄人口显著增多而使抚养比突然增大。

从20世纪六七十年代的情况看，五六十年代过高的生育水平，确实给中国社会发展在某些时段带来了难以人为化解的压力。且不说因青少年人口突然增多而产生的社会抚养比迅速升高、就业压力成倍增大等问题，光是这些人口能不能养活，就让当时的中国不堪重负。考虑到当时的社会经济条件，一下子要多养活那么多新生人口，显然超过了国家承受能力。在20世纪50年代的人口迅速增长后，1959—1961年便发生大饥荒，并不偶然。除了天灾原因外，人口生产超过粮食生产能力、马尔萨斯定律在起作用，也是一大成因。设想按照易富贤先生所说，如果中国一直不采取一定的生育控制政策，而持续放任人口增长，那么，人口增长过多而超过粮食生产限度的可能性是存在的。那样的话，一定时间内，非常可能造成更多人口因饥荒而死亡，酿成更多人道主义灾难。就此而言，20世纪50年代的人口放任思想，以及对马寅初人口思想的批判，是有失误的。

也因为人口快速增长所带来的诸多问题，20世纪70年代末以来中国开始实行严格的计划生育政策。这有着世界普遍性。当时采取计划生育政策，并不像易富贤先生所说的那样只是中国一家，实际上很多国家都采取过这一政策。最早采取计划生育政策的是印度，1952年便开始计划生育，不过因阻力太大最后没有成功，而其他国家的计划生育政策执行起来也没有中国严厉。

与人口放任论相对的是人口越少越好的思潮，认为以中国之地，存在一个“最适人口”，大致是在五六亿左右，或者更低是3亿最好。[①] 这一观

---

① 20世纪初，瑞典经济学家威克塞尔(J. G. Wicksell)、英国经济学家坎南(E. Cannan)和人口学家卡尔.桑德斯(Carr Saunders)提出了“适度人口论”，它对于现代中国人口理论具有重要影响。这一理论的中心思想认为，人口的“适度数量”是这样一种数量：考虑到自然环境、已经采用的技术水平、民众的风俗习惯和所有其他有关因素，这个人口数量“提供按人平均的最大收益”，而人口的“适度密度”则应是使居民能够获得高水平生活的密度。

1957年6月，马寅初在第一届全国人民代表大会第四次会议上，做了《新人口论》的发言，指出了中国人口的许多问题，提出要控制人口数量。与此同时，南京大学教授孙本文在考察了中国人口增长和自然资源的状况后，提出了中国的最适宜人口数量是8亿。

20世纪80年代初，西安交通大学胡保生等人用系统工程的方法论和多目标决策技术研究中国未来的适度人口数量，从粮食生产、淡水供应、人口状态和人口老化程度等方面得出的结论是，中国百年后的人口总数应保持在7亿—10亿之间。中国社会科学院的田雪原等人从物质生产与人口再生产相适应的角度，探讨了中国的适度劳动力数量与适度人口数量，认为百年后的中国适度人口应保持在6.5亿—7亿之间对经济发展最为有利。宋健等人以食物生产预测和淡水资源为基础，根据未来人口生活所需热量和蛋白质构成，推测中国在21世纪后半期的适度人口应在7亿或7亿以下。中国科学院自然资源综合考察委员会组织全国14个单位进行了长达五年研究，最后提出中国的极限人口应控制在16亿之内，绝对不能超过17亿。

念经过最近二十余年的传播,如今在中国仍有很大市场。不过,它所反映的,同样是特定历史条件特别是社会经济物质下的事实和心理,也不能“置之百世而不惑”。

20世纪五六十年代直到80年代,中国尚未成为现代工商业国家,城市化也还处于较低水平,人的生育意愿仍然很高。而且中国人口大多聚居东部地区。在这两种因素的作用下,人们为“人口过多”而烦恼,并非全无道理。然而,又要看到,中国人口密度并不像日本、韩国等许多国家那么高,这些国家尚且不为“人口过多”而烦恼,它说明“人口过多”只在特定时期的事实,并不是全部真相。

实际上,在不同时期,随着国家经济社会发展状况的不同,其能养活的人口数量、可以承受的人口增长水平是不同的。1851年中国人口达到4.3亿,按照美籍华裔历史学家何炳棣先生的研究,是当时中国农业社会的人口上限,其后便因人地压力而爆发了太平天国起义。① 今天中国人口已经超过13亿,以多于4.3亿两倍以上的人口而能丰衣足食,显而易见说明了生产力发展对马尔萨斯定律的突破作用。随着20世纪80年代以来中国在一般消费品生产能力上的长足发展,中国现在已由五六十年代的农业社会,初步转化为现代工商业社会,其创造财富的能力、大规模运输的能力、粮食生产的能力,都已成几何级数递增,中国可以养活的人口,不仅远非1851年可比,也非二三十年前可比。

另外,同样因为近二十余年来经济社会的巨大发展,通过产业转移等手段来进行人口密度调节,其可行性也已具备。设想一下,如果中国人口能够在960万平方公里内平均分配,中国人口还显得多吗?那样的话,即使是东部地区的人口密度,也只有印度的1/3强,显然并不为多。

中国人口主要聚居在东部省份和大中城市周围,一方面是自然因素使然,西部地区的生存条件不如东部;另一方面也是受以往经济社会条件

① 何炳棣:《明初以降人口及其相关问题:1368—1953》,213页,生活·读书·新知出版社,2000。

限制,城乡发展存在不平衡,西部开发建设不够。但目前中国东部沿海一带工商业发展几近饱和,劳动成本已经提高,开始需要进行产业升级和将一些劳动力密集型产业向东部以外转移。同时国家转移关注重点,将政策优惠向东部之外地区倾斜,通过产业转移和国家有计划地增加对西部和中小城市投资,来吸引更多东部人口转移至西部地区和中小城市,这个条件也逐渐具备。中国人口如果在空间上尽可能被适当稀释,那么,“人口过多”的感觉也会相应降低。

九、推动人口均衡生产

人口变迁带来的国家安全问题,有些已处于逐渐爆发期,有些还处于积累期,现在来看还不是特别严峻。然而,从先发国家人口变迁的过程看,如果这些问题没有引起足够重视,其长远影响和对国家与社会的挑战,有可能超过人们的日常感觉,使国家发展进程被打断,军事安全陷入危机,社会脱序,价值紊乱,甚至发生国家分裂。因此,对因人口变迁而产生的国家安全问题,宜未雨绸缪,早做准备,防止问题激化和扩大。

从以往人类历史来看,在人口变迁、经济社会变化和国家政策选择之间,总是存在一个明显现象,那就是经济社会变迁往往滞后于人口变迁,而相关的国家政策调整同样滞后于经济社会变迁。无论在国际层面还是国家层面,都是如此。

欧洲在这方面的表现很有典型性。在第二次世界大战结束到 20 世纪 60 年代中期的近二十年时间内,欧洲曾经历过一次“婴儿潮”,在此期间和持续到 20 世纪 80 年代,欧洲一直保持经济高速增长,各国普遍建立起了惠及全民的福利保障体系。当时的欧洲人口较为年轻,社会充满活力,高福利并没有让欧洲感受到多少财政压力。然而,进入 20 世纪 80 年代中期以后,欧洲经济活力逐渐减弱,高福利制度也日益捉襟见肘,不少国家的经济社会政策再次向传统自由主义回归。人们在寻找压迫欧洲社会福利制度的“稻草”时，普遍发现这与80年代后期以后老龄化程度明显提高有关。在目前世界人口老龄化程度最高的16个国家中，欧洲竟然就占到了15个，而曾经的亚洲“优等生”日本也莫不如此。

欧洲与日本在20世纪80年代后期以来经济活力的减弱，社会福利制度的难以为继，原因应当追溯到20世纪60年代中后期，从那时候起，它们在人口再生产上就已经开始出现转折，新生人口发生大幅度下降。这两个地区是经济社会变迁滞后于人口变迁的鲜明案例，而这些国家的相关政策选择，同样滞后于人口变迁。在四十余年前，欧洲和日本并没有想到要防止出生率下降过快，直到相应的经济社会问题在十几年前出现后，它们才开始出台各种措施鼓励生育，而在想尽办法仍不见生育率明显提高的情况下，又只好选择提高退休年龄。这种不得已而为之的政策选择，不仅反映国家政策调整滞后于人口变迁实际，而且后者造成的经济社会影响一旦出现，再去应对时已经困难重重，事倍而功半。

欧洲和日本在人口变迁、经济社会变化和国家政策上走过的道路，可以说是人口牵住了社会变迁和国家政策的鼻子，而不是国家政策及时主动把握了人口变迁。这对一个国家的提示是，要敏锐察觉正在发生的人口变迁，并对人口变迁后继产生的经济、政治和文化影响要做前瞻预测，和在此基础上有预见性地进行政策调整。

欧洲、日本今日在人口生产及由此带来的其他困境，未尝不是对中国的提示。在1949年新中国成立后的一段时间内，中国曾一度鼓励多生多育，“人多力量大”嘛！20世纪五六十年代中国人口因此激增，它所产生的经济社会影响，在六七十年代是就业困难、上山下乡和政治动荡，到70年代以后才逐渐转为“人口红利”。20世纪50年代中国对人口增长的复杂影响显然估计不足，当时对马寅初新人口论的批评，就是因为没有看到其时中国仍基本处于农业社会，人口生产速度过快会使物质生产发生短缺。而在20世纪六七十年代感受到人口增长过快的压力后，中国于20世纪70年代初开始实行人口控制政策，十年后又形成最近二十余年来所看到的计划生育政策，马寅初的新人口论后来也得以平反。20世纪下半叶中国的人口政策调整，同样落后于人口和经济社会变迁。

人口变迁是充满不确定的领域。任何有效的人口政策都有时间限度，超过一定时间限度就可能背离人口变迁现实。建立在人口增长过快引发经济社会困难事实上的人口控制政策，它三十多年前在中国出台，应该说是有必要的。不过，它对如何保障人口年龄、性别结构等长时间保持在合理状态，却又分明考虑不足。

20世纪80年代以来中国人口出生率已大为下降。它使中国正在成为老龄化社会、性别比失衡社会，也使中国的"人口红利"在2015年前后即将丧失。可以预计，这又将使过去30年中国以劳动密集型产业为主的局面不可持续，中国必须提升技术水平，转变经济发展模式；还将使中国在工业化和城市化尚未完成、社会保障制度尚未完全建立的情况下，就要被迫应对人口老龄化问题的巨大挑战；中国的国际竞争力也将可能因此减弱，对世界经济和政治的影响力也将下降。

在这种情况下，今天中国要重视的一个问题，就是为防止人口变迁对经济社会发展形成强大的负面冲击，有必要反思以往的人口政策和国家发展战略选择，以使政策调整能够有效调节人口和经济社会变迁。

回顾中国自20世纪50年代以来人口数量和结构的变化，以及20世纪80年代以来人口思潮的演变，不难发现，当前两种主要人口思潮都有其片面性。人口控制论对"人满为患"的忧虑，是以中国在五六十年代基本处于农业社会的社会经济条件来思考人口数量问题，而人口放任论对以往人口控制政策和思想的诘难，则又是以中国在20世纪80年代以来生产力获得极大发展、城市化和工业化已达到较高水平的社会经济条件来思考问题。这种抽离了具体经济社会背景的静态思考方式，无助于认识人口问题真相，也不利于合理做出人口决策。

人口不是越多越好，也不是越少越好，而应尽量使人口再生产与社会总体发展特别是物质再生产状况实现均衡。片面追求低人口数量，所造成的结果可能不亚于人口增长过快。在这方面，欧洲和日本等发达国家近半世纪所走过的道路，值得中国借鉴。在20世纪五六十年代，这些国家均如中国一样，出现过大幅人口增长，其后人口增长快速减退，结果20世纪七八十年代以来便开始步入老龄化社会，社会经济发展速度也随之减慢，原有社会保障体制也日益捉襟见肘，到21世纪来临前后不得不重新竭力鼓励生育，以防止人口年龄结构失衡进一步侵害社会长期发展。事实上，日本和欧洲国家进入老龄化社会后的一些问题，现在在中国也初现端倪，近年来随老龄人口增长，中国人口的抚养比也在同步增长，这与20世纪五六十年代因新生儿太多所造成的抚养比提高对社会的影响来说是一样的。它也是那一时代生得太多，而在后来的八九十年代出生率大幅下降而造成了人口生产不均衡的结果。

20世纪五六十年代少儿抚养比过高，和21世纪初叶即将面临的老龄人口抚养比过高，说明的是同样一个问题，那就是人口不均衡生产会造成社会抚养比的突然增长，并对国家长远发展产生巨大压力。因此，采取一定的国家政策，调控人口实现自然均衡发展，保证每一时间段的出生人口不出现大的落差，是必要的。这样，才能将社会总抚养比控制在良性的水平上，不至于在较短时期间发生快速上升。

不过，从一些领先进入工业化和城市发展水平较高的国家的经历来看，今后中国更需防范的，已经从以往重在关注人口增多，逐渐转向关注新生人口减少过快。其主要原因，就是随工业化和城市化进程加快，今天中国人的生育水平已明显降至世代更替水平以下，而生育意愿也已几乎不可逆转地向不愿意生育的方向发生了嬗变，这就基本已消除了像20世纪五六十年代那样大量生育的可能性。相反，普遍不愿意多生的生育文化一旦形成，可能导致长期性的生育急速减退，其负面影响更不可忽视。

把国家比作人体，人体在不同时期的生长状况与要求都不会相同。因此，回过头来考察过去一些年份中国人口生产和相关思潮的演变，因为看到中国目前人口生产中的一些问题，而过分指责前人和以前执行过的一些政策是没有意义的。任何观念和政策的出台，都是当时认识水平特别是社会存在的结果,而在不同的时间段,社会存在可能会发生急剧的变化。现在重新思考中国在人口问题上走过的道路,包括采取过哪些决策以及其中的正反影响,提醒人们政策的制定应与时俱进,要根据现时或者可以预见到的未来情况,该坚持的继续坚持,该调整的适时调整,而不能抱残守缺,一根筋走到底。

第七章

作为最后屏障的战争能力

康德设想的“永久和平”是否已经到来？很难说今天的世界与以往世界有本质区别。

在“利维坦”仍游走人类生活之际，中国还须建立尚武精神，积极推进战略转变和军队转型。

中国的地缘战略仍要陆地与海洋并重，但这都要以空天行动能力的进展为保障。

中国发展军事战略能力，应选择一条适合自身特点的路径。

一、未淡出的“霍布斯时代”

今天的时代还需不需要尚武精神，还有无必要建立强大的国防，为可能发生的战争做准备？这种问题在当下中国正引来激烈的争议。一派意见认为，经济全球化以及各种国际性组织和制度在20世纪下半叶以来发展迅速，人类在共同维护国际安全方面，各种机制已日益完整有效。领土、资源、宗教和其他争端大都已可通过谈判合作方式解决，故而各国面临战争的危险已经大大为轻，也就没有必要过多用心于战争能力建设，没有必要枕戈待旦以防不测。他们因此主张中国人要做“世界公民”，而对民族主义、国家主义和尚武精神冷眼以对，大声申斥。[①]

另一派意见认为，冷战在欧洲结束后，东亚世界冷战结构犹存，美日等国已明确把中国作为作战对象，中国的国家安全环境也因美日等国的四面围堵而愈显险恶，故之万不可对传统意义上的国家安全掉以轻心。2009年年底，空军上校戴旭出版《C形包围》一书，鲜明提出美国将中国视为战略竞争对手，近年来已逐渐对华形成战略包围，这已严重威胁中国国家安全。该书在社会各界引起强烈反响，批评和否定者虽有之，但赞同者却居多。从实际情况看，这些年来在南海、钓鱼岛等问题上，中国与一些国家的争端激化甚至剑拔弩张，更让越来越多的人意识到中国并不太平，外部威胁无时不在。

中国研究国际政治和战略的学者们，将上述这两种对立的意见主张学术化了。有一种影响颇大的理论模型认为，迄今为止的国际关系史，可划分为三个时代：一是强主权制度下大国武装共处竞争的时代；二是弱主权制度下大国和平共处竞争的时代；三是人权制度下人类共同体内共

① 如袁伟时：《以世界公民眼光审视一切》，载《文明》2009年第7期。

处与竞争的时代。第一个时代起自1648年威斯特伐利亚和会，衰微于第一次世界大战，终结于第二次世界大战；其特征是大国间战争是维护安全实现利益的主要手段，没有一个大国不是崛起于战争中。第二个时代出现于冷战时期，将延伸到21世纪后的相当长时间内；其特征是大国之间开始将和平共处、和平竞争作为一种原则，维护安全的手段从总体战争向有限战争转换，战争对象不再是其他大国，大国之间维持一种威慑或冷战状态。而第三个时代，实际上还是一种韦伯式的"理想类型"，其雏形就是目前已经在欧洲出现的经济、政治共同体，它们以其相互依赖和国际性集体认同遥遥预示了人类未来，就是主权制度将逐渐让位于人权制度，战争不再作为一种解决国际争端的外交手段。[①] 在这一时代，虽然"国家仍然存在，但有着更加强大的全球治理体制，大国崛起与衰落只是'世界国家'或全球治理体制中的代表权竞争而已"。[②] 上述三个时代，第一个时代是受刻意区分敌人与朋友、充满敌意的霍布斯文化所主导，属于已经翻过去的一页，第三个时代作为诉求友谊、合作、非暴力和永久和平的康德文化，是有待实现的未来。而正在展开的，则是第二个时代，既非完全敌对，又非完全充斥友谊，而是既有合作又有竞争。

这种理论模型及其解说，不赞同者众多。他们认为当今时代与过去并无明显分别，不能一厢情愿，放弃一切暴力假设，而要看到大国竞争仍无时不在，仍要为可能发生的冲突做出准备。如军事科学院前副院长李际均中将指出，尽管冷战结束以后，和平与发展成为世界性潮流，但局部冲突与战争并没有停息，世界上的矛盾很多，既不是没有战争的和平，也不是没有和平的战争。从某种意义上说，现在是一个"走向成熟的战争和尚未成熟的和平"的时代。战略学者倪乐雄在论述中国的海权问题时则断言：霍布斯时代并未完全步出人类历史，康德永久和平时代远没有到来，"在所有事关国家重大利益的纠纷中，当政治的、和平的手段用尽后，

---

① 关于三个时代的划分，见郭树勇：《导论：中国崛起中的战争与战略问题》，载郭树勇编：《战略演讲录》，北京大学出版社，2006。

② 郭树勇编：《战略演讲录》，3页，北京大学出版社，2006。

最后还是不能排除用武力解决问题的可能”。[①] 基于历史上没有哪个国家会以牺牲未来国家安全，或让自己的子孙后代冒灭顶之灾的危险来实践康德的永久和平论，以及历史上任何性质的和平都是以武力作为后盾，倪乐雄认为，我们只能判定世界还没有终结霍布斯丛林法则，而不能判定世界已经朝着永久和平方向不可逆转迈进。即使是全球经济一体化，也不能证明它是不可逆的。

既然如李际均和倪乐雄所说，人类还没有完全走出“霍布斯时代”，那么，慎重对待战争与和平问题就非常必要。人类目前还处在“走向成熟的战争和尚未成熟的和平”的时代，怀着良好愿望，把所有的宝都押在某种甜美可能上，是不明智的。然而，继续以往日那种方式来思考战争与和平，顽固于霍布斯法则的绝对性，又显然缺少时代具体感。战争是发展的，和平也是发展的，经过两次世界大战以及战后以来经济全球化的迅速发展，近半个世纪以来，人类在制约战争、创造和平方面，无疑已经取得了一些进展，它也应当被正视。“冷战后的时代，由于世界多极化和经济一体化的发展，国际组织干预的条件和制裁手段增多，因而国际军事条法的作用相应增大。”不看到国际组织、国际规范的发展以及它们在维护和平中的作用，不看到经济全球化对现实政治的影响，就会陷入纯粹的悲观主义，把世界再次敌我两分，并对此极端化。

人类文明演进到今天，维护和保障和平的手段，应该说已经越来越丰富。不足的地方在于：所有这些手段都具有不确定性，稳定的和平模式，人类至今没有发明出来。也因于此，李际均提出要以现实主义的态度来对待和平。“首先是防止战争，一旦战争不可避免地发生后就要限制战争。”军事战略的制定和实施，并不简单就是准备战争，还包括遏制和防止战争，不能遏制和防止战争，也就不会有和平。这是李际均特意做出的一种区分，并认为“不战而和”与“不战而胜”一样，都是中国传统战略文化的

---

① 倪乐雄：《海权与中国的发展》，载郭树勇编：《战略演讲录》，112 页，北京大学出版社，2006。

精华表现。这点出了当下在考量战争问题时，在思维上难以打开的一个盲点，那就是总把一个国家的武装力量建设、军事战略的实质与战争准备画上等号。

对于一个长期浸淫于安乐、和平至久的国家来说，谈论战争好像根本就已不合时宜。李际均接下来的一个论断，在当下的中国知识思想界也和者不多，他说："对于安全受到威胁的国家来说，防止战争不能代替准备防御战争与实行防御战争，后者依然是受到威胁的国家维护安全的最后盾牌。"国际法规定国家有战争权利，在万不得已时，国家还是要行使这项权利，它有其法理依据。职是之故，提高军队的战斗力，增强实战能力，准备打仗，仍然是防止战争、维护和平的最可靠保障，而不能寄望于空泛无边的"国际合作"。国际合作是实现国家安全的条件之一，但至少在人类史的这一时刻，它还是不能替代国家自助能力。对于大国来说，只有具备充足的自助能力，才能有效创建和实施国际合作，与其他国家共谋国际安全。美国在20世纪上半叶成为世界首屈一指的经济、军事大国后，才由孤立主义走向国际主义、带头倡导集体安全，就是明证。

这种观念在战略学者张文木等人那里也得到了回应，他们并不认为世界政治已进入洛克时代或者康德时代，民族国家和国防能力已不再无足轻重，相反，不坚持主权和国家利益，不提高国防现代化水平，不仅一些现实问题无法缓解，而且中国与世界上唯一超级大国美国之间也难以真正实现和平共处。和平共处是建立在力量的大致均衡基础上的，"和平是国家之间综合实力相互制衡的存在形式，是国内生产关系与生产力的矛盾相适应或缓和的时期"。[①] 这其实也是如摩根索、基辛格和尼克松等美国传统现实主义者的命题。

在这种现实主义视野下，李际均还对时下人们对非传统安全的过高宣扬提出了不同意见。一方面，他承认非传统安全问题已变得比以往重

① 李际均：《战争的动因及和平存在的方式》，载郭树勇编：《战略演讲录》，北京大学出版社，2006。

要，并且影响了国家间的竞争与合作；另一方面，他又指出这种影响还不是决定性的，而决定性的因素仍是传统安全问题。这与目前的中国国际政治和战略学界对战略问题特别是大战略和战略文化问题的研究，逐渐脱离“战略”一词的本来内涵，不再言战争和军事，相反突出非传统安全，不言而喻大异其趣。

二、复兴尚武精神

专家学者们的争论归争论，中国公众对国事、世界大事的兴趣，这些年来显然在增长。这与1999年的科索沃战争有关。当时美国与南斯拉夫开战，美军导弹击中了中国驻南斯拉夫大使馆，一时间举国哗然，群情激愤。恰好那时中央电视台也对以往的新闻节目播出方式有所创新，让各种专家学者走上荧屏“现场直播”。国际政治、军事和战略领域的专家学者对战争进行“现场解读”，芸芸大众通过电视就可以对远在万里之外的战争和战场“即时感知”，这刺激了大批观众来观看央视和凤凰卫视的政治、军事类的新闻评论节目，也使那些走进荧屏“现场解读”战争的专家学者瞬间成名。

科索沃战争仅是开端，进入新世纪后，接二连三发生的几场事件和战争，如“9·11”事件、阿富汗战争、伊拉克战争、利比亚战争、叙利亚内战，更是持久吸引了人们对于国际政治和战争问题的关注。有心人会注意到，诸如《环球时报》《国际先驱导报》和《世界新闻报》这些专门报道国际时事并进行及时评述的纸质媒体，是在20世纪末时才陆续出现并在短短时间内赢得大量读者的。据说《环球时报》的发行量，一度达到上百万份。而电视媒体亦如是，国际时事及相关评述，是现在最受欢迎的节目之一。

表面看来，是在中国之外发生的那些突发事件“场面火爆”、具有电影效果，才使身在其外的中国获得了“眼球”效应。这样来看中国人的国际关怀，好像有些道理，不过，它马上要面临的一个诘难是在科索沃战争之前，世界并不就是一片和平，冲突和战争频发，但那时中国人对中国之外发生的那些大小事情，却显然不像今天这样关注。其道理又何在呢？

中国人对所处国际环境的感觉，不言而喻在发生变化，与以往相比，忧患意识明显增强，对中国国家安全状况越来越关注。围绕国防发展和对外战略，近些年来专业团体内部发生了不少论争，比如在地缘政治上应优先西部陆地还是东部海洋、军事技术上要不要发展航母、是坚持还是放弃韬光养晦政策等，这些讨论在公众层面也引起热烈回响。最近的一种讨论，是有关中国需不需要鹰派、需要什么样的鹰派的问题。“鹰派”“鸽派”的称谓，以往是人们在描述美国政治家和战略家的对外政策思维与做法时，大致做出的一种区分，前者一般对外态度强硬、不吝使用武力，后者一般讲求国际合作、追求以外交手段解决问题。这种描述现在被移植到了中国，有人提出“中国需要更多的鹰派人物”①，有人认为“鹰派论无助中国外交”②，还有人指出“中国鹰派既珍稀又孤独”，在其身边充斥的并非鸽子，而是鸡鸭③。对鹰鸽派的议论显示的，是一部分中国公众对现实重新产生很强的危机感，而且意识到没有尚武精神将无法应对。

1. “鹰派”梁启超

危难之时，才知道什么最宝贵。19 世纪末至 20 世纪上半叶，中国曾经屡遭他国入侵，国运无比艰难，当时也曾有不少智识之士大声疾呼要强健中国人的灵魂、培养中国人的血性。曾在清末积极参与推动“戊戌变法”的梁启超，就是一位不折不扣的“鹰派”。这位中国近代史上名声赫赫的“公共知识分子”，目睹国民精神柔弱、视野短浅，而招致国家屡遭被外敌欺凌直至皇朝崩溃，痛感无尚武精神不足以救国。④

---

① 文绪：《中国需要更多的鹰派人物》，载《环球时报》2009 年 3 月 5 日。

② 尹继武：《鹰派论无助中国外交》，载《环球时报》2009 年 3 月 17 日。

③ 雪珥：《中国鹰派既珍稀又孤独》，载《环球时报》2013 年 5 月 15 日。

④ 关于梁启超的尚武思想，本文参考了雪珥先生的研究，见雪珥：《“鹰派”公知梁启超》，载《中国经营报》2013 年 4 月 8 日。

早在1900年,梁启超所写就的《少年中国说》,就为中国应当具备的形状做了描述:“潜龙腾渊,鳞爪飞扬。乳虎啸谷,百兽震惶。鹰隼试翼,风尘吸张。”1904年,梁启超又出版《中国之武士道》一书,通过中日对比,希望重新唤起中国人尚武的民族天性,以使中国趋于富强。他在该书的《自叙》中说:“泰西、日本人常言,中国之历史,不武之历史也;中国之民族,不武之民族也。呜呼!吾耻其言,吾愤其言,吾未能卒服也。……吾故今搜集我祖宗经历之事实,贻最名誉之模范于我子孙者,叙述始末而加以论评,取日本输入通行之词,名之曰:中国之武士道,以补精神教育之一缺点云尔。”书中列举了秦汉以来“我先民之武德,足为子孙模范”者之事迹,列出18条武德典范:“要而论之,则国家重于生命,朋友重于生命,职守重于生命,然诺重于生命,恩仇重于生命,名誉重于生命,道义重于生命。”

同一年,梁启超还出版了《中国殖民八大伟人传》,入传的多是官方所不屑的“海盗”“海贼”。他在开篇中就感慨:“近数百年来,泰西各国竞言辟地殖民,阿利安种之国旗辉映全球,以中国方之诚远不如也。泰西之殖民皆以国力盾其后而中国无此者,所恃者我民族之天然膨胀力而已。”并自豪地说:“我民族固有一非常之特色,为泰西所不如者。泰西豪杰若摩西之君犹太、哥伦布之开美洲、克雷飞之并印度,其人大都旷世不一遇,而中国乃时时有焉。”然后他举出一大堆开疆拓土的先驱们,希望“我华人所应永永不忘也”。

可贵的是,梁启超绝非口头革命派,而是做到了知行合一。在大力推广体育救国的同时,梁启超还成为“保皇派”推行暗杀、建立武装的主要执行人,一举颠覆古来中国文士羸弱不武的形象。而在第一次世界大战爆发后,梁启超还以战略家般的敏锐密切注意欧洲大国间的战争进展,在1914年冬天写成了《欧洲战役史论》,随后又在《大中华》杂志上连续发表长文《欧战蠡测》。在关系国运的大是大非问题上,梁启超令人惊叹地保持了清醒,不仅知道中国的国家利益所在,而且坚决强硬地起而捍卫。如在1914年日本派兵攻占德国租借的青岛、夺取了胶州湾后,这位曾受日本庇护多年的大清国政治犯，绝无“吃人家嘴软”的顾虑，在参政院代行立法院第十五次会议上，毫不客气强烈谴责日本。次年日本向中国提出“二十一条”，他则接连发表《中日最近交涉平议》《中日时局与鄙人之言论》《解决悬案耶？新要求耶？》等文，态度鲜明地告诫国人日本根本不是为了“维护东亚全局之和平”，出兵中国是要“谋蹙我于死地”。1917 年，在欧战陷于胶着、美国宣布参战之际，梁启超还审时度势，意识这是中国挽回利权、获取更大利益的大好机会，因此力排众议，大声疾呼并推动对德断交和宣战。实践证明此乃睿智之选，中国参战不仅收回了相当大的部分利权，而且第一次以战胜国的身份亮相国际，也为 1921 年华盛顿会议上解决山东问题做了极好的铺垫。

梁启超还对中国自秦以来尚武精神不断削弱、没有鹰派的原因做了分析，他认为在于以下方面：

其一是“一人为刚万夫柔”的皇权体制。中国自秦汉开始流传的两千多年的大一统的政治制度，使得国家成为一家一姓的私人产物，人民不会愿意为保卫一家一姓的财产而成为鹰派，“数千年民贼，既以国家为彼一姓之私产，于是凡百经营，凡百措置，皆为保护己之私产而设，此实中国数千年来政术之总根源也”。[①]

其二是中国的政权普及率。在晚清前的很长一段时间县以上是由政府管，县以下则是由乡绅管理；到晚清政改后，政权的力量才渗透到县一级以下，这时中国人民才有了在家乡观念之外的国家概念，在此之前国家概念淡薄。中国人对政权不在乎，只在乎自己的乡村和宗族。

其三是没有实力和心理准备，并且中国历史上少数鹰派一直被压制。

其四是中国选拔人才的主要制度科举制将天下英雄都纳入同一个模式里去格式化，导致知识分子变得中庸，重视道德、妥协的为人处世的态度。而这种道德在国家面临内忧外患的时刻不管用。[②]

---

① 梁启超：《中国积弱溯源论》。

② 雪珥：《中国自秦以来没有鹰派的四大原因》，和讯网 2013 年 6 月 13 日。

2. “战国策”派的呐喊

刚强的民族性格是免受他国欺侮的精神利器,也是赢得国际尊重的“软实力”源泉。懂得这一点的不仅是梁启超,抗日战争期间出现的“战国策”派,对国家危亡同样有切肤之痛。“战国策”派目睹第二次世界大战爆发,“强国对强国的决斗、强国对弱国的并吞”[①]的残酷现实,强烈希望国人振作猛醒,以积极进取的姿态参与国际竞争。其核心关注也是尚武精神,也就是以“力”为尚的“大政治”——“就是国与国间斗争的政治”,“斗争的方式有二:战争和外交,其目的则为求国家之生存与发展”[②]。在《大政治》一文中,何永佶用“金鱼缸里的政治”和“大海里的政治”为喻来说明国际政治的本质是以实力为依托的权力竞争。在何氏看来,中国人对外习惯的“金鱼缸里的政治”是“小政治”(low politics),它“‘优哉游哉’,以为天下是一个‘信义和平’的世界,那里没有鲸鼋鳖,只有青草白石,金鱼缸也的确是这样”,然而,“那条金鱼在这安乐窝的金鱼缸里住了几千年,忽然被抛入大海,那里有的是海虎、海豹、海狮、海貔、海豺、海狼、海蛇、海蝎,个个垂涎它金色的美,‘象以牙而焚身’,这条金鱼也许就因自己的美丽而遭不测。把‘中国’二字代表‘金鱼’,就可知我们处境之危”。“在金鱼缸里时人人都是友,在大海洋时个个是敌”,“国人犹以为现在仍是‘金鱼缸’的政治,而不知早已变成‘大海里’的政治了”[③],“大海里的政治”即“大政治”才是中国人应该致力为之的,“不能伟大,便是灭亡。我们更不得再抱着中庸情态,泰然捻须,高唱那不强不弱不文不武的偷懒国家的生涯”。[④]

---

① 林同济:《战国时代的重演》,载张昌山主编:《战国策派文存》(上),11 页,云南人民出版社,2013。

② 洪思齐:《释大政治》,载张昌山主编:《战国策派文存》(上),321 页,云南人民出版社,2013。

③ 何永佶:《论大政治》,载张昌山主编:《战国策派文存》(上),云南人民出版社,2013。

④ 林同济:《战国时代的重演》,载张昌山主编:《战国策派文存》(上),13 页,云南人民出版社,2013。

战国策派推崇马基雅弗利式的权力政治，主张国家利益高于一切，因此提倡从事实而非从道德出发的世界观，“国际政治是‘非道德’(amoral)(不是‘不道德’)(immoral)的，一切幼稚的善恶观念必须打破”，“大政治是以事实做根据的：国际既不能避免战争，我们唯有以武力维护安全；国际既没有公理、法律、道德，我们的算盘只有国家和利害”。在外交上，要求推行唯实外交，权利害，玩均势，合纵连横，“典型的外交家，不是会说好话的白脸书生，而是如里宾洛甫一流的斗士”。[①] 同时主张英雄崇拜，“一个不知崇拜英雄的时代，一定是文化堕落民族衰亡的时代”，陈铨、贺麟等反复著文，力证现代中国人的人格形成，要以英雄崇拜为前提。与之相对，反对蝇蝇苟且、大而无当的“世界主义”，陈铨在《政治理想与理想政治》一文中说：“在世界没有大同，国际间没有制裁以前，国家民族是生存竞争唯一的团体；这一个团体，不能离开，不能破坏。民族主义，至少是这一时代环境的玉律金科，‘国家至上，民族至上’的口号，确是一针见血。然而中国现在许多士大夫阶级的人，依然满嘴的‘国际’‘人类’，听见人谈到国家民族，反而讥笑他眼光狭小，甚至横加诬蔑，好像还嫌中国的民族意识太多，一定要尽量浇冷水，让它完全消灭。他们忘记孙中山先生虽然讲世界大同，他同时更提倡民族主义，世界大同是他的政治理想，民族主义才是他的理想政治。”[②]

令战国策派所忧心不已的，是尚武精神在中国的没落。林同济、雷海宗都曾撰文，指出中国社会主导阶层——“士”的精神品格，两千年间有很大变化，经历了由大夫士到士大夫的演变过程。这是两种极为不同的人群，林同济说，西周到春秋前期的士是爵禄世袭的，是有战斗训练的，是有专司的职业的，也就是说，是贵族的、武德的、技术的[③]。但到孔子之世，这一阶层就已走入末运了，再经过战国时代的剧变到了秦汉，中国的社会

---

① 洪思齐：《释大政治》，载张昌山主编：《战国策派文存》(上)，云南人民出版社，2013。

② 陈铨：《政治理想与理想政治》，载张昌山主编：《战国策派文存》(上)，636—637页，云南人民出版社，2013。

③ 林同济：《士的蜕变——文化再造中的核心问题》，载张昌山主编：《战国策派文存》(上)，603页，云南人民出版社，2013。

政治,已变为大一统皇权类型,也就是“大夫士”之一物渐次变为文人化、官僚化,而形成两千年来“士大夫”的结构了[①]。雷海宗说,“士君子”是封建时代对士族阶层的尊称,士在当时处在政治社会领导的地位,行政与战争都是士的义务;凡是君子都是文武兼顾的,六艺中,礼、乐、书、数是文的教育,射、御是武的教育,到春秋时仍是所有君子必受的训练;当兵绝非如后世所谓下贱事,而是社会上层次的荣誉职务,在这种风气下,君子锻炼出了毅然不屈、慷慨悲愤、光明磊落的人格。但到战国以后,这种文武兼备的人格理想逐渐消失,出现文武对立,文人称游说之士,武人称游侠之士,“一半流于文弱无耻,一半流于粗暴无状”,而汉以后所谓士君子或士大夫完全属于战国时代游说之士的传统。[②]

与大夫士相比,士大夫的性格特点、理想追求完全变样。概而言之,是两点。一为官僚化,陈独秀说,把中国士大夫的骨肉烧成灰,里面都可以发现“做官发财”四个大字。二为文人化,不再学习和懂得射御之事,成为专事苦读诗书之徒。也就是说,“大夫士是贵族武士,士大夫是文人官僚”。由此又派生出士大夫阶层的以下特点:

一是重宦术而非技术。大夫士是会做事的,通晓各种社会事务,而士大夫是从战国游说之士而来,摇舌鼓簧只为一官半职光宗耀祖,所谓“宦游”即“游于官”而非如大夫士那样“游于艺”也。“由封建的士到当今的士,便是由技术到宦术,便是由做事到做官。做事是生产,是‘创造’。做官是消费,虚耗,是‘反创造’。中国之整个政治之所以糟糕,整个文化之所以僵化,关键就在这里,始则政府人员,继则社会人士,上上下下,都不想做事,只想做官,不晓得做事,只晓得做官。”[③]

二是重书本而非实践。“中国的书本头脑是一种整个的宇宙观——一种文字迷的宇宙观……他不能直接念及现实,他失去直接看到现实的

---

① 林同济:《大夫士与士大夫——国史上的两种人格类型》,载张昌山主编:《战国策派文存》(上),676 页,云南人民出版社,2013。

② 雷海宗:《中国文化与中国的兵》,213—214 页,商务印书馆,2001。

③ 林同济:《士的蜕变——文化再造中的核心问题》,载张昌山主编:《战国策派文存》(上),603 页,云南人民出版社,2013。

本能。所以论到治河水利，历代文人的建议，几于千篇一律，总脱不出大禹治水行所无事那一套”，“中国政治上最大的毛病，就是这种文字迷的假信。西方人办事，言论只是实行的起点；中国人办事，言论乃是一切的终点”，这种书本主义、只说不做的习病，“在官场中发达特甚。我们有个专有名词，就是‘做官样文章’”。

三是重道德而非利害。士大夫阶层眼中的世界，是一个文治而非武功的世界，文是王道，武是霸道，“力之一事，自他们看去，不但在道德上是‘坏’与‘恶’，并且在实际上是‘无效’和‘无用’的”。这种“德化第一”主义，在林同济看来，“无容讳的成为一种弱者的自慰语，无力者的自催眠”，大难临头时还在念念叨叨远人不服则“修文德以来之”，在现实利害面前不免沦为苍白可笑，“敌至城下，亦竟或诵经赋诗而图存。数千年不讲国防，一旦失去东四省用瞠目不解其理，不解为什么此光天化日之下，在此国际盟约、九国公约、非战公约的森严世界里，竟会有人来犯天下不韪以破我行政土地的完整。惊愕之余，乃仍在那里梦想欲借公论以克暴力，喊正义以动邻国”。[①]

这些特点决定了士大夫最多只能守成，并无应付变局的能力。林同济把这种现象，称为“文人政治”。官僚化、文人化的士大夫阶层，不仅没有血性、缺乏尚武精神，在该担当时不敢担当，而且习惯于以道德论世，对经世致用一窍不通，对如何解决国家难题没有办法，这使他们在该担当时不能担当。雷海宗说秦汉以降，中国的智识阶级即士大夫们大部流于文弱无耻，无事时奔忙于“鸡虫之争”，大难来时则“惊得都作鸟兽散”，是典型的伪君子面貌，乱世士大夫的行为几乎都是误国祸国的行为。

社会中坚阶层的特质决定国家性格，也决定国家命运。上千年来中国伪君子遍布，结果是国内文弱之气蔓延，宋明最后都不抵外敌入侵而国破政亡。在国家危难之际，士大夫阶层不仅不识大体，沉迷于党争而不管国家死活，还丧失原则和立场，动辄卖身倚靠。雷海宗总结士大夫阶层误

---

① 林同济：《论文人》，载张昌山主编：《战国策派文存》（上），云南人民出版社，2013。

国祸国的方式有三：一是结党误国。典型如东汉末的党祸、宋代的新旧党争、明末的结党，都宁可误国，也不肯牺牲自己的意见与颜面，当然更不肯放弃自己的私利。各党各派所谈的，都是些主观上并不诚恳、客观上不切实际的高调。其二是清谈，逃避现实。魏晋时代，胡人已把凉州、并州、幽州大部占为已有，内政与民生也到了山穷水尽之时，负政治责任的人与很多在野的人仍在谈玄。三是做汉奸。刘豫、张邦昌、洪承畴都是进士出身，投身他人时，毫不为耻。①

3. 宋明之际：有“肉”无“骨”

尚武精神缺失给国家安危带来的损害，在宋明之际表现得尤为明显。今天的史家在追溯大宋王朝时，普遍认为无论北宋还是南宋，都是中国古代王朝史中的比较罕见的好朝代，经济上远比同期的辽、金、夏要富裕，社会治理张弛有序，政治上也自由开放，一向困扰中国政治的权臣、外戚、女主、宦官等问题都不存在，“从内政的观点来看，宋朝的成就至少是不比任何其他朝代较差”②然而，先是北宋被金所灭，南渡而为南宋，接着南宋又为蒙古人所灭，终宋两朝，大宋王朝都处在不是被辽就是被金元骑在头上痛打的状态，“安内并不足以攘外，宋朝之亡是亡于外患，这是一个非常值得警惕的事实”③，从这一点来论，可以说“大宋”不大。

两宋最缺少的，是尚武精神。秦汉以后中国“士”阶层虽然已经没落，但由于不时有精骑射的胡人游牧血统加入华夏，隋唐时代尚武的流风余韵犹存，偶或还有天才的文臣武将出现，在一定程度上弥补了兵制废弛的不足。宋朝则是尚武精神在中国全面走向衰败的转折点，这当然与宋朝以后草原游牧民族的生活习惯被全面改造，华夏民族的生活方式彻底走向农业化有关。这使尚武精神失去了社会前提，无论中外，以农业立国的

---

① 雷海宗：《中国文化与中国的兵》，113 页，商务印书馆，2001。

②③ 纽先钟：《历史与战略——中西军事史新论》，110 页，（台湾）麦田出版股份有限公司，1997。

古代国家一般都会在经济上相对富裕，而对征战没有兴趣，精神上偏安苟且。宋朝的命运实际上反映了这一类型国家的普遍命运："勤劳并因此致富国家是最有可能受到攻击的国家，除非国家在国防上采取新措施，人民的自然习性会使其根本不能保卫自己。"①

明朝是在赶走蒙古人后建立起来的，朱姓皇朝搭起台子不久，就开始大举捕杀开国功臣，这使士大夫阶层更忌惮于过问征战之事，对武官的节制也更无以复加，有明一代总体来说因此更加柔弱不堪。清朝在前期表现出了一定的强悍性，原因在于满人是游牧民族，精神上还有尚武的成分，及至后来日益汉化，八旗军也就只能提笼戏鸟，而对征战渐成外行了。

宋明以后尚武精神的不彰，还有更重要的原因。宋朝开国皇帝赵匡胤吸收隋唐地方割据教训，废除节度使制度，建立起文官对武官的控制，这套制度在此后千余年间是如此行之有效，以致使得中国"不得不"成为"一个爱好和平的国度"。也就是说，自我阉割了尚武精神。"在北宋九朝一百八十六年的历史中，几乎找不到一位合格的战略家，汉有良平，唐有李靖，北宋既无知兵的文臣，也无善战的武将。"②在文官体制的制约下，宋明以后的政治越来越文人化，尚武精神失去了政治前提。英国哲学家罗素在其《中国问题》一书中，曾说中国是一个爱好和平乃至骄傲得不屑于打战的国度，他不知道宋明以后尤为明显的这种苟安的精神氛围，其实不单纯是精神层面的因素使然，也有其制度成因。

美国汉学家列文森的《儒教中国及其现代命运》，旅美历史学家黄仁宇的《万历十五年》，都曾谈及中国古代文官对武官的制度化控制：在宋明清的漫长历史年代，中国社会的基本结构是"士农工商"的多元构成，"士"即文官系统是国家的统治阶层，经过科举考试而进入庙堂的举人进士们熟读诗书，习惯于坐而论道，尚武纵力对他们往往就成了一种"下三烂"。国学大师钱穆总结说："……此种文武分职，军人不干政的制度，在

① 亚当·斯密：《国富论》，501页，华夏出版社，2005。

② 纽先钟：《历史与战略——中西军事史新论》，123页，（台湾）麦田出版股份有限公司，1997。

中国又是古已有之，亦属中国旧制中一项优良的传统。”[1]文职官僚们的权力是如此之大，以至近千年来中国军人的最高官阶也不过是区区总兵，而他们还必须时时受地方最高行政长官的节制，节制的方法一是在官位设置上比他们官高一级，方法之二是不构造全国划一的军事后勤供应系统，各地的军队由各地方分散供给，也就是说军事物资的供给权也掌握在文职行政官员手中。而全国性的军事管理机构“兵部”的长官兵部尚书也历来是文官，就如现代世界多数国家的国防部长是文官一样。

说明中国古代文官对武官控制之厉害的具体事例，可见之于明代戚继光、袁崇焕等苦心经营中国武力时的艰苦。前如戚继光如无文官阶层的最高权威张居正的死力扶持，就断不会有戚氏抗倭保国的武功；后如袁崇焕虽身为文官阶层，但创造中国武力时在文官阶层中所经受的磨难，亦非现在我们所能体悟，及至最后终抵不过文官阶层的集体性损毁而被崇祯皇帝所杀，它的直接后果是明朝再也无法抵御努尔哈赤的进攻，最后崇祯皇帝做了亡国之君，自己吊死在了紫禁城。

国家战略能力首先体现为准备、防御和面对战争的能力，宋明在相对富裕的同时却无法应对外患，说明国家的生存不能只系于经济。有趣的是，在今天不少专家学者大谈特谈“贸易和平论”，以为国家之间的贸易能带来和平时，却不知“贸易和平论”的鼻祖是在中国。两宋当年都曾大举搞过“经济外交”，期望以经济上的相互依赖产生安全上的好结果。在战争失利之后，宋辽、宋金、宋夏之间均曾有大规模的互市往来，当时叫作榷场贸易。鼎盛时期，宋辽之间设有七个榷场，宋金之间设有十个榷场。但宋、辽、金之间，一边建榷场，另外一边，战争却并未止息。北宋被金人所亡，南渡而为南宋后，秦桧与金政权订立绍兴和议，其中之一就是与金国互市和向金国输送财物，这虽然换来了一时的安宁，但当更为强悍的蒙古骑兵来袭时，偏安的南宋就再也无法靠贸易来换和平了。

宋朝的文恬武嬉、苟且偷安成分，不仅给自己也曾给其他深受影响的

① 钱穆：《中国历史研究法》，29页，生活·读书·新知三联书店，1999。

族群带来灭顶之灾。契丹人建立的辽国是宋朝的敌人，但一旦辽宋订立澶渊之盟实现互市，辽宋之间竟然可以维持120年的和平。完全汉化的辽政权彻底被汉地的奢靡之气浸染后，就再也没有继续进取的尚武之志，及至后来女真人建立的金国，只花了12年的时间就灭掉辽国。但金国在将赵氏政权赶出中原地带后，也如当年的辽国一样被汉地的贪腐之气磨尽锐气。当年南宋思想家陈亮写出《中兴五论》，指出南宋政权不必再如过去那样畏金人如虎，其中一个理由就是金人已汉化得与南宋无异。[①]后来金人在蒙古人面前的落花流水，果与金人灭辽时如出一辙。雷海宗也说，游牧民族原都尚武，但汉化之后，附带的也染上汉族的文弱习气，不能振作，引得新的外族又来内侵。蒙古人虽不肯汉化，但文弱的习气却已染上，所以汉人不很费力地就把他们赶回沙漠。[②]

宋明以后的尚武精神，主要体现在农民起义上。农民为什么会在一定时期表现出尚武精神，一方面是官逼民反，活不下去了只好奋起反击。土地是农民的命根子，地主豪强的土地兼并，使农民失去土地，或者赋税过于沉重，使农民无法靠固定化的农业生产来生活，都会使农民"游牧化"，一旦有不得志的知识分子(游士)来领导，农民就会揭竿而起，选择以武力改变自己的命运。另一方面，农民阶层受书本主义和市井生活的影响也要少得多，精神上尚朴守真，也比较崇拜英雄，不像士大夫阶层那样严重腐化，因此还经常会展现出天然朴素的阳刚之气。陈铨因此评论："经过千百年传统的腐化陶养，造成中国今日士大夫阶级的末路。还没有亡国灭种者，幸亏有另外下层阶级，保持中国祖先遗留下来的民族精神。"[③]他指出中国农民往往追随一位领袖，而将生死置之度外，其勇气足以"惊天地，泣鬼神"。比如清末的哥老会，比如内地乡村由正人君子创办的民团，都是如此。抗战期间中国军队在前线的拼命精神，也来自下层阶级的勇猛不屈。

---

① 陈亮在《中兴论》中指出："况今虏酋庸懦，政令日弛，舍戎狄鞍马之长，而从事中州浮靡之习，君臣之间，日趋怠惰。"见《陈亮诗文选注》，96页，上海人民出版社，1977。

② 雷海宗：《中国文化与中国的兵》，125页，商务印书馆，2001。

③ 陈铨：《论英雄崇拜》，载张昌山主编《战国策派文存》(上)，128页，云南人民出版社，2013。

其实,1900年的义和团运动莫不也是如此,是农民阶层对国家危亡的天然反应。一百年后有不少摇头晃脑的“公共知识分子”或“历史学家”,指出义和团运动不过是“暴民盲动”,给国家造成了巨大伤害,殊不知义和团运动的失当并不在下层民众,而在于没有精明强悍的智识阶层来引导,精英阶层的不作为、乱作为、不知如何作为,国家备受屈辱而无翻身改变的前景,才使得下层民众奋立而起。

4. 复兴中的曲折

清朝崩溃是尚武精神衰竭所产生的又一个结果。经过20世纪的改良、革命及外战、内战,中国的智识阶层有没有脱胎换骨呢?在过去一个世纪特别是在其前期,中国曾有过尚武精神的短暂复兴,国民党的北伐、共产党的革命,都曾一改传统士大夫阶层只尚空谈、不尚行动的旧习,为中国的重新统一和走上富强之途,提供了强大的精神动力。这种在压迫中迸发出来的血性,绝非出自旧文人的救国自觉,而是新知识阶层在肉体和精神上得到武装的结果。

处于下层的亿万农民,在中国革命中再次起到了关键作用。毛泽东的共产党及其人民军队,领导阶层是新生的、具有尚武精神的精英知识群体,而其主要人员则是农民。共产党革命的成功,是传统社会有生力量与文治武功兼备的新领导阶层相结合的结果。尚武精神的复活给沉睡了上千年的中国社会带来了活力,也为中国的国家命运迎来了转机。

20世纪的大部分时间,中国都是在磨难中度过的。幸运的是,绝望中兴起了一群群有理想、重技术、懂利害关系的新人,这个新阶层的出现,不仅挽救了国家,也使国家保持了希望。然而,宋明以来和平安逸、文过饰非的“文人政治”传统,积习太深,稍不留意又会死灰复燃。三十余年来的相对和平,为中国积攒了国力,但也容易磨损人的精神。六十多年前为当代中国奠定根基的那些人群,今天已经被新出现的多种社会阶层所稀释,由此带来的一个结果是中国又重回故态,主流社会阶层的国家和民族意识大为弱化,20 世纪刚刚从长久羸弱中凝聚起来的刚强之火,又在各种“主义”之争中被一点点浇灭。

这几年来兴起的微博,正在把当代中国知识阶层的面相显露无遗。十几年前各种“主义”重新在中国粉墨登场的时候,不同意见主张的“公知”们,还能稍有风度地开展“理性对话”,今天在微博上,所能看到的很多是“对骂”,只要不同意自己的主张,那就不仅在见识上“无知”,在道德和人格上也“低贱”,因此在“主义”相争的大街上,只看到轮番上阵的“思想泼妇”,相互都叉手顿足外加唾沫横飞,恨不得一脚把对方踩倒在地。这种场景,又是宋明党争的重演。

从制度层面看,传统文官制度改头换面以另一种更微观的方式压抑尚武精神。现今中国政府的最高决策层不见国防部长,也不见任何军方人士,乃至没有专门负责国家安全事务的最高官员,都是明显可见的证据。而军队内部一支庞大的政工干部系统的存在,正起着传统文职官僚对军人的制约作用,不同的是在古代社会文官对武官的节制更多局限在宏观,而 20 世纪以来的中国则将这种制度深入到了微观。这与中国人民解放军建军初期乃至之后很长一段时间的情况已明显有所不同,战争年代,政治工作系统是服从于军事工作系统的。

尚武精神同样是关键性的国家战略能力。一个有尚武精神的国度,才有捍卫国家利益的坚定意志,才能有效防御战争、保障和平,也才能在战争来临时敢于应战、保卫国家。和平不能靠施舍,要靠实力和意志。今天不少人在总结中国战略文化时,总要提到和平主义,认为和平主义是中国人思维中的一大亮点。其实和平有主动和被动之分,自己主动追求且有实力做保障的和平才是真和平,是有利于国家利益的和平,而通过奴颜婢膝和献乖卖巧得来、被人施舍、自己没有操控能力的和平,是伪和平,是随时可能陷国家于危亡的和平。很不幸,宋明以来,中国人的和平追求大都属于后一类,南宋的偏安东南,晚清“同治中兴”的复兴幻觉,就是如此,最后迎来的都是王朝的覆灭。

在当下以及较长时间的未来,中国都会是一个内部矛盾特别之多、利益分殊极为明显的时代,也是一个外部纠纷格外显眼、国外压力甚为巨大的时代。解决种种内忧外患,需要的是办法和路径,是积极进取、敢于迎难而上的精神状态。中国当前和未来所急需的,是出现能够引领潮流的新人群,这一人群应当思想敏锐,意志坚决,敢于担当,深刻明悉中国国家利益所在,也洞察中国应当负责的国际责任,无论他是鹰派还是鸽派,都懂得在维护国际和平的同时,提高中国的国家利益。这样一个阶层还未出现,但中国尤其需要这样一个阶层!

三、文明变迁与军队转型

当代中国的尚武精神,要有一个落脚点。这个落脚点就是国家战略转型。中国目前在军事战略能力上的问题,是利益边界大于国防边界,中国要有在境外保护国家利益、因此在境外投送军事力量的能力。因此,战略转型的题中应有之义是军事转型,打造新的军事力量,形成新的军事战略能力。

从何处建设?建设什么样的新军队?有一个考虑基点,那就是一个国家的文明形态。"军事改革往往是社会全面变革的组成部分……深刻的社会变革总是要求军事领域进行相应的变革,而军事变革又是以一定的社会条件为前提的。当代的军事变革同样是与整个社会发展联系在一起的。"[①]文明形态规定了国家利益,国家利益又决定了军事需求。从以往人类史来看,文明形态变迁是一个国家变革战略思维,调整现实政治、经济和军事政策的根本动力,也是军队转型的根本成因。农业文明、游牧文明还是工商业文明,对军事战略能力会有不同的需求。

一般来说,文明形态包括物质性的生产生活方式、社会经济政治制度和精神形态的文化(宗教信仰、价值观和社会意识形态等)三块内容。从历史长时间来看,人类在使用物质和技术来改变自身生产生活方式方面,

① 李际均:《军事战略思维》,225页,军事科学出版社,1996。

比制度与精神形态的文明系统来得更加迅速和频繁,影响也更为直接和剧烈,本文因此主要考察物质性的生产生活方式对军事转型的影响。[①]不过,值得指出的是,后两者也并不能忽视。思想观念与社会制度系统是保守还是开放,关系军事转型能否发生和其推进速度的快慢。在这方面,奥斯曼帝国与欧洲的战争经历,提供了很好的案例。为什么一度强大的穆斯林在欧洲战场已经被大炮等军事发明彻底革新时,未能使用大炮和配合作战的步兵?正是这些发明加上近代的帆船,使得落后的欧洲人能够征服世界。"在穆斯林这种成本昂贵的失败背后,隐藏着社会结构和社会传统方面的深刻原因,因为穆斯林仅仅重视马术,而十分藐视步兵。"[②]

文明形态变迁决定了国家安全利益所在,也决定了军事需求,从而为包括军事技术在内的军事转型提出了要求。美国19世纪末以后由"大陆主义"转向"大洋主义"的历程,就深刻说明了这一问题。在美国18世纪末建国之初,美国国内存在两大政党——联邦党与共和党,前者主张加强国防、保持常备军,后者认为应该保持小政府、削减军队规模。从1801年起,美国由共和党人杰弗逊执政,上任之初,作为总统的杰弗逊秉承共和党的基本理念,反对建设强大国防,致力于削减军队规模,中止了建造战舰、干船坞和海军造船厂的工作,解散了军官和士兵,并拍卖海军舰船,"杰弗逊政府对海军的裁减在开始阶段简直就像清理破产户一样"。但这种做法很快就遇到了现实挑战。当时的美国虽然主要还是一个农业国家,然而同时美利坚民族又继承了其欧洲祖先特别是英国的商业传统,与海外有不少贸易往来。在18世纪80年代,美国为保证海外贸易安全,一直向的黎波里海盗进贡,然而这并没能满足后者的贪欲,海盗首领帕夏威胁说如不增加进贡物品,就派手下的海盗去抢掠。杰弗逊"讨厌花费昂贵的海军,但此刻他更讨厌北非的海盗",于是前后派出四支美国海军分舰队,在几次交火之后,才于1805年迫使帕夏在和平条约上签字。的黎波里海战以

① 关于物质性的生产生活方式变迁对文明演进的影响,可参(法)布罗代尔:《资本主义论丛》,158页,中央编译出版社,1997。

② 罗伯特·吉尔平:《世界政治中的战争与变革》,63页,中国人民大学出版社,1994。

及后来英国对美国的海上威胁，激发了杰弗逊对炮艇的兴趣，乃至在其后杰弗逊的两届任期内，这位热衷于小政府、弱国防的共和党总统，转而积极加强海军建设，大量制造炮艇，其任内所取得的最大成就是外交与军事。

一个注重商业利益的国家不能没有海军，“海军作为国家发展的重要角色，为美国的海外贸易和领土扩张奠定了基础”。① 在 1812—1815 年第二次美英战争结束后，美国曾一度热衷于海军建设，于 1819 年第一次制订了一项和平时期的海军长期建设计划，可是这一计划在 1820 年后即受到冷落。在差不多整个 19 世纪里，美国对海军建设都并不特别重视。在孤立主义思想影响下，主宰美国政治精英的是“大陆主义”，认为美国无意与欧洲列强竞争，因此只需要一支较小的海军。尽管如此，海军对 19 世纪美国日益增长的亚洲贸易，还是起到了极其重要的保护作用。在中国第一次鸦片战争(1839—1842)期间，美国以劳伦斯·卡尼率领的海军分舰队，不仅保护了美国商人，还以武力为后盾，逼迫中国于 1844 年与美国签署了中美《望厦条约》。

不过，这种重陆不重海的状况，在 19 世纪末以后却迅速改变。南北战争的结束，北方的资本主义文化战胜了南方的农奴制种植园文化，美国加速由农业社会向现代工商业社会变迁，工商业在国家建设中的比重不断上升。文明形态的这种改变，使美利坚民族内产生了强大的向外扩张的意愿。当时，美国海军与陆军中同时出现了两位军事改革的理论家及有力的支持者。陆军的谢尔曼将军和海军的斯蒂芬·卢斯少将分别负责建立起了一所陆军和海军的军事院校，他们也分别支持了两位军事改革的理论家——陆军的埃默里·厄普顿和海军的塞耶·马汉。厄普顿主张美国吸收德国的总参谋部建设经验，实施可扩充的陆军计划，他的一系列军队改革理论后来被称作厄普顿主义。马汉则认为国家的强大、繁荣和商业贸易与帝国主义和大海军主义息息相关，主张美国摒弃“大陆主义”，在世界贸易方面采取更富于进取性的竞争，为此，美国必须拥有一支强大

① 阿伦·米利特、彼得·马斯洛斯金：《美国军事史》，军事科学出版社，1989。

的商船队，占有海外殖民地并建立一支强大的海军。

这两个人的军事改革思想对之后美国的军队建设都产生了重大影响，然而，马汉的影响明显更大。这不是偶然的。在 1898 年美西战争后，美国的势力范围扩展到了西太平洋一带，为保卫菲律宾、关岛和加勒比等新的领地，美国朝野涌出了建立一支“第一流海军”的强大呼声，并由此导致了加速军事改革的 20 年。到第一次世界大战爆发时，美国的作战舰队便已走过了现代化和扩建两个阶段，“除英国皇家海军和德国公海舰队外，它已经凌驾于各国海军之上”。从 1899 年到 1917 年，美国在海军建设上的经费投入翻了将近两倍，而在陆军上的投资不升反降；海军实力则扩展了四倍，而陆军只有略微扩充。两者的比较可见表 7－1：①

表 7－1　　美国军事力量的崛起(1899—1917)

海　军　部

	支出经费(以百万美元计)	海军实力	陆战队实力	主要作战舰只
1899	64	16 354	3142	36
1904	102	32 158	7584	29
1908	118	42 322	9236	62
1912	135	51 357	9696	64
1916	153	60 376	10 601	77

陆　军　部

	支出经费(以百万美元计)	陆军实力	国民警卫队实力
1899	229	80 670	100 000(估计)
1904	165	70 387	115 937
1908	175	76 942	111 000
1912	184	92 121	121 852
1916	183	108 399	

① 阿伦·米利特、彼得·马斯洛斯金：《美国军事史》，307 页，军事科学出版社，1989。

而在1916年通过海军法之后，美国海军得到的投资更是得到了法律保障，在此之后，到第二次世界大战开始时，美国海军的规模事实上已居世界第一。美国从“大陆主义”到“大洋主义”的军事转型历程，与其文明形态的变迁是同步的。

文明形态的变迁，特别是随文明转型而带来的国际利益的拓展，会改变一个国家和民族的内外环境，从而必须重新考虑国家安全，并进行军事变革。美国由“大陆主义”转向“大洋主义”的历程，也是其国家利益不断拓展、其国家安全不断由美国本土向本土之外延伸的过程。在国家利益拓展的情况下，国家需要维持的外部环境，在地理范围上也相应扩大，其国家安全也就可能在更大的空间内受到威胁。

在文明转型还未引起外部环境大的变化的情况下，战略思维难以发生变革，从而国家对外政治、军事政策也就不太可能做出大的调整，军事转型不太容易出现。以蒸汽机在19世纪下半叶美国的命运为例。虽然美国人罗伯特·富尔敦于1814年就造出了世界上第一艘蒸汽动力战舰“富尔顿”号，随后企业家很快就把蒸汽机引入了商业运输，技术革新已经为军事转型准备了条件，但美国海军在使用蒸汽机上却长期踌躇不前。究其因缘，“部分原因是(美国)海军对待新事物的保守主义”，当时蒸汽机对于提高海军作战能力的好处仍未得到展现，另一方面也是因为没有这样的军事需求，美国“国家政策暂时不需要蒸汽动力铁甲舰”。[①]

四、技术变革的影响

文明形态变迁不仅对军队建设提出需求，它本身也会提供相应的物质、技术和制度等资源条件，促使人类军事活动发生转型。“全面的军事改革大多发生于一次较大的战争之后，也有在长久的和平时期之后，由于

---

① 阿伦·米利特、彼得·马斯洛斯金：《美国军事史》，军事科学出版社，1989。

军事技术的发展,冲破了落后的体制编制与作战方式的束缚,而导致变革。"[①]从人类战争史看,人类组织战争的方式,反映了人类创造财富的方式,社会军事进程是与社会技术进步的进程相伴随,并且遵循了类似的机理。[②] 从技术与军事的相互关系来看,美国学者安德鲁·克雷宾奈维认为,在过去的700年间,曾发生过10次军事革命和军事转型。其开端是14世纪的步兵革命,由于长达两米的紫杉木长弓的采用,弓箭手从此能够穿透骑兵的甲胄。14世纪末是帆船和弹丸革命,用桨划行的方舟被帆船取代,帆船上逐渐装备了部队和火炮。15世纪随冶金技术和颗粒加工技术的发展,发生了火炮革命。16、17世纪间则发生了堡垒革命和火药革命,滑膛枪改变了步兵部队的建制。

而在最近的两个世纪中,也发生了五次军事变革和军事转型。首先是由于各种武器的标准化和大规模生产的出现,以及兵役制的改革,发生了拿破仑革命。第二次是19世纪随铁路、电报、膛线枪、火炮、机枪的发明,发生了陆地战革命。第三次是19世纪末以来,随金属壳舰艇和涡轮发动机以及远程火炮的发明,发生了海军革命。第四次是在二次世界大战之间,由于内燃机、飞机、无线电和雷达等机械化装备与技术的出现,新的作战样式如闪击战、航母战和两栖突击出现。而最后一次,则是核武器革命。[③]

军事技术变迁为军事转型提供资源支持,特别表现在近代以来的战争工业化方面。大概从19世纪40年代起,由于"铁路和半自动化批量生产,再加上普鲁士的后膛炮以及法国为了削弱英国海上优势而大力发展的舰艇蒸气动力,开始使以往的军事体制发生根本的变化"[④],使社会的工业和军事部门相互作用。工业化时代的到来,并不仅仅表现在经济领域,人类组织战争的方式也在同时工业化,军事体制与工业体制实现了密切结合。而在进入后工业时代后,人类军事领域的变革或转型,同样与文明进程拍打了

---

① 李际均:《军事战略思维》,225页,军事科学出版社,1996。
② 注:美国未来学家阿尔文·托夫勒是这种观念的主要代表者。
③ 参迈克尔·奥汉隆:《高科技与新军事革命》,25—26页,新华出版社,2001。
④ 麦尼尔:《竞逐富强——西方军事的现代化历程》,283页,学林出版社,1996。

一致的节律。以美国海军近些年来提出的“网络中心战”——即以平台为中心作战转变成以网络为中心进行作战的理论为例，这一组织战争的新概念，便是以现代社会转型即从工业时代发展到21世纪初的后工业时代和信息时代为推动力的。美国海军战争学院前院长——也是网络中心战的主要提出者塞布罗夫斯中将认为，他对网络中心战的理解，其灵感是来自对美国经济生活特别是商业公司创新战略的考察，战争组织方式其实与经济组织方式具有互通性。[①] 而20世纪90年代以来人们谈论较多的新军事变革与军事转型，其重要推动力量之一，便是自20世纪六七十年代以来人类在微电子技术、电子计算机技术和遥感技术等方面的迅速发展。

从上述可以看出，文明形态变迁对军事转型的影响有着两个层面：一方面是它对军事转型提出要求，另一方面也会为军事转型提供相应的资源条件。在过往人类历程中，如美国未来学家阿尔文·托夫勒所说的那样，人类曾经经历过三次重要的文明形态变迁：由畜牧业向农业时代，由农业时代向工商业时代，由工商业时代向信息时代。相应于这三种文明形态变迁，人类在战争与军事领域都发生了大规模的变革和转型。在欧洲进入所谓“现代世界”的初期，也就是16世纪20年代以后的大致一百五十年中，由于欧洲的向外扩张，“军事技术的变革使军队规模扩大，而且几乎同时引起海上大规模冲突不断发展”[②]，欧洲国家间所发生的战争，其规模、费用和编制都大幅度地增加。这场“军事革命”开启了现代工商业时代到来之际战争工业化的前声。在这一时期，瑞典国王古斯塔夫·阿多夫的军事改革，在全欧洲范围内都产生了重要影响。为了保护瑞典沿海地区不受丹麦和波兰等敌国的袭击，保证瑞典在波罗的海航道上的安全，古斯塔夫进行了一系列改革，如用征兵方式扩充国家的常备军，用新的战术训练部队，提高骑兵的素质，采用机动性强的轻型炮兵部队，等等。结果，这支瑞典军队成为当时世界上最有战斗力的军队。在此

---

① 参阿瑟·塞布罗夫斯基：“什么是转型”，载《外国军事学术》2003年第12期。
② 保罗·肯尼迪：《大国的兴衰》，69页，中国经济出版社，1989。

之后，以法国为代表的欧洲各国在编制方面的转型，则为即将到来的战争工业化，准备了更为充分的条件。①

在经历了农业时代、工业时代后，人类社会目前已进入所谓的"后工业时代"或谓"信息时代"。在这一时代，拥有大规模工业生产的能力依然重要，也依然决定了国家利益的某些方面，以及仍是国防和军队建设的重要资源支持，然而，它们的决定性作用正在减弱。按照英国首相布莱尔的前外交顾问库克的分类，当今人类世界实际上并存三种国家和文明，即后现代国家、现代国家与前现代国家。② 后工业社会与后现代国家代表着最为现代的文明，而工业化只是现代国家和现代文明的体现，前者的扁平化、网络化、多元化社会结构，编排到军队领域上去后，其战争能力已超越以工业化为主要标志的现代国家。因此，谁能够更敏锐地捕捉文明变迁的步伐，并将文明变迁的成果转化为战争能力，谁就更有可能取得战略上的制高点。美国在此方面已先走一步，其军事转型计划明确指出："美国正处于由工业时代向信息时代军事过渡的时期。这种过渡要求作战转型和支持作战的组织方式转型。"③

五、向陆？向海？

文明形态、国家利益和安全环境已极大改变了军事需求，新的军事需求要求中国必须推进军事转型。中国国家安全需求赋予军事建设的目标和任务，因此在于在发生大的变故时，能够以有效的军事力量，保障国家本土安全与国家统一、维护国家海洋权益与资源供给运输线的安全，以及

---

① 欧洲进入现代世界后前期在军事改革方面的情况，具体可参保罗·肯尼迪：《大国的兴衰》，55、69、77、80、93和94页，中国经济出版社，1989。

② 库珀："我们为何仍然需要帝国主义"，《世纪中国》网站（http://www.cc.org.cn/），2002年11月8日。

③ 军事科学院外国军事研究部译：《新世纪美国军事转型计划》，27页，军事科学出版社，2003。

应对中国国家发展所面临的来自强势大国的战略围堵。从这一目标和任务可以看出，传统的陆地领土安全目标有所减弱，但维护新型的由经济安全派生出来的陆地与海洋安全的目标则在加强。

中国军队是一支诞生于农业时代、在技术上没有充分实现战争工业化，但同时又在组织形态上具有现代民族国家特征的军队。这样一支军队以往所要应付的主要问题，首先是保障内部安全，维护政权稳定；其次是防止外敌入侵，而主要又是陆上入侵。当今威胁来源和方向与以往相比都发生了巨大变化，围绕国家统一问题、海洋权益保护问题和资源安全问题，都可能引发中国与一些军事上强大的力量发生对抗，在此情况下，中国必须具备在自身领土与领海之外打击对手的能力，只有在战略外线也能对敌实施有效打击，才能震慑对手，维护国家安全。

这个战略外线应该在海洋、陆地还是其他空间？19 世纪后期，当时的清朝围绕东部“海防”和西部“塞防”问题，曾引发两次较大规模的争论。类似的争论在 21 世纪到来之际，围绕中国要不要建造航母问题，再次上演。到底是向东部海洋方向还是西部陆地方向发展为好？北京大学教授叶自成鲜明提出新时代中国要重点发展陆权，张文木和倪乐雄则从文明复兴与战略能力生成双重维度，突出强调全球化时代中国要加强海洋战略能力建设，要建构中国海权，指出在“中国由世界革命的一部分转变为世界经济，从而成为世界政治的一部分”[①]后，中国的对外贸易与资源供给问题已不再只是经济问题，同时也是政治和安全问题。不能保证对外贸易的顺利展开，不能保证能源和资源的安全供给，中国的国家发展也就难以为继。而“当国家从‘内向型经济’转向国际贸易的‘外向型经济’后，国家安全的空间便向海洋拓展，人们对国家海上力量也开始关注起来”。[②] 张文木的《经济全球化与中国海权》一文，堪为论述中国海权问题

① 张文木：《经济全球化与中国海权》，载郭树勇编：《战略演讲录》，99 页，北京大学出版社，2006。

② 倪乐雄：《海权与中国的发展》，载郭树勇编：《战略演讲录》，109 页，北京大学出版社，2006。

的典型之作，其中对海洋权益(sea rights)、海上权力(sea power)和海洋霸权(sea hegahomy)的区分，以及认为经典的西方海权概念是无限的海洋霸权，而中国所应开拓和秉持的则是有限海权和合理的海洋权益，无疑是对美国著名军事理论家马汉的海权论的当代修正和中国化。

争论孰是孰非？首先应该明白的是，争论背后反映的问题，使中国公众已普遍感受到，在文明形态发生激烈变迁的这个时代，什么是中国国家利益、怎样维护中国国家利益，都应该有新的思考和处置。这无疑是积极现象。本书根据有关争论，对此提出三点看法：一是海洋权益在中国国家利益中的权重已经上升，二是陆地空间对中国国家利益的重要性仍大于海洋，三是传统海陆权观念都已过时。中国需要以此三点来确定国家利益的先后排序和国家军事资源的发展配置。

在21世纪初的这个阶段，中国适度发展航母力量，加强海洋行动能力，是必要的。原因很简单，随着近20年来中国改革开放的不断深入，中国已密切参与全球经济交换，海洋在中国国家利益中的权重已经上升，海洋权益已成为当前中国需要着力维护的利益。目前中国对外贸易的流向主要是海洋国家，而对外贸易和资源进口的运输线路，也主要通过海洋。在海洋交通承载着中国对外贸易的主要部分，海洋资源将会有力促进中国的可持续发展的情况下，中国如果不提升海洋意识、不提高对东亚海域不确定性事态的控制能力，就无法为自己建构一个安全可靠的发展环境和发展空间。

即使从传统的军事安全角度看，中国也有必要加强海洋行动能力。在古代中国的大部分时间里，对中国的威胁基本来自中亚和北方草原方向。但自近代以来，对中国国家安全的威胁，则经常性来自海洋方向。海洋在过去的上百年间已深切关乎中国国运，而在今天，中国在海洋方向正面临一些急迫性问题，如台湾尚未统一；与日本围绕钓鱼岛问题及东海油气田问题，争执也趋向激烈；还有其他海洋权益问题，争端或者显性化，或者仍在酝酿发展。

然而，在以往很长的时间内，因为综合国力有限、中国对外贸易往来和对外资源需求不多等原因，中国在海洋权益维护上，显然还做得非常不够。反映在军事能力上，中国海军及海洋行动能力相对中国的国家利益需求来说也还比较薄弱。中国海军不是远洋海军，甚至近海防御的能力也还没有受到检验，这与中国国家安全边界已显著延伸到中国领土边界之外的现实是十分不相配的。

当然，中国提高海上行动能力，至少从今后较长时期来看，还主要是指在东亚西太平洋区域保证行动自由。这是与中国国家利益相当重要的一部分分布在这一区域相关联的。中国古代的海洋传统，主要也是形成于东亚海域。这一面向海洋的方向，应在中国地缘战略中占有重要地位。

对海洋的强调必然带来的一个问题，就是向海发展和向陆发展，究竟哪一个更重要？思考这个问题，只有两个衡量标准：一是中国国家利益赖以实现的地理空间，特别是对外贸易和资源供应的处所和运输路径；二是在什么样的地理空间更有利于节约维护国家利益的安全成本。

从这两个标准来看，中国国家利益主要集中在欧亚大陆和东亚西太平洋一带，而欧亚大陆又占有更大比重。

中国主要国家利益在欧亚大陆乃历史传统。虽然从国家性格来说，中国并不像有人说的那样是纯粹的大陆国家，实际上一直是“大陆中国”和“海洋中国”两个传统并存[①]，但在这两个因海外商业和政治往来而形成的地缘传统中，无论陆路还是海路，中国都是主要与欧亚大陆发生贸易往来，其次是与包括日本和东南亚国家在内的东亚西太平洋区域。

中华人民共和国成立以来，中国出于自身安全考虑及其他原因，在较长时期内重陆轻海。而在20世纪70年代末改革开放以后，中国主要面向海洋与濒海国家发展经贸往来，与北美、西欧和东亚国家交往日益密切，海洋传统在最近二十余年时间得到恢复和强化。但这一格局在进入新世纪以来又有所变化，尽管美国目前仍为中国第一大贸易伙伴，但中国

---

① 如费正通在其《观察中国》(世界知识出版社，2001)一书中即持此说。

与欧亚大陆的欧洲、中东和中亚等地区的贸易，所占分量已逐步上升。更重要的是，随着中国经济的进一步发展，特别是进入工业化中期、重化工业时代来临，中国对外资源需求越来越多，而它的主要供应地也是在欧亚大陆的中东和中亚，及靠近欧亚大陆下腹部的非洲，这直接关系到中国的长远可持续发展。

而从贸易往来的成本和方便性来看，通过陆上管线和铁路运输，并不输于海洋船运。19世纪上半叶美国对伊利运河等人工河流的开发利用，曾带来强大的经济政治影响，但后来随铁路的发明和大量兴建，铁路运输就压过了河运成为美国国内的主要运输渠道。洲际性的陆上管线和铁路，在全球化时代的功用将如同当年铁路在美国的兴起一样，虽然航道运输目前仍占有重要位置，但是未来的管道运输将在油气资源运输占主导地位。如果未来油气运输主要是通过陆上管线和铁路，陆上“丝绸之路”重新成为中国对外贸易的主要途径的话，那么，中国国家利益将重新回到以欧亚大陆为主。

从实现国家安全目标来考虑，对中国这样一个大陆国家来说，从陆地方向保证国家安全，也有很多便利条件。

欧亚大陆拥有世界人口的约75%，国民生产总值占世界总额的60%以上，世界已知能源资源的3/4左右也在欧亚大陆。从20世纪初的麦金德到20世纪末的布热津斯基，都认为欧亚大陆是世界主要战略区。因此，布热津斯基给冷战结束后的美国的建议，是美国要抓紧时间控制欧亚大陆。正如基辛格所说的那样，美国只是“欧亚大陆海岸外的一座岛屿”，如果美国不能有效地在欧亚大陆施加影响力，就会被边缘化，“欧亚大陆的资源与人口都远远超过美国。不论冷战存在与否，单一一个大国主宰欧亚大陆两大范围之一（欧洲或亚洲），都会对美国构成战略意义上的危险”。[①] 美国的海外贸易和能源供应，主要也是在欧亚大陆，因此其冷战结束后的地缘战略棋盘，大多都与控制欧亚大陆的战略意图有关，进入新世纪

---

① 基辛格：《大外交》，753—754页，海南出版社，1998。

以来美国发动的两场战争，就是在欧亚大陆的心脏地带中东和中亚展开。

美国对欧亚大陆施加影响有其天然有利因素，作为世界唯一在全球各地海域都能展开军力机动的国家，美国可以充分而方便地利用海洋对欧亚大陆濒海国家发动海陆联合打击。但美国毕竟是“欧亚大陆海岸外的一座岛屿”，在陆地上不与欧亚大陆相连，一旦深入欧亚大陆，美国的力量就将捉襟见肘，其天然不足也就同样充分暴露。2002 年的阿富汗战争和伊拉克战争，前期胜利、后来却陷入泥潭的处境，这就是证明。

相对来说，如中国这样本身处在欧亚大陆的国家，由于陆地领土广泛与欧亚大陆其他国家相连，其利用陆地来实现和维护国家利益、保障国家安全，比起非欧亚大陆国家来说要容易得多。相反，海洋作战是中国不熟悉的领域，一旦以海洋作为国家利益实现的主要渠道，那么，万一发生战争，战争样式将是海空或陆海空联合作战，对中国军队的挑战更大。而如果将陆地作为国家利益实现的主要渠道，那么，维护陆地安全的基本方式将是空中机动和空陆联合作战，比起陆海空联合作战将减少复杂性，而且便于发挥中国军队的传统优势。

中国的国家利益已经全球化，一定程度的全球行动能力是必要的。但是，这一定程度的全球行动能力，如果主要以海洋行动能力来保障，那就是美国式的无限海权思路，需要海上力量在全球海域都具备行动能力，这不仅会招来其他国家的忌惮，而且从维护中国国家利益的军事成本考虑来说也不划算。美国选择这一路径有其特定地理环境因素，美国是海洋国家，远离欧亚大陆，所以以海洋行动能力来维护遍布全球的美国国家利益是必然的。中国如果也这样做，那就是扬短避长。

从以上分析可以看出，泛泛谈论海洋还是大陆更重要，并没有太大意义，而把中国国家安全和利益的筹码押宝到向海或向陆的某个方向，都是危险的。

几年前围绕建造航母而产生的陆海地位之争，对海洋的重要性有所强调，完全不必置疑，需要防止的只是对海洋和海军地位的无限拔高倾向，那就可能走向另一极端，使人们看不清中国长期和根本的国家利益所在。体现在实践上，是容易诱使中国在战略决策上偏离自身的战略需求，使人们不知不觉陷入两个误区：一是认为中国国家未来主要系于海洋，二是将海洋行动能力等于海军作战能力。

海洋权益是当前阶段的重要国家利益，也有着长期性的影响，但并非中国长期性关键利益都在海洋，维护中国在欧亚大陆的利益，也并非只能依靠海洋。在未来一段时间内侧重增强海洋行动能力，也并不意味着海洋行动能力就是中国最重要的军事战略能力。从国家利益和国家安全的内在要求来说，中国应把实现国家利益的地缘战略安排，包括军事能力准备，相当部分定于陆地方向，并以此来分担来自海洋的压力。因此，协调当前和长远不同需要的矛盾，中国应在战略思维和战略实践上，一手着力应付当前阶段来自海洋方向的威胁，一手适应西部大陆方向的需要进行战略布署。为此，需要着眼长远，将国家利益逐渐调整到欧亚大陆，包括对外贸易格局和资源供应格局。其中的关键是改变交通运输方式，要大幅度提高油气管线和铁路在运输中的权重，使欧亚大陆在陆地交通上与中国更便捷高效地联为一体。作为“大陆国家”的中国，在进行陆地地缘政治思考时，与以往有所不同的是，这个大陆已不再是以中国大陆本土为主体，而是包括中国在内以及中国以西的欧亚大陆中间地带，及由此为中心的整个欧亚大陆。中东和中亚这个中间地带，则在其中扮演着重要的角色。

六、向太空进军

中国要加强海洋权益保护，同时又要形成陆地权益的主干地位，这是否就意味着制陆权高于制海权呢，或者维护海洋权益等于必须加强海军建设，维护陆地权益就必须加强陆军建设呢？理解这个问题，需要意识到传统陆海权观念都已过时。

对此，要区分军事意义上的陆权、海权，以及权益意义上的陆权、海权即陆地权益和海洋权益。传统陆海权都偏向军事意义，所指向的都是对特定地理空间的控制能力，这种控制能力实际上就是战争能力。从以往的战争史看，人类战争能力主要体现为军事技术发展突破地理空间限制的能力。自然地理对战争能力的限制，主要体现在三个方面：一是地理形态对交通运输、部队移动的限制；二是武器杀伤力和通信能力因地理距离远近而受到的限制；三是感知对手时因夜幕、雨雾或距离、地形地貌而产生的信息不明朗，即“信息迷雾”。对于战争对立意志来说，谁能够有效克服地理所带来的交通运输、武器杀伤和信息感知限制，谁就可能在火力、速度和信息等方面占据优势，从而取得战场优势和战争胜利。人类战争史，也正是不断发明创新技术手段，逐步克服地理限制，从而提高战争能力的历史。

从不断发明创新技术来克服自然地理障碍的角度看，人类战争与军事活动史，走过了一条海权—陆权—空权的道路。在空中力量尚未出现之前，人类交战主要是在地球和海洋表面的二维空间，战争能力很难同时突破地球和海洋表面的地理限制，无论陆地还是海洋，只要利用好了就都会形成相对优势且难以破解，这也是传统陆权论或海权论的精义所在。而从实践来看，上下几千年，大陆国家难以克服海洋限制而收海洋国家于囊下，或者海洋国家难以在大陆取得立足点的事例，不胜枚举。英、法在欧洲的几百年斗法，就是其集中体现。法国从来没有真正越过海洋打败过英国，英国也没能真正突破法国设置的陆地限制而在欧洲大陆找到立足点，尽管这两个国家都长期各自对海洋和大陆有宏大志向。

世界权力结构的变迁，是与人类对自然地理的突破能力变迁相同步的。19 世纪末与 20 世纪初的陆权与海权之争，便是以人类在克服陆地和海洋限制两方面，同时取得了重大进展为结果。“在 19 世纪下半叶，铁路、电报、速射火炮、蒸汽推动力和铁甲战舰成为真正说明军事实力的决定性象征”。[①] 海洋技术特别是蒸汽机的发明，使铁甲舰取代了传统的帆船，加强了海军的威力；而陆上交通技术特别是铁路运输，以及以坦克为

① 保罗・肯尼迪：《大国的兴衰》，180 页，中国经济出版社，1989。

代表的机械化军队的出现又使陆军也发生了革命性变化。产业革命带来的技术使陆战和海战效益都得到了大幅度提高。马汉的海权论与麦金德的陆权说,在同一时代都对世界许多国家的军队建设产生了直接影响。在其背后起着深刻影响的,就是人类技术发展对自然地理限制的克服,在各个方面都提高到了一个新的程度。这种状况在 20 世纪初叶时飞机发明之后更是如此,在人类首次可以从空中来实施侦察感知和火力打击后,在空中力量上占有优势的一方,也在整个战场上占有优势。20 世纪上半叶的两次世界大战,都对此做出了注脚。

美国政治学者罗伯特·吉尔平认为:“虽然我们生活在一个由洲际导弹主宰的世界,但是,地理位置和距离仍然是对国际关系有重大意义的要素。”[①]在 21 世纪到来之际,不仅是国际关系,事实上,人类在军事领域的相互竞争,仍深受自然地理因素的影响和制约。不过,如何通过技术进步来克服自然地理限制,人们又要变换视角。

从战争能力生成来说,通过技术进步突破自然地理限制,无论何时要达成的仍是在火力、速度和信息三方面的相对优势,它对于战争组织者来说从古至今基本没有大的变化。不同的地方在于,在以往几千年战争历程中,人类主要是通过提高在地球表面空间的行为能力来达成对地球表面自然地理限制的克服。传统陆权和海权实际上都是静态控制概念,即主张依赖作用于地球表面空间的武器技术系统和平台,来对地球表面空间进行控制,鲜明体现这一点的就是各种前沿基地的建立。在战场局限于二维空间、军事技术难以完全突破地球表面空间限制的情况下,人类为克服机动能力受距离远近限制,重视远离本土的前沿布置和前沿存在,再也自然不过。

而在 20 世纪下半叶以来,技术发展对自然地理限制的这种克服方式,几乎已经走到极限,人们已不太可能在射程、武器杀伤力、飞行速度等方面再有大的突破。空中技术能力于 20 世纪上半叶出现并在 20 世纪下

① 罗伯特·吉尔平:《世界政治中的战争与变革》,59 页,中国人民大学出版社,1994。

半叶成熟,在向深层空间拓展后,地球表面空间对人类战争能力的限制已逐渐成为翻过去的一页。从进攻的角度说,空天行动可以在短短时间内跨越陆地和海洋的限制而对地球表面空间进行感知和打击。美国研制的新型空天飞机,速度达到 10 马赫以上,可在两小时内飞地球一周。这意味着它无论部署在哪里,都能随时快速实施全球机动打击,地球表面空间的运载和机动,在这种新型空天技术能力面前将如同老鹰捕兔。而从防御的角度看,拥有强大空天能力的国家,能够及时从空天对来自其他国家的陆地或海洋入侵进行反击。空天能力具有空间覆盖性,只要掌握了空天权,就可自由支配任何海陆军事行动。

在战争进入三维空间后,距离将越来越不是战争能力的限制因素,传统的前沿基地的重要性不言而喻大大下降。在这种情况下,传统的陆权、海权与空权之争,已没有多少意义。英国政治学者马丁·怀特(Martin Wight)指出:"通信、交通速度的加快促使世界稳步地走向统一,导致以往海军、陆军和空军的争论过时。这三个军种变得日益相互依赖。"[①]在立足地球表面空间来形成力量优势已越来越不太可能的情况下,战争组织者只能发掘新的战争能力生长点,才有可能重建优势。无论陆地还是海洋控制能力,关键性的军事技术手段都已在空天而不在地球表面。谁在空天享有更大行动自由,谁就在陆地和海洋享有更大行动自由。单纯作用于陆地或海洋表面的武器技术系统,已无法作为陆权或海权的支撑。现代军事意义上的海权和陆权,因此是指以空天行动能力为主的空-陆、空-海一体化联合作战能力。与传统陆海权需要以军事能力长期在某一方向发展和集中不同,未来无论陆地还是海洋发生危机事件,所要求的,是国家军事能力能够从不同方向和地点,及时快速向危机发生区域集中。这是空天技术时代对军事能力的要求,而空天技术的发展也为此提供了相应资源条件。

至少就目前的技术能力而言,人类在通过技术发展克服自然地理

① 马丁·怀特:《权力政治》,44 页,世界知识出版社,2004。

限制的问题上，在以下方面尚没有取得实质性进展：① 利用太空技术发展来突破地球表面空间限制；② 利用太空和其他技术来突破太空对人类活动的限制；③ 对深海的感知。自 20 世纪 50 年代末人类正式踏入太空以来，在克服陆地、海洋表面和浅层空间方面，都已不再构成大的障碍，而太空仍是刚刚开发、尚未完全克服的"天理"范围。可以预料，至少在 21 世纪前半叶，人类通过技术发展突破太空限制，取得强大的太空行动能力，将更具有决定性意义。谁能够有效利用太空对太空和地球表面空间进行打击，谁就在战争中具有更大主动权。在太空开发走在世界前列的美国，对此特别强调，认为"掌握了地球表面以上空中的控制能力，就获得了地面、海上和水下行动的自由"。[①] 太空大国俄罗斯对此看法类似：在现代高技术条件下，特别是在信息技术发展的情况下，未来的作战行动将有可能逐步离开地面，向空中和太空发展，空中和太空将成为主要战区，而且空中和太空的界限开始变得模糊起来。[②] 中国空军上将刘亚洲则如是说："谁掌握了外层空间技术，谁就掌握了制天权；谁掌握了制天权，谁就掌握了制空权；谁掌握了制空权，谁也就掌握了制海权。掌握了制天权、制空权和制海权，就掌握了未来战争的主动权。"[③]这一麦金德式的预言，发人深省。

与其他技术与能力不同，太空技术和能力具有对自然地理限制的全面覆盖性，只要克服太空障碍，就可以由太空而克服浅表空间与陆地和海洋表面的物理障碍，在信息、火力和速度方面达成全面优势。所谓信息战如果没有太空平台为载体，其实施效益将大打折扣；海洋控制能力同样如此，将越来越依赖太空力量而不是传统的海军。一些战略学者所看重的中国海权，并不简单就是海上力量和海军问题。海洋上的事情，在当今时代更多要在海洋之外解决，所谓"战争离地面越来越远，离天空

① 《美国空军太军作战条令》(内部资料)，23 页，军事科学出版社，2002。

② 军事科学院世界军事研究部编：《外刊论军事变革》，327 页，军事科学出版社，2004。

③ 刘亚洲：《空中力量对大国与历史的意义》，载郭树勇编：《战略演讲录》，58 页，北京大学出版社，2006。

越来越近”[①]是也。

与此同时，由于深海的复杂性，人类对深海的感知能力仍非常有限。美国军事学者奥汉隆(Michael O'Hanlon)认为：“先进的柴油机技术将被美国更多的潜在对手所掌握。因此，在未来要发现敌潜艇可能需要更长时间的搜索，因为声呐技术似乎不会出现什么重大的进展(而且这种柴油机潜艇能保持相当的安静状态)。”[②]事实上，自19世纪早期被发明以来，潜艇它一直是海战中最具威胁力的武器。第二次世界大战中，当美国海军上将尼米兹率部队于1945年年初逼近日本，日本各大城市遭到轰炸、面临彻底摧毁时，日本在中国还有100万军队，在满洲里约有78万军队，这些军队无法撤回日本本土的重要原因，乃是慑于美国潜艇的作战威力。[③]

由于太空和深海力量将更有利于形成战场优势，世界各国军事技术与军队建设的大方向实际上已经确定。中国当然也不能例外，要从技术发展对自然地理的克服历程中，为军队改革建立起合适的坐标。这就不可避免要以太空和深海力量发展为引领，统一衡量和筹划各军兵种在未来战争中的联结，从而从整体与要素、系统与结构的视角，确定军种和技术发展优先次序，全面推进军队转型。

这就需要中国需要对以往的陆军传统要有所超越和更新。中国传统上更重视陆上威胁而非海洋威胁，因此尤其重视陆军建设。在战争能力建设上，也因为国家安全目标及自身技术资源等方面因素的作用，将战争能力生成主要建立在如何立足平面空间来克服地球表面及浅层空间的物理限制上。这种传统做法与思维惯性现在仍具有强大影响力，军队转型必须克服这种思想传统及其具体实践，要把思考和探求的触角伸向更广阔的太空。要将战争能力生成，由以往以克服陆地空间和浅层空间所造成的限制为主，转向全面克服复合性空间所造成的物理限制，而太空和深

① 刘亚洲：《空中力量对大国与历史的意义》，载郭树勇编：《战略演讲录》，72页，北京大学出版社，2006。

② 迈克尔·奥汉隆：《高科技与新军事革命》，王振西等译，173页，新华出版社，2004。

③ 保罗·肯尼迪：《大国的兴衰》，436页，中国经济出版社，1989。

海力量生成在其中应占据起重要位置。也就是说,在整个军队转型中,需要调整的并不是舍此就彼,或者舍彼就此,而是通过调整技术发展的重点来全面克服自然地理障碍。比如,从以往来说,克服陆地空间障碍,主要还是通过在陆地或者浅层空间作用的武器装备来实施,那么,现在则应把视野投向更广的太空,以太空力量生成来克服陆地空间的障碍。与此同时,由于在任何空间起作用的技术,都有其局限性,即有其不可为之处,因此,还要适当发展在陆地、海洋起作用的其他装备与技术。

也就是说,从战争能力生成的角度说,中国军队转型所要达成的效果,是要从一支只能克服单维或者二维地理空间限制的军队转型为能够克服多维空间地理限制的军队,以最大限度地在多样化的地理空间获得行动自由。这就要跳出海军取代陆军或者以空军取代海军等军种竞争的思路,而从战争能力生成及其与克服地理限制之间的关系的角度,来全面筹划陆地、海洋、浅层空间、太空能力的生成,以及不同能力之间的相互关系。也要跳出以信息化取代机械化的思维定式,而是应着眼克服地理限制能力来协调机械化与信息化的建设。

七、五个原则

进入空天时代后,包括军事战略能力在内的国家战略能力生成,与过去相比已不是一个概念。

时代不同,国家战略能力的表现形式也会不同。昨天还有效的军事战略能力,到今天就很有可能已经失去威力。在第二次世界大战及核武器出现之前,国家战略能力主要取决于经济和科技能力,哪个国家经济总量大、科技发展走在前列,哪个国家就会有更强的战略能力,在国家竞争中也就有更大胜算。核武器的出现打破了这一定式,在这种新的具有毁灭性的“绝对武器”面前,强和弱已非简单的经济和科技实力的对比,弱势一方即使在经济和科技的总体比较中居于劣势,但只要集中全力掌握了致命法宝——核武器，就未必在战场角逐中处于败地。原因在于：拥有核武器的双方，一旦真的开战，将会两败俱伤而无胜者，也就是说，彼此都会受到对方战略武器的毁灭性打击。这也就是为什么自第二次世界大战结束以来，拥有核武器的大国之间相互约束没有发生过直接军事对抗。核武器的出现，基本消除了拥核国家遭受领土和领海入侵的可能性，一个拥有强大核能力的国家，将形成有效的威慑力量，给自己的领土和领海安全筑起严密的防护网，因此国家本土安全对陆海军不再有多少依赖性，这同样使传统陆海权观念过时。

然而，没有置之百世而不惑的真理。有核国家不直接军事对抗的当代定式，未来也有可能被突破。原因在于以下两方面：

一是战略武器的作用模式正在改变。在空天力量尚未成为决定性因素之前，战略威慑能力主要体现在利用地球表层和浅层空间进行战略打击的能力。20 世纪下半叶形成的由陆基导弹、远程战略轰炸机和核潜艇为载体的“三位一体”战略威慑力量，一度构成了最坚实的国家战略能力，但在进入空天时代后，利用地球表面和浅层空间进行战略威慑的模式却将退出历史舞台。“三位一体”战略威慑力量中，未来将只有在深海航行的核潜艇还能够继续作为国家战略能力来使用，而陆基导弹和远程战略轰炸机的效能将受到越来越大的限制。站在空天鸟瞰地球和表层空间，从空天感知和迅速击毁地球表面空间的战略武器的那一天，不久就会到来。在这种情况下，战略武器必须具有空天投送的能力才能发挥作用，那些在地球表面和浅层空间投送的战略武器将成为废铜烂铁。

二是战略打击手段增多，已超越核武器的范畴。在空天起作用的战略武器，有可能不纯粹是核武器。空天时代同时也是信息化、网络化时代，对信息和网络系统的利用与保护，同样会起到战略性作用；对自身信息网络系统的防护失败或对敌人的信息网络系统的打击成功，将可能全面瘫痪自己或敌人的作战能力，起到战略威慑之效。随着战争技术的日益复杂化，作为战略手段的技术和武器已越来越多。理论上讲，弱势一方只要掌握了一定的战略手段，就可能给强势一方以战略性打击，从而威慑对方。也就是说，任何一方在战略竞争中都可能不存在完全的优势，这与以往劣势一方往往完全处于被动挨打境地的情况大为不同。为此，在综合国力上处于弱势的一方，为保持战略威慑能力，可以有选择地发展某些技术手段，改变战略威慑的作用模式。

上述两个方面为当代中国向空天进军和推进军队转型提供了新的背景。同时，还要明白的是，中国军队转型的基本态势，是在未来相当长的时间内，技术与军事能力相对落后。为此，必须针对未来可能作战对象的技术与军事能力弱点，以及其战略目标的局限性，发展起中国军队在某些关键领域的技术与能力相对优势，确立以下五个原则：

1. 淡化军种概念

愤怒出诗人，危机思改革。20 世纪 90 年代以来由美国主导的局部战争，对当代中国的军事变革产生了极强的刺激作用。二十年前，一些军事理论刊物就开始探讨“新军事革命”，对美国和其他国家的军队转型表达了高度关注，而关于信息战、太空战、网络战等的讨论，日益丰富深入。思想已经先走了一步，中国军人深刻感受到了变革的必要性，冷战结束以来中国家门口的风声鹤唳，更加深了军事变革和军队转型的紧迫感。

新的思想、新的技术装备，需要新的组织体制。当代中国的军队转型，实际上是要用全新的观念，全面改组军队构成，形成新的战争能力。然而，中国军队的脚印，却仍然停留在 20 世纪。举个例子，在陆军部队实行军旅制改革后，最能体现现代陆军战斗能力的航空兵(即武装直升机)部队，却被编制进集团军的序列，作为其他兵种的配属来使用。这与当年坦克作为一种新武器出现后，法国军队却将坦克作为步兵的配属来使用，何其相似！

中国军队仍没有跳出传统以陆军为主，实际上以步兵为主的编成模式，以往的军兵种观念像巨大的黑影，拖住了快速推进军队转型的步伐。客观的原因当然是有的，中国推进军队转型的历史障碍，比先进国家的军队显然大得多。像空地一体战、空海一体战等，美国和其他一些国家的军队早已不仅不停留在概念层面，而是已落实到军队组织上，还在实际战争中得到了检验。中国军队毫无联合作战经验，海军和空军作为独立军种长期没有得到很好发展，多军种联合更是在近十余年间才得到重视，相关的组织体制也还没有有效建立，要想实现跨越式发展，谈何容易。

落后则挨打，先进者不会等落后者也先进起来再摆起擂台。军队改革和转型是看得见和看不见的博弈，谁走在前面谁就是胜利者，再多的客观原因也不能成为借口。甲午战争的时候，中国也建立起了当时比较现代化的海军，表面来看综合国力和海军实力都强于日本，后来为什么却禁不起实战的检验？晚清的海军实际上仍被当作以往的“水师”来使用。在组织编制上，在引进大量先进技术装备的同时，却没有建立起统一的参谋总部，根本没有跟上当时的世界军事变革节拍。相形之下，日本建立起了参谋本部，海军组织指挥体制也完全按现代海战的要求来建设，在军事理论和军队组织体制上走在了清朝海军的前面。

空天时代正在把最近百余年来形成的军种概念扯得粉碎。在经历对陆地、海洋表面和低层空间的权力争夺后，人类正把战争能力的提升聚焦到太空和深海，陆军也好、空军也好、海军也好，离开了来自空天的信息、火力支持，都会成为一摊烂泥，没有“独立”作战能力。不同军兵种在武器装备发展、组织指挥体制上，已需要实现无缝连接，而不能如以往那样各吹各调。

在当代大国竞争中，空天时代正在给后进国家带来机会。处于弱势的一方，为具备对对手实施战略外线打击的能力，必须占领空天和深海制高点。在空天和深海的优势，可以相当程度抵消传统陆海军发展不足的劣势。感知并利用好这一趋势的会成为博弈场上的强者，《制空权》的作者、意大利军事思想家杜黑(Giulio Douhet)说：“胜利向那些能预见战争特性变化的人微笑，而不是向那些等待变化发生后才去适应的人微笑。”①

① (意大利) 朱里奥·杜黑：《制空权》，23 页，解放军出版社，1986。

当代中国军队要在技术装备、军事理论和组织体制上，全面跟上空天时代潮流。就中国国家利益主要散布于欧亚大陆的状况来说，中国需要发展的关键性军事能力是远程空中机动、空中投送及空陆协同。这是传统陆军无法担负的新任务。陆军空中化因此是未来中国陆军变革的方向，大型运输机和直升机将取代坦克和大炮，更深刻地关系未来陆军战争能力的提升和陆军功能的发挥。空地一体作战的效能，决定因素又在太空，与空天侦察、通信、机动等相联系的技术能力构成了军事能力的新核心。中国近年向深层空间的不懈探索，尤其是"北斗"导航卫星系统的逐渐建成，正在为实现空天地一体、空天海一体作战创造良好条件。中国要朝此方向加快推进军队转型。

2. 瞄准技术前沿

中国能站到空天和深海制高点吗？

"神九"上天、"蛟龙"入海、"北斗"联网……近些年来中国在空天和深海技术领域的不断突破，正在印证科学哲学家托马斯·库恩在 20 世纪 60 年代的一个发现，即科学发展往往是断裂性的而非连续性的，每一阶段可以独立存在而不依赖前段成果。[①] 在关键性的军事技术领域，新中国成立以来，至少有两次直接铆上技术前沿，并且取得了良好效果。一次是 20 世纪 50 年代开始开展对核武器的研究，并于 20 世纪 60 年代拥有核武器，使中国在经济和技术还极为落后的情况下，一下子跃升到拥有战略武器的大国行列；另一次是 20 世纪 60 年代开始向太空展开探索，经过多年努力，发展起了独具特色的航天技术体系。

技术发展是连续性与非连续性的统一，紧跟前沿进行技术创新和推进军事变革，是落后国家提升战略能力的可行选择。在这方面，中国有

① 托马斯·库恩：《是发现的逻辑还是研究的心理学?》，载《批判与知识的增长》，华夏出版社，1987。

“后发优势”，但又要防止出现“后发劣势”。

先说“后发优势”。从历史来看，军事和经济技术容易由较先进的社会向较落后的社会扩散，从而缩小不同社会的技术差距。“尽管技术是昂贵的并且不容易创造，但一旦被创造出来，一般就比较容易扩散。长期以来，防止技术扩散到军事对手和经济竞争者手中的努力总是失败：无论诸如‘希腊之火’和核能的军事技术，还是珍妮纺织机和电子计算机的生产技术都是如此。”①罗马帝国灭亡和古代地中海文明毁灭的一个重要因素，就是罗马军事技术扩散到野蛮的德意志诸部落后，后者的战争能力显著提高；蒙古帝国之所以在12、13世纪时兴起并征服包括中国在内的众多区域，在于蒙古牧马人获得了中国人的冶炼技术。20世纪上半叶英国霸权的衰落，同样与其他国家的后发优势和技术转移相关，“蒸汽动力、工厂制度、铁路和随后电力的出现，使英国有能力克服不利于提高生产力的自然障碍和物质障碍，从而增加了国家的财富和实力，同时这些发明对美国、俄国尤其是中欧的帮助更大”。② 军事技术发展使更多国家都能克服大量自然地理障碍，但它对不同国家的战争能力增长所产生的影响又是不同的。美国前参谋长联席会议副主席威廉·欧文斯因此指出：“不太先进的军队不必重复先获得信息时代能力的军队的脚步。坦克、舰艇、飞机都是工业时代的标志性产物，与投资于这些工业时代能力的情况不同，要获得许多信息时代的象征物比较方便，没有那种不断大量投资的困难。”③

不过，欧文斯的话，似乎只能相信一半。的确，在信息技术的某些领域和其他一般性技术上，由先发者扩散到后发者越来越容易。然而另一方面，处于前沿的先进技术的扩散在当代世界，其实也越来越困难，在技术先进国与落后国之间存在技术壁垒，特别是在战略产业和核心技术领域，更是如此。美国近年以来竭力阻止欧盟对华军售解禁，就是这一现实的写照。经合组织国家在向后发国家的技术转让上，也一直存在共同协

---

① 罗伯特·吉尔平：《世界政治中的战争与变革》，175页，中国人民大学出版社，1994。
② 保罗·肯尼迪：《大国的兴衰》，196页，中国经济出版社，1989。
③ 军事科学院世界军事研究部编：《外刊论军事变革》，10页，军事科学出版社，2004。

定，设置了厚厚的转让壁垒。美国还制定法规，限制华人和其他外国人在美国参与高层次研究的能力，理由是担心允许外国人参与敏感技术研究的环境过于宽松，容易使美国遭到窃密。[①]

落后地区国家为缩小与发达国家的差距，一方面要善于引进吸收外来技术；但另一方面又要把技术发展的路径紧紧掌握在自己手中，在一些关键性领域要实现独立自主。在这方面对外依赖，造成的结果可能是灾难性的。一味把眼睛盯在“后发优势”上，可能形成的结果是在保障技术创新的制度建设上，继续落后于人，从而不能保证长期可持续发展，从长远来看还是会给国家和军队建设带来致命隐患，形成美国经济学家沃森所说的“后发劣势”，即“对后来者的诅咒”。[②] 而作为后发国家容易犯下的毛病，恰恰就是更乐于进行技术引进而不进行制度创新。

战略产业和关键性技术，是难以引进的。这是由人的生存本性决定的，而且自古如此。一千年前，宋朝与辽国对立，但是双方之间又有密切的贸易往来，也就像今天中国与日本一样所谓“经热政冷”。两国之间互相设立榷场进行贸易，榷场上物品丰富，宋朝卖给辽香药、犀角、象牙、茶叶、缯帛、漆器等，换取辽国的羊、银钱、珠玉等物品。但是，不是什么都想换就能换的，宋朝严禁硫黄、硝石出口到辽国，而辽国严禁出口马、皮革到宋国，因为这些东西都可军用。[③] 换成今天的话说，硫黄、硝石和马、皮革等，都是战略物资和技术，所以管理很严格。近些年来中国航天技术发展很快，但是2012年“神九”上天，中国在火箭、太空等技术上的长足发展，却是中国长期致力于在这些方面自主发展的结果，别人是不会提供这些技术的，就是花钱也买不来。在技术生成上，只有依据能够保障科技创新的制度，走出自己的技术创新之路，才不会受制于人。

俄罗斯在19世纪中叶以后走过的道路，就很能给人以启迪。在第一次世界大战之前，从表面看来，俄罗斯工业发展迅速，经济实力快速增长，以至

① 《美国拟限制华人从事敏感技术研究遭到强烈反对》，中新网2005年11月25日电。
② 周其仁：《中国要警惕“后发劣势”》，载《经济观察报》2006年02月26日。
③ 见杨军、张乃和主编：《东亚史》，236页，长春出版社，2006。

在当时的法国哲学家德·托克维尔看来，未来俄国和美国是两大世界强国，“20世纪将由俄国的皮鞭和美国的钱袋来主宰”。但事情的另外一面，是俄罗斯当时的工业体系严重依赖外资与外来技术，并没有形成自身独立的工业体系，更谈不上有战略产业。第一次世界大战后期，俄罗斯之所以提前退出战局，原因之一就是其军事力量最后缺少相应的国家经济与技术能力支撑。在第一次世界大战结束之后，苏联国内围绕经济和工业发展，有两种相反的意见主张：斯大林坚持直接瞄准重工业化，使苏联军队实现机械化（这是当时的技术前沿）；布哈林提出要按部就班先发展农业，再发展轻工业，最后发展重工业。布哈林的意见被斯大林否定，新生的苏联国家加速工业化，建立起了完整的重工业体系。实践证明斯大林是对的，到第二次世界大战发生时，苏联的工业与战略能力已相当雄厚，这是后来德国不能消灭苏联，后者逐渐取得对前者优势的主要成因。①

3. 塑造局部优势

最好的防御是进攻。德国军事思想家克劳塞维茨在《战争论》一书中指出，虽然防御是“一种较强的作战形式”，但防御不等于坐等挨打，而是要适时转入反攻，“迅速而猛烈地转入进攻是防御的最光彩的部分”②。在战略上完全采取防御的国家不可能赢得战争，后进国家为避免在军事斗争中全面被动，必须发展某些局部方面的优势，保证在战略内线实施防御的同时，也具备在战略外线打击对手的能力。

没有进攻能力，就谈不上有效防御。只有在局部保持进攻能力，才能防止战争和控制战争。第二世界大战前，意大利军事家杜黑提出“绝对制空权”概念，认为制空权就是能阻止敌人飞行，同时能保持自己飞行③。苏联军队意识到了空军的重要性，但认为夺取全面制空权太困难，行得通

① 参保罗·肯尼迪：《大国的兴衰》，291—303页，中国经济出版社，1989。
② （德）克劳塞维茨：《战争论》（第三卷），514—515页，解放军出版社，2012。
③ （意大利）朱里奥·杜黑：《制空权》，19页，解放军出版社，1986。

的是夺取局部制空权,“卫国战争中数次具有决定意义的大会战,苏军都靠夺取局部制空权获得了胜利”。[①]

历史总是对现实有借鉴意义。当代中国推进军队转型,不可能也不必要像美军那样,以全维感知、全维打击和全球投送作为军事战略能力建设所要达成的能力和目标。[②] 原因在于两方面:一是中国作为后进国家,总体而言是处于技术和经济落后地位的,这决定了中国不拥有与美国同等的资源,不可能在军队建设上进行过多投入,也就不可能如美军那样进行转型。另一方面是不必要。就今后相当长时间段来说,中美两个国家所要追求的国家利益及其军事目标是大不相同的。

美国是霸权国家,有着更多的海外利益,还要在世界范围内维持其霸权,它要维护的国家利益特别是海外利益,要比中国多得多,因此,美军追求大规模的全球机动、全球打击,在远离美国国土之外进行战争,有其内在逻辑。中国近些年来虽然海外利益增多,国家利益结构有所变化,但总体来说还是一个地区性大国,国家利益主要还是要在中国国内及中国周围区域实现,因此,没有必要如美军一样,建立起全球投送、全球到达的能力,而更多需要保证中国内部及领海的安全,发展起一定的全维感知和打击能力,也更多是为应付发生中国内部与周围区域的那些密切关系到中国国家利益的意外情况。与美国要在全球范围内维护其国家利益相比,中国的国家安全目标要小得多,这也就决定了中国在某些有限空间内所构筑起来的战争能力,便可以应付其他国家对中国国家安全带来的挑战。

但是,中国军队转型需要做到的,是在战略内线能够进行有效防御的

---

① 刘亚洲:《空中力量对大国与历史的意义》,载郭树勇编:《战略演讲录》,63页,北京大学出版社,2006。

② 美国国防部长拉姆斯菲尔德指出,美国国防部必须集中力量实现六项转型目标:第一,保护美国本土和我们的海外基地;第二,向远距离战区投送并维持力量;第三,剥夺我们的敌人的庇护所,确实使他们明白:无论多么遥远的天涯海角,无论多么高的高山峻岭,无论多么幽深的山洞或掩体,无论速度多么快的交通工具,都无法保护他们,他们最终都摆脱不了被我们擒获的命运;第四,保护我们的信息网络免遭攻击;第五,使用信息技术把不同种类的美国部队联结起来,以便使它们能够进行联合作战;第六,使美国能够不受阻碍地进入太空,保护我们的太空能力免遭敌人攻击。”见《新世纪美国军事转型计划》,15—16页,军事科学出版社,2003。

同时，又能在战略外线有效实施局部进攻。只有在局部上也能打击对手，才能有效对对手形成威慑，并改变战场态势。未来中国的军事战略能力建设，不要想着也如美军那样在海外大量建立军事基地，以及在海外实施大规模兵力机动，要在这样的前提下思考如何实现一定范围的战略外线作战。这同样要在空间和深海作战能力的开发上做文章，而不能单纯依赖常规空军与海军力量。中国还不宜于追求全球力量投送，但可以追求全维感知（尽管战场仍不会完全透明）和全维打击（即能从空间和深海而不只是陆地、海洋表面和浅层空间来对对手实施全维打击）。

4. 选择非对称发展

第二次世界大战中，在欧洲大陆纷纷陷入纳粹铁蹄时，隔海而望的英伦三岛却力挺乾坤，死死挡住了德国人前进的步伐。英国是靠什么“制”住了德国呢？

按道理来说，当时英国并无与德国长久抗争的筹码。无论从人口规模、经济总量还是军备水平来看，德国相比英国都有明显优势。就战争能力与一国的经济和技术能力的关系而言，英国在战争中会落败无疑。然而，英国却并没有如法国的那样一触即溃，相反与德国缠斗得难解难分。其奥秘在于：战前英国在战争能力发展上，采取了与德国非对称的道路。在德国陆军顺利完成了从传统步兵向以坦克为主的机械化陆军转型的同时，英国则建立起现代航空部队，在远程航空兵和战略轰炸能力建设上先走一步，这奠定了英国的空军优势。事实证明，远程航空兵和战略轰炸能力是当时具有决定意义的战争能力。

现在很多人看战史，总觉得英国作为最先发明坦克的国家，在第二次世界大战之前没有充分重视坦克的作用是一大失误。这种看法似是而非。与欧洲大陆隔海峡而处的地理现实，需要英国建立起来的，其实是海洋与空中的相对优势，这与作为大陆国家的德国极为不同。试想，如果英国也像德国一样把主要精力投入机械化地面部队建设，英军还能不能在某些局部形成对德军的优势，从而阻挡住德军的进攻呢？这非常难说。英国抓住了当时军事战略能力的制高点，即空中优势。相比之下，在进入空中化时代后，德国没有发展起相对英国的空中优势，却不能不说有些失误。德国要拿下英国，从当时情况来说，光有陆海军优势是不行的，还要海空并举，才能全面压倒英国。

这段历史提醒人们两个问题：其一，在战争能力建设上，穷国不要与富国一味比宝，国家在经济、科技能力上有别，也需要在战争能力建设上走出不同的道路，而不要在同样的东西上一较高下；其二，即使国家之间经济与科技能力相当，也需要在战争能力建设上不对称发展，以保证局部优势，不至于全面落伍。在这方面，法国海军在19世纪末和20世纪初与英国海军竞争时的选择，也有启示意义。当时刚刚经历普法战争失败的法国，不能不优先考虑陆军，在海军缺少经费的情况下，为迫使英国军舰从地中海和法国大西洋海岸撤退，法国海军致力于发展不怎么费钱的小型鱼雷快艇，这在一段时间内一度让英国人非常挠头。

最近几年来，世界范围内“军事变革”“军队转型”之声不绝于耳。发达国家纷纷提出新的军事学说，打造新的武器和军事技术系统，推出新的军队体制结构。中国当然不能置身于潮流之外。但作为后发国家，在今后相当长时间内，中国在军事技术总体来说都将落后于先发国家。不同的资源条件决定了战略选择的不同，中国既要吸收借鉴外军做法和经验，但又不能对外军建设所走过的路径萧规曹随。国防和军队建设如果走上先发国家同样的道路，就会全面受制于人，缺乏战略外线反击对手的能力。要让先进国家的“高科技”成为“纸老虎”，那就要非对称发展，你有你的，我有我的，不能在全局取得优势，也要在局部技高一筹。

后发国家没有必要追求全面优势，但需要有“撒手锏”拒敌于千里之外。

5. 善用物理障碍

如何在技术发展与战争能力生成上，在利用后发优势的同时，又能避免后发劣势，走出一条非对称发展的道路？

军队转型还需要在战争与作战的目标、原则下来思考筹划。作战的基本原则是保存自己、消灭敌人，也即法国战略学家安德烈·博富尔所说的最大限度地保证己方的行动自由，限制对方的行动自由。但在今天战争目标变得有限、杀伤敌人变得相对不重要的情况下，保存自己、消灭敌人已让位于保存自己、控制敌人。控制敌人当然包含了对敌人遂行有效杀伤的能力，这一能力仍至关重要。就此而言，通过军队转型使军队具备起来的作战能力，抽象地说在于两方面：(1) 尽量少地被敌打击控制。因此必须寻找对手的薄弱环节，在此基础上求得突破。(2) 尽量多地打击控制敌人。这两个方面都要求寻找对手的薄弱环节，针对对手的弱点求得突破。

从技术发展克服自然地理障碍以提升战争能力的历程看，在上述两方面取得突破的技术手段已经发生变化，已越来越依赖于战场信息的及时感知与处理能力，和火力的精确、立体、快速打击能力。相对来说，在平面空间范围上的火力打击与信息感知，其地位业已下降。在此情况下，应该看到，人类提升战争能力的焦点正转向空间与深海，谁能更有效利用起空间与深海，谁就掌握了更大的信息感知与打击能力。

尚未发展成熟的领域也是对抗各方皆存在薄弱环节的领域。从保存自己、控制敌人的角度来论，作为经济与技术处于弱势的一方，为形成局部优势，在军事技术和军队改革上应建立起来的非对称发展思路，因此是要根据对手尚未发展成熟的领域和其技术与军队结构上的"盲点"来发展相应的反制技术与军事能力。这一思路的题中应有之义，其中之一就是弱势方的军队转型，必须直接面对军事竞争的最高点，要寻求在空间和海洋技术上取得突破，提高对空间和海洋的利用能力。这也决定了技术与武器发展，要将卫星、宇宙飞船、导弹和潜艇等作为重点，要将"你打你的，我打我的"思想进一步发挥，在战争组织方式上及军事技术上都走出不同道路，实现殊途同归。

与此同时，还应着眼对方发展武器技术时的物理限制，来筹划我方武器技术发展。与人们的想象和一般的感觉不同,不管技术如何发展演变,它仍然会受到许多因素的限制。尤其是物理原理的限制,这使技术并非无所不能,而总是有其局限性。以新军事革命的四种假说为例,这四种看法认为:第一,计算机和电子技术的进步可能使武器和作战方法获得重大发展,尤其是在信息处理和信息网络以及通信、机器人技术、高级弹药和其他技术方面获得重大发展;第二,传感器的效能将显著提高,从而使战场变得“透明”;第三,车辆、舰艇、火箭和飞机将更加轻巧、节油、快速和隐形,从而使战斗部队的快速部署能力和战斗力得到很大提高;第四,新型武器,如空间武器、定向能武器和高级生物战剂等将得到开发和广泛应用。在奥汉隆看来,以上关于新军事革命的四种说法,第二、三点根本不可靠,传感器天然有其物理限制,不可能使战场完全透明;而陆战武器也不可能更加轻巧快速隐蔽。以至在新军事革命的最后主要流派即悲观派看来,技术与武器发散是双刃剑,对手同样可以发展起类似的武器装备与军事技术,美军对其依赖性日益增强的信息系统与通信系统有易受物理攻击和电子攻击的弱点。

因源于既定的物理原理,技术突破自然地理限制的能力,总是会存在其限度即“盲点”。以战场感知为例,光学传感器和红外线传感器不能在恶劣天气条件下探测目标,“由于物理学的基本定律,这一点将来也不会改变”。而雷达波和无线电波不能穿入土壤和水的深处,也不能穿透密封的金属容器,这是由于“电磁辐射会受到导体表面的阻挡而停留在离导体几分之一厘米的地方”。至于其他如声学、磁和运动传感器,又“通常在探测距离方面受到严重而且难以克服的局限”。“战场迷雾”并没有完全消失,在可见的将来,传感器的性能都将继续存在局限性。举例来说,在1997年到1998年联合国武器核查期间,尽管对伊拉克拥有绝对优势,但盟国仍缺乏对形势的全知能力,无法发现伊拉克的生物、化学武器在何处。而对于2003年伊拉克战争,布什政府发动战争的理由之一,是伊拉克拥有大规模杀伤性武器,但直到今天,美军尚不能证明前萨达姆政权拥有这些武器。而在1999年科索沃战争期间,由装备高精度雷达的B-2

轰炸机投掷的所谓联合直接攻击弹药和北约数量相当多的无人驾驶飞行器，也无法在不良天气情况下攻击科索沃的塞军装甲部队，而且飞行员不用眼睛直接观察就无法区分军车和民用车辆。这些都从侧面说明，所谓“战场透明”时代，其实还并没有到来。

由于物理限制性因素的存在，技术发展实际上不是全维的，不可能同时在所有领域都取得相似的突破。计算机的发展可以摩尔定律[①]来衡量，然而，“将计算机领域的进步与其他重大技术领域的进步混为一谈是毫无道理的”，而且，“计算机和通信不能弥补传感器方面的许多局限性，而在可见的未来，传感器的性能可能将继续存在局限性”。[②] 这些制约技术发展的物理局限的存在，提醒人们在思考未来的军事转型时，一定要有技术眼光，要密切结合技术的变化，从技术发展现状、未来及其物理局限性上，全面思考技术可能给人类组织军事活动带来的推动。

---

① 所谓摩尔定律是指，半导体芯片上可以安装的半导体数量，每隔 18 至 24 个月就增长一倍。

② 迈克尔·奥汉隆：《高科技与新军事革命》，新华出版社，2001。

后论

保持冷静和清醒

防止国家崩溃、解体或衰败，是国家的天然使命。

一个国家在染上“软乎乎的幸福主义”的时候，也是脆弱的时候。

从美国当年对付日本经济崛起的经历中，可以对美国应对其他国家兴起的战略思维略窥一二。

中国今天首先要考虑的并不是复兴，而是如何避免在内外压力下解体式崩溃。中国需要加强战略能力建设。

一、中国在爬坡

防止国家崩溃、解体或衰败，是国家的天然使命。中国的情况其实也不容乐观，需要从历史上那些曾与中国有相似性的国家经历中吸收经验教训。中国还不是典型的大国，基于对以往大国兴衰史的考察，当下中国作为“大国”的事实和内涵，有如下三个基本特征：首先，中国是一个有自身文明传统的现代民族国家，但其民族国家形态仍有待成熟；其次，中国是一个多族群共处的多元一体国家，但保证国家认同超越族群认同对中国来说仍具有很大的挑战性；再次，中国是一个有众多人口、有幅员和资源优势、发展潜力良好的欠发达国家，但中国的经济社会发展水平又与发达国家有相当大的差距。这些特点决定了中国更要将防止国家崩溃、解体和混乱放在国家战略的重中之重。

没有一个国家的兴起或复兴能在风平浪静中完成。21 世纪初中国迎来的新一轮文明复兴，在值得 13 亿中国人自豪欣慰的同时，又将充满风险和曲折。国家成长好比爬坡，中国如今已爬在山坡中途，进一步可全面复兴，中华文明将一阳来复；退一步则面临悬崖峭壁，中国又可能回到 19 世纪。因此，在这一新的历史阶段，中国十分有必要关注国家生存的底线能力，这个底线不能守护，中国长远发展和文明复兴就没有可能。这种底线能力就是国家战略能力。

国家在爬坡的时候最容易产生幻觉。打个比喻，国家好比一个普通的人，会在艰难困苦时清醒，而在一路顺风时忘乎所以。一百年前德国社会学家马克斯·韦伯就清楚地看到了这个问题，他在著名演讲《民族国家与经济政策》中，就对当时德国统一后盛行的“政治市侩主义”忧心忡忡，指出弥漫于德国社会的“软乎乎的幸福主义”弄不好会断送德国的未来。这种说法对中国来说特别有警醒意义。新世纪以来中国人从外面听到的对中国的评价，大多是比较入耳的声音。一会儿是过不了几年，中国就将超越日本成为世界第二大经济体；一会儿是再过十几年，美国就将被中国抛在后面而中国将坐上世界第一经济大国的交椅；一会儿是世界已经进入“中国世纪”。这样的话听得多了，许多人也就普遍产生了甜蜜的感觉，以为中国已经进入盛世了。既然是盛世，那还有什么好忧患的呢？大家也就都憧憬着过上越来越舒心适意的好日子。今天的中国人一如当年的德国人，沉迷于“崛起”幻觉，习惯于听信他人的吹捧，还想当然地认为只要中国继续保持经济增长，不仅未来的经济总量超越“世界老大”美国可以期待，中国实现全面复兴也将是囊中之物，世界从此便是“中国世纪”，国际政治即将平稳安宁地发生权势转移。

一个国家在染上“软乎乎的幸福主义”的时候，也是脆弱的时候。这是有历史教训的，不少国家都是在看起来如日中天的时候崩溃、解体或衰败的。实际上，中国式的乐观主义不过是一些发达国家曾经有过的历史的最新重复。在经济总量的背后，没有多少人提及中国其实还是一个极为落后的国家。就拿已被“取而代之”的日本来说，中国目前的发展水平，包括城市化比率、二三产业占比、人均收入、社会公平度、婴儿死亡率、高等教育普及率、技术创新能力、社会保障能力等，实际上只相当于日本的20世纪60年代，整整相差了将近五十年。日本1970年家庭拥有电冰箱比例达100%，2008年中国的数字则仅为60%；日本在1970年千人拥有汽车约为120辆，中国2008年的数字则不到20辆；按购买力平价计算的人均GDP中国在2008年为5500美元，与日本1961年的数字相当，仅为日本1970年水平的一半。与20世纪60年代日本通过“国民收入倍增计划”大幅度提高社会财富分配公平性，并且建立起了高度发达的社会保障制度相比，中国现在还面临极为严重的贫富分化，社会保障体系建设还处于初级阶段。

中国“被强大”在使不少中国人产生“盛世”幻觉的同时，会在国际间产生什么样的影响？13亿中国人显然对国家复兴进程中的外部挑战和压力还欠缺认识，还没有做好中国即将成为世界第二经济大国的心理准备，更遑论养成相关的战略思维，知道如何去化解危机、克服阻碍。而从最近五百年以来的人类历史看，世界上还没有一个大国是在风平浪静中兴起的，大国兴起总是意味着打破现存国际格局，重新塑造既存国际秩序和国际体系，这通常都会引起原有国际体系中既得利益国家的抵制。国家兴起是国家与国际体系的博弈过程，博弈成功的国家会乘势成为新的国际体系中的“立法者”，而落败的国家不是衰落崩溃，就是成为国际体系中失去平等谈判能力的边缘国家。

二、日本的教训

日本在 20 世纪 60 年代末成为“世界第二”后的经历，就能给当前的中国不少启示。日本是在 20 世纪五六十年代实现经济腾飞，并于 1968 年超越西德成为世界第二经济大国的。在此之前，日本仰美国鼻息、在大树底下乘凉，日子过得波澜不惊。而美国对日本也一度在保持明显物质技术优势的同时，还拥有强大的精神心理优势。1957 年日本经济学家速水佑次郎赴美留学时，目睹了美国的富裕，就曾感慨在他有生之年，恐怕日本都没有办法达到美国水平的一半。[①] 谁能想到不过十几年之后，日本便已在世界经济中崭露头角，不仅作为“优等生”在亚洲世界脱颖而出，而且在全球主要工业化国家中也变得举足轻重。

当年日本经济崛起给欧美国家所带来的震撼，这一点在 20 世纪 80 年代更为突出。当时日本借助汽车和半导体业的异军突起，在制造业上已凌驾美国之上，日本公司在此期间向全球扩张，在制造业、房地产业、金融服务业、游乐业等各个领域全面出击，不到几年，日本的海外资产急速攀升到上万亿美元的水平。1986、1987 年两年，日本在夏威夷的房产投资就达 65 亿美元以上，日本买下了珍珠港海滩区 2/3 的豪华酒家、大批

① 速水佑次郎：《发展经济学——从贫困到富裕》，序言，社会科学文献出版社，2003。

楼房、大餐厅、购物中心、高尔夫球场、畜牧场和种植园。美国大陆本土也四处告急：三菱公司出资 8.46 亿美元收购了被称为美国“富有的标志”和“美利坚的标志”的纽约洛克菲勒中心 51%的股份；索尼公司动用 34 亿美元买下了被称为“美国灵魂”的好莱坞哥伦比亚电影公司；松下公司出资 61 亿美元收购了美国环球影业公司；美国广播公司大厦“失守”；花旗银行总部大厦“易帜”；莫比尔石油公司总部大厦“陷落”……据统计，1980 年至 1988 年日本在美国的直接投资增长了 10 倍以上，日本人拥有 2850 亿美元的美国直接资产和证券资产，控制了超过 3290 亿美元美国银行业资产(占美国银行业资产的 14%)，控制了加利福尼亚州银行业资产的 25%以上以及其未清偿贷款的 30%，在美国拥有的不动产超过欧洲共同体的总和，购买了 30%—40%的美国财政部债券；占有了纽约股票交易所日交易量的 25%。美国市场上 20%的半导体器件、30%以上的汽车、50%以上的机床以及绝大部分消费类电子产品和其他数十种商品及服务是日本提供的。①

经济技术实力的快速提升，也助长了日本人的政治志气。1977 年日本时任首相福田赳夫在访问东南亚时，提出日本外交在继续重视美日同盟关系的同时，也要把亚洲外交摆到重要位置。到了 20 世纪 80 年代，日本国内兴起摆脱美日主从关系的政治思潮，主张日本要重新成为“普通国家”，而其中一个环节，就是日本要“脱美入亚”。日本国内敢对美国挑毛病的言论也日益增多，典型的就是作家、后来成为东京市市长的石原慎太郎，公开宣称“日本可以对美国说‘不’”。日本的经济崛起也在海外迎来了不少捧场者，1979 年美国著名汉学家傅高义写下《日本第一：对美国的启示》，对日本即将取代美国成为世界最大经济体深信不疑。

然而，日本人没有做好思想准备的是，随着“日本第一”的预言在全球各地响起，美国这棵大树便不再是乘凉的好地方，日本人的日子便不再如

① 有关数据引自武心波：《浅议日本“知强守弱”的经济安全战略——从日本经济由“强”转“弱”谈起》，载《世纪中国》网站(http://www.cc.org.cn/newcc/brow-wenzhang.php?articleid=2854)，2005-02-05。

往日那样舒心惬意。早从20世纪60年代开始，美国与日本之间的贸易摩擦便时有发生。但那时美日之间的经济摩擦还不算太严重，美国尚没有把日本当作很大的威胁来源。但到了20世纪80年代特别是冷战结束以后，美国对日本的态度则完全改变了。当时美国不断有人惊呼"美国被日本收购"，1988年的美国总统竞选竟然把"敲打日本"作为了热门话题，美国《商业周刊》1989年8月7日所做的舆论调查也表明：大多数(68%)美国人认为来自日本的经济威胁比来自苏联的军事威胁更加不利于美国的未来。这使美日关系不再是简单的经济问题，而是关系美国未来的政治、安全和战略问题。它反映在美国政府的对外政策中，则是在老布什任总统期间，美国决策部门将日本排在苏联之后，将其视为在亚太地区的主要潜在对手。时任美国国务卿的詹姆斯·贝克说："冷战结束了。冷战的赢家是日本。决不能让日本成为冷战后的赢家。"1992年1月，当时的美国中央情报局局长罗伯特·盖茨在电视新闻中说："到目前为止，中情局的活动重点是放在监视苏联上的，今后要尽全力将收集情报和开展谍报活动的目标转向与美国进行经济以及技术竞争的国家。"这番话明显是冲着日本说的。石原慎太郎在引起美国人反感的《日本就是敢说"不"》一书中说："如果认真分析一下美国的战略动向，只能认为美国是把日本看作继苏联和中国之后的第三个需要引起警惕的国家。事实上，美国也是这样设想的。"

20世纪80年代后期至90年代初，辗转于欧洲和美国的是"日本威胁论"。美国学者乔治·弗里德曼和梅雷迪思·勒巴德合著、1991年出版的《下一次美日战争》，就是"日本威胁论"在战略思维上的表现。当年日本是被美国认认真真当作强劲对手来对待的，为此美国在战略上做出了打击日本的周密安排。美国抑制日本经济崛起的招数，可谓多管齐下，贸易审查、金融打击、扶持对手等，只要能用的，统统用上。首先就是在贸易领域，从20世纪80年代中期到90年代中期，美日之间的贸易战，打得惊心动魄。美国频频使用以超级301条款为核心的"综合贸易法案"，以不公正贸易为由对日实施制裁，要求日本开放市场，改造日本经济结构和减少贸易顺差，在日本不愿意做出让步时则直接实施贸易报复。日本在美国的压力面前节节败退。其次就是在汇率问题上做文章，逼日元升值和日本开放金融市场、放宽金融监管。对此广为人知的就是1985年的“广场协议”，日本不仅被要求日元升值，还被要求通过超低利率政策扩大内需。在此之后的五年时间里，日本股价每年以30%、地价每年以15%的幅度增长，而同期日本名义GDP的年增幅只有5%左右；日元币值则平均每年上升5%以上达十年之久，这在使国际资本大量进入日本股市和房市的同时，又严重打击了日本的出口。日本经济的泡沫化就此形成。到20世纪90年代后随着泡沫破灭，原先在国际上风光无限的日本金融机构，纷纷跌入美国资本旗下，日本在美国的资产也遭到贱卖。日本迎来的是近二十年的经济停滞，所经历的不是“失去的十年”，而是“失去的二十年”（日本《朝日新闻》主笔船桥洋一语）。

回顾20世纪90年代以来日本经济泡沫破灭以来的表现，尽管也有人提出日本经济近二十年来的“难看”数据，不过是日本在“知强守弱”，是运用障眼法将日本财富深藏在了柔弱的外表之下，但美国通过一套组合拳将日本击倒在拳坛，使日本原本的发展进程遭遇重大挫折，却并不能完全掩盖。从近年来随着日本进入少子化、老龄化社会后，日本社会的普遍忧虑心态以及社会保障制度所面临的困难等情况看，日本从20世纪90年代以来的二十年，不说“失去”，比起以往的好时光也是大打折扣。

三、中国的忧患

从美国当年对付日本经济崛起的经历中，可以对美国应对其他国家兴起的战略思维略窥一二。首先是美国绝对难以容忍其他国家超越自己。无论口头上如何宣称欢迎他国崛起、欢迎新兴力量与自己一起参与管理世界，美国对可能超越自己的国家的忌惮，是深埋于自身的战略无意识、随时都有可能爆发出来的。就如今天美国重要报章频频预测中国将于某年某月某日登鼎、美国将退居第二一样，在20世纪90年代日本制造业超过美国后，美国舆论到处都在宣扬日本即将在经济上全面超越美国成为“世界第一”。美国下意识的反应，是1990年10月，美国中央情报局在罗切斯特工科大学(RIT)举行了击溃日本经济的研讨会，并以“日本2000”之名出台系列报告；克林顿刚刚执掌白宫权杖，便要求《日本第一：对美国的启示》(*Japan First*)一书的作者傅高义(Ezra Vogel)与情报部门的负责人约·奈一起研究对策，决不能让日本超越美国成为世界第一。

卧榻之侧，岂容他人酣睡？美国对其他国家的忌惮，来自其他大国与美国经济力量对比关系的变化，但又绝不仅仅在经济层面。这从冷战尚未完全终结、日本经济看起来正如日中天之时，美国出版的《下一次美日战争》一书中便可知晓。从表面来看，20世纪90年代前后“日本威胁论”在美国的兴起，是起因于人所熟知的美日贸易摩擦，即日本对美国的巨额贸易顺差及日本国内市场的相对封闭。然而，《下一次美日战争》的作者却告诉人们：美日摩擦的根本原因是，美国担心日本将会利用其强大经济实力取得对亚洲西太平洋事务的控制主导权。得出这种结论乃源自美日在20世纪上半叶的关系史的考察，第二次世界大战前后美日间的争端，基本成因就在于两国对东亚西太平洋的争夺。日本如果顺利控制这一块区域，美国的关键性国家利益便无法保证。而日本从经济上崛起，如果以此为突破口，扩大在亚洲的政治地盘，重新在军事上武装自己，美国在亚洲的利益、其全球战略部署和作为霸权国家的地位便会受到挑战，这不是美国能够容忍的。

其次，一旦被美国认定为对手，美国就会使出浑身解数以打垮对手。这鲜明地体现在两个方面。一个方面是，为压垮对手，美国会表现出充沛的战略意志。在20世纪70年代美国感受到日本的经济威胁后，美国为从经济上制伏日本，前后足足用了二十多年的时间。光是与日本的金融战争，美国压迫日本先开放金融市场，接着日元升值，持续说服、谈判、威胁，就用了十四年时间，逼迫日本节节抵抗却节节败退，一步步改变自己以主银行制为特征的金融体系，并被吸纳进以放松监管为特征的美式金融体制中，最后导致日本经济中泡沫大量产生并到顶点时破灭。另外一个方面，是美国会软硬兼施、手段无所不用其极。美国为打赢与日本的经济战，动用了贸易制裁、谈判压服等多种手段，威逼日本开放市场、改革金融体制，在日本不从的时候则施加政治压力，还与其他国家联起手来共同施压。美国在压制日本时战略意志之坚决、手段之猛烈，都凸显了其在面对潜在挑战者时的战略本能。

国家崩溃、解体或衰败，很多时候是不能承受外部压力的结果。今天中国在成为世界第二经济大国后，承受的外部压力已越来越大。在 2010 年的国情咨文中，美国总统奥巴马突出强调“我不接受美国成为世界第二”。这种言论与当年美国面对日本挑战时的舆论氛围何其相似。时光过去二十年，在经济总量即将超过日本而成“世界第二”、世界各地频繁预测何时将超越美国时，当下中国正在扮演当年日本的角色，成为现有国际秩序中强势者着力防范甚至打击的对象。

这种挑战在冷战结束后的一段时间内就已经出现，20 世纪 90 年代中后期以来“中国威胁论”声浪的经久不息，便是证明。1997 年，美国学者理查德·伯恩斯坦和罗斯·芒罗合著《即将到来的美中冲突》，该书对中美关系的未来便持悲观态度。书中写道，本书关于中美冲突的结论，“是以下述两个命题为基础的：一个是，中国在一个多世纪以来备尝艰辛之后，现在正担负起大国角色”“第二个命题是：至少一百年来，美国在亚洲追逐的目标是始终如一的，这就是，防止任何一个国家支配那个地区”。[①] 美国这些年一直是把中国当作对手看待的，连续多年的美国年度国防报告，都将中国列为重点关注对象和“竞争对手”。不过，新世纪以来美国的反恐战争，却一度转移了美国的视线，中国得以相对安然过了几天“好日子”。但 2007 年以来的全球性金融危机，美国国家实力相对受损，而中国却在世界各地被吹捧的场景，无疑深深地刺激了美利坚民族的战

① （美）理查德·伯恩斯坦、罗斯·芒罗：《即将到来的美中冲突》，序言，新华出版社，1997。

略神经,美国不少企业和政治家,开始把美国失业增加、贸易失衡、国力相对衰落的板子,打到中国身上。如同20世纪80年代末提出要"敲打日本"那样,这几年来,美国报章要求"敲打中国"、预言中美关系将进入冲突期的声音突然间就成了主流。2009年年底以来美国频频对中国挥舞贸易保护主义大棒,要求中国允许人民币升值、接受碳排放检查,并以对台军售、接见达赖喇嘛等主动挑起与中国的争端,中美关系在奥巴马第一个任期内,骤然由"同舟共济"转入了"阴云密布"。这种激烈冲撞的局势,已经不能再简单视为黎明前的黑暗,不过是中国对外交往中的一段不和谐插曲,而非常可能是当前世界格局中中国对外交往将要面对的长期性态势。

中国在成为"世界第二"后受到的国际压力,将比二十年前的日本要大得多。美国选定其他大国作为对手是有其标准的,总的来说在于三个因素:实力是否会对美国形成挑战、政治制度和意识形态是否与美国有别、种族和文化是否与美国异质。与当年日本被美国列为竞争对手、日本对美国形成潜在经济实力挑战,且在种族和文化上与美国有别有所不同,今天的中国在政治制度和意识形态上与美国明显是两套体系。而在实力层面,鉴于人口规模、土地面积、军事实力和地理位置等因素,中国复兴的潜力要比当年的日本大得多。因此中国在美国眼中,所形成的是更为强大的全面性挑战。而中美在经济上的所谓相互依赖,并不能解决政治上的互不信任问题,且不说20世纪的两场世界大战,当时国际贸易水平并不低于现在,即便20世纪80年代美日经济摩擦加剧、美国将日本列为对手时,美日间在经济上的相互依赖,也没能避免日本受到美国打击。

国家战略能力决定大国存亡。今天的世界正处于新一轮权势转移进程中,近年来一些原处于第三世界的国家开始兴起并明显影响国际政治。不过,包括这些新兴国家在内,目前更多的注意力都集中在国家战略能力"木桶"上的那些比较长的"木板"上,而对"短板"关注不多。实际上,对大国来说,"短板"更直接关系国家命运,如果大国在任何情况下都能具备稳定存在的能力,那么所谓复兴、"崛起"才有坚实基础。否则便不过是水中花、镜中月,任何表面的荣光转瞬间都可能不过是一场风过之后便无痕的春梦。

中国今天首先要考虑的并不是复兴,而是如何避免在内外压力下解体或崩溃。确保在任何情况下都能安然生存,中国就一定能够实现全面复兴,而这又取决于中国国家战略能力的生长。在未来若干年内,中国如果还不能迅速把不断增长的 GDP 水平转化为坚实的国家战略能力,中国成为“世界第二”就并不是一件值得庆贺的好事,不仅国际压力会空前加大,还会迟滞必要的国内社会和政治改革进程,中国就会是同治中兴时代的晚清,而不是罗斯福新政时代的美国。

后　记

深秋的一个下午，我又来到位于香山买卖街一家名叫“伴山”的咖啡馆。在二楼的露台上，望着不远处的山峦和依稀若存的红叶，我蓦然发现咖啡馆隔壁院子里一颗斜过墙来的枣树，叶子不知不觉已悄然不见。我才意识到，为修订一本断断续续写了多年的小书，在这间咖啡馆里，已经消磨了三个季节。

在今年春天柳树刚刚发芽的时候，我下定决心要尽快完成一本早就在写却一直未竟的小书，所述是近世以来那些大国崩溃、解体或衰败的经历。起心发轫是在七八年前，那时舆论普遍关注的是“大国崛起”，中央电视台专门推出了同名的十二集电视纪录片，对荷兰、英国、美国等国在历史上的“崛起”经历进行了一番梳理。这种乐观主义情绪与中国自1978年以来的历程有对应，经过多年的高速经济增长，2005年前后中国进入了今天超越法国、明年超越英国、后天超越德国、日本，国家经济总量排名不断向世界前列靠拢的过程，中国的国际影响也越来越大。这当然令人欣喜。

然而，作为一个喜欢阅读历史的人，我的感受却有所不同。大国的兴起或复兴有无限荣耀，但这只是事实的一个方面，从历史中还经常看到的，却是大国在明枪暗箭中屡屡分崩离析。短短一两百年间，多少大国已经消逝成细屑云烟或曾历尽劫数。奥匈帝国、奥斯曼帝国、沙皇俄国、中国清朝、苏联、南斯拉夫……不是国已不存，就是曾入炼狱。十几年前一度被称作“新罗马帝国”的美国，也曾在19世纪60年代差点一分为二。

这提醒人们不仅要看到大国的荣华，更要看到大国的风险。

相比规模较小的国家来说，在领土、人口、族群等方面有较大体量的国家，维护国家稳定存在反而显得更加不易。小国是脆弱的，威胁主要来自外部，大国却是个复杂系统（比如《环球时报》主编胡锡进先生就说：中国是“复杂社会”），内部融合不佳就可能会有大麻烦。英国历史学家尼尔·弗格森因此指出，大国的结构更像白蚁穴，而非金字塔，它们的运行方式处于秩序和混乱之间的某种状态，一个非常小的起因就可以触发“相变”，把良性的平衡状态转变为危机。

“千里长堤，溃于蚁穴”式的蝴蝶效应，对大国比对小国更易引发困扰，不少大国都是在看起来不错的情况下，出人意料陷入沉沦的。在《大国崛起》纪录片如火如荼播出的时候，我开始从相反的方向思考：大国在崩溃、解体或衰败的时刻，是什么样的？如果了解了大国向下沉沦的景象和成因，并从中发掘出纾解之方，大国的生存风险不就可以降低、兴起的根基不就更加扎实吗？一个在任何时候都足以应付非正常事态、得以避免沉沦的大国，才能真正长久享有兴起的光荣和喜悦。反之，所谓兴起就可能只是昙花一现，偶有风吹草动就大厦将倾。

这是一件十分吃力的工作，超过了我的知识库存，克服种种困难，小书还是完成了。我知道，这并非一本令人满意之作，只能算作一种尝试。书中对导致大国崩溃、解体或衰败的成因与类型的归纳，受识见所限，难免会遗珠于外、奉蔽为珍。当然，考虑到有些因素已被世人广为传听，因此有意避之不文，比如社会阶级或阶层分化对大国的伤害，法国大革命前夕就是这种情况，当时法国分化为贵族、资产者和农民等多个阶级，各阶级间相互疏离、彼此仇恨，终于酿成大革命的血腥悲剧。书中所分析的大国，时间范围多为近世，但也增加了进入“现代世界”之前的一些大国沉浮的史事。另外，同样一个国家，衰败前夕可能不止一种病象，而且每种病象都可能足以致命，所以本书在剖析大国衰败的不同类型时，有些国家反复出现。

此书写作一大部分是因病缘。2012 年 8 月，一场大病突然而至，在治疗及养病期间，我完成书稿的愿望反更强烈。我的父亲程金生、妻子李艳丽、女儿程李梦舟给了我最大的鼓励。我从外界也得到了无尽的支持和帮助。感谢张欣欣医生、尹自芳护士长，感谢董国政、张心阳、卢周来、姚有志、郭树勇、杨庆春、张国育、张永红、戴旭、郭君、潘友木、楼建麒、雪珥、梨清、刘卞、黄建国、徐姗、郭瑞果、韩伟、杨国兵、王小朋、高兵、彭志恩、王著名等师友、同事、同学，我就不一一列出他(她)们的姓名了。我会时时把他们的绵厚情意铭记在心。

在本书的写作过程中，很多朋友为我提供了非常好的建议。王湘穗老师在欣然答应为小书写序的同时，还为我联系了一位有经验的老中医，帮我调养身体。

最后，还要就小书多说一句。如国家的兴起一样，国家的沉沦也是一个亘古常在的话题。小书无法做到完美，有待以后见闻渐广而继续修订，故此恳请有兴趣翻阅此书的读者，不吝对此书提出批评建议。可发信箱：yy_culture@163.com，不胜欢迎。

癸巳年于香山